HEYNE BIOGRAPHIEN

Zum Autor

Harry Wilde, geboren 1899, war nach kaufmännischer Lehre im Ersten Weltkrieg Soldat. 1918 an der Westfront verwundet. Nach Kriegsschluß Angestellter, ab 1925 Journalist. 1929 Sekretär Theodor Plieviers. 1933 unmittelbar nach dem Reichstagsbrand verhaftet. Flucht ins Ausland. 1938 ausgebürgert. Lebte in Prag, Wien, Zürich, Paris als Übersetzer, Bauernknecht, Hausdiener, Koch, Gelegenheitsarbeiter und Journalist. 1939 Mitarbeit an dem Buch über van der Lubbe. 1940 Konzentrationslager Curs. 1942 Flucht in die Schweiz. Bis 1944 interniert. 1945 Leiter von Schweizer Sammlungsaktionen für Deutschland. 1946 Rückkehr nach Deutschland. 1947–1950 Chefredakteur ›Echo der Woche‹, ab 1952 freier Journalist. Harry Wilde starb im Februar 1977.

Harry Wilde

ROSA LUXEMBURG

Ich war – ich bin – ich werde sein

Wilhelm Heyne Verlag
München

HEYNE BIOGRAPHIE
12/143

Genehmigte, ungekürzte Taschenbuchausgabe
der ersten Auflage des Verlag Fritz Molden, Wien–Zürich–München, © 1970

Printed in Germany 1986
Umschlagfoto: Archiv für Kunst und Geschichte, Berlin
Umschlaggestaltung: Atelier Ingrid Schütz, München
Innenbilder: Süddeutscher Verlag, Bilderdienst, München (15)
Zeittafel: Dr. Hubert Fritz, München
Bildteil: RMO, München
Druck und Bindung: Presse-Druck Augsburg

ISBN 3-453-55144-3

Inhalt

Yvonne de Mann gewidmet

Vorwort

Das vielverwendete Schiller-Wort trifft auch auf Rosa Luxemburg zu: ihr Charakterbild ›schwankt in der Geschichte‹. Schon ihre Ermordung verzerrte die Fronten. Die Mörder erwiesen ihren eigenen Todfeinden einen Dienst, den Sowjets. Und Lenin wiederum verglich Rosa Luxemburg mit einem ›Adler‹, als ihm die Nachricht von ihrer Ermordung hinterbracht wurde – was nichts an seiner Meinung über ihre Standpunkte änderte:

»Rosa Luxemburg irrte in der Frage der Unabhängigkeit Polens; sie irrte 1903 in ihrer Beurteilung des Menschewismus; sie irrte, als sie im Juli 1914 neben Plechanow, Vandervelde, Kautsky und anderen die Vereinigung der Bolschewisten mit den Menschewisten erstrebte; sie irrte in ihren Gefängnisaufzeichnungen von 1918 (überdies hat sie nach dem Verlassen des Gefängnisses Ende 1918 und Anfang 1919 den größten Teil ihrer Fehler korrigiert). Aber trotz aller ihrer Fehler ist und bleibt sie ein Adler.«[1]

Jeder der von Lenin hier aufgezählten ›Fehler‹ korrigierte die Geschichte auf seine Weise, wobei sich herausstellte, daß Rosa Luxemburg – wenn auch nicht in allen Fragen – recht hatte, wie wir im Laufe unserer Darstellung noch sehen werden. Aber Lenins Aufzählung ihrer ›Irrtümer‹ gilt noch heute als Richtschnur für die Kommunisten aller Länder gegen den ›Luxemburgismus‹, den besonders linientreue Stalinisten zum Schimpfwort ›Luxembourgeois‹ abwandelten. Auch die Kommunistische Partei Deutschlands (KPD), die sie – gegen bessere Einsicht – mit gründen half, macht davon keine Ausnahme.

Nannte Lenin seine Gegnerin Rosa Luxemburg immerhin noch einen ›Adler‹, so sprach Ruth Fischer, die in den Jahren von 1921 bis zu ihrem Ausschluß in der KPD eine bedeutende Rolle spielte und sogar Präsidiumsmitglied der Kommunistischen Internationale (Komintern) war, vom ›Luxemburgismus‹ als dem ›Syphilisbazillus im Blute der deutschen Arbeiterschaft‹, eine Geschmacklosigkeit ganz besonderer Art. Fred Oelßner wiederum, der in seiner ›kritischen biographischen Skizze‹ [2] sich einerseits abmühte, Rosa Luxemburg als Säulenheilige der KPD zu schildern, mußte auf der anderen Seite alles tun, ihr Werk und ihr Wirken herabzusetzen, um seinem Herrn und Meister Walter Ulbricht zu Diensten zu sein. Als ernst zu nehmender Biograph scheidet Oelßner aus.

Sogar Paul Frölich, der sich noch vor dem Zweiten Weltkrieg vom Stalinismus abwandte, hielt es für wichtig, in seiner Biographie zwischen dem ›Leninismus‹ und den Lehren Rosa Luxemburgs eine Art Synthese zu konstruieren – bei allem Respekt vor seiner Arbeit ein vergebliches Bemühen. [3] Das Buch von Henriette Roland Holstvan der Schalk [4] wird der großen Sozialistin Luxemburg zwar gerecht, nur stand der Autorin ein Bruchteil der Unterlagen zur Verfügung, die ihr wichtigster Biograph Peter Nettl für seine 930 Seiten umfassende und hervorragend dokumentierte Lebensbeschreibung [5] verwenden konnte.

Allerdings: ganz so unrecht hatte Ruth Fischer nicht: der ›Luxemburgismus‹ kreist – wenn auch nicht als ›Syphilisbazillus‹ – heute noch im Blut der Arbeiterbewegung, nicht nur der Deutschlands, sondern der der ganzen Welt, und eines Tages wird er virulent werden und die ›leninistischen Krankheitskeime‹ ausstoßen, wie es 1967/68 bereits in der Tschechoslowakei versucht wurde – und nicht ein Exitus wird die Folge sein, sondern eine Gesundung der sozialistischen Weltanschauung. Heute mag es noch als Utopie erscheinen: Keine sowjetischen Panzer, auch nicht solche mit einem anderen Pentagramm als Hoheitszeichen, werden daran auf die Dauer etwas ändern können.

Fünfzig Jahre haben die Bolschewiki den Mitgliedern der ihnen hörigen Parteien das Dogma der ›Kaderpartei‹ und ihrer unfehlbaren Führung in die Köpfe eingehämmert. Doch zu keiner Zeit gingen die angeblich alles wissenden und nie irrenden Führungsgremien der Ostblockstaaten aus einer demokratischen, das heißt geheimen Abstimmung unter den Parteimitgliedern hervor; die Auswahl der Kandidaten wurde immer manipuliert,[6] selbst in den untersten Einheiten, den Zellen.

In der DDR sang Ernst Busch das Lied des erst spät zur Partei gestoßenen, ultrazentristischen Fürnberg, der anscheinend in einem Schnellkurs zum Bolschewisten umgeschult worden war, nach der aufrüttelnden Melodie Hanns Eislers:

Die Partei, die Partei, die hat immer recht,
Und, Genossen, es bleibe dabei.
Wer da kämpft für das Recht, der hat immer recht,
Gegen Lüge und Ausbeuterei.
Wer das Leben beleidigt, ist dumm oder schlecht.
Wer die Menschheit verteidigt, hat immer recht,
So, aus Leninschem Geist, wächst, von Stalin geschweißt,
Die Partei, die Partei, die Partei.

Manches davon klingt wie Hohn, denn wo wäre das Leben – außer im Dritten Reich – mehr beleidigt worden als unter dem Stalinismus? Doch Fürnberg meinte seinen Text sicher tödlich ernst – in des Wortes wahrster Bedeutung. Aber trotz aller Propagandaaktionen, Lobhudeleien und Geschichtsfälschungen der Bolschewisten, deren ungeheuerliche Verbrechen in der Stalin-Ära von Nikita Chruschtschow zu einem kleinen Teil enthüllt wurden, war das Ergebnis ein ganz anderes: der 17. Juni 1953 in Berlin, in Polen der Posener Aufstand, in Ungarn eine Revolution, die, bis sie von russischen Panzern niedergewalzt wurde, mehr Erfolg hatte als die russische Revolution von 1905, und schließlich der ›Prager Frühling‹, von Chinas (gelenkter) ›Revolution der Jugend‹ und Jugoslawiens Abfall ganz zu schweigen. Das alles waren und sind keine Zufälligkeiten.

Doch niemand sollte sich von diesen Niederlagen entmutigen lassen. Die acht Monate des ›Prager Frühlings‹, dieses

»Leuchten von Glück, das von dem ganzen Volke ausgegangen ist«[7], können von keiner Propaganda der Moskauer Parteizentrale mehr ausgelöscht werden, ebensowenig wie es den zaristischen Bütteln gelang, die Erinnerung an die Revolution von 1905 aus dem Bewußtsein der russischen Arbeiter zu tilgen.[8] Hier erhält ein Wort von Rosa Luxemburg seine Bedeutung, das Gültigkeit behalten wird, solange Unterdrückte um ihre Lebensrechte kämpfen müssen:

»... Der ganze Weg des Sozialismus ist – soweit revolutionäre Kämpfe in Betracht kommen – mit lauter Niederlagen besät. Und doch führt diese selbe Geschichte Schritt für Schritt unaufhaltsam zum endgültigen Siege! Wo wären wir heute ohne die ›Niederlagen‹, aus denen wir historische Erfahrung, Erkenntnis, Macht, Idealismus geschöpft haben...«

Dennoch wäre es falsch, zu glauben, Rosa Luxemburg habe nie geirrt. Ihr Hauptwerk, ›Die Akkumulation des Kapitals‹, ist heute völlig überholt. Aber dieses Schicksal teilt es mit allen klassischen marxistischen Schriften. Karl Marx schrieb sein ›Kapital‹ in England unter dem Eindruck der Slums des Industrieproletariats, wie es sie in dieser Form in Deutschland unter dem Kaiserreich nie gegeben hatte und von deren Auswirkungen wir uns kaum noch eine Vorstellung machen können. Heute ist dieses ›Proletariat‹, wie Marx und Engels es kannten, verschwunden.

Geblieben sind die Arbeiter, in England wie in Deutschland, die zu Staatsbürgern wurden. Nicht wenige von ihnen sind hochqualifizierte Techniker und Spezialisten, und in fast allen Regierungen der westlichen ›kapitalistischen‹ Welt sitzen ehemalige Arbeiter als Minister, eine Tatsache, die noch vor 75 Jahren jenseits jeder Wunschvorstellung lag. Im 19. Jahrhundert gab es für einen Proletarier kaum die Mittel und Wege, seinem Sohn ein Studium und damit den Aufstieg in die bürgerliche Welt zu ermöglichen. Das Bemerkenswerte an diesem Wandel aber ist, daß er fast überall in Westeuropa und sogar in den USA ohne blutige Revolution und in erster Linie mit dem Stimmzettel vollzogen wurde.

Heute ist diese ›Revolution ohne Blut und Tränen‹, eine Evolution mit Hilfe des allgemeinen Wahlrechts, kein Problem mehr, und nicht wenige Soziologen prophezeien, daß die Nachkommen der ehemaligen ›Proletarier‹ im letzten Viertel des 20. Jahrhunderts auch das Bild der Wirtschaft und Technik bestimmen werden. Die Revolutionäre von einst, die ›Besitzlosen‹, ›Entrechteten‹ und wie die Bezeichnungen von einst sonst noch heißen mochten, gibt es nicht mehr: an ihre Stelle sind deren studierende Enkel getreten.

Im 19. Jahrhundert wären Studenten kaum auf den Gedanken gekommen, auf die Straße zu gehen und zu demonstrieren – von der Ausnahme der Jugend des zaristischen Rußland abgesehen.[9] In der gesamten westlichen Welt – und diese Bewegung schlägt Wellen auch über den Eisernen Vorhang hinweg – geht hundert Jahre nach Erscheinen des ersten Bandes von Marx' ›Kapital‹ (1867) nicht nur oder nicht mehr ›das Proletariat‹ auf die Straße, sondern die studentische Jugend. Monate hindurch streikten die Studenten gegen einen unfähigen, bigotten Kultusminister, sie protestieren gegen eine verkalkte Umwelt, gegen ein Gesellschaftssystem, das überholt ist, und gegen Universitätsverfassungen, die aus dem Mittelalter stammen. Am Ausgang der sechziger Jahre unseres Jahrhunderts sind die Studenten zur ›Avantgarde der Revolution‹ geworden, um mit Karl Marx zu sprechen.

Aber nicht Klassenkampf und Klassenstolz läßt die intellektuelle Jugend protestieren und treibt sie manchmal über recht seltsame Irrwege sogar auf die Barrikaden, sondern das Gefühl einer Malaise, eines undefinierbaren Unbehagens, das sie zwar noch nicht zu formulieren weiß, gegen das sie aber aus einem noch unverdorbenen und wachen Instinkt heraus vorgeht, wie um die Jahrhundertwende die deutsche Jugendbewegung, die eine weltweite kulturelle Revolution unter der Jugend der ganzen Welt auslöste.[10] Das Erstaunliche, oder eigentlich auch das Selbstverständliche dabei ist, daß die Arbeiterschaft, nach Marx ›die Avantgarde der Revolution‹, sich weigert, mit dieser Jugend gleichzuziehen, sich zu solidarisieren.

Im 19. Jahrhundert wurde in Amerika der Privatkapitalist als die höchste Vollendung persönlicher Tüchtigkeit und menschlichen Fortschritts gepriesen, weil er nicht selten vom Schuhputzer oder Zeitungsverkäufer zum Milliardär aufgestiegen war. Allerdings vergaß man zu sagen, daß dieser Aufstieg in fast allen Fällen nur mit brutalsten Mitteln erkämpft wurde! Das Gesetz gab es nur für die anständigen, die deshalb arm blieben. Doch selbst in den USA beginnt jener selbstherrliche, zu jedem Verbrechen und jeder Durchstecherei bereite Unternehmertyp zu verschwinden, um dem privaten Manager Platz zu machen, der die Vermögen der Witwen und Töchter dieser frühkapitalistischen Gangster verwaltet.

Und auch in Deutschland werden die widerlichen Playboys, die nie in ihrem Leben eine nützliche Arbeit verrichtet haben, gleich jener Nachgeburt geschäftlich genialer und sogar sozial engagierter Vorfahren immer seltener. In einem Menschenalter – hoffentlich schon früher – werden derartige Drohnen, die den Sinn ihres Lebens einzig darin sehen, pro Jahr zwei Millionen Mark zu vergeuden, nur noch Schauobjekte eines Panoptikums sein.

Aber auch die Manager, die zunehmend an die Stelle des Privatkapitalisten treten, werden ihr Profil mehr und mehr verlieren zugunsten jener Führungskollektive, die mit Hilfe entsprechend programmierter Computer die Zukunft beherrschen. Diese nicht mehr zu verhindernde Entwicklung wird die Welt mehr verändern, als der Marxismus, der seine große historische Aufgabe erfüllt hat, die Welt noch verändern kann, nicht zum wenigsten weil – wie Petro Quaroni spöttisch bemerkte – die Geschichte ihre besondere Art zu scherzen hat:

»Eine der Leistungen des Kommunismus besteht beispielsweise darin, daß er den Kapitalismus vor der Verkalkung bewahrt hat.«[11]

Es ist tatsächlich ein Treppenwitz der ›dialektischen Geschichtsauffassung‹, daß diese gerade durch ihre progressiven Lehren zum eigenen Untergang am meisten beitrug. Heute leidet der Kommunismus an ›Verkalkung‹, und die technischen Fortschritte des Westens werden ihn zwingen, mehr Freiheit zu gewähren. Nicht zu Unrecht nannte man im ›Prager Frühling‹ die Stalinisten die ›Konservativen‹, denn sie waren es, die den Marxismus Moskauer Prägung ›konservieren‹, also bewahren wollten. In diesem Sinne sind sie heute ›re-aktionär‹.

Diese Entwicklung konnte niemand voraussehen, weder Karl Marx noch seine Epigonen, die Marxisten, und auch nicht Rosa Luxemburg, obwohl sie – wie wir noch sehen werden – in einigen entscheidenden Fragen die kommende inhumane Entartung der russischen Revolution und der Lehren von Karl Marx unter den Bolschewiki prophezeite.

Deshalb spricht vieles dafür, daß die entscheidenden Impulse für eine kommende Revolution, das heißt: eine Umwandlung der gesellschaftlichen Verhältnisse mit und ohne Barrikaden, nicht aus dem Osten, sondern aus dem Westen kommen werden, trotz Vietnam, trotz der dunklen Machenschaften der CIA in Griechenland und in den südamerikanischen Ländern, trotz des ungelösten amerikanischen Rassenproblems und trotz der Ausrottung ganzer indianischer Völkerstämme aus Gründen des Profits nordamerikanischer Börsenhyänen.

Diese Feststellung ändert nichts an der Größe Rosa Luxemburgs, die zu den bedeutendsten sozialistischen Führern um die Jahrhundertwende gehört und deren Wirken aus der Geschichte der deutschen Arbeiterbewegung nicht wegzudenken ist. Wenn sie auch zu den orthodoxen Marxisten zählte, so vereinigten sich in ihrem Denken Humanismus und marxistische Lehre zu einer einzigartigen Synthese.

Ihr Tod war eine europäische Katastrophe, denn sie hätte der Entartung des Marxismus durch den Leninismus-Stalinismus vielleicht Einhalt gebieten können. Mit dieser Biographie soll versucht werden, dieser einmaligen Persönlichkeit Gerechtigkeit widerfahren zu lassen und ihr Wirken den Generationen, die nach ihr kamen, zu verdeutlichen.

Ottobrunn, Januar 1970

Harry Wilde

Ich war – ich bin – ich werde sein

»*Die Führung hat versagt*«

Es waren wahrscheinlich ihre letzten Worte, die sie niederschrieb: »Ich war, ich bin, ich werde sein!« Sie stehen am Ende eines Artikels in der ›Roten Fahne‹, der von ihr im November 1918 mitbegründeten kommunistischen Zeitung in Berlin. Er erschien am 14. Januar 1919. Einen Tag später wurden Rosa Luxemburg und ihr Parteifreund Karl Liebknecht ermordet, ein Verbrechen, das am meisten den Sowjets nützte und dessen weltweite Auswirkungen erst heute richtig zutage treten.

Ihr letzter Artikel war nicht ihr stärkster, aber wer wollte ihr das vorhalten? Die Unruhen, die seit Weihnachten 1918 in der Reichshauptstadt schwelten und die man fälschlicherweise ihr anlastete, waren niedergeschlagen worden, sie selber befand sich, zusammen mit Liebknecht und ihrem Schüler Wilhelm Pieck, dem späteren Präsidenten der DDR, auf der Flucht vor den Häschern, die – das wußte sie – danach trachteten, sie umzubringen.

Wenn es auch nur Geschwätz war, daß ein ›Sozialdemokratischer Helferdienst‹ auf sie eine Kopfprämie von 100000 Reichsmark gesetzt hatte,[12] so war durchaus kein leeres Geschwätz, was die kleine, zierliche Frau an vielen Hauswänden las, während sie von einem Versteck ins andere hastete: »Tötet Liebknecht und Luxemburg!«

Mit einer solchen Drohung vor Augen, schreibt man keine Sätze für die Ewigkeit. Sie war nie feige gewesen, dennoch bedrückte sie Angst, denn »Angst zu haben ist kein Vorrecht der Bourgeoisie«, sagte Jahre danach einer ihrer Freunde,

»auch von Mörderbanden verfolgte Sozialisten haben sie«. Dazu hatte sie in den letzten beiden Tagen kaum Schlaf gefunden, und die endlosen Stunden grenzenloser Enttäuschung und quälender Furcht vor dem Ungewissen waren ein Fegefeuer gewesen. Aber den Artikel für die ›Rote Fahne‹ hatte sie schreiben müssen; nach dem Zusammenbruch erwarteten die Genossen ein Wort des Trostes und des Trotzes. Doch es konnten nur Gemeinplätze werden.

Aus ihrer profunden Geschichtskenntnis heraus zählte sie andere Niederlagen auf: »Ordnung herrscht in Warschau« nach der Niederschlagung des polnischen Aufstandes 1831; der erste ergebnislose Aufruhr der Lyoner Seidenarbeiter 1831; die Niederlage der englischen Chartistenbewegung 1840; die für die französische Arbeiterschaft vergebliche ›Erhebung des Pariser Proletariats 1848‹, und schließlich ›das Bacchanal der Bourgeoisie auf den Leichen der Communekämpfer‹ im Jahre 1871. Diesen erfolglosen Revolutionen und Revolten reihte sich nun die Niederlage in Berlin um die Jahreswende 1918/19 an: die Vertreibung der kommunistischen Rebellen aus dem Marstall, dem Polizeipräsidium und zuletzt aus dem Gebäude des sozialdemokratischen Zentralorgans ›Vorwärts‹, das sie besetzt hatten.

Dabei war es zu schweren Übergriffen der von dem gemäßigten Sozialdemokraten Gustav Noske in die Reichshauptstadt geholten Truppen gekommen; Bürger- und Religionskriege waren seit jeher grausamer als bewaffnete Auseinandersetzungen zwischen Staaten.

In den Vorwürfen gegen die deutschen Soldaten, denen Rosa Luxemburg ihre Niederlagen im Weltkrieg vorrechnete, kam ihre Bitterkeit und Empörung zum Ausdruck. Zeit ihres Lebens hatte sie gegen Auswüchse des Militarismus und Soldatenmißhandlungen gekämpft, und nichts war ihr so verhaßt gewesen wie dieser Krieg, der ihr nicht nur ihren Glauben an die internationale Solidarität, sondern auch den Geliebten genommen hatte.

Doch trotz der Niederlage im Kampf um die Macht in der Reichshauptstadt, einem Kampf, den sie selbst nicht gesucht, vor dem sie sogar gewarnt hatte, schien Rosa Luxemburg der Endsieg des Proletariats auch in Deutschland sicher zu sein:

»... Die Führung hat versagt. Aber die Führung kann und muß von den Massen und aus den Massen heraus neu geschaffen werden. Die Massen sind das Entscheidende, sie sind der Fels, auf dem der Endsieg errichtet wird..., ›Ordnung herrscht in Berlin!‹ Ihr stumpfen Schergen! Eure ›Ordnung‹ ist auf Sand gebaut. Die Revolution wird sich morgen schon ›rasselnd in die Höh' richten‹ und zu eurem Schrecken mit Posaunenklang verkünden: ›Ich war, ich bin, ich werde sein!«

In fliegender Hast niedergeschrieben (soweit bekannt, blieb das Manuskript nicht erhalten), während draußen schon der Kurier wartete, um den Text in die Redaktion in der Wilhelmstraße zu bringen, sagen die zu Sätzen aneinandergereihten Standardparolen noch alles über Rosa Luxemburg aus, die – wie kaum ein anderer Sozialist in den letzten beiden Jahrzehnten vor 1918 – von ihren Feinden und sogar von ihren Freunden so oft und gründlich mißverstanden wurde.

Heute wird sie von den deutschen Kommunisten reklamiert, und sie kann sich nicht mehr wehren, wenn jeweils an ihrem Todestag am 15. Januar die höchsten Spitzen der SED zu ihrem von den Nationalsozialisten zerstörten und nach 1945 wieder aufgebauten Grabmal in Berlin-Lichterfelde hinauspilgern, Reden halten und ein paar protokollarische Krokodilstränen vergießen. Dabei wissen der trockene Walter Ulbricht, die Spitzenfunktionäre, die ›Apparatschiks‹ und die Historiker der DDR nur zu genau, daß Rosa Luxemburg mit der SED ebensowenig etwas gemeinsam hat wie mit den Bolschewiki, die sie stets ablehnte.

Sie wurde 1919 von aufgehetzten Soldaten erschlagen. So blieb ihr erspart, in der UdSSR während der sogenannten ›Schädlingsprozesse‹ in den Jahren 1936 bis 1938 auf Befehl Stalins als ›Trotzkistin‹, spätestens aber nach dem Krieg im Polen Bieruts und Gomulkas als ›Titoistin‹ durch Genickschuß ›liquidiert‹ zu werden. Oder aber der ehemalige Damenschneider Erich Mielke, jetzt Generalleutnant und Chef des Staatssicherheitsdienstes der DDR, hätte sie als ›amerikanische Agentin‹ wie so viele andere widerborstige Altkommunisten in irgendeinem Zuchthaus verschwinden lassen. An entsprechenden Verleumdungstermini, jeweils gestützt durch ›freiwillige Geständnisse‹ und gefälschtes Beweismaterial, hat es den Parteiapparaten in der Stalin-Ära nie gemangelt.

Ihr Tod kam vielen gelegen

Tatsächlich kam ihr Tod 1919 vielen gelegen, am meisten Lenin, dem sie – ebenso wie der Kosmopolit Leo Trotzki – geistig gewachsen war. Von Angelica Balabanoff, Lenins Weggefährtin vieler Jahre, wissen wir, daß dieser »die Intellektuellen, die seine Ansichten bekämpften, mit... fanatischem Haß verfolgte«.[13] Rosa Luxemburg konnte er schon deshalb nicht recht leiden, weil sie seine dunklen Geldgeschäfte verurteilt hatte, von den politischen Gegensätzen und der so entscheidenden Organisationsfrage ganz zu schweigen. An anderer Stelle sagt Balabanoff in ihrem Buch[14]: »Lenin war Andersdenkenden gegenüber intolerant«, und jederzeit sei er bereit gewesen, sie als ›Verräter‹ zu denunzieren:

»Wenn ich sie so nenne, will ich damit nicht sagen, daß es sich um persönlich ehrlose Menschen handelt, sondern... daß ihre politische Haltung sie objektiv zu Verrätern macht.«[15]

Die Anprangerung als ›Verräter‹ wirkte sich für viele Revolutionäre verheerend aus. Einige schieden freiwillig aus dem Leben, denn wer kannte schon Lenins (und später Stalins) Definition? Für die große Masse war der Beschimpfte ›objektiv‹ ein Verräter. Gegenüber Rosa Luxemburg hätte Lenin mit Sicherheit diese Beschuldigung erhoben, obwohl er sie nach ihrem Tod als ›Adler‹ feierte.

Für sie waren, trotz manchmal auch bei ihr zutage tretender Unduldsamkeit, die demokratischen Spielregeln innerhalb der Partei Leitgedanke ihres Handelns; Lenin dagegen war immer ichbezogener Diktator (und auch Verleumder): er

»faßte die Beschlüsse, die Berufsrevolutionäre führten sie aus, die Arbeiter hatten zu gehorchen«.[16] Tatsächlich waren die Bolschewiki nur eine Kaderpartei unter dem Feldherrn Lenin, während Rosa Luxemburg an die schöpferische Kraft der revolutionären Massen glaubte, getreu der Marx-Engelsschen These, daß »die Emanzipation der Arbeiter das Werk der Arbeiterklasse selber sein muß«.[17]

Ob das in allen Fällen für eine Arbeiterpartei die richtige Methode ist, an die Macht zu kommen, ist eine Frage für sich. Rosa Luxemburg kannte aus eigener Anschauung nur die Revolution in Rußland vom Jahre 1905, bei der die Massen tatsächlich eine entscheidende Rolle gespielt hatten. Die Machtergreifung der Bolschewiki 1917 dagegen war keine von der Mehrheit der Arbeiterschaft getragene Revolution im ›klassischen Sinne‹, sondern ein Staatsstreich unter Leitung des militärisch hochbegabten Leo Trotzki. Rosa Luxemburg dürfte dieser entscheidende Unterschied zu früheren Revolutionen kaum bewußt geworden sein.

Als die Bolschewiki die Macht an sich rissen, saß sie als ›Schutzhäftling‹ im Gefängnis in Breslau, und nach der erst am 9. November erfolgten Befreiung fehlte es ihr an Informationsmöglichkeiten. Der sowjetische Vertreter in Berlin, Adolf Joffe, der ihr am ehesten hätte Auskunft geben können, war kurz vor ihrer Ankunft in der Reichshauptstadt zur Persona non grata erklärt worden und hatte damit seinen diplomatischen Status verloren.

Doch auch er würde ihr nicht den Unterschied erklärt haben zwischen der Revolutionsromantik Lenins, der noch an die Notwendigkeit von Barrikaden und blutigen Straßenkämpfen im Stil der Pariser Commune glaubte, und der generalstabsmäßigen Überrumpelung der noch immer bestehenden und funktionierenden Kommandozentralen des zaristischen Staates in einer einzigen Nacht (vom 6. zum 7. November 1917 westlicher Zeitrechnung) mit Hilfe bewaffneter und blind gehorchender Arbeitertrupps – es gab nur acht Tote.[18]

Hier wird ein tragischer Irrtum Rosa Luxemburgs offenbar, wurzelnd in ihrem fast religiös anmutenden Glauben an die

›schöpferische Kraft der Massen‹, die in Wahrheit gerade in revolutionären Epochen eine überlegene Führung dringend brauchen.

In Petrograd, dem heutigen Leningrad, standen für die Oktoberrevolution 1917 (so bezeichnet nach dem russischen – Julianischen – Kalender) auf dem politischen Sektor Lenin und auf dem militärischen Trotzki zur Verfügung, neben einer Reihe anderer hervorragender Köpfe. In Deutschland konnte selbst der stärkste Glaube an die Massen, von den Kritikern nicht ganz zu Unrecht als ›proletarischer Mystizismus‹ bezeichnet, den Mangel an Führerpersönlichkeiten nicht ersetzen.

Rosa war nur stark in theoretischen Fragen, was ihre ›Schwächen‹ nicht aufwog: ihren Mangel an Führungseigenschaften; ihr Zögern, auch blutige und hohe Opfer eines gewaltsamen Umsturzes zu verantworten; ihre völlige Verkennung des auch bei Marx/Engels und den Bolschewiki nachzuweisenden nationalen Sentiments; das Fehlen eines ihre Fähigkeiten ergänzenden militärischen Genies wie Leo Trotzki – und ihre Existenz als Frau.

Revolutionen waren – und sind noch immer – Männersache; selbst Arbeiterinnen folgen lieber einem Mann als einer Frau, und in den höchsten Parteigremien von Peking bis Pankow sind weibliche Mitglieder äußerst selten. In den bürgerlichen Staaten dagegen finden sich Frauen selbst auf Thronen und Ministerpräsidentensesseln.

Rosas Kampfgefährte Karl Liebknecht war ein Wirrkopf und als Führer einer Revolution denkbar ungeeignet, ganz abgesehen davon, daß selbst der geniale Trotzki nach seiner Rückkehr aus den USA 1917 sechs Monate brauchte, den Staatsstreich vorzubereiten. In Deutschland gab es weder eine Kaderpartei wie die der Bolschewiki, auf die sich Liebknecht hätte stützen können, noch hatten Rosa Luxemburg und Liebknecht genügend Zeit, eine komunistische Revolution propagandistisch vorzubereiten, deren Gelingen selbst dann – angesichts der in drei Jahrzehnten gewachsenen sozialdemokratischen Massenpartei – fraglich bleiben mußte.

Nicht zu unterschätzen war auch, daß Lenin und seine Freunde die Fortsetzung des sinnlos gewordenen Krieges durch die menschewistisch (sozialdemokratisch) ausgerichtete Regierung unter Kerenski agitatorisch für sich ausnutzen konnten, während den deutschen Volksbeauftragten der SPD und USPD gleich bei ihrem Antritt ein Waffenstillstand aufgezwungen wurde, der die Fortsetzung der Blockade und härteste Friedensbedingungen erwarten ließ. Diese Tatsachen verschoben die Propgandamöglichkeiten, wie sie in Rußland gegeben waren, ins genaue Gegenteil und unterbanden nicht unwesentlich ein Hinüberwechseln der Arbeiterschaft zu der von Liebknecht und Luxemburg vertretenen radikalen Richtung, und zwar weit stärker, als man bisher anzunehmen geneigt war.

Davon wird in den Lobreden der Sowjet- und SED-Prominenz an den Gedenktagen der beiden ›Helden der proletarischen deutschen Revolution‹ nicht gesprochen. Man feiert sie als Märtyrer, »gemeuchelt von den verräterischen SPD-Führern«, und reklamiert sie einmal mehr für die gemeinsame Sache. Schrieb Rosa Luxemburg nicht in ihrer letzten, von ihrem – später zur SPD zurückgekehrten – Parteifreund Paul Levi erst 1922 veröffentlichten, noch im Gefängnis in Breslau konzipierten Broschüre die Worte: »Die russische Revolution ist das gewaltigste Faktum des Weltkrieges«?[19]

Daß sie in dieser Schrift auch harte Kritik übte und in fast hellseherischer Weise vieles voraussah, was später in der UdSSR geschah, werden ihre Lobredner im kommunistischen Block verschweigen. »Die ganze Widersprüchlichkeit dieser Revolution«,[20] die Rosa Luxemburg in den neun Wochen nach ihrer Entlassung aus der ›Schutzhaft‹ bis zu ihrer Ermordung klar erkannte, ist auch der Grund, daß diese Broschüre bis heute weder in der DDR noch in der Sowjetunion veröffentlicht worden ist. (Siehe Anhang.)

Doch neben diesem ihr Andenken und ihre Lehre verleugnenden Verhalten der ›Apparatschiks‹ von Pankow bis Moskau gibt es zahlreiche junge Menschen, die ihre zum Teil in nichtmarxistischen oder ›volkseigenen‹ Verlagen neu aufgelegten Bücher lesen und ihre – heute überholten – wissenschaftlichen Werke gründlicher studieren, als die gesamte SED-Prominenz sie jemals studiert hat.

Diese Studenten tragen bei Demonstrationen, ob in Washington oder Berlin, Rosas Bild auf Tafeln mit sich, was die Machthaber in der DDR und in der Sowjetunion außerordentlich beunruhigt. Sie fürchten den ›Luxemburgismus‹ mehr als alles andere, die Ereignisse in Prag im August 1968 beweisen es. Denn was sich dort anbahnte, war genau das, was Rosa Luxemburg immer gefordert hatte: den demokratischen Sozialismus.

»Freiheit nur für die Anhänger der Regierung, nur für die Mitglieder einer Partei – mögen sie noch so zahlreich sein –, ist keine Freiheit. Freiheit ist immer nur die Freiheit des anders Denkenden.«[21]

Die Frage, warum sich die jungen Leute heute zu dieser Frau bekennen, von deren Leben sie nur wenig wissen können, ist nicht leicht zu beantworten. Selbst Studenten, die ihre Bücher gelesen hatten, konnten keine plausible Erklärung geben. Einer der Gründe dürfte sein, daß diese Frau schon vor einem halben Jahrhundert den demokratischen Sozialismus vertrat.

Denn der Aufstand der Jugend, der über die ganze Welt geht, richtet sich nicht nur gegen das ›kapitalistische‹, sondern nicht minder stark auch gegen das ›kommunistische Establishment‹. Tatsächlich wird der sogenannte ›Leninismus‹: die Verwandlung der Lehren von Karl Marx und Friedrich Engels durch Lenin und seinen Epigonen in eine allgemeine ›Heilslehre‹ im Range einer puritanischen Religion, von der Rebellion der Jugend viel mehr bedroht als die bürgerlichen Demokratien. Die harten Urteile gegen die aufsässigen jungen sowjetischen Schriftsteller beweisen es.

In demokratischen Staaten ist – um die These Trotzkis von der Notwendigkeit einer ›permanenten Revolution‹ abzuwandeln – eine ›permanente Evolution‹, eine ständige Weiterentwicklung der gesellschaftlichen Verhältnisse ohne Gewaltanwendung und sogar mit dem Stimmzettel möglich. In kommunistischen Diktaturen dagegen wird schon der leiseste Zweifel an der alleinseligmachenden leninistisch-stalinistischen Religion, jede Diskussion um eine Alternative zu den bestehenden Verhältnissen zum Sakrileg.[22]

Wenn Marx lehrte, daß »die Produktionsweise des materiellen Lebens... den sozialen, politischen und geistigen Lebensprozeß« bedingt und »nicht das Bewußtsein der Menschen... ihr Sein, sondern umgekehrt ihr gesellschaftliches Sein... ihr Bewußtsein bestimmt«, so ahnte er wohl nicht, daß in kommunistischen Staaten das ›Sein‹ einmal mit Parteiapparat gleichzusetzen sein und der Staat, den er glaubte mit seiner Lehre abschaffen zu helfen, zum Selbstzweck werden würde, zu einer neuen Kirche mit einer eigenen ›heiligen Inquisition‹ (GPU, später NKWD) und einer neuen Funktionärsklasse an Stelle der alten bürgerlich-adligen Kaste.

Die neuen Herren bekämpfen den Widerspruch – Ausgangspunkt des ›Diamat‹, des Marxschen ›Dialektischen Materialismus‹ – erbitterter, als im Mittelalter die Priester christlicher Kirchen Abweichungen von ihren Dogmen verfolgten. Aber damit ist nicht erklärt, warum sich die rebellierende Jugend von heute Rosa Luxemburg und Leo Trotzki als Leitbilder erkoren hat, zwei Revolutionäre, die sich zu ihren Lebzeiten gedanklich nicht besonders nahestanden. Ist es nur die Lust am Widerspruch auch gegenüber den kommunistischen Kirchenvätern?

Trotzkistische Zeitungen verbreiten heute Rosa Luxemburgs Lehren, nachdem sich schon Trotzki als Emigrant eindeutig zu ihr bekannt hatte. Dabei darf man als sicher annehmen, daß Rosa, wäre sie nicht ermordet worden, Trotzki erbittert bekämpft hätte, der aus Parteidisziplin manches tat, was sie verabscheute.[23] Es sind jetzt mehr als fünfzig Jahre her, daß sie von einem geistig unterentwickelten Werkzeug nationalistischer Offiziere erschlagen wurde, und Leo Trotzki fiel vor dreißig Jahren in Mexiko dem Mordanschlag eines von Stalin ausgesandten NKWD-Agenten zum Opfer. Heute scheint es, als ob die Toten aus ihren Gräbern auferstehen und Rosa Luxemburgs letztes Wort wahr machen: »Ich war, ich bin, ich werde sein!«

Rosa Luxemburg kam am 5. März 1870 (Lenin am 22. April desselben Jahres) in Zamość (Samosch oder Zamest) in Russisch-Polen im Gouvernement Lublin als Tochter des wohlhabenden jüdischen Holzhändlers Elias (Eliasch) Luxenburg[24] und seiner Ehefrau Line geborene Löwenstein als jüngstes von fünf Kindern zur Welt.[25] Der jüdischen Gemeinde dieser Stadt, eine der fortschrittlichsten und kultiviertesten ganz Polens, gehörte die Familie nicht an; schon der Großvater scheint aus dem Judentum ausgetreten zu sein und sich zum Polentum bekannt zu haben. Ob damit auch der Übertritt zum orthodoxen oder katholischen Glauben verbunden war, ist nicht bekannt; sehr wahrscheinlich ist es nicht, obwohl damals erst der Glaubenswechsel die Assimilierung effektiv werden ließ.[26] Doch fällt auf, daß außer Rosa (Rosalie) auch ihr Bruder Josef einen katholischen Rufnamen trug, ebenso ihre Schwester Anna, und daß sie überraschend oft christliche Redewendungen und Gleichnisse benutzte.

Zu Hause sprach man nicht Jiddisch, die allgemeine Umgangssprache unter den Juden, sondern – neben Russisch und Polnisch als Landessprachen – Deutsch. Rosa Luxemburg sollte auch später nie Jiddisch sprechen, abgesehen von einigen Ausdrücken. Seinen Kindern gab Elias(ch) (oder Eduard) Luxenburg, der in Deutschland zur Schule gegangen war und auch seine Söhne, Rosas Brüder, auf deutsche Schulen schickte, deutsche Rufnamen, und »mit Friedrich Schiller wurde... ein wahrer Kult getrieben«.[27]

Das war nichts Außergewöhnliches in jüdischen Familien des alten Rußland. Für sie war das Deutsche Kaiserreich ein Hort des Rechtes, der Ordnung und der Kultur. Noch 1905, als es in Rußland und Polen zu Pogromen kam, wandten sich jüdische Gemeinden hilfe- und schutzsuchend an Kaiser Wilhelm II. Die Juden von Zamość, ein Drittel der Gesamtbevölkerung und in der Mehrzahl treue Anhänger ihrer Religion, scheinen die Luxenburg allerdings nicht besonders geachtet zu haben, wahrscheinlich einer der Gründe, warum die Familie 1873 nach Warschau zog.

Im Alter von vier Jahren erkrankte Rosa an einem Hüftleiden, fälschlich als Knochentuberkulose behandelt. Fast ein ganzes Jahr war sie bettlägerig, und die Fehlbehandlung führte zu einem dauernden Schaden. Doch in dieser Zeit lernte sie lesen und schreiben, da sie hochbegabt war, gleich in drei Sprachen. Mit neun Jahren soll sie schon deutsche Gedichte und Prosa ins Polnische übersetzt haben, und 1884 verfaßte sie auf Anregung ihres Vaters ein Gedicht auf Kaiser Wilhelm I., als dieser Warschau besuchte:

Endlich werden wir Dich sehen, Mächtiger des Westens,
Das heißt, solltest Du in des Sachsen Garten[28] kommen,
Denn ich besuche Eure Höfe nicht.
Es liegt mir nämlich an Eueren Ehrenbezeigungen gar nichts.
Doch wissen möchte ich, was Ihr dort schwatzt.
Mit dem ›Unsrigen‹ sollst Du ja ›per Du‹ sein.
In bezug auf Politik bin ich noch ein dummes Schaf,
Drum will ich überhaupt mit Dir nicht viel reden.
Nur eines möchte ich Dir, lieber Wilhelm, sagen:
Sage Deinem listigen Lumpen Bismarck,
Tue es für Europa, Kaiser des Westens,
Befiehl ihm, daß er die Friedenshose nicht zuschanden
macht.[29]

Man soll in solch kindliche Stilübungen nichts hineingeheimnissen, dennoch fällt auf, daß sie im Jahre der Erneuerung des Dreikaiserbündnisses zwischen Deutschland, Österreich-Ungarn und Rußland vom Frieden spricht und damit die Stimmung ihrer Umwelt wiedergibt. Unverständlich bleibt, warum sie Bismarck als ›Lumpen‹ titulierte, denn gerade er war ein Befürworter des Bündnisses mit Rußland und als Gegner jeglicher antisemitischer Strömungen bei den Juden wohlgelitten.

Da sie körperlich klein war, wirkte ihr etwas zu großer Kopf um so auffallender.[30] Bilder aus ihrer Kindheit und Jugend zeigen ein mehr dem Vater als der Mutter ähnelndes Mädchen mit dunklen, erstaunt fragenden Augen. Ihren wegen des Hüftleidens leicht hinkenden Gang lernte sie schon als Kind verbergen. Sie erlangte darin eine solche

Fertigkeit, daß später kaum jemand diesen körperlichen Mangel bemerkte.

Daß sie nicht ›schön‹ war, wußte sie. Doch hatten ihre großen Augen einen faszinierenden Glanz und ließen den männlichen Ausdruck ihres Gesichts vergessen. Anatoli Lunatscharski sollte sich noch nach zwei Jahrzehnten des faszinierenden Eindrucks der kleinen Person erinnern.

Mit 14 Jahren trat sie in Warschau in das Zweite Frauengymnasium ein. Da Kinder jüdischer Eltern diese Zulassung nur sehr schwer erhielten, darf man annehmen, daß sich der Austritt der Familie aus der jüdischen Gemeinde günstig ausgewirkt hatte. Vielleicht rechnete man dem Vater Elias auch an, daß er sich um den Aufbau des polnischen Schulwesens und Volkstheaters gewisse Verdienste erworben hatte und mit den Bestrebungen nationalrevolutionärer Polen sympathisierte, ohne jedoch selber aktiv zu werden.[31]

Auf dem Gymnasium wurde der Unterricht in russischer Sprache gehalten; der Gebrauch der polnischen Sprache war den Schülern sogar im Verkehr untereinander verboten. Rosa lernte schnell russisch sprechen und schreiben, und bald war sie Klassenerste. Ihr letztes Schulzeugnis wies hervorragende Zensuren auf: vierzehn 5 (Ausgezeichnet) und fünf 4 (Sehr gut). Doch die ihr zustehende Goldmedaille wurde ihr »wegen oppositioneller Haltung gegenüber den Behörden« verweigert, ein wahrscheinlich berechtigter Vorwurf.[32]

Ob sie sich nach ihrer Schulentlassung politisch exponierte, ist unbekannt, doch eines Tages erklärte sie ihren Eltern, wegen drohender politischer Verfolgungen aus Warschau verschwinden zu müssen. Möglicherweise war das nur ein Vorwand, um den Kreis der Familie verlassen zu können. Anderseits hatte sie sich in den beiden Jahren seit ihrem Abgang vom Gymnasium tatsächlich »mit den Lehren der beiden deutschen Philosophen Karl Marx und Friedrich Engels beschäftigt«, im Rußland Alexanders III. Grund genug für eine Verbannung nach Sibirien, ein Land, mehr als viermal so groß wie das europäische Rußland, das vornehmlich mit Verbannten besiedelt worden war.[33]

Aber gewisse Indizien – nicht mehr – sprechen auch dafür, daß Rosa bereits als Sechzehnjährige – sie selber sprach später nur selten über diese Jugendjahre – Mitglied der Warschauer Zelle der ›Revolutionär-Sozialistischen Partei Proletariat‹ war, einer Organisation, in der als einer der wenigen Arbeiter ein gewisser Martin Kasprzak eine führende Rolle spielte. Dieser soll sie auch für den Sozialismus gewonnen haben. Ob sie mit ihm in näherem Kontakt stand, ist nicht verbürgt.

Jedenfalls war es Kasprzak, der sie an die Grenze brachte und auch für ihren Übertritt nach Deutschland Sorge trug, indem er einem katholischen Geistlichen erzählte, da sei ein jüdisches Mädchen, das sich taufen lassen wollte, aber wegen der Familie sei das nur im Ausland möglich. Der Pfarrer ließ sie auf einem Bauernwagen unter Stroh versteckt über die Grenze schmuggeln. Sie sollte Kasprzak erst nach Jahren wiedersehen.[34]

Die erste große Liebe

Die erste Station war Zürich. An der Universität hörte sie als eine der ersten Frauen – wenn nicht überhaupt als erste – Vorlesungen über Mathematik und Naturwissenschaft. Pflanzen und Tieren galt zeit ihres Lebens ihre Aufmerksamkeit, und in trüben Stunden spendete die Beschäftigung mit ihnen ihr immer wieder Trost und Kraft. Als Schutzhäftling in Wronke, in der damals preußischen Provinz Posen, legte sie sich in den Festungswällen sogar einen kleinen Garten an, und in den Jahren der Freiheit dienten ihr die ausgedehnten Spaziergänge dazu, die Natur mit den Augen des Wissenschaftlers zu betrachten.

Vom üblichen Studentenbetrieb hielt sie sich fern; Frauen wurden zu jener Zeit nicht als vollgültig angesehen. Nur in Emigrantenkreisen fühlte sie sich wohl. Dort kannte man keine Vorurteile gegen das ›schwache Geschlecht‹, und die nächtelangen Diskussionen über Sozialismus und die Aussichten einer revolutionären Entwicklung im Zarenreich fesselten sie mehr als alles andere. Hier dürfte auch ihr Entschluß gereift sein, statt weiter Naturwissenschaften zu studieren zur Nationalökonomie hinüberzuwechseln, ein nicht gerade ›frauliches Fach‹, aber dafür eines, das ihr den Weg zum Verständnis der Lehren von Karl Marx erleichtern sollte.

In Zürich, damals das Mekka der aus Rußland geflüchteten polnischen und russischen Studenten, lernte sie eine Reihe von Gesinnungsgenossen kennen: Paul Axelrod, der unter den Emigranten eine große Rolle spielte und später, zusammen mit Lenin und anderen, im Redaktionsstab der ›Iskra‹ saß; die ›aus gutem Hause‹ stammende und beinahe schon legendäre Wera Sassulitsch, die ein Attentat auf Trepow, den Stadthauptmann von Sankt Petersburg, verübt hatte, vom Schwurgericht freigesprochen und ins Ausland entkommen war; den ›Vater der russischen marxistischen Bewegung‹, Georgi Plechanow, einen Gutsbesitzerssohn aus dem russischen Kleinadel; und schließlich Alexander Helphand, genannt ›Parvus‹, der mit seinen eigenwilligen Thesen die marxistische Bewegung in Deutschland später stark beeinflussen sollte.

Aber auch den um drei Jahre älteren Leo Jogisches lernte sie kennen, den Sohn reicher jüdischer Eltern, der in seiner Vaterstadt Wilna den ersten revolutionären Zirkel gegründet hatte, dem sogar Josef Pilsudski, der spätere polnische Diktator, angehörte. Jogisches war freiwillig ›Proletarier‹ geworden, hatte als Schlosser gearbeitet und das Schriftsetzerhandwerk und Gravieren gelernt, um selber illegale Zeitschriften und Flugblätter herstellen zu können.

Nach Verbüßung einer kurzen Festungshaft tauchte er 1890 in Zürich auf, und die beiden lernten sich kennen. Jogisches sollte die geistige und politische Entwicklung seiner Landsmännin stärkstens beeinflussen und für anderthalb Jahrzehnte zum Mittelpunkt ihres Lebens werden, obwohl er der Umwelt gegenüber weder als ihr Mentor noch als ihr Lebensgefährte in Erscheinung trat. Nur die allerintimsten Freunde wußten um beider Verhältnis. Die Liebesbriefe, die Rosa an Jogisches schrieb, sind fast alle erhalten geblieben und befinden sich im Marx-Engels-Institut in Moskau. Sie legen Zeugnis davon ab, wie glühend sich die beiden jungen Menschen liebten.

Für die Gründung und Erhaltung der polnischen Zeitung ›Sprawa Robotnicza‹, des Organs der SDKP (Sozialdemokratie des Königreichs Polen), dessen Herausgabe hauptsächlich ihre Idee gewesen war, wie Nettl (S. 91) schreibt, fuhr sie in den Jahren 1893 bis 1898 einige Male nach Paris, dem Erscheinungsort. Von ihrem zweiten Besuch im Jahre 1894 – einer Art Rettungsaktion, denn ›Sprawa Robotnicza‹ drohte unter der ungeschickten Leitung ihres ›Chefredakteurs‹ Adolf Warszawski (Adolf Warski) Schaden zu nehmen – liegt ein Brief vor, der von der Glut der Liebesbeziehungen zwischen Rosa Luxemburg und Leo Jogisches zeugt:

Paris, Donnerstag abend (5. IV. 1894)

Da sitze ich zu Hause (d. h. im Hotel) vor dem Tisch und versuche, mich an die Proklamation zu machen. Mein Dziodziu![35] Ich habe so keine Lust! Der Kopf schmerzt mich und ist schwer, auf der Straße der Lärm und ein schreckliches Getöse, im Zimmer ist es scheußlich... Ich möchte zu Dir, ich kann nicht weiter! Denke Dir, mindestens noch 2 Wochen, denn kommenden Sonntag kann ich mich wegen der Proklamation nicht auf den Vortrag vorbereiten, ich muß also bis zum nächsten Sonntag warten, und dann ist das russische Referat...

Dziodziu, wann ist endlich Schluß damit – ich beginne die Geduld zu verlieren, nicht um die Arbeit geht es mir, nur um Dich! Warum bist Du nicht zu mir hergekommen! Damit ich Dich hier bei mir habe – dann würde mir gar keine Arbeit Sorgen machen. Heute bei den Adolfs habe ich mitten in den Besprechungen und Vorbereitungen für die Proklamation plötzlich so eine Müdigkeit in mir gespürt und solche Sehnsuch nach Dir, daß ich fast aufgeschrien hätte. Ich habe Angst, daß mich mit einem Male der alte Teufel packt (der von damals in Genf und in Bern) und mich plötzlich – zur Gare de l'Est[36] führt...

Um mich zu trösten, stelle ich mir vor, wie die Lokomotive pfeift... und... ich zu Dir fahre. Ach Gott, mir scheint, daß mich von diesem Augenblick mehr als die ganze Gebirgskette der Alpen trennt. Dziodziu, und wie ich in Zürich einfahren werde und wie Du auf mich warten wirst und wie ich schon aus dem Waggon herauskrieche und zum Bahnhofseingang laufe und Du wirst im Gedränge stehen und Du wirst mir nicht entgegenlaufen dürfen, sondern ich werde zu Dir gelaufen kommen!

Aber wir werden uns nicht gleich küssen, nein, nichts, das verdirbt es nur, das sagt ganz und gar nichts. Wir werden nur schnell nach Hause gehen und uns so ansehen und uns anlächeln. Und zu Hause – da setzen wir uns auf das Sofa und umarmen uns und ich werde in Tränen ausbrechen – so wie jetzt.

Dziodziu, ich will nicht, ich will schon früher! Mein Gold, ich kann nicht mehr. Zum Unglück, weil ich eine Durchsuchung befürchtete, habe ich auf jeden Fall Deine Briefe verbrannt, und im Moment habe ich nichts, was mich trösten könnte.

Wenn Du wüßtest, was Du für ein Polnisch schreibst! Dafür kriegst Du es von Deiner Frau – Du wirst schon sehen. Bestimmt wirst Du jetzt böse sein – in dem ganzen Brief kein Wort k djelu.[37]

Hier, um Dich zu trösten, ein paar Worte k djelu. Deine Proklamation gefällt mir sehr gut, abgesehen von einigen Wendungen. Wenn dieser Spitzel tatsächlich in Zürich ist, bemühe Dich, ihn zu treffen und locke ihm diese unglückselige Nr. der ›Sache (der Arbeiter)‹[38] heraus, das ist ganz leicht...

Freitag. Geld, Bücher und Briefe habe ich bekommen. Sitze über der Proklamation. Bleibe gesund und schreibe.

Schicke mir die Nummer des ›Ateneum‹[39] über die Tarife...[40]

Der Leser fragt sich, warum sie nicht zur Gare de l'Est fuhr und einen Zug nach Zürich bestieg, um ihren Freund, nach dem sie sich so sehnte, in die Arme zu schließen. Aber die politische Aufgabe, die nicht sie, sondern höchstwahrscheinlich Leo Jogisches ihr gestellt hatte, ging vor, denn »in diesen Jahren war Rosa Luxemburg praktisch die polnische Sozialdemokratie«, schreibt Nettl, und das trifft sicher den Nagel auf den Kopf.

Die SDKP war nur klein, und Rosa war ihr Kopf und Jogisches offenbar der Geldgeber. Zwar behauptete die ›Sprawa Robotnicza‹, in Polen über eine zahlreiche Leserschaft zu verfügen, aber – wie Nettl feststellt (S. 96) – Besucher in Polen wären zu der Überzeugung gekommen, daß eine SDKP-Organisation so gut wie nicht vorhanden sei, und diese hätte ja die illegal erscheinende Zeitung verbreiten müssen. Im Juli 1896 stellte das Blatt auch sein Erscheinen ein.

An dieser Stelle auf die Gründe der Streitigkeiten innerhalb der polnischen Emigration zwischen der PPS und der SDKP, später SDKPiL (Sozialdemokratie des Königsreichs Polen und Litauen) näher einzugehen, würde zu weit vom Thema abführen. Außerhalb der polnischen und russischen Emigration hat wohl kein Sozialist in Eurpa je die wirklichen Ursachen für die internen Auseinandersetzungen richtig begriffen.

Heute ist der Name dieses Revolutionärs, der nicht nur den politischen Werdegang Rosa Luxemburgs beherrschte, soweit es die ersten Jahre betraf, sondern auch die politischen Beziehungen zwischen Polen und Russen um die Jahrhundertwende weitgehend beeinflußte, nahezu vergessen. Er liebte das Zwielichtige illegaler Tätigkeit, er führte mehr Decknamen – der bekannteste ist Tyszko oder Tyschka – als alle anderen Revolutionäre aus dem Zarenreich, Trotzki und Lenin vielleicht ausgenommen, und da seine politischen Ziele stark polnisch geprägt waren, gehört er nicht zu den Säulenheiligen, denen die Bolschewiki heute Kränze flechten.

Clara Zetkin, eine der engsten Freundinnen Rosas, sagte von Jogisches: »Er war ein genialer Organisator. Allein, damit ist sein Leisten nicht erschöpft... Ein durchdringender, dialektisch gerichteter Geist war Leo Jogisches.«[41] Doch wenn sie meinte, Jogisches wäre Rosas »allzeit wachsames theoretisches und praktisches Gewissen« gewesen, so irrte Clara Zetkin, ebenso mit ihrer Feststellung, er sei »einer jener heute noch sehr seltenen großen Mannespersönlichkeiten gewesen, die neben sich in treuer, beglückender Kameradschaft eine große Weibespersönlichkeit ertragen können, ohne deren Wachsen und Werden als eine Fessel und Beeinträchtigung des eigenen Ichs zu empfinden«.[42]

Jogisches hat, wie wir noch sehen werden und wie seine Briefe beweisen, immer wieder versucht, Rosa Luxemburg seinen Willen aufzuzwingen, und je selbständiger sie in ihrem Urteil wurde, desto mehr drängte es sie, sich von seiner geistigen Vormundschaft zu lösen. Sie wollte nicht im Zwielicht der Illegalität wirken, sondern in aller Offenheit Geschichte machen, einer der Gründe, wenn nicht der einzige Grund, nach Deutschland zu gehen.[43]

Die Scheinehe

Auch in Paris schrieb sie an ihrer Doktorarbeit, wie ihr Wunsch im Brief an Jogisches, ihr die Zeitschrift ›Ateneum‹ zu schicken, bezeugt. Ihr Doktorvater wurde der österreichische Professor Julius Wolf, in seinem Fach eine wissenschaftliche Leuchte, über dessen Buch ›Sozialismus und kapitalistische Gesellschaftsordnung‹ sich die Studenten die Köpfe heiß redeten.

Doch Rosa Luxemburgs ursprüngliche Hochachtung wandelte sich bald in ironische Ablehnung über den typisch deutschen Professor, den »theoretischen Bureaukraten, der den lebendigen Stoff der sozialen Wirklichkeit in die kleinsten Fasern und Partikelchen zerpflückt, nach bureaukratischen Gesichtspunkten umordnet und rubriziert und so abgetötet als wissenschaftliches Material für die verwaltete und gesetzgebende Tätigkeit der Geheimräte abliefert«.[44] Paul Frölich fügte diesem Zitat hinzu: »Sie konnte sich nicht versagen, den wackeren Professor ihre bald erworbene Überlegenheit spüren zu lassen. Ihr Freund und Studienkollege

Julian Marchlewski[45] hat in (leider nicht veröffentlichten) Erinnerungen geschildert, wie die Spottlust der jungen Studenten dem Professor Wolf das Leben schwermachte. Sie zettelten vor den Seminarübungen kleine Verschwörungen an. Fragen wurden festgelegt, die dem Meister in aller Harmlosigkeit vorgelegt wurden. Hatte sich dann Wolf unrettbar verheddert, trat Rosa Luxemburg auf und wies Punkt für Punkt die professorale Unzulänglichkeit nach...«

Wolf scheint ihr das nicht nachgetragen zu haben, denn in seiner ›Selbstbiographie‹[46] schrieb er über Rosa Luxemburg: »Sie machte ihren staatswissenschaftlichen Doktor mit einer trefflichen Arbeit über die industrielle Entwicklung Polens.« Ihr Biograph Nettl beurteilt in seinem Buch (S. 113) diese Arbeit, die ihr den Grad eines Dr. jur. publ. et rer. cam. eintrug und die 1898 in Leipzig in Druck erschien, mit folgenden Worten:

»Es war die erste ernsthafte ökonmische Arbeit über dieses Thema. Rosa Luxemburg zeigte, daß Russisch-Polen in wirtschaftlicher Hinsicht ein integrierender Bestandteil des russischen Reiches geworden war, daß das ökonomische Wachstum Polens ohne den großen russischen Markt unmöglich gewesen wäre und daß die polnische Wirtschaft außerhalb dieser Verflechtung keinen Daseinszweck hatte.«[47]

Rosa Luxemburgs Denken sollte noch lange um die engere Heimat kreisen. Auch als sie preußische Staatsbürgerin geworden war, konnte sie sich nicht von den polnischen Problemen lösen. Diese Polarität bestimmte ihr politisches Handeln bis zum Kriegsbeginn 1914, aber weitgehend auch ihre Haltung zu Lenin und zur russischen Revolution.[48] Hier dürfte sogar einer der Gründe zu suchen sein, daß sie in Zürich keinen rechten Kontakt zu Georgi Plechanow fand, dem ›Vater des russischen Marxismus‹, um den sich damals alle Emigranten aus dem Zarenreich scharten.

Die Abneigung beruhte auf Gegenseitigkeit und wuchs sich bis zum Haß aus, eine Folge des Gegensatzes zwischen Plechanow und Leo Jogisches, dem sich Rosa Luxemburg verbunden fühlte. Über die Ursachen dieser Feindschaft liegen verschiedene Versionen vor. Sicher scheint zu sein, daß Jogisches aus Wilna eine große Summe Geldes mitgebracht hatte, das er Plechanow zur Verfügung stellen wollte. Doch der Alte lehnte jede Partnerschaft mit dem erst dreiundzwanzigjährigen Polen jüdischen Glaubens ab. Daraufhin gab Jogisches auf eigene Faust marxistische Schriften in russischer Übersetzung heraus, in Plechanows Augen ein Sakrileg.[49]

Ob in Plechanows Abneigung gegenüber Jogisches und Rosa Luxemburg antisemitische Ressentiments mitschwangen, wie Nettl meint, soll dahingestellt bleiben; es spricht ebensoviel dagegen wie dafür. Als Sohn eines adligen Großgrundbesitzers, der zum Gegner seiner Klasse geworden war wie Graf Tolstoi, Fürst Krapotkin, Bakunin und der gleichfalls adlige Lenin, lehnte er den intellektuellen Typus ab, wie ihn Jogisches und Luxemburg in Reinkultur repräsentierten. Anderseits waren um die Jahrhundertwende faktisch alle russischen Revolutionäre ›Intellektuelle‹, die entweder dem Adel, dem wohlhabenden Bürgertum oder dem um Gleichberechtigung ringenden Judentum entstammten; ›reine Proletarier‹ ließen sich an den Fingern abzählen.

Die beiden aus Polen stammenden Emigranten Luxemburg und Jogisches bildeten also keine Ausnahme, obwohl dieser als Schlosser, Schriftsetzer und Graveur gearbeitet hatte. Aber auch später, als sich Rosa Luxemburg von Leo Jogisches' geistiger Vormundschaft gelöst hatte, änderte sich ihre Haltung Plechanow gegenüber nicht, im Gegenteil, ihre Aversion übertrug sich noch auf andere Emigranten aus Zentralrußland, zweifellos eine Auswirkung des alten nationalen Gegensatzes zwischen Polen und Russen.

Wenn es auch zu den sozialistischen Glaubenssätzen gehörte, nationale Gefühle abzulehnen, schimmerten sie dennoch bei fast allen Anhängern des Internationalismus immer wieder durch, oft nur als logische Folge ihrer genaueren Kenntnis der Verhältnisse in der engeren Heimat, die sie gegenüber Kritikern, die sich von nationalen Vorurteilen nicht lösen konnten, ins Treffen führten. August Bebel war dafür in seinen Gesprächen mit Jean Jaurès, dem Führer der französischen Sozialisten, ein bezeichnendes Beispiel.[50]

Bevor Rosa Luxemburg nach Deutschland übersiedelte, sorgte sie für Ordnung in ihren Papieren, das heißt, sie ging mit dem Sohn ihrer älteren Freundin Olympia Lübeck,[51] dem Schreinermaschinisten Gustav Lübeck, am 19. April 1898 eine Scheinehe ein. Der Bräutigam, drei Jahre jünger als sie, wußte, daß die Heirat nur dazu dienen sollte, seiner ›Braut‹ die preußische Staatsangehörigkeit zu verschaffen. Die ›Eheleute‹ trennten sich unmittelbar nach der standesamtlichen Trauung auf der Civilstands-Behörde Basel-Stadt.[52]

Fünf Jahre später wurde die Ehe rechtsgültig geschieden, nachdem die königlich-preußische Regierung, von der Stadt Basel von der Eheschließung in Kenntnis gesetzt, die Staatsangehörigkeit Rosas vorbehaltlos anerkannt hatte, wie es das Gesetz vorschrieb, obwohl es ein offenes Geheimnis war, daß die Ehe nie vollzogen worden war.

Die liebende Frau

Die Übersiedlung nach Berlin bedeutete die Trennung von Leo Jogisches. Die Beziehung zu ihm war zweifellos die Erfüllung ihrer großen Liebe, und nichts hat sie so schwer getroffen wie später die endgültige Trennung von ihm. Der unter den russischen Revolutionären der ›Dynamitepoche‹ immer wieder zu verzeichnende Verzicht auf persönliches Glück um der Sache willen[53] trifft jedenfalls auf Rosa Luxemburg nicht zu; sie entsagte jedenfalls nicht um der Revolution willen ihrer Liebe, sie wollte nur ihren eigenen Weg gehen, den der Ehrgeiz und das Bewußtsein der eigenen Größe ihr vorschrieben.[54]

Schon die Scheinehe mit Lübeck hatte dazu gedient. Ihr Freund und Lebensgefährte besaß noch keinen Paß, der ihn unabhängig machte, sie dagegen war damit preußische Staatsbürgerin geworden, wie sie auch Schweizerin hätte werden können; die Familie in Warschau wäre höchstwahrscheinlich bereit und auch in der Lage gewesen, die dafür notwendigen Gelder zum ›Einkauf‹ in irgendeine Gemeinde aufzubringen. Doch das Ideal und Vorbild aller Marxisten war damals die deutsche Sozialdemokratie, die stärkste Arbeiterpartei der Welt, und zu ihr zog es sie hin.

Nachdem sie sich einen Heimatschein besorgt hatte, der ihr anstandslos ausgestellt worden war, ging sie zum Parteivorstand der SPD, um sich als Mitglied anzumelden. Wenige Tage darauf, am 17. Mai 1898, schrieb sie an Jogisches in einem Brief:

»... Wäre es nicht, statt ein solches Abenteuerleben zu führen, besser, mit Dir irgendwo in der Schweiz zu zweit still und herzlich zu leben und die Jugend dazu zu nutzen, uns aneinander zu freuen...«[55]

Doch weder für Jogisches noch für sie selber wäre das zu ertragen gewesen, und sie wußte es! Für beide war Politik zum Schicksal geworden – und beiden sollte sie Erfüllung und Tod bringen. Vielleicht ahnte sie dumpf, als sie diese Zeilen schrieb, daß sie einen gefährlichen Weg eingeschlagen hatte, denn 1898 standen Sozialisten noch außerhalb der ›gesitteten Welt des Bürgers‹.

Rosa wurde sofort in den politischen Wirbel der Reichstagswahlen hineingezogen, die für den 16. Juli angesetzt waren. Der Bayer Ignaz Auer, Onkel des späteren bayrischen Ministers Erhard Auer, der dann 1918/19 im Kampf gegen Kurt Eisner eine recht zwielichtige Rolle spielte,[56] war begeistert, endlich jemand zur Verfügung zu haben, der in den polnischen Kreisen Oberschlesiens für die SPD in polnischer Sprache Versammlungen abhalten konnte.

Gewohnt, ihrem ›Dziodziu‹ selbst über die kleinsten und unwichtigsten Dinge des Tages Bericht zu erstatten – zum Beispiel darüber, daß sie, wenn sie morgens aufwachte, im Hemd ins Vorzimmer schlüpfe, um sich die Briefe und Zeitungen zu holen, und dann wieder ins Bett krieche, oder was sie esse, daß sie sich jeden Tag kalt abreibe, daß sie im Tiergarten spazierengehe, wie teuer das Mittagessen sei: 60 Pfennig, und was sie am Nachmittag lese und woran sie am Abend unter ihrer Lampe mit einem roten Schirm gearbeitet habe (›Z Pola Walki‹, 1962/1, S. 168/69) –, schrieb sie auch über ihren Besuch bei Auer ausführlich an ihren Freund. Dieser Bericht gibt ein so plastisches Bild der Zeit und der

Umstände, daß es schade wäre, daraus nur einige wenige Abschnitte zu zitieren (darin verwendete deutsche Ausdrükke oder Sätze werden in Kursivschrift wiedergegeben):

Berlin, Mittwoch, 25. V. (18)98

Also, Dziodziu, gestern war ich bei Auer. Auf Bebel[57] zu warten war eine Unmöglichkeit, denn niemand wußte, wann er zurückkommt, und hier war jeder Tag kostbar. Ich ging also in die Katzbachstr., läutete an, es erschien – Herr Auer persönlich (hochgewachsen, blond ungefähr 40 alt, gut aussehend, absolut der Typ eines russischen höheren Beamten oder pomjeschtschyk[58]), lud mich ein »Platz zu nehmen«, worauf ich, nachdem ich gefragt hatte, ob ich das Vergnügen habe, mit Herrn A(uer) zu sprechen, mich vorstellte. Darauf folgte ein »Ah!« und ein freundschaftliches Lächeln, der Bursche stand auf und drückte mit die Hand, worauf wir zusammenrückten und zu plaudern begannen. Um nicht gleich mit meiner Person ins Haus zu fallen, begann ich damit, daß ich erst kürzlich angekommen bin und mich in der polnischen Bewegung umgesehen habe und bemerkte, daß es eine Wahlagitation so gut wie nicht gibt, daß alles schläft etc. Darauf hat er mit seiner tiefen Stimme versucht, mir auseinanderzusetzen, so wie damals Bebel, *»das ist falsch«*, jawohl, die Sache steht gut, und in diesem Sinne redete er paar Minuten herum. Ich hörte ihm zu, wie eben ein gut erzogener Mensch, und als er fertig war, erklärte ich ihm ruhig: *»Sie haben mir nichts Neues gesagt, ich bin über die Frage viel besser informiert als Sie, denn ich habe unmittelbare Beziehungen mit Genossen in Posen, Breslau etc. und auch hier in Berlin.«* Dann sagte ich, wenn ich zu ihm gekommen bin, um mit ihm darüber zu reden, so nicht um mich bei ihm über die polnische Bewegung zu beschweren, denn das wäre *Unsinn*, sondern zu einem ganz praktischen Zweck. Und zwar: ich will ihnen bei der Arbeit helfen, ich habe zu diesem Zweck die Staatsbürgerschaft erlangt und bin hergekommen, um aktiv mitzuarbeiten. Ich habe natürlich in dieser Hinsicht meinen eigenen Plan, doch ich wollte nicht *auf eigene Faust* anfangen, ohne mich mit der deutschen *Parteileitung* zu verständigen. Darauf folgte wiederum ein »Ah«... Der Mann war überrascht, daß ich die Staatsbürgerschaft habe, wunderte sich und bat sogleich um meine Adresse, die er in das Parteibuch eintrug, und dann begannen wir schon offen miteinander zu reden, was ich Dir nicht Wort für Wort wiederholen kann, weil das länger als eine Stunde dauerte. Das Wichtigste, das er mir sagte, ist das Folgende (noch eines, kaum daß ich mich vorgestellt hatte, begann er unvermittelt mit der *Unabhängigkeit Polens*, und mir zulächelnd, versicherte er mir, daß er sie für eine Idiotie halte!):

1) *Wir alle 5 im Parteivorstand*[59] *betrachten die Unabhäng(igkeit) Polens als einen Unsinn, eine Phanta(sie). Wir haben gegründet das Blatt*[60] *und das Geld hergegeben mit der ausdrücklichen Verwahrung,* daß man vom Nationalismus gar nichts zu hören bekommt. Dann kam der Einfluß Londons (!),[61] Mendelson[62] versuchte sich zuerst als Protektor *aufzuweisen,* aber sie im Parteivorstand stehen auf obigem Standpunkt. Protektor der PPS ist (Wilhelm) Liebknecht, und hier erfolgte eine Charakteristik des Alten und seines Verhältnisses zur PPS, wie wir sie besser nicht geben könnten!

Man weiß woher seine Ansichten u(nd) sein polnischer Patriotismus stammt. Die Leutchen *schreiben ihm Briefe mit Gratulationen und er antwortet, und wenn er wohin kommt, nach Paris oder nach London, dann macht man ihm Ovationen, woran drei Männlein teilnehmen, wovon 2 gewöhnlich Polizeispitzel (!), und da meint er immer noch, die polnischen Aufständischen ziehen über Deutschland nach Frankreich etc. Na, er ist ein alter Herr, und man muß ihm dieses Vergnügen lassen. So hat er uns auch in Hamburg geredet die Phrasen.*[63] Mit ihm zu diskutieren, heißt, tauben Ohren predigen. *»Sie haben es ja selbst erfahren«*[64] – mit süßem Lächeln zu mir. Ich sollte mir aber nicht vorstellen, daß er ein ernstes Hindernis wäre, wenn es zum Praktischen kommt (das war schon beim Gespräch über den Redakteur, davon später), *er läßt dann mit sich reden* (das heißt: *man pfeift dann auf ihn).* Soweit mehr oder weniger der programmatische Standpunkt.

2) Was Winter[65] betrifft, so ist der bei ihnen eine ganz besondere persona grata. Überhaupt, die polnische Bewe-

gung, das ist für sie Winter. Über die PPS wissen sie nichts und interessieren sich auch nicht dafür. Auf Berlin und Posen *pfeifen sie* offensichtlich und es geht ihnen nur um Oberschlesien, und hier setzen sie alle Hoffnung auf Win(ter). *»Wir sind glücklich, daß sich einer gefunden hat, der dort arbeiten will«*, wiederholte er mehrere Male über W(inter). *»Wir geben ihm auch einen kleinen Zuschuß«*, das heißt, daß sie ihm ein kleines Gehalt zahlen! W(inter), schätzt Auer ein, *»hat vielleicht unvorsichtig gesprochen, aber das ist ja Kleinigkeit.«*[66] Er selbst, Auer, ist ebenfalls der Meinung, *»man kann den polnischen Arbeitern keinen größeren Gefallen tun, als sie zu germanisieren, aber man darf es den Leuten nicht sagen« (!).*

3) Über das, was in der PPS vorgeht, wissen wir nichts. Auer wußte nicht einmal, wer Redakteur ist.[67] Berfus verhöhnen sie und sie mögen ihn nicht. Moraws(ki) erachten sie als den leidlichsten, von ihrem Flugblatt und ihrer Broschüre habe ich ihm erst erzählt.[68] Die ganze polnische Bewegung steckt ihnen wie ein Knochen im Hals. *»Ich schenke Ihnen das ganze Polentum mit der poln(ischen) Sozialdemokratie« (!)* – darauf machte ich gleich eine scharfe Bemerkung, so daß der Kerl sich sofort zu entschuldigen begann. *»Die Leute kosten uns nur Geld u(nd) man hat nichts davon. Die ganze Geschichte hat uns August (Bebel) in Halle auf den Hals geladen.*[69] *Sie wissen, er mit seinem Prophetentum muß immer so etwas erfinden.«* Den gegenwärtigen Augenblick, das heißt: Winters Tätigkeit, halten sie eigentlich *für einen letzten Versuch, etwas auszurichten* (merk Dir das)...

5) Endlich ist es in bezug auf mich – sicher zerplatzt Du schon – bei folgendem geblieben. Auer will mich gleich nach Oberschlesien schicken... Zu diesem Zwecke wollte er gestern gleich an Winter über meine Ankunft schreiben und ich soll eine Nachricht direkt von W(inter) oder von Auer abwarten. Ich habe im entsprechenden Moment die Rede auf die Frage der Redaktion gebracht,[70] wir sprachen eine Menge darüber, aber der praktische Kern ist: Jetzt vor den Wahlen Änderungen durchzuführen, ist unpraktisch, und nach den Wahlen, falls ich in Berlin bleibe, wird man sehen. Sie würden sich sehr freuen, *»aber man wird ja alles sehen, wenn Sie*

bleiben«. Hier fügte er auch hinzu, daß ich keine Hindernisse von Seiten (Wilhelm) Liebknechts befürchten soll, und das, was ich oben geschrieben habe.

Das sind die wichtigsten Punkte. Was mich persönlich betrifft, so habe ich, soweit ich das beurteilen kann, auf ihn einen sehr guten Eindruck gemacht; beim Verabschieden versicherte er mir, *»es hat ihn sehr gefreut, mich kennenzulernen«*, was für so einen bayrischen Grobian sehr viel bedeutet. Er lobte mich, es sei *»sehr schön«* von mir, daß ich in Oberschlesien Agitation machen will, was ich mit einer kühlen Geste otklonila[71] und ich gab ihm zu verstehen, daß ich seine Komplimente nicht nötig habe. Er gab mir das *Handbuch*, und als ich so tat, als wollte ich es bezahlen, wollte er nichts nehmen und schenkte es mir mit einem bezaubernden Lächeln *»für ihre polnische Agitation in Oberschlesien«*. Was meinen Standpunkt zu Mor(awski) u. Co. betrifft, so sagte ich ihm, daß ich es für überflüssig halte, mich an sie zu wenden, denn sie werden glauben, daß ich sie gleich *auffressen* will, worauf er entgegnete, daß er das weiß und er damit erklärt, daß ich *eine gebildete Person* bin und sie, als Arbeiter, haben vor solchen Leuten ungeheure Angst. Er sagte mir auch, daß ich bei Gelegenheit noch mit Bebel sprechen muß, ich habe den Eindruck, daß er es ihm selber sagen wird und vielleicht wird B(ebel) sich an mich wenden. Das vorläufig der Bericht. Meine diesbezüglichen Gedanken schreibe ich Dir morgen, denn ich eile zur Post. Aber, zum Teufel, eine wichtige Sache habe ich noch vergessen: Winter hat für Oberschlesien ein ellenlanges Flugblatt geschrieben...[72]

Auer gab mir gleich beides, angeblich wurden schon 120000 Exemplare verbreitet.

Schreibe mir Deine Gedanken zur Audienz oder warte, morgen schreibe ich Dir meine.

In die neue Wohnung ziehe ich morgen ein, denn der Mann ist erst heute ausgezogen. Schreibe also schon an die Cuxhavenerstr. 2 G(arten)h(aus) 1, N. W.

Nach Dresden sollte ich eigentlich zu Pfingsten fahren (am zweiten), denn da gibt es einen Zug für 7 Mark, sonst kostet es doppelt so viel! Aber ich werde wahrscheinlich nicht genug Geld haben, denn ich muß die Wohnung *vorauszahlen*, das ist hier so, und inzwischen habe ich eine Menge ausgegeben, obwohl ich so bescheiden, wie nur möglich, lebe. Auf die erste Versammlung gehe ich heute zu Auer. Morgen werde ich bei den Claassens beim *jour fixe* sein und verschiedene feine Leute kennenlernen.

Über persönliche Dinge morgen. Gott was mir dieses Handbuch und der ›Vorw(ärts)‹ für Arbeit macht! Und mit dem Herumlaufen in der Stadt geht ein halber Tag weg.

Deinen riesig langen Brief und den kleinen danach habe ich bekommen. Wie sich diese Korrespondenz schleppt, furchtbar!

Deine R.[73]

Bismarck, der Vater der Germanisierungspolitik Preußens gegenüber Polen, wäre mit diesen Sozialdemokraten höchstwahrscheinlich recht zufrieden gewesen. Aber auch Rosa Luxemburg vertrat die Meinung, eine Wiederherstellung des alten Königreichs Polen sei weder möglich noch wünschenswert, eine verhängnisvolle Verkennung nationaler Gefühle, sowohl bei den Deutschen als auch bei der dreigeteilten polnischen Nation im österreichischen Galizien, im preußischen Polen und im russischen ›Kongreßpolen‹.[74]

Rosa Luxemburg macht Karriere

Doch von einer Germanisierung der preußischen Staatsbürger polnischer Zunge wollte Rosa Luxemburg nichts wissen. Sie war der Meinung, daß in einem Lande Menschen mit verschiedenen Sprachen durchaus gemeinsam miteinander leben könnten. Aber als sie dann in den polnischen Gebieten Oberschlesiens agitierte, brachen bei ihr die alten Sympathien für die Polen durch, unbewußt wohl auch eine Abwehrreaktion gegen die Russifizierungspolitik der Zaren und die von Bismarck ausgehende Germanisierungspolitik, der zu ihrem Erstaunen auch die SPD-Führer anhingen. In einem Brief an Jogisches vom 24. Mai 1898 schrieb sie:

»Den wichtigsten und stärksten Eindruck macht die hiesige Landschaft auf mich. Kornfelder, Wiesen, Wälder, weite Ebene, polnische Sprache, polnische Bauern ringsum. Du hast keine Ahnung, wie mich das beglückt. Ich fühle mich wie neugeboren...«[75]

Hier wollte sie ihren Urlaub verbringen, und sie lud Jogisches dazu ein, bei dem sie, mit Recht, dieselbe Sympathie für Polen voraussetzte. Er kam auch – aber nur nach Dresden, wo Rosa Luxemburg inzwischen in die Chefredaktion der ›Sächsischen Arbeiter-Zeitung‹ eingetreten war, die von Parvus Helphand geleitet wurde, den sie von der Schweiz her kannte, obwohl Jogisches ihr telegraphisch ›befohlen‹ hatte: »Unbedingt ablehnen!« Ihr Freund blieb nicht lange, und aller Wahrscheinlichkeit nach endete der Besuch mit einem ernsten Zerwürfnis.

Die Anzeichen dafür hatten sich schon früher gezeigt, wie aus einem ebenfalls erhalten gebliebenen Brief vom 24. Juni 1898 hervorgeht, zu einem Zeitpunkt, als sie noch nicht die Chefredaktion der ›Sächsischen Arbeiter-Zeitung‹ in Dresden übernommen hatte. Heute würde man für diesen Aufstieg ›Senkrechtstarter‹ sagen, denn es war noch kein halbes Jahr her, daß sie in Berlin angekommen war und sich als Mitglied in die Sozialdemokratische Partei hatte einschreiben und für die Parteiarbeit einsetzen lassen. Im Brief vom 24. Juni, von dem ebenfalls größere Teile zitiert werden, weil er auch die Situation schilderte, in der sie sich befand, heißt es unter anderem:

(Berlin) Freitag (24. Juni 1898)

Du bist so furchtbar böse und hast mir so einen Krach gemacht. Und alles darum, weil ich undankbares Schweinchen[76] es gewagt habe, mich so leichtfertig über Deine Korrekturen zu äußern. Dafür habe ich in meiner großen Angst auf der zweiten Korrektur alle Deine Verbesserungen durchgeführt, mit Ausnahme des Endes der Einleitung, das ich in meiner Verstocktheit so belassen habe. Ich halte das in vollem Ernst für unerläßlich und hoffe, daß Du mir diese einzige Stelle in meiner ganzen Arbeit schenkst, die ich nach meinem Geschmack bestehen lassen will. Für die kolotuschki,[77] die mich erwarten, werde ich schon einstehen, ich fürchte sie so wie der Hund seinen Schwanz. – Duncker schickt mir zwei Briefe im Tag und schreit nach dem vierten Bogen und dem Rest der zweiten Korrektur. Den fünften und sechsten Bogen und die Einleitung hat er mir mit der zweiten Korrektur hergeschickt, ich habe sie schon gemacht und retourniert. Die Zitate von Sch(ulze) G(aevernitz)[78] habe ich heute in der Bibliothek überprüft, sie haben alle gestimmt. Ich habe auch diese Stelle über die neue Besteuerung der Industrie 1892 korrigiert, indem ich die Jahresangabe ausgestrichen und hingeschrieben habe: *›wird jetzt‹ (erhöht etc.)*, was auf jeden Fall gut sein wird. Humblot ist überzeugt, daß die erste Korrektur des vierten Bogens auf der Post verloren gegangen ist, denn er kann sich nicht vorstellen, daß Du sie solange hältst. Ich lasse ihn bei dieser Meinung und schreibe ihm, daß ich ihm aus Z(ürich) das zweite Exemplar schicken ließ. Ich hoffe, daß Du es ihm wirklich schon geschickt hast. Deine Verbesserung bezüglich der Nizninowgoroder Petition[79] war gar nicht nach meinem Geschmack. Du hast es offenbar im ›Kraj‹[80] nicht gefunden, oder nicht richtig verstanden, um was es geht, ich kenne aber den casus schon auswendig und bei mir war es richtig, aber um des lieben Friedens willen habe ich es so gelassen, wie Du es gemacht hast (welche Großmut, wie? Jetzt bist Du sicher bereit, mir aus Zorn die Ohren auszureißen)...

Es kränkt mich sehr, daß Du bezüglich des Artikels für die ›Leipziger (Volkszeitung)‹[81] anderer Meinung bist. Anscheinend beurteilen wir die Lage völlig verschieden, was übrigens ganz natürlich ist. Du kennst viele Umstände nicht. Ich halte den Artikel für notwendig und sehr wichtig. 1. um eine Verbindung zu den Wahlen für mich herzustellen, eine andere Möglichkeit wird es für mich nicht geben; 2. um die Wahlen in unserem Sinne auszunützen, denn sonst wird es bis zum *Parteitag*[82] keine Gelegenheit mehr geben; 3. weil Winter aus diesen Wahlen für uns keinen Nutzen ziehen wird; er hat überhaupt dort in Oberschlesien die Lust am Streit mit Mor(awski) verloren, er ist zur Überzeugung gekommen, daß es am besten ist, auf sie natschichatj,[83] und das Seinige zu tun – eine Idee, die uns außerordentlich ungelegen kommt; natürlich habe ich versucht, ihm das aus dem Kopf zu schlagen, und es ist mir auch weitgehend gelungen, dennoch, er wird sie nicht von sich aus angreifen und sie ihn auch nicht, man muß also unbedingt die günstige Gelegenheit ausnützen, um ihnen wieder das Fell auszuklopfen. Vielleicht wird Dich das alles nicht überzeugen, aber meine Überzeugung von der Notwendigkeit des Artikels hat sich, während ich Dir schreibe, noch verstärkt und ich werde ihn schreiben und Dir steck' ich die Zunge heraus. Übrigens habe ich auch schon ein paar ganz ansehnliche Ideen, ich habe nämlich schon das wichtigste Organ des polnischen ›Zentrum‹ in Oberschlesien, ›Katolik‹, abonniert und auf dieser Grundlage werde ich ein paar allgemeine Ansichten über die Aufgaben der SD in Oberschlesien aussprechen. Ich schicke ihn Dir, sobald ich ihn geschrieben habe. Mein Dziodziu, ärgere Dich nicht, ich muß schreiben, ich habe die Überzeugung, daß es sein muß; ich bin ganz sicher, daß auch Du Dich davon überzeugen wirst, vor allem, wenn Du den Artikel kriegst. Gleich nach diesem Brief, heute setze ich mich dazu, ich weiß schon, wie ich es machen werde.

Jetzt sage mir, womit ich anfangen soll. Ich habe Dir so viel zu erzählen, daß mich die physische Anstrengung in Angst versetzt – ich bin so erschöpft! Du bist gewiß sehr unzufrieden oder zumindest nicht sehr zufrieden mit meiner jetzigen Arbeit, ich umgekehrt. Ich bin voll bester Hoffnungen. Nicht daß ich hingerissen und begeistert wäre, im Gegenteil, ich bin einfach ruhig und zuversichtlich. Du kannst Dir nicht vorstellen, welche gute Wirkung die bisherigen Versuche meines Auftretens in Versammlungen auf mich gehabt haben. Ich habe mich doch in dieser Hinsicht ganz besonders unsicher gefühlt, ich mußte einfach mich aufs Eis wagen. Jetzt bin ich sicher, daß ich in einem halben Jahr zu den besten Rednern der Partei gehören werde. Stimme, Ungezwungenheit, Sprache, alles gerät mir, und das Wichtigste, ich gehe so ruhig auf die Tribüne, als würde ich schon mindestens 20 Jahre in Versammlungen sprechen, ich spüre nicht die geringste Angst. – In etwa 2–3 Wochen beginnen wieder die Versammlungen und da werde ich schon avec eclat auftreten, zuerst in Dresden, dann in Leipzig und anschließend bereits in Berlin. Keine Angst, diese Seite der Arbeit wird mir nicht mißlingen, wenn mir nur alles andere so glatt ginge, wie das Reden...

...das Schlimmste dabei (ist), daß ich im Augenblick nicht weiß, womit ich anfangen soll, genau so wie in Zürich. Klar ist, daß die Initiative nur von mir ausgehen kann. Die Deutschen warten direkt darauf, daß ich irgend einen ›*Krach*‹ mache, so sagten mir Winter, Schön(lank) etc. Und was tun? I njeistwestno...[84] ...Ich jedenfalls hoffe, in dieser Hinsicht viel über Schön(lank) zu tun, denn er ist zu allem bereit (er liebt selbst den eclat) und ist jetzt sehr einflußreich. Wir werden also sehen. Aber ich kann doch schließlich nicht nur sitzen und auf den Parteitag warten? Also was tun? Vielleicht nach Posen fahren, dort reden, eine Organisation schaffen, sich als *Vertrauensperson*[85] oder so etwas Ähnliches wählen lassen oder vielleicht auf eine hiesige Versammlung gehen und eine Diskussion beginnen? Weiß der Teufel! Offen gesagt ist das der einzige Punkt, wo ich Angst habe. *Ich fürchte mich nicht vor dem Rigiaufstieg,*[86] *aber mir fehlt der Mut im Dreck zu waten.* Ich fürchte mich einfach davor, mich mitten in diese Viehherde hineinzusetzen. Die Hauptsache ist aber, daß man nicht so hingehen kann und streiten, ohne bestimmtes Ziel und ohne Plan, und sehen, was dabei herauskommt, und einstweilen habe ich keinen eigenen Plan.

Unterbrechung: Soeben erhielt ich Deinen Brief und die zweite Korrektur der ersten drei Bogen, las Deine Verbesserungen durch und es fehlt wenig, daß ich in Weinkrämpfe verfallen wäre. Aber ich will nicht mehr darüber reden, das hilft ja auch nichts, ich schicke sie so weg, ich habe überall nur sprachliche Korrekturen gemacht. Jedenfalls ist es schade, daß die erste Korrektur nicht gleich zu mir gekommen ist... An manchen Stellen ist meiner Meinung nach jetzt dünner Kaffee, so daß man nicht weiß, wozu das geblieben ist. Nun, genug davon. Ich weiß, daß sich Dir die Dinge anders darstellen: mehr als zwei Wochen wahnsinniger Arbeit; eine Menge Ungenauigkeiten bei den Zahlen etc.

Ach, würden wir doch nie mehr solche Arbeiten haben! Ich hasse jetzt derart dieses Doktorart, eben weil man soviel Kraft und Anstrengungen hineinlegen muß, daß ich beim bloßen Gedanken daran Weinkrämpfe bekomme. – Aus diesem Grunde wollte ich Dir überhaupt sagen, zu welchen Schlüssen ich hinsichtlich der Arbeitsmethode gekommen bin. Unser gegenwärtiges Arbeitssystem, welches darin besteht, daß man na kopne sloschitj goroschin a sjestj goru dobriju[87] also Kräfte und Gesundheit verschwendet, eine Idiotie ist. Anstrengungen, die nicht nach außen sichtbar werden, verdienen nicht Achtung, sondern sind lächerlich. Man muß sich den Grundsatz aneignen, mit möglichst geringer Anstrengung die besten Resultate zu erzielen. Nach diesem Grundsatz gehe ich bereits vor. Alles ruhig tun, leicht, sich überhaupt nicht aufregen, nicht allzuviel Arbeit auf jede Sache aufwenden – das ist mein System. Auf diese Weise habe ich jenes Referat ausgearbeitet, auf die gleiche Weise schreibe ich den Artikel für die ›Leipziger (Volkszeitung)‹. Es gibt Fälle, die es wert sind, daß man nicht mit Arbeit spart, selbst bei Kleinigkeiten nicht, und keine Kräfte spart, so war das zum Beispiel bei ›Von Stufe zu Stufe‹,[88] genauso denke ich auch über den Bernstein-Artikel. Aber in solchen Fällen ist es keine verlorene Arbeit: man spürt sie in der Geschliffenheit, in der Geschlossenheit und in der Harmonie der Form. Aber so viel Arbeit wie jetzt an dem Artikel ›KP‹ für die ›Sächsische (Arbeiter-Zeitung)‹[89] oder an diesem Doktorat, das ist Wahnsinn. Das wird von niemandem gewertet, nicht einmal bemerkt. Natürlich spreche ich hier nicht von falschen Zahlen, die man ausbessern mußte, aber von tausenden anderen Mücken, die unter dem Mikroskop Deiner literarischen Pedanterie sich zu Elefanten auswuchsen. Überhaupt, wenn ich für die Vergangenheit die Summe unserer Anstrengungen und die Summe unserer Ergebnisse überschaue – dann schäme ich mich. *Damit ein Ende – frisch, froh, frei,* leicht und fröhlich arbeiten, alles gründlich, aber kurz überlegen; an das, was schon erreicht ist, überhaupt nicht mehr denken, schnell entscheiden, schnell durchführen, und weiter geht es. Bisher habe ich alles so getan, ich habe keinen einzigen Fehler gemacht; wenn es mir nicht gelungen ist, jetzt hier aufzutreten, dann ist es nicht meine Schuld, ich war bereit, und wäre es gelungen, dann hätte ich mich meiner Aufgabe ausgezeichnet entledigt. Aber nun genug des Selbstlobs, ich wollte Dir noch von mir und von Dir persönlich und von Millionen Sachen schreiben.

Von mir persönlich kann ich nicht viel schreiben. Ich möchte gerne wiederholen, was ich Dir schon einmal geschrieben habe, aber Du wirst mich wieder nicht verstehen und es wird Dir unangenehm sein... Du schreibst mir, daß der Verlust der Mutter Dich schrecklich quält; vielleicht glaubst Du mir jetzt ebenfalls, daß es auch für mich ein furchtbarer Schmerz ist, der nicht aufhört und nicht einmal für einen Tag vorbeigeht. Ich habe in Zürich bemerkt, daß Du mir das nicht glaubst, deswegen habe ich es Dich nicht merken lassen, aber sowohl dort wie hier läßt mich diese Ungeheuerlichkeit nicht los. Besonders wenn ich mich ins Bett lege, steht mir diese Tatsache wieder vor Augen, und ich muß vor Schmerz laut stöhnen. Ich weiß nicht, wie das bei Dir ist, aber ich leide irgendwie nicht hauptsächlich aus Sehnsucht und nicht *meinetwegen*, an mir zerrt nur jedesmal der Gedanke: was war das für ein Leben! Was hat dieser Mensch erlebt, *wozu* dieses Leben? Ich kenne keinen Gedanken, der für mich so schrecklich wäre wie dieser; etwas zerreißt in mir, wenn ich daran zu denken beginne und der Gedanke befällt mich unter den unerwartetsten Umständen, jederzeit. Kürzlich mußte ich für meinen Bruder bei Prof. Eulenburg[90] sein und ein paar Stunden auf ihn warten, da kamen mir gerade wieder diese Gedanken und es war mir unmöglich, die Tränen zurückzuhalten, zum Glück hat es niemand gesehen (Du hast jetzt gewiß schon Angst). Ich schreibe über mich nicht aus Egoismus, sondern damit Du weißt, daß ich gut verstehe, was solche einfache 3 Worte bedeuten, wie Du sie mir geschrieben hast. Ich weiß jetzt nicht, wie ich auf einmal darauf gekommen bin. – Du fragst mich nach meinen Eindrücken. Der einzige starke Eindruck ist der, über den ich Dir schon geschrieben habe – Getreidefelder und polnische Landschaft. Sonst ist nichts, gar nichts in mir zurückgeblieben. Den Menschen schenke ich kaum irgendeine Beachtung, auch Berlin nehme ich kaum wahr. Ich sehne mich zurück nach Schlesien, nach irgend einem Dorf, und träume schon davon, wenn wir beide dort sein werden, ich bleibe dabei, daß diese Landschaft dieselbe Wirkung auf Dich haben wird, wie auf mich; dort würden wir beide aufleben, durch das Getreide bummeln. Du hast mir nichts darauf geantwortet, lockt Dich das nicht, glaubst Du nicht an die Möglichkeit, das zu verwirklichen? Das erinnert mich an die finanziellen Dinge, also ich füge das gleich hinzu. Die Sache sieht so aus: was ich hatte, reicht nur bis zum ersten (vielleicht bleiben mir ein paar Mark), denn ich muß viel für Milch zahlen (ein Liter täglich! und drei Eier zum Abendbrot!), auch für Marken geht viel weg. So habe ich nicht genug, um Gerisch den Rest zurückzugeben. Eile hat es damit nicht, denn sie sind jetzt alle beschäftigt, übrigens schreibe ich ihm, daß ich um den ersten herum abrechnen werde. Wenn man nur die Fahrt und III. Klasse rechnet, dann müßte ich 54 Mark zurückgeben, wenn ich noch 14 Mark für die II. Klasse rechne, in einer Richtung (zurück fuhr ich III. Klasse), dann brauche ich 40 Mark für ihn. Wirst Du imstande sein, mir das zu schicken? Vielleicht bleibt mir etwas von den 130 Mark von meinem Bruder, denn es sind nur 6 Bogen herausgekommen, d. s. 120 M. und ca. 25 die Korrektur, d. s. 145 M. und 50 M. Zürich, d. s. 195 M., bleiben rund 70 M. Vielleicht doch nicht so viel vom Bruder nehmen, wozu so große Schulden? Jetzt weißt Du alles über das Geld, also Schluß mit diesem unangenehmen Thema.

Du irrst Dich, wenn Du meinst, daß Schölank mir zur unrechten Zeit daherkommen wird. Er darf nur kommen, wenn er sich vorher brieflich ansagt; mein Zimmer sieht mehr oder weniger so aus wie das in Zürich, ohne Bett und Nachttisch, Waschtisch in der Ecke, aber man sieht ihn kaum; elegant möbliert, den Fußboden ließ ich auf Schweizer Art bohnern, ein Klavier, der Balkon mit einem Tischchen und Stühlen geht zum Garten hinaus und ist mit wildem Wein umrankt – überhaupt alles sehr gut. Wenn noch die Bücher dazukommen und der Beethoven, dann kann ich, wen ich will, ruhig empfangen (dazu noch eine Hängelampe und ein Schreibtisch).

Jetzt kleine Mitteilungen: Platter[91] empfiehlt in seinen Vorträgen unter der Literatur irgend einen Artikel von mir (erzählte mir meine Cousine, sie weiß es von Glasberg).

Parvus ruft mich dringend nach Dresden (er macht wieder Revolution in der Zeitung!),[92] ich schrieb ihm, daß ich jetzt nicht kann, er soll hierherkommen (er kommt mir hier mehr zustatten, macht mich mit Ledebour[93] etc. bekannt).

...Mein Gold, Einziger, nimm Dich in diesen Dingen wieder zusammen, iß *viel* und regelmäßig, ja? Mein Einziger, schreib mir darüber!! Und gehe spazieren! Bei Dir gibt es ja Gelegenheit für schöne Spaziergänge, aber wohin soll ich hier gehen? Auf die stinkenden Straßen oder in den blöden Tiergarten, voll mit Ammen und Kindern? Ein Glück, daß vom Garten zu mir sehr gute Luft hereinkommt. Es ist schon sehr spät, ich muß den Brief forttragen. Antworte *gleich*, daß Du mir nicht mehr böse bist, ja?

Deine R.[94]

Der Traum vom Glück

In den nächsten Monaten ging es hin und her. Man stritt sich. Sie teilt ihm weiter mit, wie sie ihre Tage verbringt, und er scheint ihr ebenfalls nichts verheimlicht zu haben. Die Angelegenheit mit der ›Sächsischen Arbeiter-Zeitung‹ erledigte sich von selbst: sie mußte die Redaktion niederlegen. Zur endgültigen und restlosen Aussöhnung muß es Anfang 1899 gekommen sein, wie aus einem Brief vom 6. März hervorgeht (in dem sie sich für sein Geburtstagsgeschenk bedankte), der zu den schönsten Liebesbriefen der Weltliteratur gehört.

Er zeigt uns deutlicher als alle anderen Briefe vorher und nachher Rosa Luxemburg als Frau jenseits aller Tagespolitik, ein junger Mensch voller Sehnsucht nach persönlichem Glück und einem eigenen Heim; ein Brief, der so gar nicht in das landläufige Bild von der sozialistischen Kämpferin paßt, die später den Beinamen ›die blutige Rosa‹ erhalten sollte, ein Schimpfwort, das sich bis heute erhalten hat:

Berlin, 6. III. (1899)

Mein lieber, geliebter Dziodziu! Ich küsse Dich tausendmal für den liebsten aller Briefe und das Geschenk, das ich noch nicht erhalten habe.[95] Was ist nur in diesem Jahr geschehen, ich werde überschüttet, wie aus einem Füllhorn. Stell Dir vor, was ich von den Schönlanks bekommen habe: 14 Bände Goethe in *Luxuseinband!* Zusammen mit Deinem ist das mit einem Mal eine ganze Bibliothek und meine Wirtin muß mir ein neues Regal geben, zu den zweien dazu, die ich habe! Wie ich mich über Deine Wahl freue, kannst Du Dir wohl selber vorstellen. Rodbertus ist doch mein *liebster* ökonomischer Schriftsteller, den ich einfach zum geistigen Genuß hundertmal hintereinander lesen kann. Nun, und das Handwörterbuch,[96] das übersteigt schon meine kühnsten Träume! Mir kommt es so vor, als bekäme ich nicht ein Buch, sondern so eine Art *Besitztum,* so etwas wie ein Haus oder ein Stückchen Boden. Weißt Du, daß wir, wenn wir alles zusammenlegen, schon eine sehr schöne Bibliothek haben werden, und wenn wir uns endlich gemeinsam menschlich einrichten, daß wir dann einen verglasten Bücherschrank werden kaufen müssen.

Mein Goldener, Lieber, was für eine Freude Du mir mit Deinem Brief gemacht hast: ich habe ihn schon sechsmal von Anfang bis zum Ende gelesen. Also wahrhaftig, Du bist mit mir zufrieden! Du schreibst, daß ich vielleicht nur so innerlich weiß, daß es dort irgendwo einen Menschen mit Namen Dziodziu gibt, der zu mir gehört! Und fühlst Du denn nicht, daß ich alles, was ich tue, immer nur mit dem Gedanken an Dich tue: wenn ich einen Artikel schreibe, so ist mein erster Gedanke – das wird Dir Freude machen, und wenn ich Tage habe, wo ich an meiner eigenen Kraft zweifle und nicht arbeiten kann, dann nagt an mir nur der Gedanke, wie das auf Dich wirkt, ich halte mein Versprechen an Dich nicht ein, ich enttäusche Dich. Wenn ich Beweise für einen Erfolg habe, z. B. so einen Brief von K. K(autsky), so sehe ich das einfach als meine moralische Steuer an Dich an. *Ich gebe Dir mein Wort,* bei der Liebe zu meiner Mutter, daß *mir selbst* der Brief von K. K(autsky)[97] völlig gleichgültig ist; ich habe mich riesig über ihn gefreut, weil ich ihn, schon als ich ihn öffnete, mit Deinen Augen gelesen habe und fühlte, welche Freude Dir das bereiten wird. Ich erwarte auch ungeduldig Deine Antwort darauf (sicher wird sie morgen zusammen mit den Büchern kommen, es wird eine doppelte Freude). Nur eines fehlt mir zu meiner inneren Ruhe: Dein äußeres Leben und unser Verhältnis in Ordnung zu bringen. Du fühlst, daß ich hier nicht lange (moralisch) eine solche Stellung haben werde, daß wir ruhig miteinander werden leben können, offen als Mann und Frau! Du verstehst das sicher selbst. Ich bin glücklich, daß es mit Deiner Staatsbürgerschaft nun doch zu einem Ende kommt und daß Du Dich energisch dem Doktorat näherst. Ich spüre aus Deinen letzten Briefen, daß Du in sehr guter Stimmung zum Arbeiten bist, übrigens haben mich Deine Briefe während der Schippel-Kampagne geradezu täglich zum Nachdenken angeregt, und im letzten damals hast Du mir direkt den ganzen Teil gegeben, der die größte Zierde der Artikel ist (diese Stelle über die Wirkungen der *Entlastung* auf die Arbeiter[98] habe ich Wort für Wort ganz genau aus Deinem Brief übersetzt).

Glaubst Du, daß ich das nicht sehe und nicht schätze, daß Du mir sofort auf zwuki bojewyje[99] helfend zur Seite stehst und mich zur Arbeit drängst, statt mich wegen meiner upuschtschenija[100] auszuschimpfen. Du hast keine Ahnung, mit welcher Sehnsucht ich jetzt nach jedem Deiner Briefe Ausschau halte: ich weiß, daß jeder mir Kraft und Freude bringt, Rückhalt und Lebensmut.

Am meisten habe ich mich über die Stelle in Deinem Brief gefreut, wo Du schreibst, daß wir beide noch jung sind und noch imstande, auch unser persönliches Leben einzurichten. Ach, Dziodziu goldener, würdest Du doch dieses Versprechen halten!... Eine kleine Wohnung für uns, unsere eigenen Möbel, unsere Bibliothek; Stille und regelmäßige Arbeit, gemeinsame Spaziergänge, von Zeit zu Zeit eine Oper, ein kleiner, *sehr* kleiner Kreis von Bekannten, die man manchmal zum Abendessen einlädt, jeden Sommer für einen Monat aufs Land fahren, aber das dann ganz *ohne* Arbeit!... (und vielleicht noch so ein kleines, ganz winziges Baby? Wird das nie sein dürfen? Niemals; Dziodziu, weißt Du, was mich gestern plötzlich beim Spazierengehen im Tiergarten überfallen hat? *Aber ohne jede Übertreibung!* Auf einmal ist mir so ein drei- oder vierjähriges Kind vor die Füße geraten, in einem hübschen Kleidchen, mit blonden Haaren, und hat mich angestarrt. Da packte es mich plötzlich, das Mädelchen an mich zu reißen und schnell mit ihm nach Hause zu laufen und es für mich zu behalten. Ach, Dziodziu, werde ich niemals ein Kind haben?)

Aber wir werden nie mehr miteinander streiten bei uns daheim, nicht wahr? Bei uns muß es still und ruhig sein, wie bei allen Leuten. Nur, weißt Du, was mich ängstigt, ich fühle mich schon etwas alt und ich bin schon häßlich, Du wirst eine häßliche Frau haben, wenn Du mit ihr Arm in Arm durch den Tiergarten spazieren wirst. – Von den Deutschen werden wir uns ganz fernhalten. Ich werde mich auch jetzt, trotz der Einladungen K. K(autskys) zum *Anschluß*, immer so verhalten, daß eher *sie* ziehen und daß sie spüren sollen, mir selber liegt an ihnen gar nichts.

Dziodziu, wenn Du 1. Deine Staatsbürgerschaft hast, 2. Dein Doktorat fertigmachst, 3. Dich mit mir in aller Offenheit in einer eigenen Wohnung niederläßt und wir *beide* arbeiten werden, dann wird es bei uns *ideal* sein! Kein Paar auf der Welt hat so wie wir alle Voraussetzungen glücklich zu sein. Und wenn es nur ein wenig guten Willen bei uns gibt, dann werden wir, müssen wir glücklich sein. Waren wir nicht so viele Male glücklich, wenn wir nur etwas länger zusammengelebt haben und es dabei Arbeit gab? Erinnerst Du Dich an Weggis? Melinde? Bougy? Weißt Du noch, daß wir die ganze Welt nicht brauchen, wenn wir selber uns nur gut vertragen? Im Gegenteil, ich habe dann nur Angst vor dem geringsten Eindringen eines fremden Menschen. Weißt Du noch, in Weggis, letztes Mal, als ich ›*Von Stufe zu Stufe*‹ schrieb (ich denke immer mit Stolz daran, was das für ein Meisterstück ist!), ich war krank, schrieb im Bett und war aufgeregt, und

Du warst so sanft, so gut, liebevoll, hast mich beruhigt mit dieser Deiner lieben Stimme, die ich immer noch höre: »Nun, sei nur ruhig, *alles wird gut*.« Ich werde das *niemals* vergessen. Oder erinnerst Du dich, in Melide, wie Du nach dem Mittagessen auf dem kleinen Balkon gesessen bist und diesen dicken Kaffee getrunken hast, wie Du ganz verschwitzt warst unter der sengenden Sonne, und ich bin in den Garten hinuntergestiegen mit meiner ›*Verwaltungslehre*‹. Oder erinnerst Du Dich, wie dort einmal am Sonntag Musikanten in den Garten gekommen sind und wir konnten nicht sitzen bleiben und gingen zu Fuß nach Maroggio und zurück und dann ging über dem San Salvatore der Mond auf, und wir sprachen gerade in diesem Moment darüber, ob ich nach Deutschland fahren soll, wir blieben stehen und umarmten uns im Dunkeln und blickten zur Mondsichel über dem Berg. Weißt Du noch? Fast spüre ich noch den Duft jenes Abends. Oder erinnerst Du Dich, wie Du aus Lugano, abends um 8.20, mit den Einkäufen kamst, ich lief mit der Lampe hinunter, und wir schleppten gemeinsam die Pakete hinauf, und dann lud ich alles auf den Tisch, die Orangen, Käse, Salami, die Torte auf dem Papierteller...; ach weißt Du, wir haben kaum jemals ein herrlicheres Abendbrot gegessen als damals an dem kleinen Tischchen in dem leeren Zimmer, beim geöffneten Balkon, wie da der Duft aus dem Garten kam, und Du hast kunstvoll Eier in der Pfanne gebraten, und weit weg in der Dunkelheit jagte mit großem Getöse über die Brücke der Zug nach Mailand...

Ach, Dziodziu, Dziodziu! Komme schon schneller, wir verstecken uns zusammen vor der ganzen Welt in zwei Zimmerchen, wir werden allein arbeiten, selber kochen und es wird uns so gut sein, so gut!...

Dziodziu lieber, ich umschlinge Deinen Hals und küsse Dich tausendmal, ich möchte, wie ich mir das öfters wünsche, daß Du mich auf den Händen trägst. Aber wenn Du Dich immer darauf ausredest, daß ich zu schwer bin.

Heute will ich nichts über Geschäfte schreiben. Morgen, gleich nach dem Besuch bei K(autsky). Ich gehe ohne Artikel hin, weil ich auf Deinen Brief warte.

Ich umarme Dich und küsse Dich und will, daß Du mich unbedingt auf die Hände nimmst.

Deine Rosa.[101]

Warum erfüllte sich ihr Wunsch, ihr Traum vom ›Glücklichsein‹ nicht, warum tat sie nichts, ihn zu verwirklichen? Leo Jogisches hätte ebensogut in Deutschland leben können, sich dann allerdings jeder innerdeutschen Agitation enthalten müssen, und anderseits wäre es für Rosa kein Problem gewesen, in der Schweiz die Aufenthaltsgenehmigung, sogar die Staatsbürgerschaft zu erhalten. Was hielt sie in Deutschland?

Wissenschaftlich hätte sie ebensogut in der Schweiz, in Holland, England oder Skandinavien arbeiten können. In Deutschland hatte sie nicht Wurzel geschlagen, im Gegenteil, sie lehnte das ›deutsche Wesen‹, wie an anderer Stelle ausgeführt wird, impulsiv ab. Was also hielt sie? War es die ›deutsche Ordnung‹, über die sie sich in ihren Briefen immer wieder mokierte und die sie dennoch schätzte? War es die bescheidene materielle Sicherheit, die in Deutschland die Arbeit für die SPD bot? War es die Hoffnung der ›Revisionisten‹, die SPD werde mit Hilfe von Wahlen in die Macht hineinwachsen?[102] Oder wollte sie sich der geistigen Vormundschaft von Jogisches entziehen?

Sie war auch nicht frei von Eitelkeit, sowohl als Frau wie als Sozialistin; ihre Briefe beweisen es. Sie kokettierte mit ihren beachtlichen Sprachkenntnissen; sie legte großen Wert auf ein gepflegtes Äußeres, mehr als die Sozialistinnen und Frauenrechtlerinnen ihrer Zeit; sie liebte einen gewissen Komfort, weit über das ›proletarische Niveau‹ und auch über das der anderen, aus dem Bürgertum kommenden Parteigrößen hinaus; sie freute sich über jede Anerkennung und jedes Lob. Aber sie war auch ehrgeizig:

Berlin, 20. III. 1899

...Ich bin selber verwundert über die Wirkung. Apropos, noch *Nachklänge:* zu Schönlank sagte kürzlich im Reichstag Haase[103] (Abgeordneter): *»Die Artikel des Frl. L(uxemburg) sind brillant, ausgezeichnet, ich habe auch mit anderen geredet – alle sind* *entzückt.«* Dietz (Parteigänger von Bernstein)[104] stand dabei und ist zersprungen. Nachher am gleichen Tag trafen er, Dietz und Blos auf der Straße Heyman (Verleger des Braun-Archivs),[105] der zu Sch(önlank) sagte: *»Die Art(ikel) des Frl. L(uxemburg) sind glänzend, sagen Sie ihr bitte, daß ich ihr gratuliere.«*

Die ›Volkswacht‹ hat in ihrem Leitartikel Teile aus meinem Artikel und den ganzen letzten Abschnitt (über die Praxis), natürlich ohne den Schlußvers[106] abgedruckt. Aber darauf soll es nicht ankommen.

Sch(önlank) schlägt mir vor, ich solle etwas später eine Rezension über Ede (Bernstein) für Conrads Jahrb(ücher)[107] schreiben oder für das Br(aun)-Archiv (beide werden sie gern annehmen), damit wir auch in *Gelehrtenkreise eindringen damit.* Was meinst Du dazu?...

Vorläufig schließe ich und umarme Dich mit aller Kraft
Deine R.[108]

Doch Ehrgeiz war ein Charakteristikum beinahe aller Größen, zumindest aller sozialistischen Größen jener Zeit. Parvus Helphand, Lenin, Trotzki, Wilhelm Liebknecht, selbst August Bebel, der Franzose Jules Guesde, die Linksaußen der Labour Party, Benito Mussolini, damals einer der radikalsten Sozialisten, und sogar der Führer der deutschen ›Revisionisten‹, der nach außen hin so bescheiden wirkende Eduard Bernstein, waren ebenso ehrgeizig wie Rosa Luxemburg.

Dennoch unterschied sie sich von diesen Männern, die nicht nur ehrgeizig, sondern zum Teil auch recht machthungrig waren. Das konnte man von ihr nicht sagen, zumindest zeigte sie es nicht. Sie wußte, daß sie als Frau bestimmte Grenzen respektieren mußte, und sie war zu klug, um diese von Natur und Konvention gezogenen Schranken mutwillig zu überschreiten. Wenn es trotzdem manchmal den Anschein hatte, so war es die geistige Überlegenheit, die sie dazu trieb, ihren (marxistischen) Widersachern Bernstein und Lenin und anderen Größen der Sozialistischen Internationale gegenüber zu opponieren.

Der ›junge Rekrut‹ kämpft für die ›reine Lehre‹ von Karl Marx

Schon im Sommer 1899 war sie in einer für die ›Sächsische Arbeiter-Zeitung‹ bestimmten Artikelserie gegen den Bernsteinschen ›Revisionismus‹ vom Leder gezogen. Daß diese Arbeit erst viel später als Broschüre erschien, war nicht ihre Schuld. Vielleicht war die Ursache dafür in der Zurechtweisung zu suchen, die sie bereits im Oktober 1898 auf dem Parteitag in Stuttgart erfahren hatte: »Man soll zwar höflich gegen Damen sein, aber Genossin Luxemburg wird auf Höflichkeit in diesen Dingen keinen Wert legen.«[109]

Ausgelöst war dieser Angriff durch eine Rede von Rosa Luxemburg worden, die nicht nur die Schärfe ihrer Debattierfreudigkeit, sondern auch ihren Ehrgeiz schlaglichtartig beleuchtete:

»Vollmar[110] hat es mir zum bitteren Vorwurf gemacht, daß ich als junger Rekrut in der Bewegung die alten Veteranen belehren will. Das ist nicht der Fall... weil ich der festen Überzeugung bin, daß die Veteranen auf demselben Boden stehen wie ich... Daß ich meine Epauletten in der deutschen Bewegung erst holen muß, weiß ich; ich will es aber auf dem linken Flügel tun, wo man mit dem Feinde kämpfen, und nicht auf dem rechten, wo man mit dem Feinde kompromisseln will. Wenn aber Vollmar gegen meine sachlichen Ausführungen das Argument ins Feld führt: Du Gelbschnabel, ich könnte ja dein Großvater sein, so ist das für mich ein Beweis, daß er mit seinen logischen Gründen auf dem letzten Loche pfeift.«[111]

Das Parteitagsprotokoll der SPD vermerkte an dieser Stelle (S. 130) ›Lachen‹, aber weder Vollmar noch den revisionsfreudigen Süddeutschen und Gewerkschaftlern dürfte nach ›Lachen‹ zumute gewesen sein. Der Führer der bayrischen Sozialisten, Georg von Vollmar, er war fast auf den Tag genau zwanzig Jahre (plus zwei Tage) älter als Rosa Luxemburg, hatte die Verfolgung der Partei in den Jahren 1878 bis 1890 hinter sich und stand bei seinen Landsleuten in hohem Ansehen.

Worum ging es bei den ›sachlichen Ausführungen‹ des ›Gelbschnabels‹ Rosa Luxemburg auf dem Parteitag und auch noch in den späteren Jahren? Eduard Bernstein, einst Sekretär bei Friedrich Engels und als dessen Lieblingsschüler international respektiert, hatte mit dem Gewicht seines Ansehens erklärt: »Es ist doch lächerlich, nach fünfzig Jahren noch mit Sätzen des Kommunistischen Manifestes zu argumentieren, die ganz anderen politischen und sozialen Zuständen entsprechen wie die, mit denen wir heute zu tun haben.«[112]

Das war der eigentliche Ausgangspunkt des sogenannten Bernsteinschen Revisionismus. Heute wissen wir, daß er recht hatte und daß 1968 sogar seine revisionistischen Gedankengänge revisionsbedürftig erscheinen, aber 1898 auf dem sozialdemokratischen Parteitag in Stuttgart bedeutete dieser Satz für Rosa Luxemburg, aber auch für Mehring, Kautsky und sogar für Bebel ein Sakrileg, eine Schändung der reinen Lehre von Marx. Sie stellte sich neben den drei Jahre älteren Parvus Helphand, einem Emigranten aus Rußland, der wenige Jahre vor ihr in den Westen gekommen war und vor dem Ersten Weltkrieg in der SPD eine nicht unbedeutende Rolle spielen sollte.

Als Herausgeber der ›Sächsischen Arbeiter-Zeitung‹ hatte er – nicht aus weltanschaulichen Gründen, wie sein späteres Leben bewies, sondern um Aufsehen zu erregen – die Kampagne gegen Bernstein eröffnet. Für seine Zeitung wirkte sich das sehr vorteilhaft aus; die Auflage stieg, und die Gefahr des finanziellen Zusammenbruchs war damit gebannt.

Bei Rosa Luxemburg dagegen kann man voraussetzen, daß sie aus ehrlicher Entrüstung über die ›Verfälschung der reinen Lehre‹ von Marx gegen Bernstein und seine Anhänger Stellung nahm. Ihre konsequente Haltung brachte sie auch in Kontakt mit Wilhelm Liebknecht und vor allem mit dem großen Alten August Bebel. Weniger trug dazu allerdings ihre Kampfstellung gegen die ›Revisionisten‹ bei, wie sie erhofft hatte, als vielmehr ihre interne Kenntnis polnischer Vorgänge.

Auf diesem Gebiet wurde sie zur anerkannten Autorität, die ihr auch niemand streitig machen konnte. Auf den Parteitagen beherrschte sie die Debatten über die polnische Frage, und ihre Forderung, den preußischen Staatsbürgern polnischer Zunge nicht nur in ihren Wünschen nach nationaler, sondern auch nach kultureller Autonomie entgegenzutreten, wurde zur offiziellen Parteilinie. ›Autonomie‹ hatte für sie einen nationalistischen Beigeschmack.[113] Ihr Brief vom 30. April 1900 gibt einen Einblick in ihre Arbeit für die Sozialdemokratische Partei innerhalb der polnischen Bevölkerung:

Berlin-Friedenau, Montag, 30. IV. 1900

Mein lieber Dziodziu! Gestern morgen erhielt ich Deinen Eilbrief, heute morgen den eingeschriebenen und mittags den zweiten. Dziodziu, ich wollte Dir schon am Sonnabend sofort einen Brief schreiben, ohne Deine Antwort abzuwarten, aber du wirst es nicht glauben, wieviel Arbeit ich jetzt immer habe, da hat sich diese Pressekommission[114] konstituiert... in diesem Wirbel, zwischen einer und der anderen Arbeit Dir zu schreiben, besonders, da ich von Dir noch keine Antwort hatte, dazu war ich nicht imstande. Jetzt werde ich schon schreiben, wann immer ich nur Lust habe und die Zeit es mir erlaubt.

Vor allem kurz über die polnischen Angelegenheiten. Mein Gold, aus der Ferne, und ohne zu sehen, welche Wendung die Dinge hier genommen haben, rätst Du mir zu einer etwas falschen Taktik. Ala Marysia[115] zu schreiben oder sich überhaupt auf eine scharfe Polemik über die Un(abhängigkeit) P(olens) einzulassen, das wäre ein glattes auf den Leim gehen, und in die Falle, die mir die Leute von Przedświt[116] gelegt haben. Es geht ihnen darum, mich mit den hiesigen Proleten in Streit zu bringen, mir geht es also darum, daß es nicht dazu kommt... Dank der Pressekommission werde ich die ›Gazeta (Robotnicza)‹ faktisch leiten können und die Leute von Przedświt von dort hinausekeln. Nächsten Sonntag haben wir die zweite Sitzung... und dort wird sich die Sache gleich entscheiden. Du regst Dich auf und indessen geht es hier darum, dich nicht provozieren zu lassen, und um eine ruhige Taktik, wie ich sie auf dem Parteitag begonnen habe, fest im Sattel zu sitzen, so daß mich kein Przedświt-Mann herunterkriegt.

Jetzt habe ich keine Lust mehr, über Geschäftliches zu schreiben. Aber ich füge noch hinzu, daß auch die Taktik, mit Erklärungen aus Posen und Oberschlesien und über die Deutschen einen Druck auszuüben, direkt dem widerspricht, was jetzt notwendig ist. Es geht darum, daß die Hiesigen bei mir Schutz finden gegen die Deutschen, und nicht umgekehrt, und was Posen und Oberschlesien betrifft, habe ich Dir schon mehrmals geschrieben, mein Gold, daß man auf diesem Wege nichts erreichen kann; die Leute sind Viecher und entweder tun sie nichts oder sie tun es so, daß es einem zum Hals heraushängt (so wie mir die Posener mit ihrem idiotischen Beschluß, mit dem sie zur Auflösung der PPS beigetragen haben). Nur auf das, was ich selber mache, kann ich rechnen...[117]

Aber im selben Brief schreibt sie auch über persönliche Dinge, und hier wird klar, was einerseits Jogisches an Rosa Luxemburg band und anderseits sie an ihn. Er wünschte sie sich als *Werkzeug;* sie liebte den *Mann.* Aber Jogisches war alles andere als die ›seltene große Mannespersönlichkeit‹ – wie Clara Zetkin meinte –, die neben sich ›eine große Weibespersönlichkeit ertragen‹ konnte. Er war selbstherrlich und kannte eigentlich nur Unterordnung, aber keine Zusammenarbeit.

In dem Brief vom 30. April 1900 klingt zum erstenmal die Frage nach einer Trennung durch, die allerdings erst sechs Jahre später erfolgen sollte:

Jetzt privatim. Du hast natürlich recht, daß wir schon seit längerer Zeit ein getrenntes seelisches Leben führen, aber das hat keineswegs erst in Berlin begonnen. Wir waren einander schon in Zürich seit Jahren seelisch entfremdet, die letzten zwei Jahre meines Aufenthaltes in Z(ürich) haben mir besonders ins Gedächtnis eingegraben, daß ich mich schrecklich einsam gefühlt habe. Aber ich war ja nicht diejenige, die sich von Dir abgekapselt und abgesondert hat, ganz und gar umgekehrt. Du fragst, ob ich mir niemals die Frage gestellt habe: wie lebst *Du* denn, wie sieht es in Dir aus? Darüber kann ich nur bitter lächeln. Oh ja, ich habe tausende Male danach gefragt, nicht nur mich, sondern auch *Dich*, laut und beharrlich, doch ich bekam immer die Antwort, daß ich Dich nicht verstehe, daß Du nicht auf mich rechnest, daß ich Dir nichts geben kann, etc. Bis ich aufgehört habe zu fragen und durch nichts gezeigt habe, daß ich überhaupt etwas sehe oder mich für irgend etwas interessiere. Du schreibst, wie ich denn glauben konnte, daß Du Dich für eine andere interessierst, da doch keine andere Dir genügen oder Dich verstehen kann. Das habe ich mir früher immer selber gesagt.

Aber hast Du denn vergessen, daß Du mir in letzter Zeit hunderte Male wiederholt hast, daß *auch ich* Dich nicht verstehe, daß Du auch *mit mir* Dich völlig einsam fühlst! Worin liegt also der Unterschied? Erst als ich mir gerade *das* vergegenwärtige, begann ich zu glauben, daß ich für Dich nicht mehr vorhanden bin. Daß ich 1893 anders auf solche Gedanken reagiert habe? Freilich, habe ich mich seit damals nicht verändert? Damals war ich ein Kind, heute bin ich ein erwachsener, reifer Mensch, der es ausgezeichnet versteht, sich zu beherrschen und bereit ist, wenn er auch innerlich zähneknirschend seinen Schmerz verbeißt, sich nichts, aber auch gar nichts anmerken zu lassen. Du willst eben unter keinen Umständen glauben, daß ich reifer geworden bin und nicht mehr dieselbe wie vor 8 Jahren.

Jetzt noch eine Sache. Du fragst ständig, wie ich so ruhig den Gedanken fassen konnte, unser Verhältnis zu lösen. Ob das ›ruhig‹ vor sich gegangen ist, davon spreche ich hier nicht. Aber wie habe ich mich überhaupt dazu durchgerungen? Ich sage Dir das ganze Geheimnis: mir wurde besonders nach meinem letzten Aufenthalt in Z(ürich) klar, daß Du meine seelische Konstitution völlig aus den Augen verloren hast, daß ich für Dich einfach die und die bin, die sich von anderen höchstens dadurch unterscheidet, daß sie Artikel schreibt. Ich wiederum, besonders hier, wo ich auf Schritt und Tritt sehe, mit *welcher Art* von Frauen andere Leute leben und wie sie sie anbeten und für Gott weiß was halten, wie sie sich geradezu ihrer Herrschaft unterwerfen, erinnerte mich bei jedem Schritt, wie Du mich behandelst, und es wurde mir klar, daß Du jedes Maß und jede Erinnerung an mein geistiges Wesen verloren hast. Und diese Überzeugung war für mich der lebhafteste und – der schmerzlichste Beweis, dafür, daß Deine Gefühle für mich erkaltet sind.

Du fragst, ob ich von nun an wiederum mit Dir ein gemeinsames geistiges Leben führen will. Die Antwort ist klar, aber bedenke, daß es an *Dir* liegt, das zu verwirklichen. So wie wir in den letzten Jahren gelebt haben, ist es unmöglich, ein *gemeinsames* geistiges Leben aufzubauen. Wenn Du Dein gegenwärtiges Mißtrauen aufgibst, daß ich Dich nicht verstehen kann, mich nicht für Dein Innenleben interessiere etc., dann erst ist ein Einverständnis zwischen uns möglich.

Ich hätte Dir noch vieles, vieles zu sagen, aber wahrhaftig, ich habe keine Kraft mehr, über all das zu schreiben. Wenn Du hier bist, wenn wir endlich zu leben beginnen, dann werden wir uns alles sagen. Und vielleicht wird es dann sogar überflüssig sein, darüber zu reden...

Ich küsse Dich vielmals

Deine R.[118]

Kampf gegen den ›Revisionismus‹

Als Ende Oktober 1901 der Chefredakteur der ›Leipziger Volkszeitung‹, Bruno Schönlank, gestorben war, hatte man Rosa Luxemburg diesen Posten angetragen, zusammen mit Franz Mehring. Das Echo in der Öffentlichkeit war erschrekkend gewesen, und Nettl stellt in seinem Buch (S. 189) fest: »Die Affaire um die Leipziger Redaktion festigte sicherlich Rosas Ruf als streitsüchtiges Frauenzimmer, auch bei denen, die ihr wohlwollten.« Seitdem geisterte das durch nichts gerechtfertigte Schimpfwort von der ›blutigen Rosa‹ durch den deutschen Blätterwald, und sogar der nationalliberale Parteiführer Pfarrer Friedrich Naumann bediente sich seiner.[119]

Die ›Affaire‹ hatte nur einige Monate gedauert, weil die Pressekommission der (linken) Leipziger Parteiorganisation nicht bereit gewesen war, ihr als Frau die Rechte zuzustehen, die ihr Gesinnungsfreund Schönlank innegehabt hatte. Als ihr Kollege und Nachfolger Franz Mehring sie deshalb nicht in Schutz nahm, schrieb sie ihm einen ›eiskalten Scheidebrief‹,[120] den ihr der mimosenhaft empfindliche Mehring allerdings schnell verzeihen sollte – bis es zu neuen ›Entlobungen‹ kam. Dessenungeachtet verteidigte ihn Rosa, viel generöser als der alte Mehring, auf dem Parteitag 1903 gegenüber persönlichen Angriffen der ›Revisionisten‹ recht mannhaft.

Nach dem Leipziger Debakel wirkte sie wieder als Versammlungsrednerin, der der Ruf einer ›politisch Verfolgten‹ vorauseilte. Damit hatte es seine besondere Bewandtnis. In einer Wahlrede zur Neuwahl des deutschen Reichstages 1903 hatte sie sich eine Klage wegen ›Majestätsbeleidigung‹ aufgehalst, weil ihr in einer Debatte um die Lage der deutschen Arbeiter der Satz entschlüpft war: »Der Mann (Wilhelm II.), der von der guten und gesicherten Existenz der deutschen Arbeiter spricht, hat keine Ahnung von den Tatsachen.«

Das ging natürlich zu weit: eine ›Majestät‹ war erst einmal kein ›Mann‹, und zweitens wußte nach Meinung der Polizei ein ›von Gottes Gnaden‹ gekröntes Haupt alles, sogar wie es in einem Arbeiterhaushalt mit vier oder fünf Kindern zugeht. Er wußte, was es hieß, in zwei Zimmern zu leben und bei elfstündiger Arbeitszeit noch nicht einmal die Butter auf das Brot zu verdienen. Urlaub war ein unbekanntes Wort, und wenn der Unternehmer nicht mehr wollte, konnte der Arbeiter ohne jede Unterstützung auf die Straße geschmissen werden. Gar nicht zu reden von der Kinderarbeit.

Doch ein sächsisches Gericht war der Meinung, daß die kaiserliche Majestät in ihrem Schloß in Berlin es eben besser wisse, und verurteilte deshalb Rosa Luxemburg im Juli 1904 zu drei Monaten Gefängnis. Bereits im August mußte sie ihre Strafe in Zwickau antreten, und noch nach Jahren hörte der Autor dieses Buches in einem Haus im Schatten dieses Gefängnisses, einer alten Burg, im Volksmund ›Graupenmühle‹ genannt, von der prominenten Insassin, die sich geweigert hatte, auf Grund einer Amnestie anläßlich der Krönung von König Friedrich August von Sachsen, der soeben den Thron seiner Väter bestiegen hatte, vorzeitig entlassen zu werden.

Rosa war zu stolz, den Gnadenerweis der königlich-sächsischen Majestät anzunehmen und einige Wochen früher ihre Zelle zu verlassen. Dieser gewiß nicht alltägliche Vorgang, daß ein Gefangener aus dem Gefängnis buchstäblich hinausgeworfen werden mußte, sprach sich in ganz Zwickau herum. Anderseits: schlecht war es ihr im Gefängnis nicht ergangen. In einem Brief (vom 1. September 1904) an Luise Kautsky, die Frau des großen marxistischen Theoretikers Karl Kautsky, schrieb sie aus ihrer Zelle Nr. 7: »Seid ohne Sorge um mich; mir geht es sehr gut; Luft, Sonne, Bücher und menschliche Liebenswürdigkeit umgeben mich...«

In einem anderen Brief erwies sie sich wieder als eine Schreiberin, die ihre Umgebung, selbst die Umgebung einer Gefängniszelle, lebendig und fast liebenswert zu schildern verstand: »Draußen am Gefängnis vorbei wird ein Pferd langsam nach Hause geführt, und seine Hufe schlagen ruhig und rhythmisch in der nächtlichen Stille von dem Pflaster auf. In der Ferne höre ich kaum vernehmbar die launischen Töne einer Mundharmonika, auf der irgendein Schusterjunge vorbeischlendernd einen Walzer ›pustet‹... aber sie wiegen mich zusammen mit dem Lufthauch, der mir wie liebkosend über das Haar streicht, in eine seltsame Stimmung. Dieses Lüftchen, das verräterische, es lockt mich schon wieder in die Ferne...«

Auch ›Granny‹ läßt sie grüßen; die alte Mutter von Kautsky, die proletarische Romane im Stil der seligen Marlitt schrieb,[121] wobei bemerkt werden muß, daß Rosa Luxemburg leidenschaftlich gern Fortsetzungsromane las, manchmal zwei, drei bis fünf zu gleicher Zeit. Aber anderseits zeugen die wenigen Briefe, die sie aus Zwickau schrieb, nicht minder von ihrem wachen politischen Interesse. Man hatte ihr gestattet, das ›Berliner Tageblatt‹ zu abonnieren, und so war sie einigermaßen gut informiert.

Über ihr Verhältnis zu Jogisches findet sich in diesen Briefen nichts; der Umwelt gegenüber verschwieg sie bis zuletzt, wie eng sie mit ihm verbunden war, obwohl er schon längere Zeit in Berlin in ihrer Wohnung hauste und auf sie wartete. Da er sich jeder politischen Tätigkeit zunächst enthielt und auch sein Verhältnis zu Rosa zu verbergen verstand, kannten ihn nur wenige. Zwar wäre eine Heirat möglich gewesen, da in diesem Jahr ihre Scheidung von Gustav Lübeck ausgesprochen wurde, aber dann hätte Rosa Luxemburg ihre deutsche Staatsangehörigkeit wieder verloren, und dieser Preis war ihr zu hoch.

Noch immer kämpfte sie gegen den Revisionismus, doch eines hatte sich verändert: sie hatte zu sich selber gefunden. Leo Jogisches war nicht mehr ihr Mentor, sondern nur noch ihr Gefährte, auch in politischen Fragen.

Von ihren Thesen gegen Bernstein nur einen Satz zu streichen, wäre sie nicht bereit gewesen, selbst wenn Jogisches es verlangt hätte. Wenn Bernsteins Schlußfolgerung auch nicht lautete, »daß Marx unrecht habe, sondern daß seinem Postulat der Revolution nur dann ein Sinn zukomme, wenn man die Revolution als Anpassung und wesentliche Veränderung auffasse, ohne daß a priori feststehe, in welcher Form sich dieser Wandel vollziehen müsse«,[122] vertrat sie nach wie vor den in ihrer bereits 1899 erschienenen Schrift ›Sozialreform oder Revolution‹ niedergelegten »marxistischen Standpunkt, der Reformen nur als Vorbereitung für den Tag der Machtübernahme durch das Proletariat, nicht aber als Ersatz für die Revolution gelten ließ«.[123]

Es ist hier nicht der Ort, zu untersuchen, wer recht behielt: die Reformer, die Revolutionäre oder alle beide. England, Holland (hier teilweise sogar bürgerlich-sozialistische Koalitionsregierungen) gingen – wie Skandinavien, die Weimarer Republik und die Bundesrepublik Deutschland – den Weg der Reform. Auch bürgerlich-liberale Regierungen ohne sozialistische Beteiligung übernahmen alte sozialdemokratische Forderungen wie den Achtstundentag (heute bereits durch die Vierzigstundenwoche überholt), bezahlten Urlaub, Kranken-, Invaliditäts- und Altersversicherungen.

An die Stelle der ›permanenten Revolution‹, ein Schlagwort, das in jenen Jahren aufkam, trat im zweiten Viertel des 20. Jahrhunderts in den hochindustrialisierten Staaten – entgegen der Marxschen Lehre – die ›permanente Evolution‹. In den ›unterentwickelten‹ Staaten dagegen waren Revolutionen unvermeidlich, und in einigen mittel- und südamerikanischen Staaten, von Asien und Afrika ganz zu schweigen, werden gewaltsame Umwandlungen der bestehenden Ordnung auch in Zukunft kaum zu umgehen sein, wenn sich dort die herrschenden Kreise, die durchaus nicht mit der Marxschen Definition der ›herrschenden Klasse‹ identisch sein müssen, jeder noch so dringend erforderlichen Reform widersetzen.[124]

Von dieser Entwicklung konnte Rosa Luxemburg nichts ahnen, im ersten Jahrzehnt des 20. Jahrhunderts war noch die Lehre vom Klassenkampf und der proletarischen Revolution offizielles Evangelium der sozialdemokratischen Parteien, obwohl gerade Friedrich Engels kurz vor seinem Tod die Entwicklung erkannt und diese Erkenntnis an seinen Lieblingsschüler Eduard Bernstein weitergegeben hatte.

Welchen Weg Rosa Luxemburg gegangen wäre, kann niemand mit Sicherheit sagen, aber es gibt gute Gründe für die Annahme, daß sie sich einer friedlichen Weiterentwicklung der gesellschaftlichen Zustände nicht so vehement widersetzt hätte, wie es später die Kommunisten in der Weimarer Republik taten. Das schließt nicht aus, daß sie mit allen ihr zu Gebote stehenden Mitteln diese Entwicklung forciert hätte, wie es ihr Kampfgefährte und Gesinnungsgenosse Paul Levi später in den Reihen der SPD versuchte, nachdem er die KPD verlassen hatte und zur Sozialdemokratie zurückgekehrt war.

Doch auf dem Amsterdamer Internationalen Sozialistischen Kongreß vom 14. bis 20. August 1904 glaubte sie sich in ihrem Kampf gegen den ›Bernsteinschen Revisionismus‹, wie sie es nannte, im Recht, das um so mehr, als es auf diesem Gremium, einer Art sozialistischem Völkerbund, im Streit um die Führung innerhalb der französischen Bruderpartei zwischen Jean Jaurès und Jules Guesde zu einer

Verdammung revisionistischer Gedankengänge gekommen war.[125]

Rosa, wegen ihrer Verurteilung zu drei Monaten Gefängnis vom Glanz des Märtyrertums umstrahlt, stand auf dem Höhepunkt ihres Ansehens. Sie war auf diesem Kongreß die einzige Frau von Bedeutung; auf dem Gruppenbild, wo sie unter den meist bärtigen Größen der sozialistischen Bewegung jener Jahre zu finden ist, fehlt ihre gleichfalls anwesende Freundin Clara Zetkin. Als Rosa dann aus dem Stegreif die Rede von Jaurès, mit dem sie politisch alles andere als konform ging, ins Deutsche übersetzte und brausender Applaus ihr dankte, strahlte sie wie ein beschenktes Kind.

Aber auch ein anderes Ereignis auf diesem Kongreß hinterließ bei ihr einen tiefen Eindruck, der ihre spätere Haltung stark beeinflußt haben dürfte. Obwohl Rußland und Japan miteinander Krieg führten, gaben sich auf der Rednertribüne der Russe Plechanow und der Japaner Katajama unter minutenlangem Beifallsklatschen der Delegierten und Gäste demonstrativ die Hände. Der Krieg war Sache der ›Kapitalisten‹; Sozialisten untereinander kannten keine Feindschaft.[126]

Dieses Hochgefühl begleitete sie in ihre Zelle in der Zwikkauer ›Graupenmühle‹ und nach ihrer Entlassung auch in die Versammlungssäle. Immer wieder kam sie auf die ›Solidarität der Werktätigen‹ und auf das ›Klassenbewußtsein des Proletariats‹ zu sprechen, zwei Begriffe, die Karl Marx Anfang der vierziger Jahre des 19. Jahrhunderts beim Besuch der Pariser Elendsquartiere geprägt hatte. Dieses ›Klassenbewußtsein‹ wollte er zur ›materiellen Waffe der Philosophie‹ umschmieden, um mit ihr ›die Welt zu verändern‹.[127]

Weder Rosa Luxemburg noch ihre Zeitgenossen und Freunde, und erst recht nicht Karl Marx und Friedrich Engels, konnten annehmen, daß aus den Bewohnern der Slums englischer Bergarbeiterstädte und der Katen auf den Gütern der ostelbischen Junker innerhalb weniger Jahrzehnte Staatsbürger werden würden, und zwar ohne blutige Auseinandersetzungen, wie sie die Pariser Commune und 1917 die russische Revolution nötig hatten.

Der Streit um die Frage Revolution oder Evolution erinnert heute an den uralten Disput, wer zuerst da war, die Henne oder das Ei:

»In der parteiüblichen Auffassung gelangt das Proletariat durch den gewerkschaftlichen und politischen Kampf zu der Überzeugung von der Unmöglichkeit, seine Lage von Grund aus durch diesen Kampf umzugestalten, und von der Unvermeidlichkeit einer endgültigen Besitzergreifung der politischen Machtmittel. In der Bernsteinschen Auffassung geht man von der Unmöglichkeit der politischen Machtergreifung als Voraussetzung aus, um durch bloßen gewerkschaftlichen und politischen Kampf die sozialistische Ordnung einzuführen.«[128]

Als Rosa Luxemburg diese Sätze niederschrieb, glaubte sie natürlich an die Notwendigkeit ›einer endgültigen Besitzergreifung der politischen Machtmittel‹, um die Lage des Proletariats in Rußland, Frankreich, England und auch Deutschland, von der man sich heute kaum noch eine Vorstellung machen kann, zu ändern. Für sie war Demokratie ohne Sozialismus undenkbar – aber auch nicht Sozialismus ohne Demokratie, und diese Auffassung sollte sie in den nächsten Jahren zur Gegnerin Lenins werden lassen. Für den Führer der Bolschewiki war ›das Proletariat‹ mit oder ohne Klassenbewußtsein nur ein Mittel, eine Waffe zur Erringung der Macht:

»Nach Lenins Ansicht oblag es den Intellektuellen nicht, den Arbeitern auf ihrem schweren Weg zur Seite zu stehen, es war ihre Pflicht, sie zu ersetzen, indem sie den Arbeitern nur die Ausführung von Befehlen überließen, die die Arbeiter selbst weder gutheißen noch mißbilligen konnten und deren Reichweite und Ziel ihnen häufig unbekannt war.«[129]

Für Rosa Luxemburg dagegen war die klassenbewußte Arbeiterschaft mehr: die treibende, sogar führende Kraft, der ›Fels, auf dem der Endsieg der Revolution errichtet wird‹, wie sie in ihrem letzten Artikel kurz vor ihrer Ermordung schrieb.

Der Satz, die Befreiung der Arbeiterklasse könne nur das Werk der Arbeiter selber sein (siehe Seite 10), diente ihr nicht nur für Sonntagsansprachen; er war ihr Glaubensbekenntnis, besonders nachdem sie bei den revolutionären Unruhen in Polen (und Rußland) 1905/06 die ›Kraft der Massen‹ kennengelernt hatte.

Rosa Luxemburg erlebt die Revolution

Die in ihrer Schrift ›Sozialreform oder Revolution‹ niedergelegten Gedanken von der ›Unmöglichkeit‹ einer durch das Proletariat selbst bewerkstelligten Umgestaltung seiner Lage durch ›den gewerkschaftlichen und politischen Kampf‹ ließ als Alternative nur Revolution übrig. Diese Annahme trug ihr wahrscheinlich auch den Beinamen ›blutige Rosa‹ ein. Doch inzwischen war etwas geschehen, was ihre Gedanken in eine ganz andere Richtung lenken sollte.

Um die Unterwanderung der russischen Arbeiterschaft durch sozialistische Gruppen zu unterbinden, hatte der Moskauer Polizeichef Subatow Gewerkschaftsorganisationen gegründet, die man mit dem Spottnamen ›Polizeisozialisten‹ und ›Polizeigewerkschaftler‹ bezeichnete. Der Führer der Polizeigewerkschaften, der Pope Gapon, der es zweifellos ernst mit dem Kampf für eine Besserstellung der russischen Fabrikarbeiter meinte, hatte nun für den 22. Januar 1905 (9. Januar alter russischer Zeitrechnung), einen Sonntag, eine Bittdemonstration organisiert.[130]

Die Arbeiter von Sankt Petersburg (dem heutigen Leningrad) zogen mit Kirchenfahnen und Zarenbildnissen zum Winterpalais, um Nikolaus II. aufzufordern, ihnen in ihrer unvorstellbaren Not gegenüber den Maßnahmen der Unternehmer zu helfen.

Doch auf Anraten der Oberprokureurs des Allerheiligsten Synods, Konstantin Petrowitsch Pobjedonoszew,[131] hatte der Zar seine Hauptstadt verlassen und die vollziehende Gewalt Großfürst Wladimir übertragen. Die Kaiserliche Hoheit interessierte sich nicht für die mehrseitige Bittschrift und noch weniger für die Nöte der Petersburger Arbeiterschaft, die darin geschildert wurden:

Herrscher!
... Wir sind verelendet, wir werden unterdrückt, mit schwerer Arbeit überlastet. Man beschimpft uns, man sieht in uns keine Menschen, man verhält sich uns gegenüber wie zu Feinden.

Wir haben geduldig alles ertragen, aber wir werden immer tiefer und tiefer in den Abgrund des Elends, der Rechtlosigkeit und Unwissenheit gestoßen; uns würgen Despotismus und Willkür, und wir ersticken. Wir haben keine Kraft mehr, Herrscher. Die Geduld hat ihre Grenze erreicht.

Für uns ist jener furchtbare Augenblick eingetreten, wo der Tod besser ist als die Fortsetzung der unerträglichen Leiden. Und nun haben wir die Arbeit niedergelegt...[132]

Als der Zug von rund 200000 Menschen, darunter zahlreiche Frauen und Kinder, fromme Lieder singend, den Platz vor dem Winterpalais erreichte, ließ die Kaiserliche Hoheit das Feuer eröffnen. Die genaue Zahl der Opfer wurde nie bekanntgegeben, aber es sollen rund 2000 Tote und 4000 Verwundete gewesen sein. Großfürst Wladimir hatte mit seinem Befehl dem Zarenregime einen Stoß versetzt, von dem es sich nicht mehr erholen sollte. Zwölf Jahre später wurde es hinweggefegt.

Die Folgen des ›Blutsonntags‹ lösten eine Welle riesiger Streiks aus. Wenn auch Auswirkungen der bisherigen marxistischen Propaganda vom Ausland her nicht geleugnet werden konnten, so waren sie doch minimal. Rosa Luxemburg sah in der spontanen Arbeitsniederlegung die Bestätigung ihrer und der Theorie Parvus Helphands von der Bedeutung des Streiks als politischem Kampfmittel. Tatsächlich erschütterten die Arbeitsniederlegungen das zaristische Regime in seinen Grundfesten und führten auch zur Bildung des ersten Sowjet (Rat), dessen Führung der aus der Emigration herbeigeeilte Leo Trotzki übernahm.[133]

Rosa verfolgte in Berlin die Entwicklung sehr genau, doch selber nach Rußland zu reisen, wie ihr Gesinnungsfreund Parvus Helphand und ihr Lebensgefährte Leo Jogisches, der mit gefälschtem Paß in die polnischsprachigen Gebiete gefahren war, um auf die Ereignisse Einfluß zu nehmen, kam ihr offenbar nicht in den Sinn. Nur eine kurze Reise nach Krakau unternahm sie, wohl mehr um Jogisches zu treffen – eine Regung ihrer Eifersucht, die dann im Jahr darauf auch zum Abbruch der persönlichen Beziehungen führen sollte.

Ein Motiv für diese Zurückhaltung, sich an der Revolution zu beteiligen, war nicht zu erkennen. Der Parteitag der SPD im September 1905 konnte ebensowenig ein Grund sein wie ihr Kampf gegen den Revisionismus. Vielleicht war Jogisches dagegen, und sie fügte sich ihm, obwohl auch das nur schwer zu verstehen ist. Bei ihrer Rückkehr aus dem Gefängnis in Zwickau war es zwar zu einer persönlichen Aussöhnung gekommen, aber politisch ließ sie sich nicht mehr von ihm beeinflussen. Sie ging ihren eigenen Weg.

Doch als der Petersburger Sowjet am 16. (3.) Dezember aufgelöst wurde und die Führer, darunter Trotzki, dem sie sich von allen russischen Revolutionären ideologisch noch am meisten verbunden fühlte, in die Hände der Ochrana, der zaristischen Geheimpolizei, gefallen war, entschloß sich auch Rosa Luxemburg – gegen den Rat ihrer Freunde – von einer Stunde auf die andere, nach Warschau zu reisen.

Einen falschen Paß zu besorgen bereitete ihr an sich keine unüberwindlichen Schwierigkeiten, doch es kostete Zeit. Erst am Morgen des 28. Dezember 1905 fuhr sie als ›Anna Matschke‹, vom Ehepaar Kautsky und der alten ›Granny‹ bei klirrender Kälte auf dem Bahnhof Friedrichstraße verabschiedet, Richtung Warschau. Aber der wegen der zwangsweisen Auflösung des Petersburger Sowjet vom Moskauer Sowjet ausgerufene Generalstreik[134] verzögerte die Weiterreise von der deutschen Grenze. Erst am 30. Dezember abends erreichte sie in einem ungeheizten Militärzug völlig durchfroren die wie ausgestorben wirkende Stadt Warschau.

Die revolutionären Ereignisse in Rußland unterschieden sich ganz wesentlich von jenen in den polnischsprachigen Provinzen. In Sankt Petersburg trieb die unvorstellbare Not die Menschen auf die Straße, so wie es in der Bittschrift an den Zaren zu lesen stand. In Polen, wo die Unruhen schon zwei Monate vor den Petersburger Januarereignissen als direkte Folge der russischen Niederlagen im Fernen Osten gegenüber Japan eingesetzt hatten, war die nationale Frage das tragende oder zumindest ein sehr bestimmendes Element.

Die von Rosa Luxemburg, Leo Jogisches und zwei anderen Gesinnungsgenossen schon vor Jahren gegründete SDKP (Sozialdemokratische Partei im Königreich Polen), die lange Zeit eine nur unbedeutende Rolle gespielt hatte, sollte durch ein neues Programm in die Lage versetzt werden, bei den Unruhen, die man noch erwartete, die Führung zu übernehmen. Eine etwas utopische Hoffnung. Anfang 1906 hatten die Kosaken bereits alle Aufruhrherde im Zarenreich ausgelöscht oder unter Kontrolle.

Man hat die Forderungen, die Rosa Luxemburg im Programm der SDKP aufstellte, oft als ihr politisches Konzept schlechthin bezeichnet. Das trifft nur bedingt zu. Auch ein Revolutionär lernt aus den Ereignissen, und das, was in der Broschüre ›Was wollen wir? Erläuterungen zum Programm der SDKPiL‹ [135] verlangt wurde, war die Summe ihrer deutschen Erfahrungen, so wie ihre späteren Handlungen nur im Lichte der Ereignisse in Polen zu beurteilen sind.

Der wesentlichste Punkt war ihre Forderung nach einer Konstituante, einer verfassunggebenden Nationalversammlung für das ganze russische Reich, also auch für das ›Königreich Polen‹, wie es im Parteinamen hieß, der vielfach zu irrigen Schlüssen führte; es war weder nationalistisch noch monarchistisch gemeint. Klänge es nicht so unwahrscheinlich, könnte man dieses Luxemburgische Programm von 1905/06 als ›evolutionär‹ bezeichnen, ergänzt durch ›revolutionäre Schübe‹, um die trägen Massen von Zeit zu Zeit vorwärtszutreiben. Nettl schreibt dazu (S. 330):

»Der Verlauf der Dinge ergab sich logisch aus der Schritt-für-Schritt-Dialektik, wonach der Kapitalismus dem Sozialismus vorangehen mußte; die Arbeiterklasse durfte nach dieser Auffassung ihre Aktion vorerst noch auf spezifisch proletarische Ziele richten. Aus dieser unbefriedigenden Sackgasse suchten Trotzki und Parvus auszubrechen mit ihrem Begriff von einer Kettenreaktion oder permanenten Revolution, die ohne längere kapitalistische ›Pause‹ direkt zu einer sozialistischen Lösung führen würde.«

Doch die Auswirkungen dieses Programms wie der gesamten Propaganda waren minimal, wie Nettl (S. 311) bestätigt:

»Von einem Einfluß der politischen Parteien auf die Entwicklung der Ereignisse im Januar und Februar (1906 – Anm. d. Autors) war kaum etwas zu spüren. Weder die SDKPiL noch die PPS,[136] noch der ›Bund‹[137] waren imstande, so große Massen in Aktion politisch wie organisatorisch zu leiten. Ihre politische Propaganda hatte kaum begonnen, in die Massen einzudringen und den Charakter ihrer Aktionen zu beeinflussen.«

Rosa Luxemburg begriff bald, daß ihre Arbeit in Warschau getan war und es für sie höchste Zeit wurde, nach Deutschland zurückzukehren. Sie besorgte sich das notwendige Ausreisevisum, entschlossen, das heiße Pflaster schnell zu verlassen. Doch wenige Tage vor der geplanten Abreise holte die Polizei sie und ihren Freund Jogisches im Haus der Gräfin Walewski aus den Betten, trotz ihrer deutschen Pässe. Es dauerte auch nicht lange, bis man auf dem Rathaus ihre Identität festgestellt hatte.

Dennoch gelang es ihr, einen Brief an Kautsky hinauszuschmuggeln, mit genauen Angaben, was zu tun sei. Die Hilfe der deutschen Behörden – immerhin war sie preußische Staatsbürgerin – lehnte sie ab, ebensowenig wollte sie von einem Gnadengesuch ihrer Verwandten an den russischen Ministerpräsidenten Graf Witte etwas wissen. Der deutsche Parteivorstand schickte ohne ihr Wissen für sie durch ihren Bruder 3000 Rubel als Kaution, und nach vier Monaten und vier Tagen öffneten sich ihr die Gefängnistore mit der Auflage, Warschau nicht zu verlassen.

Doch das ließ sich ›richten‹: am 8. August 1906 durfte sie nach dem damals noch russischen Finnland fahren. Von dort aus reiste sie am 14. September nach Hamburg weiter, wo sie ihre Broschüre ›Massenstreik, Partei und Gewerkschaften‹ in Druck gab. Anschließend fuhr sie zum Parteitag der SPD nach Mannheim, wo man sie ganz groß feierte. Ihr Lebensgeführte Jogisches konnte später aus der Gefangenschaft fliehen und nach Berlin gelangen[138] und so einer achtjährigen Zwangsarbeit und lebenslänglicher Verbannung nach Sibirien entgehen.

Mit dem Jahr 1906 war für Rosa eine Epoche abgeschlossen, die man als ihre ›Gesellenjahre‹ bezeichnen könnte. Nach ihrem Studium hatte sie sich in die Parteiarbeit gestürzt, war nach Warschau gefahren und dort verhaftet worden, und in der Internationale hatte sie sich auf Grund ihrer Veröffentlichungen den Ruf einer hervorragenden Theoretikerin des Marxismus erworben. Wäre sie nicht eine Frau gewesen, hätte sie unter den sozialistischen Führern Europas einen hervorragenden Platz eingenommen; bewundert, geliebt, von den Gegnern gehaßt. Bewunderung, Liebe und Haß erntete sie zwar, aber in diesen Äußerungen klang immer wieder durch: »Obwohl sie eine Frau ist.«

Wenn die Sozialisten auch die Gleichheit der Geschlechter in ihren Programmen stehen hatten – in der Praxis galt nur der Mann, und noch heute sind in den kommunistischen Führungsgremien Frauen eine Seltenheit. Nur die ›kapitalistischen‹ Staaten haben die alte sozialistische Forderung nach der Gleichstellung der Frau weitgehend verwirklicht. Rosa Luxemburg empfand diese Zurücksetzung zeit ihres Lebens als niederdrückend, wie einer ihrer Aussprüche beweist: Als sich Bebel einmal wegen einer Verspätung von Rosa Luxemburg und Clara Zetkin Sorgen gemacht hatte, daß den beiden etwas zugestoßen sein könnte, antwortete sie, im Fall eines tödlichen Unfalles hätte der Grabspruch lauten müssen: »Hier ruhen die beiden letzten Männer der deutschen Sozialdemokratie.«

Propheten der kommenden Entwicklung

Einer der originellsten marxistischen Politiker um die Jahrhundertwende war zweifellos Alexander Helphand, genannt ›Parvus‹, der sich nach seiner Ausweisung aus Sachsen in München niedergelassen hatte. In seiner Zeitschrift ›Aus der Weltpolitik‹ hatte er nach dem chinesisch-japanischen Krieg 1894/95 einen bewaffneten Konflikt zwischen Rußland und Japan vorausgesagt. Als dieser dann 1904 mit dem Überfall Japans auf die russische Hafenstadt Port Arthur am Gelben Meer ohne vorherige Kriegserklärung tatsächlich ausbrach, sahen viele in Parvus den bedeutendsten marxistischen Theoretiker seiner Zeit.

Schon sein Bericht aus dem Jahre 1899 über die russischen Hungergebiete, die er – mit einem falschen Paß ausgerüstet – zusammen mit einem Arzt bereist hatte,[139] hatte starke Beachtung gefunden, kündigte Parvus doch darin bereits einen wirtschaftlichen Strukturwechsel des Zarenreiches und, an Hand früherer Beispiele, weitere Hungerkatastrophen an, die zu neuen schweren Erschütterungen führen müßten.

Dem im 19. Jahrhundert noch reinen Agrarland Rußland war in den USA mit seinen Weizenüberschüssen ein gefährlicher Konkurrent auf dem Weltmarkt erwachsen, nicht zum wenigsten eine Folge der Mechanisierung der amerikanischen Landwirtschaft, die erheblich höhere Erträgnisse herauswirtschaftete als die russischen Bauern mit ihren Holzpflügen und einem schlecht ausgebauten Transportsystem zu den Häfen am Schwarzen Meer. Die Mißernten der Jahre 1898 und 1899 mit den darauffolgenden Hungerkatastrophen hatten die Lage erheblich verschärft und Rußland von vielen Märkten verdrängt.

Anderseits machte die Industrialisierung des riesigen Reiches mit seinen unvorstellbar großen Rohstoffvorkommen rasche Fortschritte. Damit verwandelte sich die gesellschaftlich-politische Struktur dieses Vielvölkerstaates, so wie sie noch Karl Marx gesehen hatte und dadurch zu seinen abfälligen Urteilen über Rußland inspiriert worden war. Ein Proletariat entstand, wenn auch völlig verschieden von dem der westeuropäischen Industrieländer und der USA.

Der beinahe zum Dogma erstarrten These von Marx und Engels, die proletarische Revolution werde zuerst in den hochindustrialisierten Staaten – damals galt England als ein solcher – den Kapitalismus ablösen, stellte Parvus seine eigene Meinung entgegen:

»Der Weltprozeß der kapitalistischen Entwicklung führt zum politischen Umsturz in Rußland – dieser Umsturz muß sich auf die politische Entwicklung der kapitalistischen Länder der ganzen Welt ausdehnen. Die russische Revolution erschüttert die kapitalistische Welt in ihren politischen Grundlagen, und das russische Proletariat kann die Rolle der Avantgarde der sozialen Revolution übernehmen. Indem wir den politischen Kampf des Proletariats in Rußland verfolgen, gelangen wir zu den weltweiten Perspektiven des Internationalen Sozialismus.« (Zit. n. Scharlau/Zeman, a. a. O., S. 71.)

Die Behauptung von Parvus, »das russische Proletariat (könne) die Rolle der Avantgarde der sozialen (Welt-)Revolution übernehmen«, eröffnete für die Sozialisten ganz neue Aspekte, vor allem mit der Feststellung: »Der russisch-japanische Krieg ist die blutige Morgenröte bevorstehender großer Ereignisse.« Als Parvus das niederschrieb, war die schmähliche Niederlage des Zarenreiches noch nicht in seiner vollen Größe zu erkennen. Aber man nahm Parvus seine Prophetie ab, ebenso seine Behauptung, nach dem Ende der nationalen Einheitskriege münde die Weltpolitik jetzt in einen neuen Krisenzyklus ein, da der ›Nationalstaat seine Rolle ausgespielt habe‹.[140]

Propheten, die der biblischen Geschichte und die der Politik, und erst recht die Philosophen, einschließlich der Anhänger der dialektischen Geschichtsauffassung, behielten selten in vollem Umfang recht; die Ausgangspunkte jeder Vorausschau ändern sich meist schneller, als die Prophezeiungen sich erfüllen können. Wenn Parvus meinte, »nicht nationalistische Antagonismen würden in Zukunft die historische Entwicklung bestimmen, sondern die wirtschaftlichen Interessen der modernen Industriestaaten, die einen Kampf auf Leben und Tod um die Beherrschung des Weltmarktes begonnen hätten«, und weiter, daß »die Konkurrenz um die noch unerschlossenen Rohstoffquellen und die überseeischen Absatzmärkte ... die europäischen Mächte in Konflikte verwickeln (werde), die unweigerlich zu einem Weltkrieg führen«,[141] so gab ihm die Entwicklung nach 1914 zwar recht, aber nur scheinbar oder nur zum Teil.

Die Balkankriege 1912 bis 1914 waren kaum Kämpfe um ›noch unerschlossene Rohstoffquellen‹, sondern eher nationale Befreiungskriege, aber sie verschoben in ihrem Endergebnis das europäische Gleichgewicht mehr als der industrielle Konkurrenzkampf und trugen so zum Ausbruch des von Parvus prophezeiten Ersten Weltkrieges bei. Kein Geringerer als Leo Trotzki, der beide Konflikte auf den Kriegsschauplätzen erlebte, erkannte diese Tatsache, als er den Balkan »die Pandorabüchse Europas«[142] nannte.

Daß Großkonzerne und Schwerindustrie zu den potentiellen Kriegshetzern gehören, ist noch heute eine der Standardparolen der Marxisten, doch schon 1914 stimmte diese Behauptung nicht mehr oder nur zum Teil. Die Londoner City war gegen einen Krieg, Frankreich wollte in erster Linie das 1871 verlorene Elsaß-Lothringen zurückgewinnen, und in Rußland gehörten die Panslawisten und nicht die noch in den Anfängen steckende Schwerindustrie zu den schlimmsten Kriegstreibern.[143]

Rosa Luxemburg, die schon in ihrer Doktorarbeit gegen die Nationalstaatidee Stellung genommen hatte und dies durch die Gündung der SDKiL unterstrich, bekannte sich vorbehaltlos zur Parvus' Thesen. Sie kannte ihn ja schon von der Schweiz her, und später hatte sie an seiner ›Sächsischen Arbeiter-Zeitung‹ in Dresden mitgearbeitet. In seiner Wohnung in München-Schwabing war sie häufiger Gast gewesen, und dort war ihr auch Lenin zum erstenmal begegnet.

Als dann Leo Trotzki mit seiner Lebensgefährtin Natalia Sedowa bei dem zwölf Jahre älteren Parvus Unterschlupf fand und die beiden Revolutionäre die Theorie der ›permanenten Revolution‹ zu entwickeln begannen, verfolgte sie deren Arbeiten mit wachem Interesse.[144] Doch trotz ihrer Sympathien für Parvus und Trotzki schloß sie sich den beiden nicht näher an. Vielleicht spielte eine gewisse ›Eifersucht‹ gegenüber den Männern dabei eine Rolle, möglicherweise auch unbewußt der alte Gegensatz zwischen Polen und Rußland (in diesem Punkt fühlte sie stets mit Polen), vielleicht war es auch nur reiner Zufall, daß aus der ideologischen Übereinstimmung keine Freundschaft erwuchs.

Ihre Broschüre ›Massenstreik, Partei und Gewerkschaften‹, die sie unmittelbar nach ihrer Rückkehr aus Rußland 1906 schrieb, war die Essenz der Lehren, die sie aus dem Revolutionsjahr 1905 gezogen hatte. Doch wäre es falsch, anzunehmen, in Sankt Petersburg und in anderen russischen Großstädten sei es 1905 erstmals auch zu Streiks mit politischen Zielsetzungen gekommen. Schon im Altertum entwickelten sich Aufstände, Revolten und ganze Provinzen erfassende Rebellionen aus spontanen Aktionen, die wir heute als Streik bezeichnen würden.

Die englischen Chartisten versuchten mit Hilfe einer Arbeitsniederlegung das allgemeine Wahlrecht zu erlangen, die Erste Internationale empfahl auf ihrem Kongreß in Brüssel 1868 den ›Streik der Völker gegen den Krieg‹, die Anarchisten unter Bakunin proklamierten auf ihrem Kongreß 1873 in Genf den Generalstreik zum Sturz der bestehenden Gesellschaftsordnung, und 1891 legten in Belgien 125000 Arbeiter die Arbeit nieder, um das allgemeine Wahlrecht zu erzwingen, das Bismarck bereits 1871 allen Deutschen zugestanden hatte. Die belgische Werkliedenpartij wiederholte 1902 den Streik, in Holland, Frankreich, Schweden traten die Arbeiter oder einzelne Berufsgruppen in den Ausstand, und in Italien war es im September 1904 sogar zu Straßenkämpfen gekommen. Rosa Luxemburg widmete dem Phänomen des Generalstreiks schon deshalb sehr früh ihre Aufmerksamkeit, obwohl »1873 ... sich Engels in seiner Schrift ›Die Bakunisten an der Arbeit‹ gegen die Idee gewandt (hatte), mit dem Generalstreik die besitzenden Klassen durch Aushungerung zu besiegen oder zum Losschlagen zu zwingen und dadurch den Arbeitern das Recht zur bewaffneten Erhebung zu geben«.[145]

Der ›Blutsonntag‹ vom 22. (9.) Januar 1905 in Sankt Petersburg, der sich aus einem spontanen Streik entwickelt hatte,[146] rückte das Problem wieder in den Mittelpunkt der Debatten. Auf dem Jenaer Parteitag der SPD wurde ausführlich darüber diskutiert, zum Entsetzen der Gewerkschaftsführer, ausschließlich Revisionisten, die stolz auf ihre organisatorischen und kulturellen Leistungen waren, wie sie die Gewerkschaftsbewegung keines anderen Landes vorzuweisen hatte.

Auf dem Gewerkschaftskongreß im Mai 1905 in Köln hatte Ignaz Auer, der wegen ihrer Polenpolitik erbitterte Gegner Rosas, erklärt: »Generalstreik ist Generalunsinn.« Aber auch die anderen Gewerkschaftsführer sahen in Rosa ihren Hauptfeind. Otto Hué, der Vorsitzende der Bergarbeitergewerkschaft, einer der mächtigsten Organisationen, hatte in einem Artikel in der Julinummer der Verbandszeitung nicht mit persönlichen Angriffen auf Rosa Luxemburg gespart und am Schluß wörtlich geschrieben:

»In Rußland tobt seit Jahr und Tag der Kampf um die Volksfreiheit. Wir wunderten uns schon immer, warum unsere theoretischen Generalstreikler nicht schleunigst nach Rußland gehen, um dort praktische Kampfeserfahrungen zu sammeln und mitzukämpfen. In Rußland blutet die Arbeiterschaft, weshalb eilen insbesondere die aus Rußland oder Polen stammenden, jetzt in Deutschland, Frankreich und der Schweiz ›revolutionäre‹ Artikel schreibenden Theoretiker nicht auf den Kampfplatz? Wer ein solches Übermaß von ›revolutionärer‹ Energie hat wie unsere systematischen Generalstreikpropagandisten, für den ist es Zeit, sich im russischen Freiheitskampf praktisch zu beteiligen, statt aus der Sommerfrische Generalstreikdiskussion zu betreiben. Probieren geht über Studieren, darum auf in den russischen Freiheitskampf, ihr ›Theoretiker des Klassenkampfes‹.«[147]

Das war reichlich demagogisch; buchstäblich alle russischen und polnischen Revolutionäre waren nach Rußland geeilt oder gingen im Laufe des Jahres 1905, auch Rosa Luxemburg. Ihr Lebensgefährte Leo Jogisches weilte schon seit längerer Zeit in Polen. Daß sie selber alles andere als feige war, geht aus einem Brief an Franz Mehring hervor:

(Berlin-Friedenau, Februar 1901)

Lieber Freund!

... Mir war es selbst peinlich, daß ich nicht zum Konzert kommen konnte, auf das... ich mich so gefreut hatte! Aber in der letzten Woche habe ich wirklich Pech gehabt. Gerade wo ich mich in den letzten Tagen matt und nicht ganz wohl fühlte, hatte ich außer dem Artikel für die ›Neue Zeit‹ viel polnische Arbeit. Wir haben jetzt Nachwahl zum Reichstag in Polen, und ich fabriziere Flugblätter, Repliken etc. Ich soll auch noch nach Posen zu einer Versammlung der polnischen ›Volkspartei‹ kommen als Diskussionsrednerin, weil wir selbst keine Säle kriegen. Ich habe da schöne Aussichten, denn in drei solchen Versammlungen sind unsere Leute schon verprügelt worden, und zwar so tüchtig, daß zum Beispiel unser Kandidat krank liegt. Ich bin sehr gespannt darauf, ob ich auch Keile kriege. Das hat übrigens Zeit, ich gehe jedenfalls erst gegen das Ende des Monats hin. (›Z Pola Walki‹, 1969, Nr. 1 [45]: ›Materialy i Dokumenty‹, S. 147.)

Im Mai 1905 schrieb sie an Mehring, daß sie »an einer kleinen Rippenfellentzündung im Bett« liege. Aber bei dem Angriff auf Rosa Luxemburg hatte man auch gar nicht die Generalstreikdebatte beziehungsweise die Streikdebatten überhaupt im Auge als vielmehr die sprachgewaltigste und schreibgewandteste Gegnerin des ›Revisionismus‹. Auf dem Parteitag 1903 in Dresden hatten zwar die ›Antirevisionisten‹ gesiegt, aber die ›Revisionisten‹ waren geblieben, und sie hatten sich geschworen, ihre Abrechnung mit den Radikalen nachzuholen. Der Artikel Hués war ein Beweis dafür.

Hinzu kam, daß die große Masse der Gewerkschaftsmitglieder Rosa Luxemburg nach wie vor vergötterte; ihre Versammlungen waren gut besucht, und ihre Reden fanden rauschenden Beifall. Nach ihrer Reise nach Warschau und ihrer Verurteilung, als die früher gegen sie vorgebrachten demagogischen Vorwürfe in sich zusammenfielen, und vor allem nach Erscheinen ihrer Broschüre ›Massenstreik, Partei und Gewerkschaften‹ kam es erneut zu heftigen Auseinandersetzungen innerhalb der Partei und der Gewerkschaftsbewegung, sowohl in Deutschland wie im Ausland.

Gleich im ersten Abschnitt ihrer Broschüre unterzog sie Engels' Meinung in dessen ›Kritik der Bakuninistischen Revolutionsmacherei in Spanien‹ einer kritischen Untersuchung, um den Gewerkschaftsführern den Wind aus den Segeln zu nehmen:

»Hier haben wir die Argumentation, die für die Stellungnahme der internationalen Sozialdemokratie zum Massenstreik in den folgenden Jahrzehnten maßgebend war. Sie ist ganz auf die anarchistische Theorie des Generalstreiks zugeschnitten, das heißt auf die Theorie vom Generalstreik als Mittel, die soziale Revolution einzuleiten, im Gegensatz zum täglichen Kampf der Arbeiterklasse, und sie erschöpft sich in dem folgenden einfachen Dilemma: entweder ist das gesamte Proletariat noch nicht im Besitz mächtiger Organisationen und Kassen, dann kann es den Generalstreik nicht durchführen, oder es ist bereits mächtig genug organisiert, dann braucht es den Generalstreik nicht... Die russische Revolution hat nun die obige Argumentation einer gründlichen Revision unterzogen. Sie hat zum ersten Male in der Geschichte der Klassenkämpfe eine grandiose Verwirklichung der Idee des Massenstreiks und... selbst des Generalstreiks gezeitigt und damit eine neue Epoche in der Entwicklung der Arbeiterbewegung eröffnet...«[148]

In dieser Broschüre, die zu den bedeutendsten Arbeiten Rosa Luxemburgs über taktisches Vorgehen im ›Klassenkampf des Proletariats‹ gehört, schilderte sie dann einzelne, vornehmlich russische Streiks, von denen die meisten zum Erfolg oder zumindest zu Teilerfolgen geführt hatten. Doch gleichzeitig kommt nirgends die Polarität von Denken und Wirken, aber auch die ›Rabulistik‹ (ohne Verächtlichmachung gemeint) ihrer Ausführungen so deutlich zum Ausdruck wie gerade bei dieser Broschüre und bei diesem Problem.[149]

Sie, die wie kaum ein anderer Sozialist einerseits die innere Struktur sowohl der deutschen Partei wie der Gewerkschaften und anderseits ebensogut die Lage der russischen wie der sozialistischen beziehungsweise revolutionären Organisationen und Gruppen in Russisch-Polen kannte, zog Vergleiche und übertrug die so grundverschiedenen organisatorischen und politischen Verhältnisse von einem Land automatisch auf das andere.[150]

Da sie selbst ›Parteiführerin‹ (der SDKPiL) war und infolgedessen wußte, daß weder ihre eigene noch eine andere Partei über eine nennenswerte Anhängerschaft innerhalb der Grenzen des Zarenreiches verfügte, grenzte dieses Verhalten an Demagogie (oder ›Rabulistik‹, wenn man will). In Deutschland dagegen hatte der Mitgliederstand der Gewerkschaften bereits 1905 eine beachtliche Höhe erreicht, und ihre sozialen und kulturellen Leistungen waren Vorbild für die ganze Welt.

Die SPD als das parlamentarische Pendant zu den Gewerkschaften war 1903 mit 81 Abgeordneten (31,8 Prozent der Stimmen) zur zweitstärksten Partei (Zentrum 100 Abgeordnete) aufgerückt; an ein Verbot, wie es noch Bismarck 1878 mit seinem Sozialistengesetz hatte wagen können, war kaum mehr zu denken, es hätte zu schwersten Erschütterungen geführt und wäre überdies wegen der Aufspaltung des Deutschen Reiches in Einzelstaaten nur sehr schwer durchzuführen gewesen.

In Rußland existierten praktisch keinerlei Gewerkschaften (Ausnahmen bildeten nur die Suwatowschen ›Polizeigewerkschaften‹ und der jüdische ›Bund‹), die sich auch nur im entferntesten mit den deutschen oder anderen westeuropäischen hätten vergleichen lassen. Dasselbe galt für die verschiedenen Parteigruppierungen und die sich gegenseitig bekämpfenden Richtungen der Bolschewiki und Menschewiki innerhalb der SDAPR. Keine Gruppe war in der russischen Arbeiterschaft verwurzelt, wie es beispielsweise bei der SPD sogar während ihrer Verbotszeit von 1878 bis 1890 der Fall war. Letzteres beweist die Zahl der in dieser Zeit abgegebenen Stimmen zu den Reichstagswahlen: 1878 = 7,5 Prozent; 1881 = 6,1 Prozent; 1884 = 9,68 Prozent; 1887 = 10,1 Prozent und 1890 = 19,74 Prozent.

Nur die französischen Sozialisten unter Führung des genialen Jean Jaurès[151] konnten ähnliche Erfolge aufweisen, ohne jedoch die straffe Geschlossenheit der SPD zu erreichen. Vergleiche ließen sich also praktisch nicht ziehen. Dennoch kamen, trotz dieser Einwände, den Ausführungen Rosa Luxemburgs in der Broschüre große Bedeutung zu. Sie

Rosa Luxemburg:
Sie gehörte zu den bedeutendsten sozialistischen Führern um die Jahrhundertwende. Ihr Wirken ist aus der Geschichte der deutschen Arbeiterbewegung nicht wegzudenken.

Rosa Luxemburg
auf dem Balkon ihrer Berliner Wohnung
1907.

Rosa Luxemburg
und ihre Kampfgefährtin
Clara Zetkin.

Wladimir Iljitsch Lenin
in seinem Arbeitszimmer im Kreml
beim Studium der Prawda; politischer Gegner
und Kritiker der polnisch-deutschen
Sozialistenführerin.

zeigten den Spontaneitätscharakter der russischen Streiks auf, ohne daß Rosa nachdrücklich darauf hingewiesen hätte, wie es eigentlich notwendig gewesen wäre:

»Noch waren die phantastischen, unklaren Nachrichten von dem Generalstreik in Baku nicht in alle Enden des Zarenreiches gelangt, als im Januar 1905 der Massenstreik in Petersburg ausbrach. Auch (! – Anm. d. Autors) hier war der Anlaß ein winziger. Zwei Arbeiter der Putilow-Werke wurden wegen ihrer Zugehörigkeit zum legalen Suwatowschen Verein entlassen. Diese Maßregelung rief am 16. Januar einen Solidaritätsstreik sämtlicher 12000 Arbeiter dieser Werke hervor.«[152]

Bis hierher folgte Rosa Luxemburg mit der Genauigkeit eines Historikers den wirklichen Geschehnissen, dann aber erwachte in ihr die Agitatorin, die Leitbilder hinstellte, ohne viel nach den tatsächlichen Ereignissen zu fragen:

»Die Sozialdemokraten begannen aus Anlaß des Streiks eine rege Agitation um die Erweiterung der Forderungen und setzten die Forderungen des Achtstundentages, des Koalitionsrechts, der Rede- und Pressefreiheit usw. durch. Die Gärung der Putilowschen Arbeiter teilte sich rasch dem übrigen Proletariat mit, und in wenigen Tagen standen 140000 Arbeiter im Streik. Gemeinsame Beratungen und stürmische Diskussionen führten zur Ausarbeitung jener proletarischen Charte der bürgerlichen Freiheiten mit dem Achtstundentag an der Spitze, womit am 22. Januar 200000 Arbeiter, von dem Priester Gapon geführt, vor das Zarenschloß zogen. Der Konflikt der zwei gemaßregelten Putilow-Arbeiter hat sich binnen einer Woche in den Prolog der gewaltigsten Revolution der Neuzeit verwandelt.«

Wohlgemerkt, die prophetischen letzten Worte wurden 1906 geschrieben, zu einem Zeitpunkt also, da noch niemand voraussehen konnte und voraussah (außer Trotzki und Parvus), daß gerade diese Spontaneität und Solidarität der russischen Arbeiter Jahre später wesentlich zum Sturz des innerlich längst verfaulten Zarenregimes beitragen würden. Anderseits überschätzte Rosa Luxemburg die Auswirkungen der ›regen Agitation‹ der Sozialdemokratischen Arbeiter-

Partei Rußlands (SDAPR) um die Erweiterung der Forderungen der Streikenden. Weniger die in sich gespaltene SDAPR trug dazu bei als vielmehr die Semstwos,[153] die vornehmlich von liberalen Bürgern besetzt waren:

»Als Preis für die Wiederaufnahme der Arbeit stellte man folgende Forderungen:
Einführung des Achtstundentages,
Drei-Schichten-Betrieb,
Lohnerhöhungen bis zu 66 Prozent, für Frauen teilweise bis zu 100 Prozent,
Verbesserung der Arbeitsbedingungen.

Diese Liste sozialer Forderungen wurde ergänzt durch politische:
Einberufung einer Konstituante,
Beseitigung der ›Selbstherrschaft‹ des Zaren,
Ernennung einer dem Parlament verantwortlichen Regierung.

Das war neu. Die Arbeiter hatten also nicht nur die Forderungen der internationalen Gewerkschaftsbewegung übernommen, die ihre soziale Lage verbessern sollten, sondern auch politische Forderungen der Semstwos, während direkte Einflüsse der SDAPR, sowohl des bolschewistischen als auch des menschewistischen Flügels, kaum festzustellen waren...«[154]

Von den in den Jahren 1905 und 1906 dem Zarenregime abgerungenen politischen Zugeständnissen hatte nichts Bestand, auch die Fabrikbesitzer bauten die sozialen Verbesserungen stufenweise wieder ab. Doch das konnte Rosa Luxemburg 1906 noch nicht erkennen, obwohl es auf Grund der Lage eigentlich beinahe ›selbstverständlich‹ war. Im vierten Abschnitt ihrer Schrift schrieb sie:

»Endlich zeigen uns die Vorgänge in Rußland, daß der Massenstreik von der Revolution unzertrennlich ist. Die Geschichte der russischen Massenstreiks, das ist die Geschichte der russischen Revolution. Wenn freilich die Vertreter unseres deutschen Opportunismus von ›Revolution‹ hören, so denken sie sofort an Blutvergießen, Straßenschlachten, an Pulver und Blei, und der logische Schluß daraus ist:

der Massenstreik führt unvermeidlich zur Revolution, *ergo* dürfen wir ihn nicht machen. In der Tat sehen wir in Rußland, daß beinahe jeder Massenstreik im letzten Schluß auf eine Renkontre mit den bewaffneten Hütern der zaristischen Ordnung hinausläuft; darin sind die sogenannten politischen Streiks den größeren ökonomischen Kämpfen ganz gleich. Allein die Revolution ist etwas anderes und etwas mehr als Blutvergießen. Im Unterschied von der polizeilichen Auffassung, die die Revolution ausschließlich... vom Standpunkt der ›Unordnung‹ ins Auge faßt, erblickt die Auffassung des wissenschaftlichen Sozialismus in der Revolution vor allem eine tiefgehende innere Umwälzung in den sozialen Klassenverhältnissen...«[155]

Rosa Luxemburg erkannte also – für Rußland – sehr wohl die Wechselwirkung zwischen Streik und Revolution, und ihre Prophetie, daß einmal »die Geschichte der russischen Massenstreiks... die Geschichte der russischen Revolution« sein werde, ist erstaunlich, nicht minder erstaunlich ist aber, daß sie die deutsche Situation, wenn man will auch die Mentalität des deutschen Arbeiters, so gründlich verkannte.

Der Revisionismus Bernsteins, des ›Lieblingsschülers‹ von Friedrich Engels, der den Massenstreik als politisches Kampfmittel ablehnte und ihn nur für »eine tiefgehende innere Umwälzung in den sozialen Klassenverhältnissen«, das heißt zur Erreichung von Verbesserungen der sozialen Lage der Arbeiterschaft angewandt wissen wollte, wogegen im Grund genommen auch Rosa Luxemburg nichts einzuwenden hatte, setzte sich gerade deswegen durch, weil die Mehrheit der deutschen Arbeiterschaft mit der zunehmenden Stabilisierung ihrer Lage den Wunsch nach einer Revolution verlor, wie die Entwicklung nach 1918 beweisen sollte.

Rosa Luxemburgs Sätze am Schluß des sechsten Abschnittes ihrer Broschüre sind Erkenntnis und Verkennen zugleich:

»Die deutsche Sozialdemokratie ist die aufgeklärteste, klassenbewußteste Vorhut des Proletariats. Sie kann und darf nicht mit verschränkten Armen fatalistisch auf den Eintritt der ›revolutionären Situation‹ warten, darauf warten, daß jene spontane Volksbewegung vom Himmel fällt. Im

Gegenteil, sie muß, wie immer, der Entwicklung der Dinge *vorauseilen*, sie zu *beschleunigen* suchen. Dies vermag sie aber nicht dadurch, daß sie zur rechten und unrechten Zeit ins Blaue hinein plötzlich die ›Losung‹ zu einem Massenstreik ausgibt, sondern vor allem dadurch, daß sie den breitesten proletarischen Schichten den unvermeidlichen *Eintritt* dieser revolutionären Periode, die dazu führenden inneren *sozialen Momente* und die *politischen Konsequenzen* klarmacht. Sollen breiteste soziale Schichten für eine politische Massenaktion der Sozialdemokratie gewonnen werden und soll umgekehrt die Sozialdemokratie bei einer Massenbewegung die wirkliche Leitung ergreifen und behalten, der ganzen Bewegung im *politischen Sinne* Herr werden, dann muß sie mit voller Klarheit, Konsequenz und Entschlossenheit die *Taktik*, die *Ziele* dem deutschen Proletariat in der Periode der kommenden Kämpfe zu stecken wissen.«[156] (Hervorhebungen von Rosa Luxemburg.)

Die Beschleunigung in »der Entwicklung der Dinge« trug mehr als alles andere zur Abtötung des revolutionären Elans der deutschen Arbeiter bei. Der russische Proletarier, eher Leibeigener der Fabrikherren als freier Arbeiter, hatte nichts zu verlieren, wie es 1905 in der (nicht überreichten) Bittschrift an den Zaren zum Ausdruck kam: »Für uns ist jener furchtbare Augenblick eingetreten, wo der Tod besser ist als die Fortsetzung der unerträglichen Leiden.« Für den deutschen Arbeiter galt das nicht. Und an dieser Tatsache sollte Rosa Luxemburg 1918/19 scheitern.

Rosa Luxemburg und Lenin

Eine andere unmittelbare Auswirkung der Broschüre über den Massenstreik sollte einen Streit auslösen, der bis in die Jetztzeit nachwirkt: der Gegensatz zu Lenin und dessen Methoden und Zielsetzungen. Nach ihm hatte eine sozialistische Partei nichts anderes zu sein als eine Organisation von Berufsrevolutionären unter seinem Kommando. In seiner nach dem Parteitag 1903 erschienenen Schrift ›Ein Schritt vorwärts, zwei Schritte zurück‹[157] verfocht er ebenso leidenschaftlich, wie Rosa Luxemburg ihre genau gegensätzliche These verfocht, die Konzeption einer Funktionärspartei, die »berufen sei, alle anderen Organisationen der Arbeiterklasse zu leiten«.[158]

Die Gesinnung des einzelnen Mitglieds war ihm dabei völlig gleichgültig. Er unterstützte Spitzel, Lockspitzel und Kriminelle, wenn es seinen Zielen diente,[159] und er nahm Geld vom ›Klassenfeind‹. Von Angelica Balabanoff, die Lenin noch 1922 bei ihrer Ausreise aus Sowjetrußland als »das bedeutendste Mitglied der Kommunistischen Internationale«[160] bezeichnete, auf dieses allen bisherigen sozialistischen Gepflogenheiten hohnsprechende Verhalten hin angesprochen, antwortete dieser ungerührt: »Nun, und was ist dabei? Um unser Ziel zu erreichen, verbünden wir uns auch mit dem Teufel.«[161]

Bei dieser Gelegenheit erklärte er noch: »Eine Partei ist kein Mädchenpensionat. Parteimitglieder dürfen nicht nach dem beschränkten Maßstab bürgerlicher Moral gemessen werden. Manchmal ist ein Schuft der Partei nützlicher, gerade weil er ein Schuft ist.«[162] Diese vollkommen amoralische Haltung kam auch in Lenins Bemerkung »Moralisch ist alles, was dazu dient, die auf Ausbeutung beruhende Gesellschaft zu zerstören«[163] deutlich zum Ausdruck, und dieser Ausspruch Lenins wurde zum Dogma der bolschewistischen Partei. Die Annahme, Lenin sei ›menschlicher‹ gewesen als später Stalin, ist irrig; auch eine Diktatur braucht eine gewisse Zeit, bis sie ›auf Touren kommt‹. Niemand brachte dafür überzeugendere Beweise als Balabanoff, als sie schrieb:

»Karl Kautsky, den Lenin als seinen Lehrer betrachtet hatte und, ehe er zur Macht kam, häufig als höchste Autorität zitierte, schrieb: ›Von seiner Gründung an beruhte das bolschewistische Regime auf der Lüge und auf der Versklavung des Proletariats, das heißt auf dem Prinzip, daß die Eroberung und Erhaltung der Macht jedes Mittel rechtfertigt.‹« (S. 159.)

An anderer Stelle (S. 170): »Es muß zugegeben werden, daß es ohne Lenin keinen Stalin gegeben hätte, selbst wenn dieser nur eine Karikatur des Begründers des Bolschewismus war... Das von Lenin gegründete Regime und der von ihm geschaffene Apparat haben in einem Menschen wie Stalin alle minderwertigen Instinkte geschürt, deren Entwicklung auf keinerlei Hemmungen oder Widerstand stieß... Der Bolschewismus als Theorie, ebenso wie die Anwendung von Methoden, die im Widerspruch zum Sozialismus stehen, waren das Werk Lenins; Stalin hat sie sich nur angeeignet und das Negative, das ihnen anhaftete, noch intensiver gestaltet und allgemein verbreitet. Für ihn war Grausamkeit... ein Mittel wie jedes andere, das er demgemäß auch zur Befriedigung seiner Gelüste, seines grotesken Exhibitionismus und seiner Rache gebrauchte.«

Rosa Luxemburg hat Stalin nicht mehr erlebt, aber sie fühlte instinktiv, was eintreten würde – Angelica Balabanoff sollte es dann 40 Jahre nach Rosas Tod als ihre eigene Erfahrung niederschreiben. Die reservierte Haltung, die sie Lenin schon bei ihrer ersten Begegnung im Hause von Parvus in München entgegenbrachte, sollte sich im Laufe der Jahre zur offenen Gegnerschaft steigern.

In der deutschen Partei, aber auch in allen anderen westeuropäischen Parteien und selbst in allen nichtbolschewistischen Gruppen Rußlands lehnte man die Methoden Lenins ab. Rosa selber kam nicht mehr dazu, die Auswirkungen der amoralischen Haltung Lenins, wie sie sich von 1914 an offenbarte und nach 1917 gigantische Ausmaße annahm, genauer kennenzulernen; bevor es publik wurde, fiel sie Mördern zum Opfer. Doch in einigen Fragen außerhalb der Tagespolitik konnte sie Lenins Einstellung noch vor 1914 beobachten.

Als Lenin vom November 1914 an Geld annahm, das mit allerhöchster Wahrscheinlichkeit von der deutschen Reichsregierung stammte, hat er vielleicht die Quelle nicht genau gekannt; geahnt haben dürfte er vermutlich, woher die Gelder stammten. Dagegen muß er genau gewußt haben, woher die Gelder kamen, die seine Partei ab dem Jahre 1917 annahm und die eine Gesamthöhe von 40 bis 50 Millionen Goldmark erreichten.

Mit ihnen finanzierte er die Novemberrevolution 1917, mit ihnen finanzierte er die ›Prawda‹, deren Chefredakteur Stalin war, und noch nach Abschluß des Diktatfriedens mit dem Deutschen Reich 1918 flossen monatliche Beträge von drei Millionen Goldmark in die bolschewistischen Kassen. Kein Privatmann hätte derartige Beträge flüssigmachen können oder wäre bereit gewesen, sie zu spenden.[164]

Wie schon gesagt: Rosa Luxemburg hatte keine Gelegenheit mehr, von diesen Machenschaften Kenntnis zu erhalten, doch ihr durften zur Meinungsbildung schon die Methoden genügen, die Lenin vor 1914 anwandte, um zu Geld zu kommen. Sie umfaßten alles: vom Versuch, in Deutschland Falschgeld herzustellen, über die Zusammenarbeit mit Räuberbanden bis zu organisierten Raubüberfällen auf Geldtransporte und Banken. Sogar Heiratsschwindel betrieben die Bolschewiki unter Lenins Anleitung, und besonders in diesen Fragen war Rosa fernab jeder kleinbürgerlichen Moral – für saubere Verhältnisse.

Bevor 1905 in Sankt Petersburg der mit den Revolutionären aller Richtungen sympathisierende Möbelfabrikant N. P. Schmidt Selbstmord beging, vermachte er sein nicht unbedeutendes Vermögen der Sozialdemokratischen Arbeiter-Partei Rußlands, das heißt sowohl den Menschewiki wie den Bolschewiki. Lenin gelang es, die ganze Summe an sich zu bringen: 280000 Rubel, mehr als eine halbe Million Goldmark.[165]

Doch auch die Menschewiki, die von der Sache Wind bekommen hatten, forderten ihren Anteil und riefen als Schiedsrichter die SPD an, damals die stärkste Partei der Zweiten Internationale. Die Parteileitung berief als Schiedsrichter Karl Kautsky, Clara Zetkin und Franz Mehring, mit dem Auftrag, die Angelegenheit ohne Aufsehen zu ordnen. Lenin veranlaßte daraufhin zwei seiner Parteifreunde, die beiden Schwestern des Erblassers zu ehelichen. Einer der beiden war zwar schon verheiratet, aber das störte die Bolschewiki nicht sonderlich, der andere fand nach der Heirat Geschmack am Leben eines reichen Mannes und weigerte sich, den angeheirateten Anteil herauszugeben.

Erst mit massiven Morddrohungen – in solchen Dingen verstanden die Bolschewiki schon damals keinen Spaß – erreichte man die Auszahlung (allerdings mußte Lenin später einen Teil der Beute wieder herausgeben).

Auf dem Kongreß der Sozialdemokratischen Partei Rußlands vom 30. April bis zum 19. Mai 1907 in London – der letzte gemeinsame Kongreß der beiden feindlichen Flügel Menschewiki und Bolschewiki, des jüdischen ›Bundes‹ und der lettischen und polnischen Sozialisten – führten Lenins Methoden der Geldbeschaffung zu erregten Diskussionen, die um ein Haar in eine Schlägerei ausgeartet wären.[166]

Insgesamt waren 338 Delegierte anwesend, eine bisher noch nie erreichte Zahl.[167] Rosa Luxemburg sprach als Vertreterin der SDKPiL (auch Jogisches war Delegierter dieser Partei) dreimal, und nach Maxim Gorki war »sie der beste Redner auf dieser Konferenz, weil sie leidenschaftliche Intensität mit einem Hang zur Ironie verband«.[168]

Von Lenin hielt sie gemessenen Abstand, und bei den Abstimmungen über dessen dunkle Geldgeschäfte stimmte sie gegen ihn.

Auch Stalin war auf dieser Konferenz anwesend, und alle, die damals in London gegen die ›Expropriationen‹, also gegen die gewaltsamen ›Enteignungen‹ Stellung nahmen, wurden später von ihm – soweit sie inzwischen nicht gestorben oder geflüchtet waren – als Agenten der Gestapo, des Secret Service, des Deuxième Bureau und anderer Geheimdienste denunziert und anschließend durch Genickschuß hingerichtet.

Da Stalin nach neuesten Forschungsergebnissen[169] zeitweilig Spitzel der Ochrana, der zaristischen Geheimpolizei, war und daher 1917/18 auch die Herkunft der Gelder für die ›Prawda‹ gekannt haben muß, wird sein Mißtrauen, buchstäblich alle Menschen für mögliche Spitzel zu halten, verständlich. Vor allem Trotzki beschuldigte er, Gelder vom ›Klassenfeind‹ genommen zu haben, was nachweislich nie der Fall war, und Rosa Luxemburg verfolgte er noch nach ihrem Tod mit gehässigen Auslassungen gegen den ›Luxemburgismus‹.

Im selben Jahr, im August 1907, besuchte sie als Delegierte der SDKPiL auch den II. Internationalen Sozialistischen Kongreß in Stuttgart. Trotz ihrer Abneigung gegen Lenins zwielichtige Methoden, sich Geld zu beschaffen, stimmte sie in Stuttgart in verschiedenen Fragen aus taktischen Gründen mit ihm und stellte ihm sogar ihre Freundin Clara Zetkin vor, nachdem sie diese vorher gewarnt hatte: »Sieh dir diesen Mann gut an. Das ist Lenin. Merke dir diesen eigensinnigen, eigenwilligen Schädel.«[170]

Das zeugte nicht gerade von besonderer Sympathie, aber dazu hatte sie auch keine Veranlassung. In London hatte sich Rosa eindeutig zu Trotzkis und Parvus Helphands Theorie der ›permanenten Revolution‹ bekannt und vor dem Plenum des Parteitages den vom Glanze seiner hervorragenden Rolle als Vorsitzender des Ersten Petersburger Sowjet und später als Angeklagter im Prozeß umstrahlten Leo Trotzki verteidigt. Auch in der Frage der ›Expropriationen‹ hatte sie mit ihm gegen Lenin gestimmt.[171]

Da Trotzki und Lenin seit dem ›Spalter-Parteitag‹ 1903 tödlich verfeindet waren,[172] hätte sich das eigentlich automatisch auch auf das Verhältnis Luxemburg–Lenin auswirken müssen, denn der Führer der Bolschewiki kannte nur Zustimmung; wer sich in irgendeiner Frage gegen ihn stellte, war sein ›Feind‹. Zudem trennten nicht nur die gegensätzlichen Meinungen in diesen Fragen die beiden Revolutionäre. Rosa Luxemburg glaubte an die ›fast mystische Kraft‹ der Massen, wie viele spöttelten, Lenin sah in ihnen nur ein Mittel zur Eroberung der Macht.[173]

Doch seltsamerweise hielten die beiden eine Art geistigen Waffenstillstands ein; Rosa Luxemburg wohl hauptsächlich deshalb, weil sie in Lenin einen Mitstreiter gegen den ›Revisionismus‹ sah, und Lenin wiederum, weil er glaubte, auf ihre ›Neutralität‹ gegenüber seinen zwielichtigen Geldgeschäften nicht verzichten zu können. In ihren revolutionären und auch sonstigen Ansichten verband sie im Grunde genommen nichts.

Leo Jogisches, von dem sich Rosa Luxemburg nach dessen Rückkehr aus Rußland innerlich getrennt hatte, war ebenfalls anwesend.[174] Die wenigen, die das so streng geheimgehaltene intime Verhältnis zwischen den beiden gekannt hatten, wären in Stuttgart sicher nicht auf den Gedanken gekommen, daß zwischen Rosa und Jogisches keinerlei Beziehungen mehr bestanden. Nach außen hin bildeten sie weiterhin eine (ideologische und menschliche) Einheit. Rosa Luxemburg, die sicher sehr unter der Trennung litt, verstand es, ihren Schmerz zu verbergen.

Zusammen mit Lenin und anderen ›Linken‹ arbeitete sie an der so sehr umkämpften Resolution mit, in der es unter anderem hieß:

»Droht der Ausbruch eines Krieges, so sind die arbeitenden Klassen und deren parlamentarische Vertretungen in den beteiligten Ländern verpflichtet, unterstützt durch die zusammenfassende Tätigkeit des Internationalen Büros, alles aufzubieten, um durch die Anwendung der ihnen am wirksamsten erscheinenden Mittel den Ausbruch des Krieges zu verhindern... Falls der Krieg dennoch ausbrechen sollte, ist es Pflicht, für dessen rasche Beendigung einzutreten und mit allen Mitteln dahin zu streben, die durch den Krieg herbeigeführte wirtschaftliche und politische Krise zur Aufrüttelung des Volkes auszunutzen und dadurch die Beseitigung der kapitalistischen Klassenherrschaft zu beschleunigen.«[175]

Daß diese Resolution in den letzten fünf Jahren ihres Lebens zum Leitstrahl all ihrer Handlungen werden sollte, ahnte sie 1907 in Stuttgart wohl noch nicht. Sie war wohlgemut, denn sie hatte – gegen den Willen der deutschen Parteiführer – zusammen mit Lenin die radikalen Forderungen nach einem ›Massenstreik‹ durchgesetzt, und hocherhobenen Hauptes fuhr sie nach Berlin zurück.

Ein Jahr danach schrieb sie an ihre Freunde: »Ich bin erst ganz wieder ich, seit ich von L(eo Jogisches) frei bin.«[176] Nicht wenig zu diesem Wieder-zu-sich-selber-Finden hatte zweifellos die neue Aufgabe beigetragen, die ihr kurz nach dem Stuttgarter Internationalen Kongreß vom Parteivorstand übertragen worden war: der Posten einer Dozentin an der Berliner Parteischule der SPD. Wenn sie sich anfangs auch ein wenig geziert hatte, bevor sie ja sagte, so schmeichelte es sie anderseits doch sehr, als einzige Frau neben anderen Parteigrößen junge Sozialisten unterrichten zu können.

Die Schule war schon 1906 gegründet worden, aber erst der von der preußischen Regierung erzwungene Rücktritt zweier ausländischer Genossen hatte ihr den Eintritt in den Lehrkörper verschafft.[177] Zu ihrer eigenen und erst recht zur Überraschung aller Parteiveteranen zeigte sich, daß sie über ganz hervorragende pädagogische Eigenschaften verfügte und daß sie es glänzend verstand, den meist jüngeren Genossen aus dem Arbeiterstand die recht komplizierten Grundbegriffe des dialektischen Materialismus beizubringen.[178]

Rosa Luxemburg war Gegnerin jedweder revisionistischen Bestrebungen, und in ihren Vorlesungen kam das auch deutlich zum Ausdruck. Seit der parteioffiziellen Verdammung der Thesen Bernsteins waren viel Jahre vergangen, aber über die Hintertreppe hatte sich der ›Revisionismus‹ in das sozialdemokratische Parteihaus wieder eingeschlichen. Nachdem bereits 1899 in Frankreich der Sozialist Millerand in ein bürgerliches Koalitionskabinett eingetreten war, hatten im Großherzogtum Baden Sozialisten an höfischen Empfängen teilgenommen, was den ›Simplizissimus‹ veranlaßte, ironisierend zu schreiben: »Schön ist ein Zylinderhut, wenn man ihn besitzen tut!«

Auf dem Nürnberger Parteitag im September 1908 kam der Streit über die Parteischule, unterschwellig auch ein Streit um Rosa Luxemburg und ihren Kampf gegen den Revisionismus, offen zum Austrag:

»Die einen vertraten die Ansicht, die Schule solle helfen, das allgemeine Bildungsniveau der Arbeiter zu heben; nach Meinung der anderen sollte sie eine Ausbildungsstätte für Lehrer und Agitatoren sein. Eisner führte den Angriff; Max Maurenbrecher, ein anderer Süddeutscher, unterstützte ihn. Der Vorstand legte Wert darauf, daß Rosa auf dem Parteitag die Schule verteidigte, und beschaffte ihr zu diesem Zweck ein Mandat. Bebel schrieb ihr gleich zweimal, um sicherzustellen, daß sie wirklich käme.

Rosa Luxemburg sprach maßvoll und beherrscht... Als taktischen Trick entlarvte (sie) den übermäßigen Respekt vor der Wissenschaft, den die Kritiker der Parteischule an den Tag legten, indem sie fragte, ob man komplizierte Gegenstände popularisieren dürfe, um den Schülern dann doch nur ein Halbwissen zu vermitteln... Schließlich beendete Eisner, stets der höflichste der Gegner, für seine Person die Debatte mit einer eleganten Verbeugung vor Rosa Luxemburg: ›... ich persönlich würde großen Wert darauf legen, einmal von den Nürnberger Genossen ein halbes Jahr beurlaubt zu werden, um zu den Füßen der Genossin Luxemburg neue Wissenschaft zu lernen. Das würde mir nichts schaden und der Genossin Luxemburg auch nicht.‹«[179]

Auch in diesem Streit offenbarte sich Luxemburgs Gegensatz zu Lenin, der höchstwahrscheinlich gegen sie Stellung genommen hätte, wäre er auf diesem Parteitag in Nürnberg gewesen. Doch ganz verständlich wird diese Auseinandersetzung erst vor dem Hintergrund der innenpolitischen Verhältnisse im Reich. Bei den Reichstagswahlen 1907 hatte die SPD von ihren 82 Mandaten des Jahres 1903 knapp die Hälfte verloren; ein harter Schlag, von der bürgerlichen Presse bereits als der Beginn des Untergangs der sozialistischen Bewegung gefeiert.[180]

Nicht zum wenigsten waren es diese Angriffe, die Rosa Luxemburg veranlaßten, eine Arbeit zu beginnen, die sie schon längere Zeit geplant hatte: ihre »Einführung in die Nationalökonomie«. Doch vorläufig blieb dieses Werk, als eine Art Lehrbuch gedacht, nur Fragment.[181] Die ersten Kapitel wurden erst im Sommer 1916 druckfertig geschrieben. Wie Frölich feststellte, fanden sich in ihrem »Nachlaß... nur die Kapitel 1, 3, 6, 7 und 10«, die ihr Parteifreund Levi fünf Jahre nach ihrem Tod (1924) herausgab.

Frölich behauptete nun, diese Ausgabe enthalte viele Fehler, und wichtige Anmerkungen seien ausgelassen worden. Das mag wohl zutreffen, doch läßt sich auf keinen Fall ableugnen, daß die abgeschlossenen und von Levi veröffentlichten Kapitel, die nach Frölich nur »ein Torso« seien, obwohl sie »mehrere Jahre« daran gearbeitet habe und dabei auf »eine unerwartete Schwierigkeit«[182] gestoßen sei, *nach* ihrem Tod und *nach* der Revolution von 1918 einer Neubearbeitung bedurften.

Krieg, Inflation, Ruhrkampf und andere Dinge veränderten ganz wesentlich die Ausgangspunkte, von denen aus Rosa Luxemburg 1908 bis 1916 die ökonomischen Verhältnisse beurteilt hatte. Auch die wissenschaftlichen Forschungsergebnisse über frühere Kulturen sind heute überholt und damit auch ihre daraus gezogenen Schlußfolgerungen. Dasselbe galt für das Buch – eigentlich ihr Hauptwerk –: »Die Akkumulation des Kapitals«, das aus der Arbeit für die ›Einführung in die Nationalökonomie‹ entstand und von ihr 1912 veröffentlicht wurde. Darüber wird noch gesprochen werden.

Schöpferische Pause

Vorerst galt es, das Tief zu überwinden, das die Wahlniederlage von 1907 in der SPD hervorgerufen hatte. Das ging schneller, als allgemein erwartet worden war. Bereits 1909 brach der sogenannte ›Bülow-Block‹ auseinander, und es ergaben sich plötzlich ganz neue Perspektiven. Mit der Erhöhung der Steuern zur Deckung der Rüstungskosten sah die Regierung auch eine Erhöhung der Erbschaftssteuern vor. Das lehnten die Konservativen ab.

Im März 1910 schlossen sich mehrere bürgerliche Gruppen zur Fortschrittlichen Volkspartei zusammen. Das gab dem revisionistischen Flügel der SPD Auftrieb; er sah in der neuen Partei einen möglichen Bundesgenossen, wie ihn die französische Partei in den Radikalsozialisten[183] gefunden hatte. Rosa Luxemburg schien das alles seltsamerweise nur wenig zu berühren, obwohl es auf der Hand lag, daß dieser Strukturwandel innerhalb der bürgerlichen Parteien seine Auswirkungen auf die nächsten Reichstagswahlen im Jahre 1912 haben mußte.

Im Sommer 1909 hatte sie eine ungewöhnlich lange Reise nach dem Süden angetreten, eine Zeitlang in Schweizer Bibliotheken Material für eine Geschichte Polens gesammelt, dann war sie nach Genua weitergereist. In Briefen an ihre Freunde berichtete sie über ihre kleinen Erlebnisse mit Italienern, mehr belustigt als empört:

»Nun bin ich seit einigen Tagen in der Genova superba, wie sie sich nennt, während die Toskaner von ihr anderer Meinung sind und sagen, daß hier mare senza pesce, montagne senza albergie, uomini senza fede e donne senza vergogna (Meer ohne Fische, Berge ohne Bäume, Männer ohne Treue und Frauen ohne Scham) seien. Ich neige zu der Auffassung der Toskaner, nur mit dem Unterschied, daß auch die uomini senza vergogna sind, wenigstens in den Kaufläden, wo sie mich stets anschwindeln im Preis und mir auch noch im Rest jedesmal ein paar ungültige Münzen einschmuggeln.«[184]

Aber vieles, was sie schrieb, war nur Kulisse, die ihren Schmerz verbergen sollte. Nachdem sie sich von Leo Jogisches getrennt hatte, war sie in nähere Beziehungen zu Konstantin Zetkin getreten, einem Sohn ihrer Freundin Clara Zetkin. Gerade in diesen Tagen hatte sie sich von ihm getrennt, vielleicht sollte diese Reise dazu dienen, über diese Trennung hinwegzukommen:

»Diese Briefe aus Italien legen Zeugnis ab von Rosa Luxemburgs Seelenstärke... während sie Kautskys von den Freuden des sonnigen Italiens erzählte, brach ihr fast das Herz: zur gleichen Zeit entließ sie ihren Freund Konstantin Zetkin aus seinen Bindungen, weil sie das Gefühl hatte, daß sie ihn erdrücke. Eine große Erschwernis für ihre Biographien ist diese strenge Selbstdisziplin, die Wände zwischen den einzelnen Freundschaften aufrichtete und aus einem Verhältnis nichts in das andere überfließen ließ, sei es zwischen Person und Person, sei es zwischen Person und Politik.«[185]

Auch nach ihrer Rückkehr hielt sie sich zurück. Erst im Jahr darauf fand sie zu ihrer alten Aktivität zurück, als es im Reichstag um neue Steuern für neue Rüstungen ging, wobei weniger das Steuerproblem an sich sie zu interessieren schien als vielmehr die militaristischen Auswirkungen. Vielleicht war es Zufall, daß gerade sie als Frau zur Vorkämpferin gegen Militarismus und Soldatenmißhandlungen wurde, und der Anlaß könnte das ihr übertragene Referat auf dem V. Pariser Kongreß der Zweiten Internationale im Jahre 1900 gewesen sein: »Der Völkerfriede, der Militarismus und die stehenden Heere.«

Aber auch Engels' Feststellungen in seiner Vorrede zu Marx' ›Klassenkämpfe in Frankreich‹ vom Jahre 1895 mögen dazu beigetragen haben. Nach Engels hätten sich »die Bedingungen total umgewälzt, unter denen das Proletariat zu kämpfen hat«, weil sich nicht nur »die Bedingungen... für den Völkerkrieg änderten, sondern auch für den Klassenkampf«, womit er den Barrikadenkampf gegen militärische Einheiten meinte.

Die Revolution von 1905/06 in Rußland hatte Rosa Luxemburg gelehrt, daß eine der wesentlichen Voraussetzungen für den revolutionären Kampf sei, unter den Soldaten zu agitieren, mit dem Ziel, sie zu neutralisieren. Die Entschließung auf dem Interrnationalen Kongreß in Stuttgart 1907, nach der es die Aufgabe der sozialistischen Parteien sei, einen Krieg in einen Bürgerkrieg umzuwandeln, ging davon aus. Der Marokkokonflikt 1911, der erneut die Gefahr eines Krieges heraufbeschwor,[186] zeigte auf, wie dringlich dieses Problem geworden war. Jeder Saal, in dem Rosa Luxemburg sprach, war überfüllt, und immer stellte sie den Militarismus als die Ursache allen Übels hin.

Keinerlei Erhöhung der Steuern, sondern Rüstungsbeschränkungen war bisher die Parole der SPD gewesen, aber die Niederlage von 1907, bei den ›Hottentotten-Wahlen‹, hatte im Parteivorstand einen Schock hinterlassen, der noch immer nachwirkte. Die Führung entschied, für den Steueränderungsvorschlag der Fortschrittlichen Volkspartei einzutreten, das heißt gegen neue indirekte Verbrauchssteuern, die tatsächlich das arbeitende Volk mehr trafen als den Besitzenden.

Gekoppelt war dieser Kampf gegen das bestehende Steuersystem mit dem Kampf gegen das Dreiklassenwahlrecht in

Preußen. Die Wahlen 1908 hatten die Unhaltbarkeit dieses Wahlunrechts bewiesen. Auf 600000 sozialdemokratische Stimmen entfielen 6 Abgeordnete, die Konservativen mit 418000 Stimmen dagegen konnten 212 Sitze belegen. Die Folge waren zahllose Streiks mit politischem Akzent gewesen, und in seiner Thronrede sagte deshalb Wilhelm II., Deutscher Kaiser und König von Preußen, für sein Königreich eine Wahlrechtsreform zu.

Reichskanzler von Bethmann-Hollweg, laut Verfassung auch Ministerpräsident von Preußen, legte in dieser Eigenschaft erst nach zwei Jahren einen Entwurf vor, der als Hohn gegenüber der Forderung nach einem gleichen, geheimen und direkten Wahlrecht empfunden wurde. Die Arbeiter stellten ihre Demonstrationen nicht ein, im Gegenteil, nicht nur in Berlin, auch in der Provinz gingen sie jetzt auf die Straße.

Es kam zu blutigen Zusammenstößen, und die Regierung hielt überall militärische Einheiten bereit. Sogar Reiterattacken ließ sie in den Straßen proben.

Der Berliner Polizeipräsident von Jagow stand dieser neuen Methode des Volkes, seine Meinung zu äußern, völlig verständnislos gegenüber. In seiner berühmt gewordenen Bekanntmachung hieß es: »Es wird das Recht auf die Straße verkündet. Die Straße dient lediglich dem Verkehr. Bei Widerstand gegen die Staatsgewalt erfolgt Waffengebrauch. Ich warne Neugierige.« Daraufhin forderte die SPD am 6. März 1910 zu einem ›Wahlspaziergang‹ im Treptower Park auf, dirigierte dann aber ihre Anhänger zu einer Demonstration ins Innere der Stadt. Als dort die Schutzleute ankamen, war schon alles vorbei.

Auch zu Streiks im Bergbau und im Baugewerbe kam es. Im Jahre 1910 streikten rund 400000 Arbeiter, eine vordem nie erreichte Zahl. Beide Bewegungen, die für den Lohn und die für allgemeines Wahlrecht in Preußen, überschnitten sich, was ganz nach dem Herzen von Rosa Luxemburg war, die jetzt unverblümt den politischen Massenstreik forderte. Sie schrieb Artikel um Artikel, und abends sprach sie in Riesenversammlungen:

»Also vom ›Kriegsschauplatz‹ ... Vorgestern am 15., am Dienstag, wurden hier 48 Abendversammlungen eingerichtet, mit der klaren Absicht, irgendeiner Aktion am 18., morgen, vorzubeugen. Als Redner lauter 4. und 5. Garnitur und vorwiegend Gewerkschaftsbeamte! Außerdem war im voraus im ›Vorwärts‹ verboten, etwa nach den Versammlungen Straßendemonstrationen zu machen. Ich erfuhr in der Schule am 12., daß ein Redner fehlt, nahm sofort an und hielt abends also eine Rede im IV. Wahlkreis. Die Versammlung war zum Umkommen voll (etwa 1½ Tausend), Stimmung glänzend. Ich zog natürlich gehörig vom Leder, und das fand stürmische Zustimmung. (Hannes [Diefenbach], Gert[rud Zlottko], Costia [Konstantin Zetkin] und Eckst[ein] waren mit, letzterer ist seit gestern zu meiner Auffassung bekehrt, wie er mir sagte.) – Heute erhielt ich von Bremen telephonisch, von Essen brieflich eine dringende Aufforderung zu Versammlungen über den Massenstreik. – Ich überlege, ob ich nicht nächstens die Schule hinschmeiße und ins Land ziehe, um überall anzuheizen.«[187]

Sie ließ sich von den Wogen der Begeisterung, die ihr in allen Versammlungen entgegenbrandete, wie ein Wellenreiter tragen. Viele fragten sich, woher sie die Kraft und woher sie die Zeit nahm, in Versammlungen zu sprechen, hinterher mit Genossen stundenlang zu debattieren, dann noch Briefe und Artikel zu schreiben und in- und ausländische Zeitungen und Zeitschriften zu lesen.

Aber sie mußte auch ›Nadelstiche‹ hinnehmen, wie sie sagte. Der ›Vorwärts‹ weigerte sich, einen Artikel von ihr mit dem Titel ›Was weiter?‹ aufzunehmen, in dem sie vorschlug, die Streikbewegung zu fördern und ins republikanische Fahrwasser zu leiten. Sogar ihr alter Freund und Kampfgenosse Karl Kautsky weigerte sich, in seiner theoretischen Zeitschrift ›Neue Zeit‹ den Artikel ungekürzt zu veröffentlichen; er behielt sich vor, den republikanischen Passus zu streichen; denn: »In unserem (Partei-)Programm steht kein Wort von der Republik.« Schließlich unterließ er es, den Artikel, den er ursprünglich für »sehr schön und sehr wichtig« in seinen Formulierungen und seinen Ansichten hinsichtlich des Massenstreiks gehalten hatte, zu bringen.[188] Rosa zerstückelte ihn und veröffentlichte die einzelnen Teile in sozialdemokratischen Zeitungen, doch zu Karl Kautsky brach sie die Verbindung ab:

»Nie zuvor hatte Rosa so wuterfüllt über einen sozialistischen Genossen und ehemaligen Freund geschrieben: ›Diesem Feigling, der nur Mut findet, anderen in den Rücken zu fallen, will ich's besorgen.‹ Diese Tonart behielt sie mehrere Monate lang bei. Erst im folgenden Jahr verrauchte der persönliche Zorn, und nun wurde Karl Kautsky in das Pantheon ihrer politischen Gegner versetzt, trauriger Gestalten, die ebensosehr zu bedauern wie zu verurteilen waren. Ganz schwanden ihre Emotionen jedoch nicht; auch später noch konnte sie der Name Kautsky wie kaum ein anderer zu gelegentlichen Schimpfkanonaden reizen.«[189]

Die Wahlniederlage der SPD vom Jahre 1907 überschattete die Demonstrationen für ein allgemeines Wahlrecht; aber auch die Marokkokrise vom Jahre 1911 hatte ihre Auswirkungen auf die sozialdemokratische Propaganda. Der Parteivorstand befürchtete, eine zu starke antimilitaristische Agitation könnte nachteilig sein, wenn das deutsche Volk im folgenden Jahr zu den Urnen schritt, und man traf deshalb Anstalten, sich mit den Fortschrittlichen für die Stichwahl zu arrangieren.

Beim ersten Wahlgang waren die sozialdemokratischen Stimmen von 3,25 Millionen auf 4,25 Milionen gestiegen, die Zahl der gewählten Abgeordneten von 43 im Jahre 1907 auf 110. Damit war die SPD zur stärksten Partei geworden; erst mit Abstand folgte das katholische Zentrum mit 91 Mandaten, ein Triumph für die Revisionisten. Der Weg zur Macht mittels Stimmzettels schien in greifbare Nähe gerückt zu sein, und viele alte Genossen drängten darauf, den Erfolg durch Absprachen mit den liberalen Parteien zu vergrößern.

Nach dem Reichstagswahlrecht galt in einem Wahlbezirk jener Kandidat als gewählt, der die absolute Mehrheit errungen hatte. Bei der Stichwahl zwischen den beiden stimmstärksten Kandidaten galt dasselbe. Die Nationalliberalen hatten nur vier Sitze erobern können, die Fortschrittlichen mit anderthalb Millionen Stimmen waren in keinem einzigen Wahlkreis siegreich geblieben.

SPD und Fortschrittliche Volkspartei trafen nun die Abmachung, bei der Stichwahl den jeweils stärksten Kandidaten zu unterstützen, doch die Wähler der Fortschrittlichen hielten sich nicht an die Empfehlung ihres Parteivorstandes; sie wählten bürgerlich und kamen so mit 42 Abgeordneten in den Reichstag, während die SPD leer ausging. Jetzt triumphierten die Radikalen, die immer behauptet hatten, mit den ›Bürgerlichen‹ könne man keine Abmachung eingehen, obwohl Karl Kautsky sich nachträglich sehr engagierte und im ›Vorwärts‹ das Wahlabkommen mit den Fortschrittlichen verteidigte.

»... auch wenn mir der Galgen drohte!«

Rosa Luxemburg war bereits am Tag nach der Stichwahl sozusagen journalistisch ›auf die Barrikaden‹ gestiegen. Schon lange vor der Wahl, als man kaum begonnen hatte, die Pläne eines Zusammengehens mit bürgerlichen Gruppen zu erörtern, war sie dagegen gewesen: »Jede Partei schlägt nach links aus und fällt nach rechts um.« Sie unterzog die Ergebnisse der Stichwahl einer gründlichen Analyse, um dann festzustellen: »Es folgt die alte Lehre des historischen Materialismus von Marx, daß reale Klasseninteressen stärker sind als ›Abmachungen‹.«

Aus ihrer Stimmung machte sie kein Hehl, und in privaten Briefen wie in ihren Versammlungsreden goß sie ihren Hohn über die ›Rechten‹ wie über den gesamten Parteivorstand aus, trotz der Kritik, die auch dort laut wurde. Aber bald hatte man andere Sorgen: 1911 starb Paul Singer, nach Bebel der einflußreichste Mann im Parteivorstand, und im Jahr darauf starb auch August Bebel.

Mit dem Tod dieser beiden Männer war eine Epoche zu Ende gegangen. An ihre Stelle traten Hugo Haase und Friedrich Ebert. Aber es war nicht nur ein Personenwechsel; auch die Politik der Partei änderte sich. Als im Sommer 1913 die Regierung eine von Ludendorff ausgearbeitete Militärvorlage im Reichstag einbrachte, die eine wesentliche Erhöhung des stehenden Heeres vorsah, begann es in der Partei zu rumoren. Wohl schrieben die Zeitungen noch immer: »Diesem System keinen Mann und keinen Groschen!«, aber man beschränkte sich auf parlamentarische Proteste.

Nicht wenige Genossen traten sogar für die Annahme der Vorlage ein, weil die Milliarde Mehrkosten, die für die Aufstellung neuer Divisionen gefordert wurde, erstmals durch Vermögenssteuern gedeckt werden sollte. Man stimmte dieser direkten Steuer zu und damit eigentlich auch der Militärvorlage der Regierung. Auf dem Parteitag in Jena 1913, dem letzten vor dem großen Krieg, griff Rosa Luxemburg diese Haltung an:

»Man sucht die Stellungnahme der Fraktionsmehrheit damit zu verteidigen, indem man sagt, wir waren nur vor die Wahl gestellt, entweder zuzulassen, daß die indirekten Steuern kamen, oder für direkte Steuern zu Militärausgaben zu stimmen. Ich lasse dahingestellt sein, ob dieses Entweder-Oder tatsächlich vorlag. Ich will nur grundsätzlich erklären, daß es allerdings sehr richtig ist, daß man von zwei Übeln das geringere wählt. Was ist aber für die Sozialdemokraten das geringere Übel: der Verzicht auf eine kleine Position oder die Preisgabe der grundsätzlichen Stellungnahme? Ich glaube, das letztere ist unter allen Umständen das größere Übel für Sozialdemokraten.«[190]

Fast prophetisch klangen ihre Worte in derselben Rede: »Wenn Sie sich nun auf den Boden des Mehrheitsbeschlusses unserer Fraktion stellen, dann kommen Sie in die Lage, wenn der Krieg ausbricht und wir an dieser Tatsache nichts mehr ändern können und wenn dann die Frage kommt, ob die Kosten durch indirekte oder direkte Steuern zu decken sind, daß Sie dann folgerichtig für die Bewilligung der Kriegskosten eintreten. Das ist die schiefe Ebene..., auf der es kein Halt mehr gibt.«

Die ›Leipziger Volkszeitung‹, bei der sie selber einmal Redakteurin zusammen mit Franz Mehring gewesen war, kündigte ihr daraufhin das seit nahezu 15 Jahren bestehende Mitarbeiterverhältnis, und für die Parteivorstände der süddeutschen Länder wurde sie zu einer Art Buhmann, gerade weil die örtlichen Parteiorganisationen sie immer wieder einluden, in Massenversammlungen zu sprechen. Um sich auch ein journalistisches Forum zu schaffen, gründete sie, zusammen mit Julian Marchlewski (Karski) und Franz Mehring, mit dem sie gerade einmal keinen Streit hatte, im Dezember die ›Sozialistische Korrespondenz‹, von der aus sie den Kampf gegen den Militarismus weiterführte.

Um dieselbe Zeit kam es in Elsaß-Lothringen zur sogenannten ›Zabernaffäre‹, die weltweites Aufsehen erregte. Das ›Reichsland‹ besaß kein Parlament, sondern nur einen ›Landesausschuß‹, dem eine beratende Funktion zukam und dessen Mitglieder mit einem Eid der Verfassung, Reich und Kaiser Gehorsam schwören mußten. Der Kaiser wiederum ernannte einen Statthalter. Die Rekruten des Landes kamen in den Osten des Reiches, die Beamten des Reichslandes waren meist aus Preußen, ebenso die in Elsaß-Lothringen garnisonierten Truppen.

Vielleicht wäre es nach der Annexion von 1871 möglich gewesen, die Bevölkerung für das Reich zu gewinnen, wenn man aus den ›Reichslanden‹ einen Bundesstaat gemacht hätte. Aber das war nicht geschehen, und so wuchs die Aversion der Elsaß-Lothringer gegen Deutschland von Jahr zu Jahr. Ihr Blick blieb nach Frankreich gerichtet, und sie bekannten sich nie als Deutsche, sondern sagten, sie seien ›Elsaß-Lothringer‹.

Neben den über drei Millionen preußischen Staatsbürgern, die nach der Volkszählung von 1900 Polnisch als ihre Muttersprache angegeben hatten,[191] standen die 211679 Bewohner des ›Reichslandes‹, die nur Französisch sprachen, obwohl in den Schulen kein Unterricht in dieser Sprache erteilt wurde (nur Wahlfach). Ein in Zabern stationierter preußischer Leutnant, ein Freiherr von Forstner, hatte nun die Bevölkerung dieses Städtchens vor Rekruten als ›Wackes‹ bezeichnet, ein Schimpfwort ähnlich dem französischen ›Boches‹ für Deutsche.

In der Folge war es zu Zusammenstößen gekommen, die schlaglichtartig aller Welt das gespannte Verhältnis der Elsaß-Lothringer zum Deutschen Reich offenbarten. Die Wellen schlugen bis in den Deutschen Reichstag, und eine gegen die Politik der Regierung gerichtete Resolution wurde von der Mehrheit des Hohen Hauses angenommen. Rosa Luxemburg schrieb in Nr. 3 ihrer ›Korrespondenz‹:

»Nicht aus einem unerwarteten oppositionellen Johannistrieb des bürgerlichen Parlaments, nur aus dem außerparlamentarischen Druck und der Machtentfaltung der Volksmassen kann im heutigen Deutschland jeder Fußbreit politischen Fortschritts und bürgerlicher Freiheit entstehen – diese einfache Lehre bei jeder Gelegenheit unbeirrt verkünden, muß unsere vornehmste Aufklärungsarbeit sein.«

Aber nicht die Soldaten klagte sie an, die in Elsaß-Lothringen Anstoß erregt hatten, sondern die den Militarismus repräsentierenden Offiziere, und auch im besagten Artikel kam sie auf die von ihnen begangenen Soldatenmißhandlungen zu sprechen, die sie in letzter Zeit laufend angeprangert hatte. Die Generale der verschiedenen deutschen Bundesländer vergaßen dieser ›hergelaufenen polnischen Jüdin‹ diese Kritik nie.

Die Ermordung Rosa Luxemburgs 1919 war zweifellos das Resultat dieses aufgestauten Hasses der Offiziere, die von ihr so oft bloßgestellt worden waren:

»Die brutalste Herrschaft des Militarismus über das Volk wird das Ohr an die Mauern unserer Kasernen drücken und das erstickte Stöhnen gepeinigter Soldaten vernehmen, über deren Menschenwürde, Gesundheit, ja Leben der eiserne Moloch zermalmend hinwegschreitet.« (›Sozialistische Korrespondenz‹ Nr. 3.)

Scharen von Spitzeln begannen ihre Versammlungen zu überwachen, und es war nur eine Frage der Zeit, bis man etwas finden würde, um sie vor Gericht stellen zu können. Allerdings, einfach war das nicht: sie wußte, daß sie überwacht wurde, und anderseits war es für die Spitzel mit Gefahr verbunden, sich angesichts der Begeisterung der Versammlungsbesucher Notizen zu machen. ›Die rote Rosa‹ war zu einem Begriff geworden, und die Arbeiter waren bereit, sie mit ihren Fäusten zu verteidigen.

Es ist heute schwer, sich eine Vorstellung von der Wirkung dieser körperlich kleinen, beinahe häßlichen Frau zu machen, von der eine Faszination ausging wie weder vor noch nach ihr von einer anderen Sozialistin. Ihre Reden waren Fanale, und ihre Zuhörer gerieten häufig in regelrechte Ekstase. Nur zwei andere sozialistische Führer konnte man in jenen Jahren mit Rosa Luxemburg vergleichen: Jean Jaurès und Trotzki.

Von Jean Jaurès hat man gesagt, daß alle Versammlungsbesucher auf die Barrikaden gestiegen wären, wenn er sie dazu aufgefordert hätte,[192] und von Trotzki schrieb der erste sowjetische Kulturminister Lunatscharski unter dem Eindruck dieses Volkstribuns im Jahre 1917, daß »Lenin trotz seiner großen Weisheit neben dem Genius Trotzki zu verblassen« beginne.[193] Für Rosa Luxemburg galt dasselbe. Sie konnte die Massen mitreißen, und keiner ihrer Widersacher vermochte neben ihr zu bestehen. Sie war geistvoll und schlagfertig, und ihre witzigen Bemerkungen setzten jeden Diskussionsredner schachmatt.

Den Behörden blieb diese sich von Monat zu Monat steigernde Wirkung nicht verborgen, aber erst am 26. September 1913 gelang es, ›ihr etwas anzuhängen‹. An diesem Tag sprach sie in dem Frankfurter Vorort Bockenheim in einer »überaus machtvollen und prächtigen Kundgebung«.[194] »Rosa sprach zwei Stunden lang, und ihre Hörer folgten ihr mit der Empfänglichkeit und Disziplin von Presbyterianern des 17. Jahrhunderts – der Vergleich ist nicht aus der Luft gegriffen.«[195]

Nun zum ausführlichen Versammlungsbericht der ›Frankfurter Volksstimme‹ vom 27. September:

»Schritt für Schritt schildert sie dann das Wesen des kapitalistischen Klassenstaates mit seiner Unkultur und den für die schaffende Bevölkerung so trostlosen Begleiterscheinungen... Unter lebhafter Zustimmung gedachte die Referentin auch der Verdienste des Genossen Bebel in seiner systematischen, kritischen Hervorhebung der Soldatenmißhandlungen[196] und kam dann auf den Massenstreik zu sprechen...« – Später warf sie die Frage auf, »ob wir uns einen Krieg ungestraft gefallen lassen würden... Auf den Zuruf aus der Versammlung: Niemals! soll sie gesagt haben: ›Wenn uns zugemutet wird, die Mordwaffen gegen unsere französischen oder andern Brüder zu erheben, dann rufen wir: Das tun wir nicht!‹«[197]

Die preußische Staatsanwaltschaft sah darin einen Verstoß gegen die §§ 110 und 111 des RStGB und erhob Anklage. Am 20. Februar 1914 stand Rosa vor Gericht. In ihrem mutigen Schlußwort bat sie nicht um Milde, im Gegenteil, sie richtete weitere Angriffe gegen die ›kapitalistischen Staaten‹ und den Staatsanwalt. Das Urteil fiel für jene Zeit recht hart aus: ein Jahr Gefängnis statt der sonst üblichen Festungshaft.[198]

Sie wurde nicht sofort verhaftet; das Gericht erwartete wohl, daß sie fliehen und damit als Anklägerin gegen weitere Soldatenmißhandlungen und sonstige Übergriffe des Offizierskorps ausfallen würde. Möglicherweise riet man ihr das sogar im Parteivorstand, in der stillen Hoffnung, sie auf diese elegante Art loszuwerden. Doch am 11. März schrieb sie an Walter Stöcker, einen ihrer Schüler:

»Ich versichere Ihnen, daß ich auch dann nicht fliehen würde, wenn mir der Galgen drohte, und zwar aus dem einfachen Grunde, weil ich für durchaus notwendig halte, unsere Partei daran zu gewöhnen, daß Opfer zum Handwerk des Sozialisten gehören und eine Selbstverständlichkeit sind.«[199]

Die Revisionsverhandlung am 20. Oktober 1914 vor dem Reichsgericht in Leipzig, also schon nach Ausbruch des Ersten Weltkrieges, bestätigte das harte Urteil. Vier Monate danach, am 18. Februar 1915, holten Polizisten sie ohne vorherige Warnung ab und lieferten sie im Berliner ›Weibergefängnis‹ in der Barnimstraße ein. Der Auftakt zum letzten Abschnitt ihres Lebens hatte begonnen.

Kampf gegen einen europäischen Krieg

Ihr Prozeß am 20. Februar 1914 vor dem Landgericht in Frankfurt am Main hatte erhebliches Aufsehen erregt. Rosa Luxemburgs Schlußwort, bevor sich das Gericht zur Beratung zurückzog, wurde in vielen sozialdemokratischen Zeitungen, auch solchen, die ihr nicht gerade wohl wollten, und sogar in der bürgerlichen Presse ausführlich kommentiert. Das Urteil weckte allgemeine Empörung, selbst bürgerliche Zeitungen fanden es zu hart.

Dabei war es nur als Auftakt zu weiteren Anklagen gedacht, mit denen man hoffte, Rosa Luxemburg ausschalten zu können. Als sie in einer Versammlung in Freiburg »von den Dramen« sprach, die »tagaus, tagein sich in den deutschen Kasernen abspielen und bei denen das Stöhnen der Beleidigten nur selten an unsere Ohren gelangt«, erhob der preußische Kriegsminister von Falkenhayn prompt Anklage wegen »Beleidigung der Armee«.

Doch diese Maßnahme erwies sich als Bumerang. Rosa Luxemburgs Verteidiger erließen einen Aufruf, weitere Mißhandlungen zu melden. Mehr als 30000 Briefe entlassener Soldaten, die Opfer körperlicher Mißhandlungen geworden waren und die sich bereit erklärten, vor Gericht auszusagen, liefen ein. Die kurz vor Beginn des Krieges angesetzte Verhandlung mußte deshalb – auf Wunsch des Kriegsministeriums – ausgesetzt werden. Der Prozeß fand niemals statt, für Rosa eher günstig als ungünstig: im Kriege und auch danach hätten viele Zeugen ihre Bereitwilligkeit zur Aussage höchstwahrscheinlich bereut.

Als 1905 die russischen und polnischen Arbeiter streikten und damit das russische Reich an den Rand des Abgrunds führten, hatte Friedrich Naumann, Pfarrer und Führer der Nationalliberalen, in seiner Zeitschrift ›Die Hilfe‹ geschrieben:

»Rosa Luxemburg, das tapfere Heldenweib... will ihre Haut nicht zu Markte tragen, was an sich ganz verständlich und menschlich begreiflich ist. Aber welche Unverfrorenheit ist es, wenn eine Polin, die sich selber den Gefahren ihrer Heimat entzieht, die deutschen Arbeiter zur Revolution aufstachelt! Was würde diese tapfere Dame wohl tun, wenn ihre Reden und Aufsätze in Deutschland wirklich ein Feuer entzündet hätten! Würde sie hier aushalten, oder würde sie sich noch weiter ›international‹ verflüchtigen?«

So wie Naumann 1905 dachte das deutsche Bürgertum noch neun Jahre später, und die stramm nationale und vor allem die konservative Presse warf ihr vor, ›jüdischer Abstammung‹ zu sein, zieh sie des Deutschenhasses, unterstellte ihr, bestochen zu sein, im Dienste ausländischer Mächte zu stehen und ähnliches und sah in ihr den Prototyp des ›vaterlandslosen Gesellen‹.[200] Doch kein einziger der gegen sie erhobenen, sie persönlich diffamierenden Angriffe traf zu.

Aber selbst für ihre eigenen Genossen und für die wenigen Freunde war sie nur schwer durchschaubar. Ihr privates Leben hielt sie auch ihren Freundinnen gegenüber im verborgenen, und ihre politischen Ansichten waren nicht immer klar zu erkennen. Niemand bestritt ihr Genie, ihre schon zur Legende gewordene Sprachbegabung, die in der Internationale höchstens noch mit der von Hendryk de Man verglichen werden konnte, alle bewunderten sie, aber nur wenige liebten sie.

Die zweifellos ehrliche Begeisterung der Arbeiterschaft galt der Sozialistin, die sich des Proletariats annahm, nicht der Person Rosa Luxemburg, und der Anhänglichkeit war keine Dauer beschieden. Etwas anderes zu glauben wäre eine Illusion. Das Feuer, das Rosa Abend für Abend in den Herzen ihrer Zuhörer zu entfachen vermochte, verlöschte sehr schnell, wie sich im August 1914 erweisen sollte, eine Erkenntnis, die sie wohl nie verwinden konnte und die sie mit dem Gedanken spielen ließ, freiwillig in den Tod zu gehen.

Für sie war die in Stuttgart 1907 gefaßte Resolution gegen den Krieg – die auf den beiden folgenden internationalen Kongressen, 1910 in Kopenhagen und 1912 in Basel, nur bestätigt, doch angesichts der angewachsenen Kriegsgefahr nicht verschärft worden war, wie sie es sich gewünscht hatte – kein leeres Versprechen. Sie glaubte daran wie ein Christ an die Heiligkeit der Sakramente.

Das Büro der Zweiten Internationale in Brüssel hatte die Vertreter der sozialistischen Parteien für den 24. und 25. November 1912 nach Basel einberufen, nachdem Anfang Oktober der erste Balkankrieg ausgebrochen war. Der deutsche Parteivorstand hatte protestierend erklärt:

»Das klassenbewußte Proletariat Deutschlands erhebt im Namen der Menschlichkeit und der Kultur flammenden Protest gegen das verbrecherische Treiben der Kriegshetzer... Kein Tropfen Blut eines deutschen Soldaten darf dem Machtkitzel der österreichischen Gewalthaber, den imperialistischen Profitinteressen geopfert werden.«[201]

Das waren markige Worte, aber sie waren nicht nur an die falsche Adresse gerichtet, sondern verdeckten auch die Ohnmacht der Partei, etwas zu unternehmen, falls der Krieg sich ausweiten sollte. Weniger der ›Machtkitzel der österreichischen Gewalthaber‹ steckte hinter den Kriegstreibern, als vielmehr die panslawistischen Kreise Rußlands, und für die Welt war dieser Krieg eine Art Befreiungskrieg der unterdrückten Griechen, Serben, Bulgaren und Mazedonier gegen die islamischen Türken.

Das Gefühl der Ohnmacht beherrschte in Basel nicht nur die deutschen Delegierten, sondern auch die Delegierten anderer Länder, und von Bebel erzählte man sich hinter vorgehaltener Hand, was der große Alte vor seinem Tod im engsten Kreise erklärt habe: daß im Falle eines Krieges die deutsche Sozialdemokratie nichts tun könne. Oelßner schreibt in seiner Luxemburg-›Skizze‹, Rosa hätte »wiederum gemeinsam mit Lenin für das Manifest« gekämpft. Das ist zweifellos eine bewußte Verdrehung des Tatbestandes. Wohl hatte Lenin im Februar 1912 Rosa Luxemburg anläßlich seiner Anwesenheit in Berlin mehrmals besucht, an zwei Tagen gleich viermal. Es ging ihm dabei um die dem deutschen Parteivorstand zu treuen Händen übergebenen Gelder (siehe Anmerkungen 164 bis 166). Politische Fragen scheinen bei diesen Besuchen mit Rosa nicht erörtert worden zu sein; er spielte verlegen mit ihrer Katze:

»Gestern ist Lenin gekommen und war bis heute schon viermal (bei mir). Ich rede mit ihm gern, er ist gescheit und gebildet und hat eine so häßliche Fratze, die ich gern sehe... Die Mimi hat dem Lenin mächtig imponiert... sie sei ein ›baski kot‹ (eine prächtige Katze)...«[202]

Doch als Rosa im November für die SDKPiL gleich fünf Mandate für den Kongreß forderte, stellte er sich quer. Die Delegierten, darunter Rosa Luxemburg, die der Parteivorstand der SPD niemals offiziell delegiert hätte, durften zwar an den Sitzungen teilnehmen, hatten aber kein Stimmrecht.[203] Im Jahr darauf kam es dann zum endgültigen Bruch.[204] Auslösendes Moment, nicht Ursache, dürfte Karl Radek gewesen sein, den sie schon im April 1912 in einem Brief an Clara Zetkin recht abfällig beurteilt hatte:

»Radek gehört zum Typus Dirne, wir können mit ihm noch manches erleben; es ist deshalb besser, ihn sich vom Leibe zu halten.«[205]

Schon der alte Bebel hatte den damals noch österreichischen Staatsbürger Karl Radek-Sobelsohn nicht ausstehen können, und im August 1912 schloß ihn ein Parteigericht wegen einer Diebstahlsaffäre aus.[206] Das alles: der Streit um ihr Mandat, die Affäre Radek, in der sie oft Stellung gegen ihre eigene Anschauung beziehen mußte,[207] und die »schlappe Haltung des Parteivorstandes« in der Kriegsfrage führten wohl zu jenem Zustand, den Nettl (S. 571) so umschreibt:

»... trat bei Rosa Luxemburg eine gewisse Ernüchterung im Verhältnis zur Internationale selbst ein. Der gewissenhafte Biograph muß dieses Faktum vermerken... Über den Kopenhagener Kongreß von 1910 und den Baseler außerordentlichen Kongreß von 1912 – beiden wohnte sie unlustig bei – äußerte sie sich in Privatbriefen gar nicht schmeichelhaft. Der Krieg wurde tönend verdammt, die Anwesenheit so vieler Sozialisten unter einem Dach überschwenglich gefeiert, aber Resolutionen von der Schärfe der Stuttgarter Erklärung von 1907 blieben aus.«[208]

Man hätte annehmen können, daß sich Rosa Luxemburgs Kräfte gerade wegen der Kraftlosigkeit des Kongresses vervielfachen würden, aber sie blieb nur eine von vielen Delegierten, als sei sie zu müde zum Kampf oder als hätte sie erkannt, daß er nutzlos sein würde. Nicht einmal die Schlußkundgebung, die vielen Delegierten die Zuversicht gab, der drohende allgemeine europäische Krieg könne verhindert werden, machte auf sie großen Eindruck:

»Dieser Kongreß war als Demonstration gegen die Kriegsgefahr gedacht und sollte durch eine große öffentliche Kundgebung gekrönt werden. Diese fand im Basler Münster statt. Die Überraschung der meisten ausländischen Delegierten steigerte sich noch, als die Münsterglocken vor der Versammlung läuteten wie zu einem hohen Festtag... Es war wirklich ein eindrucksvoller Augenblick, als die Spitze des Zuges zum Münsterplatz hinaufstieg... Kurz darauf mußte Jaurès zu seiner Rede die Kanzel ersteigen. Er ging dabei vom Glockengeläute aus, das ihn an das Motto von Schillers Glocke ›vivos voco, mortuos plango, fulgura frango‹ erinnert hatte. Und nun baute er seine Rede auf diesen drei Motiven auf: der Aufruf zum Kampf für den Frieden, die Klage und Anklage wegen der Toten des auf dem Balkan wieder entfachten Krieges, die Verpflichtung, die Völker Europas vor den drohenden Gefahren zu schützen.«[209]

Was ging in Rosa Luxemburg vor? Von Basel nahm sie keine Anregungen mit nach Deutschland, und die Debatten auf den beiden Kongreßtagen hatten ihr keine Kraft eingeflößt. Erst die Zabernaffäre belebte sie, die Sympathie, die der glänzenden Rednerin in den Massenversammlungen bezeigt wurde, hob sie über sich selbst hinaus:

»... plötzlich war Rosa Luxemburg keine einsame Ruferin in der Wüste mehr. Im ersten Halbjahr 1914 steigerten sich in Deutschland wie in Rußland die Lohnkämpfe, und die politische Unruhe nahm zu. Die Stagnation hatte ein Ende. Rosa war bestrebt, die Diskussion möglichst auszuweiten; der Massenstreik sollte nicht isoliert behandelt werden – wie auf dem Parteitag von 1913 –, sondern als Teil der allgemeinen Konfrontation mit dem Imperialismus...«[210]

Wieder ergossen sich Schmutzkübel über Rosa Luxemburg. ›Die blutige Rosa‹ wurde zum Schreckgespenst des deutschen Spießbürgers, wie vor ihr weder Bebel noch Wilhelm Liebknecht, weder Karl Marx noch Friedrich Engels, und sogar dem Funktionärskörper der SPD war sie suspekt. »Was will die Polin in der deutschen Politik?« hieß es, und »1914 glaubten weite Kreise in der SPD, darunter viele Linke, daß sie einfach eine russische Patriotin sei«.[211]

Sie war Mitglied jener polnischen Partei, die eine Wiedererstehung des polnischen Staates bekämpfte, und in ihrer Doktorarbeit hatte sie nachzuweisen versucht, daß die polnische Industrie ohne das russische Hinterland nicht leben könne. Sie war alles andere als eine ›polnische Patriotin‹ im landläufigen Sinne, wenn sie in Deutschland auch immer wieder die mehr als drei Millionen Staatsbürger polnischer Zunge verteidigte.

Wenn in ihrem Gegensatz zu Lenin und anderen russischen Revolutionären die uralte Feindschaft zwischen den Polen und Russen immer wieder durchzubrechen schien, wahrscheinlich mehr unbewußt als bewußt, so beruhten diese Differenzen doch in erster Linie in ideologischen Fragen. Sie deswegen als russische Feindin oder – wegen ihrer ablehnenden Haltung gegenüber einem Wiedererstehen eines polnischen Staates – als russische Patriotin zu bezeichnen, wäre absurd.

Nicht zum wenigsten entstanden derartige Fehlurteile aus ihrem Unbehagen gegenüber dem Deutschen Reich, dem sie bei jeder nur denkbaren Gelegenheit Ausdruck gab.[212] Doch auch hier scheint eine Verzerrung der tatsächlichen Verhältnisse vorzuliegen. Wer hätte nicht schon einmal auf die Behörden geschimpft, den ›Kadavergehorsam‹ der Deutschen ironisiert? Doch bei der ›Fremden‹ Rosa Luxemburg bekamen diese Sticheleien, Angriffe und Verhöhnungen sofort ein anderes Gesicht.

Nach Deutschland war sie im Jahre 1898 nicht gegangen, weil sie das Land oder Volk liebte, obwohl sie deutsche Kultur im Elternhaus mit der Muttermilch eingesogen hatte, in Berlin nahm sie ihren Wohnsitz, weil sie nur dort ein Fortkommen sah: »Sie war gekommen, um Karriere zu machen, und fast alles, was sie sagte und tat, war auf dieses Ziel gerichtet.«[213] Doch wenn Nettl auch sehr vorsichtig abwog und jedes vorschnelle Urteil zu vermeiden wußte, hat er hier doch allem Anschein nach zwei Beweggründe zu gering gewertet.

Rosa Luxemburg wollte sich in der Schweiz von Jogisches' geistiger Vormundschaft trennen, obwohl sie ihn liebte; ihre Briefe an ihn beweisen beides zur Genüge. Zum anderen war Rosa Luxemburgs Heimat weder Polen noch Rußland, und auch Deutschland konnte es nicht sein. Ihre ›Heimat‹ waren die Lehren von Karl Marx und Friedrich Engels. Das heißt, sie kannte kein ›Vaterland‹ im engeren Sinne dieses Begriffs; ihr ›Vaterland‹ waren das unterdrückte Proletariat und die gedemütigten nationalen Minderheiten im Rußland der Zaren und im Deutschen Kaiserreich.

Bei der Beurteilung der ›Frühsozialisten‹[214] wie der Führer des frühen ›wissenschaftlichen Sozialismus‹ etwa bis zum Ersten Weltkrieg wird immer wieder vergessen, daß diese, auch wenn sie die Revolution predigten, Kinder des europäischen Humanismus waren. Erst recht trifft das für die ›blutige Rosa‹ zu, die in den beiden Deutschen Marx und Engels die Begründer des ›wissenschaftlichen Sozialismus‹[215] sah. Daß bei Marx, noch mehr bei Engels, von August Bebel ganz zu schweigen, nicht selten nationale Sentiments mitschwangen, wie auch bei Jean Jaurès und den anderen nichtdeutschen Sozialisten jener Zeit, übersah sie – wohl weil sie es übersehen und überhören wollte.

Wenn sie auch polnisch-russisch geprägt schien, wie Kautsky glaubte feststellen zu müssen, wobei das Polnische in ihr zweifellos überwog, wird Rosa Luxemburgs Handeln nur unter dem Aspekt ihrer marxistischen Weltanschauung, ihres ›Vaterlandes‹, verständlich, ebenso wie ihre Abneigung gegen Deutschland. Deshalb ihr wütender Kampf gegen den ›Revisionismus‹, ein Angriff auf ihr ›Vaterland‹ oder, wenn man will, auf ihren ›Glauben‹, den sie noch in ihrer letzten Rede (vom 31. Dezember 1918) auf dem Gründungsparteitag der KPD gegen die revisionistische Auffassung verteidigte.[216]

Die ›deutsche Mentalität‹, die sie auch in der Partei feststellen zu müssen glaubte, stieß sie ab; es war alles zu sehr geordnet, für alles mußte ein Beschluß vorliegen, und was nicht ›beschlossen‹ oder ausdrücklich erlaubt worden war, existierte nicht. Das trennte sie schließlich auch von Lenin, der von spontanen Massenstreiks und von Luxemburgs ›Spontaneitätstheorie‹[217] nicht das geringste hielt (siehe Anmerkung 171), genau wie die deutschen Gewerkschaftsführer, wenn diese auch aus ganz anderen Gründen Rosa Luxemburgs Propaganda für den Massenstreik ablehnten als Lenin.

»Sie nahm jetzt die Kontinuität des Parteilebens und der Partei-Institutionen mit ihrer spezifischen Ideologie als etwas Gegebenes hin. Abgesehen von wenigen bezeichnenden Ausnahmen wie Kautsky, interessierten sie nicht mehr so sehr die Eigenheiten dieser oder jener Person als vielmehr ›der Vorstand‹, ›der Parteitag‹ oder gar ›die Partei als Ganzes‹. Selbst ihre Abneigung gegen Deutschland erhielt begriffliche Form; sie verlor mehr und mehr die Fühlung mit der ›deutschen Mentalität‹, wie sie es geringschätzig nannte... Was Rosa Luxemburgs politisches Denken und Verhalten zwischen 1912 und 1914 am unmittelbarsten beeinflußte, war ihr Widerwille gegen den inneren Zustand der Partei. Für sie war schon die Tendenz, sich ausschließlich mit internen Angelegenheiten zu befassen, eine gefährliche Fehlleistung revolutionärer Energie, ein schlechter Ersatz für wirkungsvoll sozialistische Politik. Rosa lehnte es konsequent ab, sich an parteiinternen Debatten – etwa über Organisationsfragen – zu beteiligen...«[218]

Wenn Rosa Luxemburg noch 1906 im sechsten Abschnitt ihrer Broschüre ›Massenstreik, Partei und Gewerkschaften‹ geschrieben hatte, die deutsche Sozialdemokratie sei »die aufgeklärteste, klassenbewußteste Vorhut des Proletariats« (siehe S. 83), so zeigte ihre Ablehnung des Parteivorstandes, die sie nach 1912 – und auch schon früher – erkennen ließ, den Weg auf, der inzwischen von ihr zurückgelegt worden war. Ihr war klargeworden, daß der Parteivorstand der SPD andere Vorstellungen von ›der Entwicklung der Dinge‹ hatte als sie.

Statt zu versuchen, der Entscheidung ›vorauszueilen‹ und sie mit revolutionären Mitteln ›zu beschleunigen‹, steuerte er, gerade wegen des einmaligen Wahlerfolges von 1912 (mit 110 Abgeordneten von 397), auf eine Eroberung der Macht mittels Stimmzettels zu. An Stelle der von Karl Marx geforderten ›Diktatur des Proletariats‹ sollte die parlamentarische Demokratie treten, von der Engels in seiner umstrittenen Vorrede vom Jahr 1895 zwar nicht gesprochen hatte, die er aber, nach Auslegung der ›Revisionisten‹, gemeint haben müsse, weil eine Revolution wegen der fortgeschrittenen Technik der Ordnungskräfte kaum Erfolg haben könne.

Aber auch Rosa Luxemburg scheute als Antimilitaristin und erbitterte Kämpferin gegen den Krieg, der ihrer Meinung nach nur ›imperialistische Gründe‹ haben konnte, die hohen Blutopfer eines Bürgerkrieges, und an diesem Zwiespalt sollte sie um die Jahreswende 1918/19 auch zerbrechen. Barrikaden lehnte sie zeit ihres Lebens ab; sie forderte den politischen Massenstreik und dessen Propagierung durch die Partei als das einzig richtige Kampfmittel.

Ihr eigener, fast möchte man sagen: privater Kampf gegen den Militarismus, gegen den Krieg und gegen die kapitalistische Ausbeutung[219] basierte auf dem politischen Massenstreik, der – wenn er spontan ausgebrochen sei – von der Partei geführt werden müsse. Im zaristischen Rußland hatte sich gezeigt, zu welch schweren Erschütterungen eines ›Klassenstaates‹ eine breite Streikbewegung führen konnte, und selbst in Preußen hatten zahlreiche Teilstreiks dazu geführt, daß der Kaiser versprach, das preußische Dreiklassenwahlrecht abzuändern,[220] um die Unruhe unter der Arbeiterschaft zum Abklingen zu bringen.

Doch schon nach dem Kopenhagener Kongreß dürfte Rosa geahnt haben, wie illusorisch ihre Hoffnungen waren, den Krieg durch einen Massenstreik verhindern oder abwürgen zu können, obwohl sie mit ihrer Theorie schließlich recht behalten sollte: Die deutsche Revolution vom November 1918 war in erster Linie ein Soldatenstreik, und bei den Wirren der ›Blutigen Weihnacht‹ (1918) und im Januar 1919 bis zur Ermordung Rosa Luxemburgs und Karl Liebknechts ging es im Grunde genommen eigentlich nur um die Frage, ob die ›Revisionisten‹ unter Führung von Ebert und Scheidemann die parlamentarische Demokratie herbeiführen oder die alte Linke der Partei ›die Entwicklung der Dinge‹ im

Sinne einer sozialistischen Wirtschaftsordnung ›beschleunigen‹ sollte.

Der Kriegsausbruch 1914, der alle ihre Hoffnungen auf den Massenstreik zunichte werden ließ, machte sie nicht zugänglicher, obwohl auch sie in einem Brief an Mathilde Wurm vom 16. Februar 1917 zugeben mußte:

»Deine ganze Argumentation gegen meine Losung: hier steh ich – ich kann nicht anders! läuft auf das Folgende hinaus: schön und gut, aber die Menschen sind feig und schwach für solches Heldentum, ergo müsse man die Taktik ihrer Schwachheit... anpassen. Welche Enge des historischen Blicks, mein Lämmchen! Es gibt nichts Wandelbareres als menschliche Psychologie. Zumal die Psyche der Massen birgt stets in sich wie... das ewige Meer alle latenten Möglichkeiten: tödliche Windstille und brausenden Sturm, niedrigste Feigheit und wildesten Heroismus. Die Masse ist stets das, was sie nach Zeitumständen sein *muß*, und sie ist stets auf dem Sprung, etwas total anderes zu werden, als sie scheint... Ein Führer großen Stils richtet seine Taktik nicht nach der momentanen Stimmung der Massen, sondern nach ehernen Gesetzen der Entwicklung, hält an seiner Taktik fest trotz aller Enttäuschungen, und läßt im übrigen ruhig die Geschichte ihr Werk zu Ende bringen.«[221]

Das war ein bemerkenswertes Eingeständnis, das sie allerdings erst 1917 machte. Aber schon 1914 dürfte sie geahnt haben, daß auf ›die Masse‹ kein Verlaß ist, denn sie ›ist stets das, was sie nach Zeitumständen sein *muß*...‹ Dazwischen lag der Zusammenbruch ihrer Hoffnungen bei Kriegsbeginn 1914. Doch als ›Führer großen Stils‹, der sie unzweifelhaft sein wollte, paßte sie ihre Taktik ›nicht der momentanen Stimmung der Massen‹ an, sondern ging ihren eigenen Weg, einen verhängnisvollen Weg, wie wir heute wissen.

Trotz der vielen Feinde innerhalb des Deutschen Reiches und selbst innerhalb der SPD-Führung hatte sie dennoch zahlreiche Anhänger unter den ausländischen Sozialisten. Für die Internationale war sie die strahlende Heldin aufsehenerregender Prozesse gegen die Militärmaschinerie und zum anderen die wissenschaftliche Koryphäe, die nicht nur

Marx richtig zu interpretieren verstand, sondern sogar seine Theorien in ihrem Werk ›Akkumulation des Kapitals‹ weiterentwickelt – viele sagten auch korrigiert oder ergänzt – hatte.

›Die Akkumulation des Kapitals‹

Dieses Buch wird als das Hauptwerk Rosa Luxemburgs angesehen, doch hat es – wie etwa die Schriften von Karl Marx und Friedrich Engels – weder die sozialistischen Parteien noch die marxistische Bewegung im weiteren Sinne maßgeblich beeinflußt. Bei seinem Erscheinen im Jahr 1913 fand das Buch nahezu keine Anerkennung. Franz Mehring aber schrieb in einer kurz gehaltenen Rezension:

»Obgleich das Buch erst wenige Monate alt ist, hat es doch schon seine Geschichte, und eine recht bewegte dazu. Vom marxistischen Gesichtspunkt aus geschrieben, ist es innerhalb der marxistischen Kreise Gegenstand der lebhaftesten Erörterungen geworden. Während die einen es als eine völlig mißlungene Arbeit zurückweisen, ja als eine wertlose Kompilation brandmarken, sehen die anderen in ihm die bedeutendste Erscheinung der sozialistischen Literatur, seitdem Marx und Engels selbst die Feder aus der Hand gelegt haben.«[222]

Was Mehring mit den Worten umschrieb, daß es »Gegenstand der lebhaftesten Erörterungen« sei und daß viele es »als eine völlig mißlungene Arbeit zurückweisen«, war in Wirklichkeit eine nahezu totale Ablehnung. Rosa Luxemburg dankte Mehring deshalb auch am 23. November 1913 für seine Teils-teils-Courtoisie in einem Brief, dem sie ihrerseits ein Kompliment einfügte:

Sehr geehrter Genosse! Berlin-Südende, Lindenstr. 2
23. XI. (19)13

Vielen Dank für Ihre Zusendungen. Ihre schöne Besprechung meines armen Opus ist mir wieder ein Ansporn, die Antwort an meine Kritiker zu schreiben, sobald ich mit der laufenden polnischen Arbeit fertig bin, gehe ich daran.

Ihre Skizze über Bebel liest sich mit dem größten Genuß, als ein Musterbeispiel der historisch-literarischen Schilderung. Wie schade, daß Sie solche Sachen so selten schreiben! Dieser Genre liegt Ihnen wie Dr. Fr. Strauß.

Jetzt warte ich auf Ihre Lektion an Rjasanoff; ich bringe es dann fertig, dieses Gewebe von Kleinlichkeit, Gehässigkeit und Bedienten-Eifer zu lesen. Mit den besten Grüßen auch an Ihre verehrte Frau

Ihre R. Luxemburg.[223]

Die ungünstige Aufnahme des Buches hatte zwei Gründe. Die 1903 auf dem Parteitag in Dresden verdammten Revisionisten sahen hier eine gute Gelegenheit, Rosa Luxemburg eins auszuwischen. Bei der Schwierigkeit der Materie, der Gläubigkeit der deutschen Arbeiterschaft gegenüber dem gedruckten Wort und dem Unvermögen, die Materie auch nur im entferntesten zu verstehen, hätte sich das eigentlich zuungunsten der Autorin auswirken müssen. Doch das Gegenteil war der Fall: ihre Versammlungen wurden immer mehr besucht, denn nach wie vor verstand sie es, die Massen zu begeistern.

Die revisionistischen Gewerkschaftszeitungen nahmen fast geschlossen gegen das Werk der wortgewaltigen Propagandistin des politischen Massenstreiks Stellung. Für die Gewerkschaftsführer, und erst recht für deren marxistischen Theoretiker, galt nach Dresden das abgewandelte Wort beim Tod eines Königs: »Der Revisionismus ist tot – es lebe der Revisionismus!« Mit ihren mehr als 2,5 Millionen Mitgliedern stellten sie eine Macht dar, auch der SPD-Führung gegenüber. Die den Gewerkschaftsmitgliedern zustehenden zehn Plätze an der Parteischule, für die sie ein Vorschlagsrecht hatten, wurden meist überhaupt nicht beziehungsweise nicht voll belegt, und es galt als offenes Geheimnis, daß Rosa Luxemburg der Stein des Anstoßes war.

In ihrem Vorwort zur ›Akkumulation des Kapitals‹ schrieb Rosa:

»Den Anstoß zur vorliegenden Arbeit hat mir eine populäre Einführung in die Nationalökonomie gegeben…, an deren

Fertigstellung ich aber immer wieder durch meine Tätigkeit an der Parteischule oder durch Agitation verhindert wurde. Als ich im Januar dieses Jahres, nach der Reichstagswahl, wieder einmal daranging, jene Popularisierung der Marxschen ökonomischen Lehre wenigstens im Grundriß zum Abschluß zu bringen, bin ich auf eine unerwartete Schwierigkeit gestoßen. Es wollte mir nicht gelingen, den Gesamtprozeß der kapitalistischen Produktion in ihren konkreten Beziehungen sowie ihre objektive geschichtliche Schranke mit genügender Klarheit darzustellen. Bei näherem Zusehen kam ich zu der Ansicht, daß hier nicht eine Frage der Darstellung, sondern auch ein Problem vorliegt, das theoretisch mit dem Inhalt des II. Bandes des Marxschen ›Kapitals‹ im Zusammenhang steht und zugleich in die Praxis der heutigen imperialistischen Politik wie deren ökonomische Wurzeln eingreift. Sollte mir der Versuch gelungen sein, dieses Problem wissenschaftlich exakt zu fassen, dann dürfte die Arbeit außer einem rein theoretischen Interesse, wie mir scheint, auch einige Bedeutung für unseren praktischen Kampf mit dem Imperialismus haben.

Dezember 1912 R. L.«[224]

Bei Frölich, der Rosa noch persönlich kannte und möglicherweise auch einiges über die Entstehungsgeschichte dieses Buches von ihr direkt erfuhr,[225] liest sich das alles viel dramatischer:

»Rosa Luxemburg war mit vielen anderen Marxisten überzeugt, daß Kriege dem Wesen der kapitalistischen Gesellschaftsordnung entspringen. Darüber hinaus fand sie, daß dieselben Ursachen, die die modernen Kriege erzeugen, auch die Existenzbedingungen der kapitalistischen Gesellschaft zerstören. Und sie sah voraus, daß sich der Zusammenbruch des Kapitalismus gerade in solchen wirtschaftlichen und politischen Krisen vollziehen werde, deren Zeugen wir sind.[226] Aber es wollte ihr nicht gelingen, diese historische Gesetzlichkeit in ihrer ›Nationalökonomie‹ auf Grund des Marxschen ›Kapitals‹ aufzudecken.[227] Sie war überzeugt, daß der Kapitalismus auf eine Schranke seiner Entfaltung stoßen werde, an der er zerschellen müsse. Da fand sie im 2. Band von Marx' ›Kapital‹ einen Nachweis, der, wenn er zwingend war, ihre ganze Auffassung über den Haufen werfen mußte. Es handelte sich um die Möglichkeit ständig fortschreitender Akkumulation von Kapital, schrankenloser Erweiterung der Produktion... Der Kapitalist verwendet den Teil des Mehrwertes, den er nicht selbst aufzehrt, zum Ankauf von Maschinen, Rohstoffen, zusätzlicher Arbeitskraft, und neues Kapital ist der Wirtschaft einverleibt...«[228]

»Diese Marxschen Schemata waren... die Klippe, auf die Rosa Luxemburg stieß, als sie den unvermeidlichen Zusammenbruch des Kapitalismus nachweisen wollte. Bisher hatten alle Theoretiker die Schemata unbesehen hingenommen. Rosa aber entdeckte: 1. daß Marx seine Untersuchung des Akkumulationsproblems nicht zu Ende geführt, sondern mitten im Satz abgebrochen hatte, 2. daß er in den Schemata eine unerläßliche Bedingung nicht berücksichtigt hatte. Er ließ den Wert der Arbeitskraft, also die Lohnsumme, im gleichen Verhältnis wachsen wie den Wert der Produktionsmittel...«[229]

Hier lag der zweite Grund für die schonungslose Ablehnung des Buches von Rosa Luxemburg: man warf ihr vor, sich erkühnt zu haben, Marx ›ergänzen‹ beziehungsweise ›vervollständigen‹ zu wollen. Das sah nach Sakrileg aus, und die Theoretiker des Marxismus begannen sich ein Gefecht zu liefern, dessen tiefere Bedeutung die Arbeiterschaft nicht verstand. Selbst zahlreichen ihrer Schüler und den meisten Redakteuren der sozialdemokratischen Zeitungen und Zeitschriften blieb der Sinn der Kontroverse verborgen, zudem waren Pro und Kontra von der jeweiligen Einstellung des Kritikers zu Rosa Luxemburg diktiert.

Doch hinsichtlich der ›Untersuchung des Akkumulationsproblems‹, das Marx »mitten im Satz abgebrochen hatte«, war Rosa im Recht,[230] und nicht nur in wissenschaftlichen Kreisen war bekannt, daß der große Alte von den drei Bänden seines ›Kapitals‹ nur den ersten vollenden konnte. Begonnen hatte er mit dieser Arbeit 1850, und 1851 schrieb er an seinen Freund Engels nach Manchester: »Ich bin so weit, daß ich in fünf Wochen mit der ganzen ökonomischen Scheiße fertig bin. Et cela fait, werde ich zu Hause die ›Ökonomie‹ ausarbeiten.«[231]

Doch 1862 meldete er Engels: »Ich dehne diesen Band mehr aus, da die deutschen Hunde den Wert der Bücher nach dem Kubikinhalt schätzen.«[232] Aber erst im April 1867 war der erste Band vollendet. Marx fuhr selber nach Hamburg zu dem ›deutschen Hund‹, seinem Verleger. Über der Arbeit am zweiten Band starb er 1883. Engels vollendete ihn und schrieb im Vorwort darüber:

»In der Regel waren die Anfänge jedes einzelnen Abschnitts ziemlich sorgfältig ausgearbeitet, auch meist stylistisch abgerundet. Je weiter man aber kam, desto skizzenmäßiger und lückenhafter wurde die Bearbeitung, desto mehr Exkurse über im Laufe der Untersuchung auftauchende Nebenpunkte enthielt sie, wofür die endgültige Stelle späterer Anordnung überlassen blieb, desto länger und verwickelter wurden die Perioden, worin die in statu nascendi niedergeschriebenen Gedanken sich ausdrückten. An mehreren Stellen verraten Handschrift und Darstellung nur zu deutlich das Hereinbrechen und die allmählichen Fortschritte einer aus Überarbeitung entspringenden Krankheit.«[233]

Der zweite Band erschien 1885, zwei Jahre nach Marx' Tod, der dritte und letzte 1894, elf Jahre nach Marx' Tod und ein Jahr vor dem Tod von Engels. Diese Dinge waren Rosa Luxemburg natürlich bekannt, und es ist unverständlich, daß sie in ihrem Buch nicht darauf einging und diese Tatsachen auch in ihrer ›Antikritik‹[234] nicht zu ihrer Verteidigung heranzog. Vielleicht liegt die Erklärung dafür in der Analyse, die Nettl (S. 51) gab:

»Sie erfaßte den Marxismus im wesentlichen so auf wie Trotzki: als Lebensanschauung, als Methode; und der große Mann war für sie in erster Linie ein großartiger Publizist. Was sie an Marx bewunderte, war nicht so sehr sein geistiges Lebenswerk – das nahm sie als gegeben hin, mehr als *notwendige* denn als *glänzende* Wirklichkeitsanalyse –, es war viel mehr die Kraft seines Stils. Sie äußerte zwar nie ein Gesamturteil über Marx, erklärte aber wiederholt, daß viele seiner praktischen Schlußfolgerungen zeitbedingt und daher von begrenztem Wert seien. Daher konnte sie manchen seiner Lehren direkt widersprechen ... In der ›Akkumulation des Kapitals‹ verkehrte sie seine Schlüsse zwar nicht ins Gegenteil, wandte aber andere Verfahren an und setzte andere Akzente.«

Die von ihr in ihrem Buch entwickelte Theorie war eigentlich recht einfach. Nach Marx war es eine ausgemachte Tatsache, daß der Kapitalismus einmal infolge seiner ökonomischen Widersprüche zusammenbrechen werde, und da er das englische Schulbeispiel eines (imperialistischen) Hochkapitalismus in der zweiten Hälfte des 19. Jahrhunderts vor Augen hatte, sagte er die Revolution, den Zusammenbruch des kapitalistischen Systems infolge des ökonomischen Widerspruchs, für England als erstem Land voraus.

Doch in seiner Beweisführung für diese ›Automatik‹ klaffte eine Lücke, und hier hakte Rosa Luxemburg ein:

»Marx hatte für diese Behauptung einige mathematische und empirische Beweise geliefert, die Rosa aber nicht zwingend genug erschienen. Da es ihr nicht gelang, das Problem mathematisch zu lösen, hielt sie Ausschau nach einer andern, äußeren Ursache des Zusammenbruchs. Diese entdeckte sie in folgendem Umstand: Der Kapitalismus konnte nicht statisch existieren, er war seinem Wesen nach auf Wachstum angewiesen; dieses Wachstum war aber nur so lange möglich, wie es noch vorkapitalistische Länder gab, die erobert und in die ökonomische Einflußsphäre der kapitalistischen Kolonialmächte einbezogen werden konnten. War erst die gesamte Erdoberfläche vom Prozeß der kapitalistischen Akkumulation erfaßt, so konnte der Kapitalismus nicht mehr wachsen und mußte zusammenbrechen.«[235]

Die Ereignisse haben bewiesen, daß nicht nur Karl Marx irrte, sondern auch Rosa Luxemburg. Aber wenn schon Marx in seiner ›Automatik‹ der Vorausschau scheiterte, dann um so mehr Rosa Luxemburg in ihrer ›dialektischen Hochalpinistik‹ (Nettl, S. 233). Die Entwicklung hat nicht nur zu einer ›Akkumulation des Kapitals‹ geführt, sondern auch zu einer ›Akkumulation der Kaufkraft‹ der Arbeiterschaft, also des

Proletariats. Das mußte sogar der engagierte Marxist und Freund und Biograph Rosas, Paul Frölich, anerkennen (S. 187f.). Nach Marx muß:

»in der kapitalistischen Wirtschaft... zwar der gesellschaftliche Bedarf recht oder schlecht befriedigt werden, aber nicht das ist das treibende Motiv der Produktion, sondern der Profit. Der Profit entspringt der Mehrarbeit, die der Arbeiter über die Arbeit hinaus leistet, die zur Befriedigung seines Lebensbedarfes – zur ständigen Reproduktion der Arbeitskraft – notwendig ist... Mit jedem technischen Fortschritt wachsen die Produktivkräfte und die Warenmassen, aber es sinkt relativ dazu die Zahl der Arbeiter und damit die der zahlungsfähigen Kunden. Je gewaltiger die Produktivkräfte, um so mehr Hände werden überflüssig... Dieser theoretischen Erkenntnis widersprach jedoch die Wirklichkeit. Seit den 60er Jahren stiegen die Löhne der europäischen Arbeiter fast ununterbrochen. Die Reservearmee (der Arbeitslosen – Anm. d. Autors) nahm ab...«

Der Vergleich mit den Lohnsteigerungen in den sechziger Jahren des 19. Jahrhunderts wirkt angesichts der Konsumwirtschaft nach dem Zweiten Weltkrieg beinahe kindlich. Kolonialreiche wie Holland, England, Frankreich haben ihre überseeischen Besitzungen verloren, aber ihre Wirtschaft hat nicht gelitten, im Gegenteil, sie hat sich ausgedehnt. An Stelle der ›klassischen Imperialisten‹ England, Frankreich, Rußland, Deutschland traten die USA und die Sowjetunion, die beide rein imperialistische Züge tragen, eine Entwicklung, die weder Marx noch Rosa Luxemburg auch nur im entferntesten ahnten oder ahnen konnten.[236]

Ihre Kritiker, meint Nettl (S. 216), hätten »ihre ökonomischen Formeln (unberechtigt) auf das politische Gebiet (übertragen) und... so die Doktrin des Luxemburgismus« geschaffen.[237] Hier scheint Nettl einem Irrtum erlegen zu sein, denn dieser Begriff leitete sich ja nicht von Rosas Buch über die ›Akkumulation des Kapitals‹ ab, sondern vielmehr aus ihrer Ablehnung von Lenins Kaderpartei, das heißt, die Kritik der Kommunisten von damals wie heute wurde von Lenin geprägt, der das Buch gleich nach Erscheinen las, zu einem Zeitpunkt also, an dem sein Verhältnis zu Rosa auf einem Tiefpunkt angelangt war – das nicht nur wegen des oben genannten Gegensatzes, sondern auch wegen Rosas Ablehnung seiner dunklen Geldgeschäfte.

Vor allem aber trennte ihr Verhältnis zur Masse, ihr Glaube an deren schöpferische Kraft, wie er noch in ihrem letzten Artikel einen Tag vor ihrer Ermordung zum Ausdruck kam, Rosa von allen ›Leninisten‹, und wer nicht in allen Fragen mit dem Stifter des ›Leninismus‹ konform ging, war – wie wir von Angelica Balabanoff wissen – ein ›Reformist‹, ein ›Bourgeois‹ oder ›Verräter‹ und was sonst noch.

Rosas Buch gegenüber begnügte Lenin sich mit ablehnenden Randbemerkungen wie ›Unsinn‹ und ›komisch‹, und welcher linientreue Bolschewist oder auf Moskau ausgerichtete Kommunist könnte es wagen, dieser Charakterisierung gegenüber eine andere Meinung zu vertreten? Diese sozusagen ›offizielle‹ Einstellung zu Rosa änderte sich weder nach ihrem noch nach Lenins Tod. Sogar Ruth Fischer, kurze Zeit Führerin der KPD, schrieb 1925 im Heft 3 der Zeitschrift ›Die Internationale‹ gegen Rosa:

»Die deutsche Partei basierte in Theorie und Praxis im wesentlichen auf der Akkumulationstheorie Rosa Luxemburgs, die die Quelle aller Irrtümer, aller Spontaneitätstheorien, aller falschen Stellungen zum Organisationsproblem darstellt. Bestenfalls wurde der Partei die ›Synthese von Luxemburg und Lenin‹ gegeben.«

Das war recht bösartig, aber wohl mehr gegen den rechten Flügel der Partei gerichtet als gegen die tote Rosa Luxemburg. Nach dem Zweiten Weltkrieg vom Autor über den ›Luxemburgismus‹ befragt, bekräftigte Ruth Fischer ihre Gegnerschaft und erklärte erneut, er sei der ›Syphilisbazillus‹ gewesen, der im Blut der deutschen Arbeiterschaft gekreist und die KPD gelähmt habe, obwohl Rosa Luxemburgs Auffassung von der Partei Ruth Fischer vielleicht in ihrem Kampf gegen den Stalinismus hätte dienlich sein können.

Wir wissen heute, daß Rosa Luxemburgs ›Akkumulation des Kapitals‹ keinen Anspruch auf anerkannte Lehrmeinung haben kann, aber ihre Fehler sind weniger die ihren als vielmehr die von Karl Marx. Dessen Irrtümer sind die Prämisse, von der sie ausging. Lebte sie heute noch, sie würde sich ein neues Buch schreiben, in dem sie nicht nur auf das Elend der von England ausgebeuteten ägyptischen Fellachen, auf die Schamlosigkeiten des britischen Opiumhandels im 19. Jahrhundert und andere kapitalistische Ausbeutungsmethoden eingehen müßte, sondern auch auf die Unterdrükkung der sowjetischen Satellitenstaaten nach dem Zweiten Weltkrieg, auf die Ausrottung ganzer Völkerschaften durch Stalins Schergen, auf den sowjetischen Imperialismus und die Raubzüge amerikanischer Trusts in Süd- und Mittelamerika, alles Dinge, die zu den dunkelsten Kapiteln der Menschheit gehören.

Doch auch damals schon war ihr Buch nicht ohne Wert. Nettl, der sich ehrlich und mit Erfolg bemüht, dieser einmaligen Frau Gerechtigkeit widerfahren zu lassen, schreibt (S. 499f.):

»Sie konfrontierte nicht ihre Analyse mit der Analyse anderer, sondern die imperialistische Gesellschaft mit der Sozialdemokratie. Sie brauchte eine Imperialismus-Konzeption für politische Zwecke und mußte sie aus den Rohstoffen formen, die sie zur Hand hatte. Vor 1914 existierten nur Ansätze zu einem allgemeinen sozialistischen Imperialismus-Begriff; erst der Ausbruch des Krieges gab den Anstoß, sie zu einer weithin anerkannten Doktrin auszubauen. In diesem Sinne leistete Rosa Luxemburg Pionierarbeit.«

Das ist in der Tat richtig: Rosa Luxemburg war die erste, die einen sozialistischen Imperialismusbegriff schuf. J. A. Hobson, ein Engländer, hatte zwar schon um die Jahrhundertwende über den Imperialismus geschrieben, aber ›von rein bürgerlicher Sicht her‹. Lenin folgte 1917 mit seiner Schrift ›Der Imperialismus als höchstes Stadium des Kapitalismus‹,[238] zweifellos angeregt durch Rosa Luxemburgs Arbeit. Die Broschüre erschien in Petrograd kurz nach dem Sturz der Zaren, das Manuskript war also durch die Zensur gegangen, und in einem Vorwort schrieb Lenin deshalb, er habe diese Schrift in der ›Sklavensprache‹ abfassen müssen.

Im wesentlichen verfolgte Lenin mit seinen Ausführungen die Linie, die auch Rosa Luxemburg eingeschlagen hatte, wenn auch manche seiner Ausführungen außerordentlich simpel sind, zum Beispiel wenn er behauptet, der Erste Weltkrieg werde »um die Frage geführt ... ob die englische oder die deutsche Gruppe von Finanzräubern einen größeren Teil der Beute erhalten soll«. Derart vereinfachende Feststellungen enthielt die Schrift von Rosa Luxemburg nicht.

Seit Erscheinen der beiden Schriften ist über ein halbes Jahrhundert vergangen. Aus der Sowjetunion wurde ein imperialistischer Staat, der alle Prinzipien verleugnet, die sein Begründer Lenin ›in der Maien Blüte‹ einmal postuliert hatte. Was der marxistische Theoretiker Karl Kautsky in den dreißiger Jahren schrieb, trifft auch heute, nach der ›Entstalinisierung‹, noch zu:

»Keine Form des Kapitalismus macht die Arbeiter so absolut von ihm abhängig wie ein zentralisierter Staatskapitalismus in einem Staat ohne funktionierende Demokratie. Und keine politische Polizei ist so mächtig und allgegenwärtig wie die Tscheka oder GPU, die von Männern geschaffen sind, die viele Jahre mit der Bekämpfung der zaristischen Polizei zugebracht haben und die, mit deren Methoden wie mit ihren Schwächen und Unzulänglichkeiten vertraut, ganz gut daraus zu lernen wußten.« (K. Kautsky, ›Über Sozialdemokratie und Kommunismus‹, München 1948, S. 40.)

Gegen Rosa Luxemburgs Buch ›Akkumulation des Kapitals‹ hat niemand so scharf gesprochen – wie sie selber, als sie im Brief an Hans Diefenbach (siehe Anmerkung 229) schrieb, daß sie die Arbeit ›wie im Rausch‹ niedergeschrieben habe, »in einem Zuge in vier Monaten«. Marx brauchte dreißig Jahre, sein ›Kapital‹ zu schreiben, das dann Engels erst abschließen mußte, und beide lösten nicht das Problem, wo – mit der Sicherheit eines mathematischen Vorgangs – »der Kapitalismus nicht mehr wachsen (konnte) und ... (deshalb) zusammenbrechen« müsse. Rosa Luxemburg vollendete ihr Buch in vier Monaten; eine rein intellektuelle, das Problem kaum ausschöpfende Arbeit, mehr Wunschdenken als Realität, eine Arbeit, deren Schwächen heute offenbar sind. Die Entwicklung hat bewiesen, daß Geschichte mehr ist als eine ›mathematische Aufgabe‹.

Die Ohnmacht der Zweiten Internationale

Für Mitte Juli 1914 hatte das Büro der Zweiten Internationale[239] in Brüssel eine Sitzung einberufen, um eine Wiedervereinigung der beiden Flügel der russischen Sozialdemokratischen Arbeiterpartei (SDAPR) herbeizuführen. Nachdem es vor elf Jahren auf dem II. Parteitag der Partei in London zur Spaltung in Menschewiki und Bolschewiki gekommen war, hatte es nicht an Versuchen gefehlt, die beiden Flügel wiederzuvereinen, doch Lenin wußte das zu sabotieren.

Im Januar 1912 hatte er dann auf der VI. Parteikonferenz in Prag seinen bolschewistischen Flügel zur selbständigen Partei erklärt. Schon im nächsten Monat reiste er nach Berlin, um die unter der Verwaltung von Karl Kautsky, Clara Zetkin und Franz Mehring eingefrorenen Gelder aus der sogenannten Schmidtschen Erbschaft[240] freizubekommen, was ihm zum Teil auch gelang. Bei dieser Gelegenheit besuchte er auch Rosa Luxemburg.

Leo Trotzki, seit 1903 mit Lenin wegen der Spaltung der Partei verfeindet, war besonders deshalb wütend, weil Lenin alle seine Versuche, eine Wiedervereinigung herbeizuführen, vereitelt hatte. So schrieb er an den Menschewiken Nikolaj Tschcheidse einen Brief, der später von Stalin weidlich ausgenutzt werden sollte:

»Die schmutzige Intrige, die systematisch von dem Meister für solche Sachen, Lenin, diesem berufsmäßigen Ausbeuter jeglicher Rückständigkeit, in der russischen Arbeiterbewegung entfacht wird, erscheint als unsinniges Hirngespinst... Mit den ›dunklen Geldern‹, die Kautsky und Zetkin entrissen wurden, hat Lenin ein Organ geschaffen und sich für dasselbe die Firma einer populären Zeitung angeeignet[241]... Das ganze Gebäude des Leninismus in der gegenwärtigen Zeit ist auf Lüge und Falschheit aufgebaut und trägt die giftigen Bestandteile der eigenen Zersetzung in sich.«[242]

Außer Trotzki, der keiner Fraktion angehörte, nahmen für die Russen Georgi Plechanow, Martow und Axelrod teil, Hanetzky[243] und Rosa Luxemburg vertraten die polnischen Sozialdemokraten (SDKPiL), und als Unparteiische fungierten die beiden Belgier Vandervelde und Huysmans und der Deutsche Karl Kautsky. Lenins bolschewistische Gruppe, seit 1912 eine eigene Partei, vertrat weder dieser selber noch Sinowjew oder Kamenjew. Nur Inès Armand[244] und zwei Unbekannte schickte er als Beobachter mit genauen Anweisungen:

»Es kommt meiner Ansicht nach darauf an, zu beweisen, daß nur wir (die Bolschewiki) die Partei sind... Wir haben im Januar 1912 die Gruppe der Liquidatoren[245] aus der Partei ausgeschlossen. Das Ergebnis? Haben sie eine *bessere* Partei geschaffen? Nein, *gar keine*... Entweder ihr nehmt unsere Bedingungen an, oder keinerlei rapprochement, von unité schon gar nicht zu reden.«[246]

Er selber saß um diese Zeit seelenruhig in Krakau, mit der Gewißheit, daß er verurteilt werden würde, aber nur dagegen angehen könnte, wenn er *nicht* dabeigewesen war. Inès Armand und ihr Begleiter entledigten sich ihrer Aufgabe nach bestem Wissen und Gewissen:

»Sie hielten vorbereitende Reden, in denen sie erklärten, daß die Anerkennung von Lenins Zentralkomitee der ganzen Partei das beste Mittel sei, um die Einheitlichkeit der Bewegung zu sichern. Plechanow, Martow, Alexinskij und andere beantworteten die Reden der bolschewistischen Delegierten mit einer umfassenden Anklagerede gegen Lenin. Plechanow klagte Lenin an, Parteibesitz geraubt zu haben, und erklärte, daß ohne Einschränkung des Einflusses Lenins in der Partei jede Einigkeit unmöglich sei. Alexinskij führte Klage, daß Lenin die Demaskierung von Agents provokateurs verhindert hätte.[247] Die Mitglieder des Internationalen Büros waren entsetzt über diese Beschuldigungen, und da die bolschewistischen Delegierten sich in keine Diskussion einließen, schlug Vandervelde mit Unterstützung Kautskys vor, daß die Frage der Spaltung in der russischen Sozialdemokratischen Partei dem Kongreß der Internationale, der in Wien Ende August tagen sollte, unterbreitet werden müsse.«[248]

Für Trotzki war das Ergebnis dieser Tagung ein Triumph, kam es doch einer Verurteilung der Spaltertätigkeit Lenins gleich. Ob Rosa Luxemburg das Wort ergriff, was als wahrscheinlich angenommen werden muß,[249] ist unbekannt; das Protokoll ging verloren. So waren die Geschichtsschreiber auf die erhalten gebliebenen Spitzelberichte der Ochrana-Agenten angewiesen. Doch die Dinge, die in Brüssel zur Sprache gekommen waren, beeinflußten mit Sicherheit ihr späteres Urteil über die bolschewistischen Machthaber. Darüber wird noch gesprochen werden.

Im Anschluß an die Tagung, die am 17. Juli 1914 zu Ende gegangen war, dürfte Rosa Luxemburg sich einige Tage Ruhe gegönnt haben. Briefe, die über diese Zeit Auskunft geben, liegen offenbar nicht vor. Möglicherweise glaubte sie auch, in Brüssel unabkömmlich zu sein, denn am 28. Juni 1914 waren der österreichisch-ungarische Thronfolger Franz Ferdinand und seine Gemahlin von serbischen Terroristen in Sarajewo, damals österreichisches Territorium, ermordet worden, und es gehörte nicht viel Phantasie dazu, zu erkennen, daß diese Tat kriegerische Verwicklungen hervorzurufen geeignet sei.

Obwohl sie mit Trotzki nie enge freundschaftliche Beziehungen unterhalten hatte, ist nicht auszuschließen, daß er ihr von seinen Eindrücken als Kriegsberichterstatter in den beiden Balkankriegen erzählte. Er bezeichnete damals den Balkan als die ›Pandorabüchse Europas‹, und er sollte recht behalten. Genau eine Woche nach der Tagung des Büros der Zweiten Internationale, am 24. Juli 1914, begann die Pandorabüchse sich zu öffnen: die Regierung in Wien stellte an diesem Tag an Serbien ein auf 48 Stunden befristetes Ultimatum, dessen Bedingungen äußerst hart waren:

»Unterdrückung jeder Propaganda und aller Aktionen, die auf österreichisch-ungarisches Staatsgebiet anzielten und gerichtliche Untersuchung gegen die Teilnehmer an der Ermordung des österreichischen Thronfolgers Franz Ferdinand ... soweit sie sich in Serbien befanden. An der Untersuchung sollten österreichische Beamte mitwirken, eine Forderung, die einer Einschränkung der serbischen Hoheitsrechte gleichkam. – Nicht bekannt war in Brüssel, daß dieser Mordanschlag das Werk des serbischen Oberstleutnants und Chefs des Geheimdienstes, Dragutin Dimitrijewitsch, war, der vorher den russischen Militärattaché in Belgrad, Oberst Artamanow, informiert hatte, ohne daß dieser oder die russische Regierung in Sankt Petersburg Einspruch erhoben hätten. Ebensowenig war bekannt, daß ein am 25. Juli einberufener Kronrat unter Nikolaus II. beschlossen hatte, ›Serbien zu unterstützen, auch wenn man dazu die Mobilmachung erklären müsse‹.«[250]

Serbien nahm das Ultimatum mit nur kleinen Vorbehalten an. Kaiser Wilhelm II. schrieb an den Rand der Meldung: »Aber damit fällt jeder Kriegsgrund fort!« Doch Wien wollte seinen Krieg, da der österreichische Gesandte bereits am 26. Juli abgereist war, schickte der österreichische Außenminister Graf Berchtold[251] am 28. Juli 1914 den Serben via Bukarest die Kriegserklärung ins Haus. Obwohl man diese Nachricht erwartet hatte, schlug sie in allen Hauptstädten Europas dennoch wie eine Bombe ein.

Jeder, auch Rosa Luxemburg, fühlte, daß sich dieser Konflikt kaum auf die beiden Staaten würde beschränken lassen. Das Büro der Zweiten Internationale berief telegraphisch für den 29. Juli eine Vollsitzung ein, gemäß dem 1907 in Stuttgart und 1910 in Kopenhagen gefaßten Beschluß, ›bei drohender Kriegsgefahr sofort die nötigen Schritte einzuleiten, um zwischen den Arbeiterparteien der betreffenden Länder das Einvernehmen über ein einheitliches Vorgehen zur Verhütung des Krieges herbeizuführen«.

Die sozialistischen Führer Europas trafen einer nach dem anderen in Brüssel ein.[252] Der führende Kopf der Zweiten Internationale war nach Bebels Tod zweifellos Jean Jaurès, aber auch Victor Adlers Stimme hatte Gewicht. Was er an diesem Tag sagte, wirkte auf die Delegierten niederschmetternd:

»...Die Partei ist wehrlos. Etwas anderes zu sagen, hieße das Bureau betrügen. Man darf sich von den Nachrichten nicht täuschen lassen. Was jetzt zum Vorschein kommt, ist

Der französische Sozialistenführer
Jean Jaurés, nach Bebels Tod der führende Kopf
der zweiten Internationale.

Ihre Ansprachen waren Fanale,
die ihre Zuhörer in Ekstase versetzten: Rosa Luxemburg
als Versammlungssprecherin.

Rosa Luxemburg und
Karl Liebknecht beim Sozialistenkongreß
1907.

Parteitag der SPD im Jahre 1913 in Jena.
Von links nach rechts: Friedrich Ebert, der spätere Reichspräsident, Scheidemann, der erste Reichskanzler der Weimarer Republik 1919, Hugo Haase, der während des Krieges zur linken USPD stieß und im ersten Rat der Volksbeauftragten nach der Revolution als Vertreter der USPD saß.
Rechts mit Hut wahrscheinlich Noske, der spätere Reichswehrminister.

das Resultat einer jahrelangen Klassenagitation und Demagogie. Man demonstriert in den Straßen für den Krieg... Die südslawische Frage, die serbische Agitation in Bosnien, das alles hat sich natürlich für Serbien nachteilig ausgewirkt. Die Feindschaft bei uns gegen Serbien ist eine fast natürliche Sache. Ich persönlich glaube nicht daran, daß es zu einem allgemeinen Krieg kommt. Bei uns will man mit Serbien Schluß machen... Wir können die Gefahr nicht abwehren. Demonstrationen sind unmöglich geworden. Man riskiert dabei sein Leben, man muß mit Gefängnis rechnen. Gut. Wir haben auch das schon mitgemacht. Aber unsere gesamte Organisation und unsere Presse stehen auf dem Spiel. Man läuft Gefahr, die Arbeit von dreißig Jahren zu vernichten, ohne irgendein politisches Resultat. Ist es nicht eine Gefahr, innerhalb unseres eigenen Landes Serbien zu ermutigen? Nehmen wir nicht eine große Verantwortung auf uns, wenn wir die Serben glauben machen wollen, Österreich drohe eine Revolution? Wir haben das Proletariat vor einer solchen Infizierung zu schützen. Wir müssen unsere Institutionen schützen. Die Ideen des Streiks und so weiter sind nur Phantasien. Die Angelegenheit ist sehr ernst, und unsere einzige Hoffnung ist, daß nur wir die Opfer sind, daß der Krieg nicht weiter um sich greift... Unsere Gegner werden durch ihre Erfolge gestärkt und ermutigt werden... Unsere Industrie wird vielleicht zur Kriegsindustrie werden, jede Arbeitsverweigerung wird nach dem Kriegsrecht abgeurteilt werden...«[253]

Solche Worte hatte man in diesem Kreis der Führer der europäischen sozialistischen Parteien noch nicht gehört. Victor Adler sprach es klar aus: es sei eine ›Gefahr‹, den serbischen ›Feind‹ mit der Drohung einer Revolution im Schoße der Donaumonarchie zu ermutigen: »Wir haben das Proletariat vor einer solchen Infizierung zu schützen.« Die Partei war also wichtiger als der Versuch, einen Krieg zu verhindern.

Sogar der tschechische Delegierte Nemeč machte sich Sorgen um das Eigentum der Partei. Dem Dolmetscher Hendrik de Man gegenüber klagte er, man habe soeben alle

Autos des Parteiorgans beschlagnahmt: »Wie sollen wir unsere Zeitungen ausliefern?«[254] Auch sonst hatte Nemeč keine prinzipiellen Einwendungen gegen Victor Adlers Ausführungen.

Im Gegensatz zu Nemeč und dem Bericht des österreichischen Delegierten meldeten die Vertreter der anderen sozialistischen Parteien riesige Demonstrationen in ihren Ländern gegen den Krieg. In Sankt Petersburg (heute Leningrad) waren mehr als 200000 Arbeiter in den Streik getreten, in Deutschland hatten tags zuvor Hunderttausende Berliner in 27 Massenversammlungen und auf der Straße ihrem Willen zum Frieden Ausdruck gegeben.

Rosa Luxemburg war ›völlig empört‹, wie der spanische Delegierte Fabra-Ribas später berichtete. Sie habe »nachdrücklich (erklärt), daß die Sitzung nicht in einer solchen Atmosphäre weitergehen könne«.[255] Sie verwies auf das von Haase verlesene Telegramm, daß Züge von 10000 Menschen Unter den Linden gegen den Krieg demonstriert hätten. Dabei hatte es Zusammenstöße mit Chauvinisten gegeben, meist Studenten, die Gegendemonstrationen veranstalteten, und der Österreicher Hilferding war aus Berlin ausgewiesen worden.

Wie die anderen Delegierten, die meinten, daß ihre Regierungen keinerlei ›imperialistische Absichten‹ hätten, vertrat auch Rosa Luxemburg »die Ansicht, daß der deutschen Regierung, so ›kopflos‹ sie im allgemeinen sein möge, doch jede andere Lösung lieber sein werde als ein Krieg mit Rußland, Frankreich und vielleicht auch England ›um des habsburgischen Bartes willen‹«.[256]

Das Ergebnis dieser Sitzung war recht mager; man faßte den Beschluß, die für den 23. August geplante Tagung der Zweiten Internationale in Wien schon für den 9. August nach Paris einzuberufen und sie zu einer eindeutigen Manifestation gegen den drohenden (Welt-)Krieg (der Krieg zwischen Serbien und Österreich-Ungarn war bereits ausgebrochen) zu gestalten, daß heißt an die erste Stelle der Tagesordnung die Untersuchung folgender Frage zu setzen: »Der Krieg und das Proletariat.«[257]

In einer weiteren Resolution forderte man die ›Arbeiter aller Länder‹ auf, in ihren Demonstrationen gegen den drohenden Weltkrieg mit uneingeschränkter Energie fortzufahren. Die einzige Empfehlung, die in dieser Situation einen Sinn gehabt hätte, nämlich den Arbeitern aller Länder zur Pflicht zu machen, den Generalstreik auszurufen, auch den Arbeitern der voraussichtlich neutral bleibenden Länder, wurde nicht gegeben.

Waren sich die Delegierten bereits ihrer Ohnmacht bewußt? Oder hatte das Verhalten des österreichischen Vertreters Dr. Victor Adler ansteckend gewirkt wie eine Grippeerkrankung? Noch demonstrierte man Optimismus, aber im Innern wußte man bereits, daß es keine Mittel gab, den Krieg abzuwenden. Selbst Jean Jaurès schien mehr auf ein Wunder zu warten, als der Wirkung eines Generalstreiks zu vertrauen, obwohl aus zahlreichen Ländern[258] Erklärungen von Gewerkschaftsführern vorlagen, die für einen Generalstreik eintraten.

Die Massenversammlung am selben Abend im Cirque Royal fand in gehobener Stimmung statt. Die Redner, Vandervelde als Vorsitzender, Hugo Haase in deutscher Sprache, der Italiener Morgari, Keir-Hardie in englischer Sprache, der Russe Rubanowitsch, der Holländer Troelstra und als letzter der Reihe Jean Jaurès, gaben sich optimistisch. Vor allem Jaurès verstand es, die Massen mitzureißen, doch konkrete Hinweise gab auch er nicht. Zwei Tage später, am 31. Juli 1914, wurde er in Paris ermordet.[259]

Während Jean Jaurès sprach, bemerkte er Rosa Luxemburg auf der Tribüne. Sie saß in sich zusammengekauert da, und ihre Augen blickten geistesabwesend ins Leere. Jaurès, dessen Rede immer wieder von donnerndem Beifall unterbrochen wurde, wandte sich ihr zu und sagte: »Vous me permettez de saluer encore la femme vaillante Rosa Luxemburg qui fait passer dans le cœur du prolétariat allemand la flamme de sa pansée.«[260]

Man applaudierte, doch sie schien es nicht zu bemerken. Den Kopf in ihre Hände gestützt, nahm sie den Beifall ohne jede Regung entgegen. Man hatte auch sie aufgefordert, an diesem Abend zu sprechen, aber sie blieb wie gelähmt auf ihrem Platz sitzen. Ihre schon am Nachmittag abgegebene Erklärung, sie sei heiser, war ganz offensichtlich nur eine Ausrede.[261] Warum wollte sie nicht sprechen? Warum ließ sie sich von den Begeisterungsausbrüchen, die Jaurès' Rede hervorrief, nicht mitreißen? Warum bäumte sie sich, wenn sie schon an die Unvermeidbarkeit eines Weltkrieges glaubte, nicht noch ein letztes Mal auf? In keinem ihrer zahlreichen Briefe ging sie auf diese letzte Kundgebung im Cirque Royal ein, zu der hunderttausend Menschen zusammengeströmt waren und bei der jene, die keinen Platz mehr gefunden hatten, dennoch draußen ausharrten, als ginge von den Rednern ein Wunder aus, an dem sie teilhaben wollten.

An der gemeinsamen Resolution der deutschen und französischen Delegierten arbeitete sie nicht mit.[262] Was sie am Tag danach tat, ist unbekannt. Doch kam es zu einer Begegnung mit dem belgischen Delegierten Camille Huysmans, der bisher zu jenen Personen in der Internationale gehört hatte, die sie – wie Radek beispielsweise – nicht ausstehen konnte. Darüber schrieb sie drei Jahre später an Hans Diefenbach:

»... Sie haben doch wohl auf dem Kopenhagener Kongreß Camile Huysmans gesehen, den großen Jungen mit den dunklen Locken und dem typischen Vlamengesicht?... Zehn Jahre lang gehörten wir beide dem Internationalen Bureau an und zehn Jahre lang haßten wir einander, sofern mein ›Taubenherz‹ eines solchen Gefühls überhaupt fähig ist. Weshalb – ist schwer zu sagen. Ich glaube, er kann politisch tätige Frauen nicht leiden, mir fiel wohl sein impertinentes Gesicht auf die Nerven. Es fügte sich nun bei der letzten Sitzung in Brüssel, die angesichts des bevorstehenden Krieges Ende Juli 1914 stattfand, daß wir zum Schluß einige Stunden zusammen waren. Ich saß gerade – es war in einem eleganten Restaurant – bei einem Strauß Gladiolen, die auf dem Tische standen und in deren Anblick ich mich ganz vertiefte, ohne mich an dem politischen Gespräch zu beteiligen. Dann kam die Rede auf meine Abreise, wobei meine Hilflosigkeit in ›irdischen Dingen‹ zum Vorschein kam, mein ewiges Bedürfnis nach einem Vormund, der mir das Billett besorgt, mich in den richtigen Zug steckt, meine verlorenen Handtaschen einsammelt – kurz meine ganz blamable Schwäche, die Ihnen schon so viele frohe Augenblicke bereitet hat. Huysmans beobachtete mich schweigend die ganze Zeit, und der zehnjährige Haß wandelte sich in einer Stunde in glühende Freundschaft. Es war zum Lachen. Er hatte mich endlich schwach gesehen und war in seinem Element. Nun nahm er sofort mein Schicksal in die Hand, schleppte mich zusammen mit Anseele, dem reizenden kleinen Wallonen, zu sich zu einem Souper, brachte mir eine kleine Katze, spielte und sang mir Mozart und Schubert vor. Er besitzt ein gutes Klavier und einen hübschen Tenor, es war ihm eine neue Offenbarung, daß mir die musikalische Kultur Lebensluft ist... Dann brachte er mich natürlich zum Zug, trug selbst meinen Koffer, saß dann noch im Coupé mit mir und beschloß plötzlich: ›Mais il es impossible, de vous laisser voyager seule!‹ Als ob ich wirklich ein Säugling wäre. Kaum habe ich ihm ausgeredet, daß er mich wenigstens bis zur deutschen Grenze begleite, er sprang hinaus, erst als der Zug in Bewegung war, und rief noch ›Au revoir à Paris!‹«[263]

Es war der letzte Zug, der von Brüssel abging. Erst am 31. Juli traf sie im Lauf des Vormittags nach einer vierzehnstündigen Nachtfahrt mit dem sehr verspätet einlaufenden Nordexpreß in Berlin ein, zusammen mit Haase und den anderen deutschen Delegierten. Die Eindrücke während der Fahrt hatte die alte Schwermut wieder aufkommen lassen, die fröhlichen zwei Stunden mit Camille Huysmans verflogen schnell.

Für Rosa bricht eine Welt zusammen

Rosa Luxemburg war Humanistin. Als Tochter aus begütertem Hause war sie zum Sozialismus gekommen, weil sie den Proletariern helfen wollte, in Polen, in Deutschland, in der Schweiz, in allen anderen Ländern Europas. Sie haßte nationalistische Gefühle, weil diese ihrer Meinung nach nur dazu dienten, den Armen einen gewissen Stolz auf ihr Vaterland einzuflößen, der sie von ihrer eigenen Not ablenken sollte, wie die Kirche ihre Gläubigen mit dem Versprechen auf die ewige Seligkeit abhielt, hier auf Erden für bessere Verhältnisse zu kämpfen.

Sie wußte – nicht erst seit Trotzkis Kriegsberichten im ›Kiewskaja Mysl‹ (Kiewer Gedanke) über die entsetzlichen Greuel, die in den beiden Balkankriegen auf beiden Seiten begangen worden waren –, welche Opfer ein Krieg fordern würde. Seit 1870/71 war die Feuerkraft der militärischen Einheiten im Quadrat gestiegen; die Opfer würden deshalb erheblich höher sein als bisher. Im Gegensatz zu ihr begrüßten die Mitglieder der PPS den Krieg, weil sie sich durch ihn die Wiedererstehung Polens erhofften, und die Bolschewiki mit Lenin[264] an der Spitze versprachen sich von ihm den Sturz des Zarentums.

Lohnten sich die ungeheuren Opfer für den Sturz des Kapitalismus, der nach ihrer Meinung sowieso zugrunde gehen mußte? Sie hatte nie eine Kaserne betreten, aber sie wußte aus den militärischen Fachzeitschriften, in welchem Maß die Vernichtungstechnik fortgeschritten war. Schon die beiden Balkankriege hatten mehr als hunderttausend Menschen das Leben gekostet; bei den hochgerüsteten Armeen der imperialistischen Großmächte mußte ein Krieg mehr als eine Million Opfer fordern.

Im Zug hatte sie zahlreiche Heimkehrer beobachtet, die angesichts der drohenden Kriegsgefahr nach Hause fuhren, und sie hatte sie ›Die Wacht am Rhein‹ singen hören. Auf den Bahnhöfen Berlins herrschte ein tolles Gedränge. Rosa Luxemburg fuhr direkt zum Sitz des Parteivorstandes. Das war am Freitag, also einem Werktag, aber vor den Schaufenstern des Ullstein-Verlages drängten sich die Menschen, um die neuesten Nachrichten zu lesen, und auch vor dem ›Vorwärts‹-Gebäude standen zahlreiche Arbeiter, als wären sie so den Ereignissen näher.

Im Parteivorstand hörte Rosa, daß die Kontrollkommission telegraphisch nach Berlin einberufen worden sei und auch verschiedene Maßnahmen getroffen worden seien, die auf

Widerstand gegen den Krieg schließen ließen. Der Hauptkassier der Partei, Otto Braun, war mit der Parteikasse nach Zürich geschickt worden, um im Falle der Inhaftierung aller sozialdemokratischen Führer vom neutralen Ausland aus die Arbeit fortführen zu können wie unter dem Sozialistengesetz in den achtziger Jahren. Doch diesmal würde es schlimmer kommen, wie man auf dem Magdeburger Parteitag zu hören bekommen hatte.[265]

Aber man war offenbar auch bereit, seine Maßnahmen mit der französischen Bruderpartei abzustimmen: Hermann Müller sollte noch am Abend des 31. Juli über Brüssel nach Paris fahren. Außerdem erzählte man sich, wie viele ausländische Gewerkschaften an die deutsche Gewerkschaftszentrale telegraphiert hätten, um ihre Solidarität zu bezeigen.[266] Auch ein Generalstreik würde Opfer kosten, vielleicht Hunderte oder Tausende Erschossene, Füsilierte, Erschlagene, doch gegenüber einem Krieg wäre es nur ein Bruchteil.

Dennoch konnte Rosa Luxemburg sich zu keinerlei Hoffnungen mehr aufschwingen. Ihr Gehirn war wie eine Membrane, die feinste Schwingungen wahrnahm. Wenn sie einen Versammlungssaal betrat, wußte sie im selben Moment, wie die Stimmung war, wie sie die Menschen packen mußte. Schon im Zug, auf der Fahrt durch Berlin bis zum Bahnhof Friedrichstraße und später in der Pferdedroschke hatte sie die Gesichter der Menschen gesehen und in ihnen gelesen. Trotz der noch am Abend vorher durchgeführten Protestversammlungen gegen den ›imperialistischen Krieg‹ war die Stimmung über Nacht umgeschlagen.

Sogar in den Parteizeitungen war der Umschwung zu spüren. Hatte der ›Vorwärts‹ noch am 25. Juli in einer Extraausgabe verkündet: »Wir wollen keinen Krieg! Hoch die internationale Völkerverbrüderung«, und am 28. Juli erklärt: »Nicht der Zarismus ist in diesem Augenblick die schlimmste Kriegsgefahr, sondern das übel beratene Österreich«, so klang es am 30. Juli schon gedämpfter: »Das sozialistische Proletariat lehnt jede Verantwortung für die Ereignisse ab, die eine bis zum Aberwitz verblendete Klasse heraufbeschwört...«

Rosa Luxemburg wußte sicher nicht, daß der Parteivorstand dringend aufgefordert hatte, ›keine Unbesonnenheiten‹ zu begehen.[267] Viele Chefredakteure der sozialdemokratischen Zeitungen nahmen deshalb gern einen Artikel auf, den Stampfer geschrieben hatte:

»Wenn die verhängnisvolle Stunde schlägt, werden die Arbeiter das Wort einlösen, das von ihren Vertretern für sie abgegeben ist, die vaterlandslosen Gesellen werden ihre Pflicht erfüllen und sich darin von den Patrioten in keiner Weise übertreffen lassen.« (31. Juli 1914.)

Das wirkte wie ein Stichwort. Dieser Artikel wurde von einigen eifrigen Redakteuren noch übertroffen. Die ›Frankfurter Volksstimme‹ schrieb am selben Tag:

»Müßten sie (die deutschen Arbeiter) sich aber noch der Mehrheit und Gewalt fügen – ihre ganze Energie und ihre ganze Sehnsucht als Krieger im Felde würde sich zuwenden dem Sturz des Zarentums und seines Blutregimentes. Jubeln würde er im Felde über jede Wunde, die die russischen Arbeitsbrüder ihrer Regierung beibrächten, während die Kriegssäulen von außen heranrückten. Und eine Art Versöhnung wäre es für die deutschen Arbeiter mit dem Unvermeidlichen, wenn unter jenem gewaltigen Stoß von innen und außen die Schandwirtschaft des russischen Kosakentums auf dem Throne zusammenkrachte.«

Hier zeigte sich eine niemals erwartete Auswirkung der jahrelangen Schilderungen russischer Emigranten in der deutschen Presse, nicht nur in der sozialdemokratischen, über das Terrorregime der Kosaken. Von Jean Jaurès ›Humanité‹, dem Zentralorgan der französischen Sozialisten, wußte man ferner, daß faktisch die gesamte französische Presse von Rußland seit Jahren bestochen worden war. Auch Jaurès hatte der russische Agent 200000 Goldfranken geboten und dabei nur eine einzige Bedingung gestellt:

»Sie (Jaurès) können, wenn Sie wollen, den Zaren jeden Tag einen Mörder nennen, die russische Verwaltung und die Minister als korrupt beschimpfen, aber eines müssen Sie im Interesse der Zeitung vermeiden: über Finanzfragen zu schreiben.«[268]

Die Kenntnis dieser Dinge wirkte sich jetzt aus. Hatte nicht schon der alte Bebel gesagt, wenn es gegen den Zarismus ginge, dann nähme auch er noch die Flinte auf seinen Buckel? Die Angst vor einer Invasion russischer Truppen ins deutsche Reichsgebiet beherrschte aber nicht nur das deutsche Bürgertum, sondern auch die deutsche Arbeiterschaft, die – trotz aller Dreiklassenwahlrechte in den einzelnen Bundesländern – über Rechte und Einrichtungen verfügte, wie sie kaum in einem anderen Land zu finden waren, ganz sicher aber nicht im Rußland der Zaren.

Der Umschwung in der Stimmung der Bevölkerung und damit auch der Arbeiterschaft – das abzuleugnen wäre eine Fälschung der tatsächlichen Lage – war in der Nacht vom 30. zum 31. Juli eingetreten, im Grunde genommen ohne jeden ersichtlichen Grund. Dieser trat erst in den Mittagsstunden des 31. Juli ein, als bekannt wurde, daß die russische Generalmobilmachung verkündet worden war.

Die Reichsregierung beantwortete diese Maßnahme mit der Proklamierung des ›Zustandes drohender Kriegsgefahr‹, die praktisch einer inoffiziellen Generalmobilmachung gleichkam.

Im deutschen Parteivorstand gab es auch jetzt noch Stimmen, die an die Verpflichtung dachten, die ihnen die Resolutionen von Stuttgart und vor allem die von Basel auferlegt hatten. In letzterer hieß es:

»Die wichtigste Aufgabe innerhalb der Aktion der Internationale fällt aber der Arbeiterklasse Deutschlands, Frankreichs und Englands zu. Im Augenblick ist es die Aufgabe der Arbeiter dieser Länder, von ihren Regierungen zu verlangen, daß sie sowohl Österreich-Ungarn als auch Rußland jede Unterstützung verweigern, sich jeder Einmengung in die Balkanwirren enthalten und unbedingte Neutralität bewahren. Ein Krieg zwischen den drei großen führenden Kulturvölkern wegen des serbisch-österreichischen Hafenstreiks[269] wäre verbrecherischer Wahnsinn. Die Arbeiter Deutschlands und Frankreichs können nicht anerkennen, daß irgendeine durch geheime Verträge herbeigeführte Verpflichtung besteht, in den Balkankonflikt einzugreifen.«

Damals, 1912, befürchtete man, daß der Krieg der Serben, Bulgaren und Griechen gegen die Türkei sich zu einem Weltkrieg ausweiten könnte, obwohl Österreich-Ungarn keinerlei aggressive Absichten hatte erkennen lassen, im Gegensatz zu Rußland, das die slawischen Staaten begünstigte und deren Krieg gegen die Türken als einen ersten Waffengang zur Eroberung der Dardanellen betrachtete. Das war der neunhundert Jahre alte Traum Moskaus seit dem heiligen Wladimir, die Meerengen in seine Hand zu bekommen.

Diesmal war die Lage viel ernster. Deutschland hatte Wien eine Art Blankovollmacht gegeben, aber auch Frankreich den Russen. Ohne der Unterstützung der Franzosen sicher zu sein, hätten die panslawistischen Kreise, die ihren Herrscher ebenso belogen wie Graf Berchtold seinen Souverän, niemals am 31. Juli die Generalmobilmachung befohlen.[270] Tatsächlich hatte Nikolaus II. schon am 27. Juli 1914 die Order für die Generalmobilmachung ›für alle Fälle‹ unterschrieben, also noch vor Österreichs Kriegserklärung an Serbien. Der Zar zog sie am 30. Juli zurück, aber der Kriegsminister befolgte den Befehl nicht.

In Deutschland hatte der ›Berliner Lokalanzeiger‹ am selben Tag eine Meldung herausgegeben, daß die Mobilmachung befohlen worden sei. Die Nachricht wurde zwar sofort dementiert, aber sie heizte die allgemeine Nervosität erheblich an. Gerüchte schwirrten wie Krähen durch die Straßen Berlins. Dieselben dunklen Kräfte hatten auch in Paris ihre Hand im Spiel. Dort erklärte man am 31. Juli zunächst, die russische Generalmobilmachung erstrecke sich nur auf bestimmte Gouvernements, sei also nur eine Teilmobilmachung.

Erst im Laufe des Nachmittags sickerte die Wahrheit durch. Der russische Botschafter in Paris jubilierte: »Beglückwünschen Sie mich, jetzt beginnt mein kleiner Krieg.« Auch der französische Marineminister Delcassé, ein Revanchepolitiker reinsten Wassers, frohlockte, als er von der deutschen und russischen Generalmobilmachung hörte, die unweigerlich zum Kriege führen mußten: »C'est ma guerre!« (Das ist *mein* Krieg!)[271]

Von all diesen Vorgängen ahnte man in der Parteizentrale der SPD nichts, ebensowenig in den Zentralen der sozialistischen Parteien Frankreichs und Englands. Aber eines registrierte man genau: den Umschwung in der Stimmung der Massen.[272] Friedrich Stampfer, Herausgeber einer sozialdemokratischen Korrespondenz, hat in seinem Buch ›Erfahrungen und Erkenntnisse‹, Köln 1957, diese Stimmung treffend geschildert (S. 169f.):

»Da ich, an der Schwelle der Vierzig... als Politiker gelernt hatte, meine Gefühle zu meistern, konnte mich das hysterische Treiben auf der Straße nur abstoßen. Ich glaube seit jener Zeit an geistige Massenerkrankungen, die nicht allein durch das Wort übertragen werden, sondern auf irgendeine andere, noch nicht erforschte Weise. Auf alle Fälle bemühte ich mich, selber dieser Ansteckung nicht zu erliegen und den Kopf kühl zu halten...

Daß ich zum deutschen Volke gehörte, war eine Selbstverständlichkeit. Ich stand in der Millionenmasse, ich war ein winziges Teilchen von ihr, aber ich hatte auch als politischer Journalist meine Pflicht und meine Verantwortung... Das Schlimmste war ein Sieg Rußlands...

Von dieser Überzeugung ausgehend, schrieb ich für meine Korrespondenz einen Artikel ›um Sein oder Nichtsein‹, in dem ich ausführte, daß nun alles darauf ankomme, eine Niederlage Deutschlands und einen Sieg des Zarismus zu verhindern. Als ich den Artikel geschrieben und verschickt hatte, rief ich die Redaktion des ›Vorwärts‹ an und teilte ihr den Inhalt mit. Bald darauf wurde ich vom Parteivorstand angerufen und ersucht, sofort zu einer Besprechung zu kommen... Der Vorsitzende Hugo Haase empfing mich mit aufgeregten Vorwürfen und stellte sich ganz auf die Seite Ströbels (der die Beschwerde ausgelöst hatte – Anm. d. Autors)...«

Das war am 2. oder 3. August 1914, und aus den Ausführungen Stampfers geht hervor, daß sich zu diesem Zeitpunkt die Reichstagsfraktion der SPD noch nicht entschieden oder sonstwie festgelegt hatte.[273] Der nach Paris entsandte Hermann Müller erreichte Berlin erst in der Nacht zum 3. August, nachdem er an der französisch-belgischen Grenze als ›espion boche‹ verhaftet, aber vom Präfekten freigelassen und mit Hilfe zweier Gendarmen zur belgischen Grenze transportiert worden war.

Inzwischen hatte der Kaiser am Nachmittag des 1. August 1914 die Generalmobilmachung befohlen. Als erster Mobilmachungstag galt der 2. August, wie sich bald herausstellte, war das auch der Beginn der Kampfhandlungen. In den Morgenstunden des 3. August marschierten deutsche Truppen in Belgien und Luxemburg ein, die auf Grund internationaler Verträge neutral bleiben sollten. Tags darauf erklärte England dem Deutschen Reich den Krieg.

Wenn am Nachmittag des 1. August, nachdem der deutsche Kaiser vom Balkon seines Schlosses eine Ansprache gehalten hatte, die SPD zu Demonstrationen gegen den drohenden Krieg oder gar zum Generalstreik aufgerufen hätte, nur wenige wären diesen Parolen gefolgt.[274] Seit dem 3. August 1914 von 10 Uhr an tagte die Fraktion der SPD in Permanenz.

In den Diskussionen stellte sich heraus, daß die Mehrheit der Abgeordneten dazu neigte, die von der Reichsregierung geforderten 5 Milliarden Mark Kriegskredite zu bewilligen. Einige plädierten für Stimmenthaltung, aber weder sie noch ihre Gegner konnten sich mit ihren Argumenten durchsetzen. Wieweit dieser Bericht, den der aus Paris zurückgekommene Hermann Müller erstattete, sich auswirkte, ist nicht mehr mit Sicherheit festzustellen, doch er dürfte die Bereitwilligkeit, die Kredite zu bewilligen, erhöht haben:

»Wahrheitsgemäß berichtet er nach seiner Rückkehr am 3. August vor der Fraktion, daß ihn die französischen Genossen wie immer freundlich und liebenswürdig empfangen hätten, doch zu einer Verständigung sei es nicht gekommen. Dann wiederholte er wörtlich, was Pierre Renaudel erklärt hatte:

›Die Lage der französischen und der deutschen Sozialdemokratie sei nicht dieselbe. Die französischen Sozialisten würden von ihrer Regierung über die diplomatischen Vorgänge völlig auf dem laufenden gehalten, in Deutschland sei das nicht der Fall. Wenn Frankreich, dessen Volk und dessen Regierung den Frieden wolle, von Deutschland angegriffen werden sollte, so müßten die französischen Genossen für das Kriegsbudget stimmen, weil dann dem angegriffenen Frankreich die Mittel zu seiner Verteidigung gewährt werden müßten. In einer solchen Situation könnten sich die französischen Genossen nicht der Stimme enthalten. Die deutschen Genossen wären, wenn Deutschland der Angreifer wäre, in einer anderen Lage. Sie könnten deshalb eventuell gegen die Kriegskredite stimmen.‹«[275]

Aber vor genau derselben Situation stand die SPD. Rußland hatte vor nahezu zwei Tagen die Generalmobilmachung befohlen, und wie die Franzosen sich vor einer deutschen Invasion fürchteten, so fürchteten sich die Deutschen vor einem Einbruch ›knutenschwingender Kosaken‹. Das kam auch in der Erklärung der sozialdemokratischen Reichstagsfraktion am 4. August 1914 zum Ausdruck. Die Entscheidung über den Wortlaut war erst wenige Stunden vorher gefallen, und von den 110 Abgeordneten hatten 78 dafür gestimmt, 14 dagegen, darunter der Vorsitzende Hugo Haase. Die Fraktionsdisziplin verpflichtete auch die Gegner der Bewilligung, mit Ja zu stimmen. Die Begründung verlas Hugo Haase:

»... Uns drohen die Schrecknisse feindlicher Invasionen. Nicht für oder gegen den Krieg haben wir uns heute zu entscheiden, sondern über die Frage der für die Verteidigung des Landes erforderlichen Mittel. – Für unser Volk und seine freiheitliche Zukunft steht bei einem Sieg des russischen Despotismus, der sich mit dem Blute der Besten des eigenen Volkes befleckt hat, viel, wenn nicht alles auf dem Spiel. Es gilt, diese Gefahr abzuwehren, die Kultur und Unabhängigkeit unseres eigenen Landes sicherzustellen. Da machen wir wahr, was wir immer betont haben: Wir lassen in der Stunde der Gefahr das eigene Vaterland nicht im Stich. Wir fühlen uns dabei im Einklang mit der Internationale, die das Recht jedes Volkes auf nationale Selbständigkeit und Selbstverteidigung jederzeit anerkannt hat, wie wir auch in Übereinstimmung mit ihr jeden Eroberungskrieg verurteilen. Wir fordern, daß dem Kriege, sobald das Ziel der Sicherung erreicht ist und die Gegner zum Frieden geneigt sind, ein Ende gemacht wird durch einen Frieden, der die Freundschaft mit den Nachbarvölkern ermöglicht... Von diesen Grundsätzen geleitet, bewilligen wir die geforderten Kriegskredite.« (Grünberg a.a.O., S. 76f.)

Für Rosa Luxemburg war diese Erklärung der Reichstagsfraktion ein furchtbarer Schlag. Wie Clara Zetkin später einer holländischen Freundin mitteilte,[276] planten beide in der ersten Aufregung Selbstmord zu begehen, weil sie glaubten, den ›Verrat‹ nicht überleben zu können. Doch bevor sich die sozialdemokratische Reichstagsfraktion am 3. August nach einer mehr als dreizehnstündigen Debatte zu dieser Erklärung hatte durchringen können, war zwei Tage vorher die Entscheidung der Gewerkschaften gefallen und bereits am nächsten Tag, am 2. August, verkündet worden (siehe Anmerkung 274).

Aber das allein gab nicht den Ausschlag. Nicht minder eindrucksvoll waren die aus allen Teilen des Reiches einlaufenden telefonischen Meldungen, daß die Arbeiter an den ersten zwei Mobilmachungstagen, 2. und 3. August, ohne jeden Widerspruch eingerückt waren, wie es in ihren Militärpässen vermerkt stand. Auch Rosa Luxemburg mußte diesen Stimmungsumschwung feststellen.[277] Aber noch einmal bäumte sie sich auf.

Hatten ihr in den zahllosen Versammlungen nicht Hunderttausende zugejubelt? Hatten örtliche Funktionäre sie nicht ihrer Sympathie versichert? Der Plan, einen Widerstandskreis zu organisieren, dürfte wahrscheinlich schon am Abend des 4. August entstanden sein, als sie in ihrer Wohnung mit Franz Mehring, Wilhelm Pieck und dessen Frau Käte, Julian Marchlewski, Ernst Meyer und Hermann Dunkker die Lage besprach.

In den nächsten Tagen schickte sie über 300 Telegramm an jene örtlichen Funktionäre, die ihr als ›oppositionell‹ bekannt waren, mit der Bitte, nach Berlin zu kommen, um über das

Verhalten der Reichstagsfraktion zu sprechen. »Das Ergebnis war katastrophal«, mußte sie später eingestehen. Clara Zetkin war die einzige, die sofort und uneingeschränkt ihre Zustimmung sandte. Die, die überhaupt reagierten, antworteten in faulen und dummen Ausreden.

Nur drei Genossen fanden sich, die eine von Rosa Luxemburg entworfene Erklärung für die ausländische Presse zu unterschreiben bereit waren: Karl Liebknecht, Franz Mehring, Clara Zetkin und Rosa Luxemburg selber. Sie wurde von nur wenigen Parteizeitungen nachgedruckt; im September 1914 glaubten noch zu viele an einen deutschen Sieg. Die Erklärung hatte folgenden Wortlaut:

»Die Genossen Dr. Südekum und Richard Fischer haben in der Parteipresse des Auslands (in Schweden, Italien und in der Schweiz) den Versuch unternommen, die Haltung der deutschen Sozialdemokratie im gegenwärtigen Kriege im Lichte ihrer Auffassung darzustellen. Wir sehen uns deshalb gezwungen, den ausländischen Genossen zu versichern, daß wir und sicherlich viele andere deutsche Sozialdemokraten den Krieg, seine Ursachen, seinen Charakter sowie die Rolle der Sozialdemokraten in der gegenwärtigen Lage von einem Standpunkt betrachten, der demjenigen der Genossen Südekum und Fischer nicht entspricht. Der Belagerungszustand macht es uns vorläufig unmöglich, unsere Auffassung öffentlich zu vertreten.«[278]

Glaubten die vier Unterzeichner wirklich, daß damals – außer ihnen – »viele andere deutsche Sozialdemokraten« mit ihnen konform gingen? Dabei hatten nicht einmal sie sich dazu gedrängt, ihre Unterschrift zu geben, wie Rosa in einem Brief an Konstantin Zetkin Ende 1914 bekannte:

»(Ich möchte) die schärfste Aktion gegen die Vorgänge in der Fraktion... einleiten. Leider finde ich dafür wenig Mitwirkung:... Karl (Liebknecht) ist kaum zu fassen, weil er wie eine Wolke in der Luft herumkutschiert. Franz (Mehring) hat wenig Verständnis für eine Aktion, die nicht literarisch ist, die Mutter (Clara Zetkin) reagiert durch Tobsucht und schwarzen Pessimismus. Aber trotzdem will ich versuchen, was sich durchsetzen läßt.«[279]

Rosa Luxemburg mußte den Kelch bis zur bitteren Neige austrinken, es blieb ihr nichts erspart. Als im Dezember neue Kriegskredite bewilligt werden mußten, war Karl Liebknecht der einzige Abgeordnete, der dagegen stimmte; seine Versuche, noch andere zu gewinnen, waren fehlgeschlagen. Nur einen Lichtblick gab es: im Dezember 1914 hätte sie die vom Frankfurter Gericht verhängte Strafe von einem Jahr Gefängnis antreten müssen; wegen ihres schlechten gesundheitlichen Zustandes erhielt sie Aufschub bis zum 31. März 1915.

Im ›Königlich Preußischen Weibergefängnis‹ Barnimstraße

Am 2. Dezember 1914 stimmte Karl Liebknecht als erster Abgeordneter des Deutschen Reichstages gegen eine weitere Bewilligung von Kriegskrediten. Seine Rede, nicht ins Parlamentsprotokoll aufgenommen, ließ er als maschinegeschriebenes Flugblatt illegal vertreiben. Darin hieß es unter anderem:

Meine Abstimmung zur heutigen Vorlage begründe ich wie folgt: Dieser Krieg, den keines der beteiligten Völker selbst gewollt hat, ist nicht für die Wohlfahrt des deutschen oder eines anderen Volkes entbrannt. Es handelt sich um einen imperialistischen Krieg, einen Krieg um die kapitalistische Beherrschung des Weltmarkts, um die politische Beherrschung wichtiger Siedelungsgebiete für das Industrie- und Bankkapital... Die deutsche Parole ›Gegen den Zarismus‹ diente – ähnlich der jetzigen englischen und französischen Parole ›Gegen den Militarismus‹ – dem Zweck, die edelsten Instinkte, die revolutionären Überlieferungen und Hoffnungen des Volkes für den Völkerhaß zu mobilisieren. Deutschland, der Mitschuldige des Zarismus, das Muster politischer Rückständigkeit bis zum heutigen Tage, hat keinen Beruf zum Völkerbefreier. Die Befreiung des russischen wie des deutschen Volkes muß deren eigenes Werk sein. Der Krieg ist kein deutscher Verteidigungskrieg... Ein schleuniger, für keinen Teil demütigender Friede, ein Friede ohne Eroberungen, ist zu fordern; alle Bemühungen dafür sind zu begrüßen... Die Notstandskredite bewillige ich in der verlangten Höhe, die mir bei weitem nicht genügt. Nicht minder stimme ich allem zu, was das harte Los unserer Brüder im Felde, der Verwundeten und Kranken, denen mein unbegrenztes Mitleid gehört, irgend lindern kann... Unter Protest jedoch gegen den Krieg... lehne ich die geforderten Kriegskredite ab. Berlin, den 2. Dezember 1914, gez. Karl Liebknecht.[280]

Man darf als sicher annehmen, daß auch Rosa Luxemburg eine Kopie zu Gesicht bekam, wie später im Gefängnis das bekannte Flugblatt ›Der Hauptfeind steht im eigenen Land‹ vom Mai 1915, ebenfalls von Karl Liebknecht. Doch in den Kreis ihrer politischen Freunde hat sie ihn bis zum Jahr 1916 nicht aufgenommen. Sie hielt weiter kühle Distanz zu ihm wie bisher. Erst später sollte sich eine engere Verbindung anbahnen, wie aus dem Buch ›Briefe aus dem Gefängnis‹, herausgegeben von Sonja Liebknecht, aus den Jahren 1916 bis 1918 hervorgeht.

Ein weiteres Indiz für diese späte politische Freundschaft ist, daß Rosa ihn nicht aufgefordert zu haben scheint, an der neuen, von ihr vorbereiteten Zeitschrift ›Die Internationale‹ mitzuarbeiten, deren Nummer 1 im April 1915 erschien, zu einem Zeitpunkt, da sie schon im Gefängnis saß. Dieses erste Heft sollte auch das einzige bleiben, denn die neue Monatsschrift mit einer Erstauflage von 9000 Stück wurde sofort beschlagnahmt und verboten. Anklage wegen ›Hoch- und Landesverrats‹, wie ursprünglich geplant, wurde jedoch nicht erhoben.[281]

Verantwortlich zeichnete statt ihr ein gewisser Peter Berten, die Druckerei in Düsseldorf hatte Leo Jogisches besorgt, die Beiträge stammten von Rosa Luxemburg – eine Arbeit über ›Der Wiederaufbau der Internationalen‹ –, von Johannes Kämpfer (ein Pseudonym für Julian Marchlewski): ›Wer zahlt die Kriegskosten?‹ Weitere Mitarbeiter des ersten Heftes waren Paul Lange (›Sozialismus wohin wir blicken‹), Käte Duncker (›Unsere Frauen und der nationale Frauendienst‹), Clara Zetkin (›Für den Frieden‹), Heinrich Ströbel, der Friedrich Stampfer wegen seines Artikels bei Haase angeschwärzt hatte (›Der Riß in der preußischen Landtagsfraktion‹), A. Thalheimer (›Die Geheimlehre und der Mythos‹) und schließlich Franz Mehring (›Unsere Altmeister und die Instanzenpolitik‹).

Für Anfang März hatte Rosa Luxemburg zusammen mit Clara Zetkin eine Reise zu einer internationalen Frauenkonferenz in Holland vorgesehen, aber am 18. Februar wurde sie ohne Ankündigung plötzlich verhaftet, trotz des ihr zugesagten Aufschubs ihres Strafantritts bis zum 31. März, und in das ›Königlich Preußische Weibergefängnis‹ in der Barnimstraße in Berlin eingeliefert. Doch von der Außenwelt war sie nicht abgeschnitten, eine Gefängnisbeamtin schmuggelte Briefe und Anweisungen an Leo Jogisches mit genauen Anweisungen nach draußen.[282]

In der Stille der Zelle, nur mit wenigen wissenschaftlichen Büchern ausgestattet, trug sie alte ›Briefschulden‹ ab. Als Frühaufsteherin klappte sie schon um 5 Uhr ihr Bett hoch und begann zu arbeiten. Seit jeher eine engagierte Briefschreiberin, berichtete sie von ihrem tristen Leben im Gefängnis, von ihren Plänen, wenn sie wieder frei sein würde, von ihren Gedanken, wenn sie nachts nicht schlafen konnte. Diese Briefe sind fast alle erhalten geblieben und zählen heute zu den Kostbarkeiten der deutschen sozialistischen Literatur.

In ihnen offenbaren sich nicht nur ihr messerscharfer Verstand, sondern auch menschliche Güte, waches Interesse an wissenschaftlichen Problemen, profunde Kenntnisse der deutschen Literatur und ein außerordentliches Gedächtnis. Im deutschen Schrifttum gibt es kaum etwas Vergleichbares. Marx' Briefe waren oft vulgär und von Haß getränkt, von Lenins Briefen strahlen nur die an die Mutter und Geschwister Wärme und Liebe aus, alle anderen sind kalt und unpersönlich. Rosa Luxemburgs Briefe dagegen sind Bekenntnisse einer großen Persönlichkeit der Zeitgeschichte, die auch dem Gegner Achtung abringen. Viele von ihnen gleichen ›Liebeserklärungen‹ – einer vergeistigten, unirdischen Liebe – an den Empfänger. Aus allen aber spricht eine

Rosa Luxemburg zu uns, wie sie, allein aus ihren Büchern und Reden betrachtet, nicht zu erkennen ist. Erst durch diese Briefe wird ihr Werk zum Vermächtnis an die Welt, obwohl ihre Prognosen in ihren marxistischen Schriften als überholt gelten müssen. Hier sollen nur einige Teile aus zwei Briefen an ihre Hausgehilfin Gertrud Zlottko wiedergegeben werden.

(Blaustift-Zensurvermerk) T Königl. Frauengefängnis
Barnimstraße 10.
25. 5. 15.

Liebe Gertrud!

... Es freut mich, daß Sie wieder botanisieren. Ich werde Ihnen einen Pflanzenatlas schicken lassen. Die Proben, die Sie mir geschickt haben, habe ich alle vorsichtig in mein Heft übertragen. Die gelbe Blume war aber keine Calta palustris (Sumpfdotterblume), diese hat große runde Blätter, sondern es war der ›brennende Hahnenfuß‹ (Ranunculus flammula). Ich habe von Frl. Jacob ein reizendes Bild von unserer Mimi gekriegt, wie sie in den Armen eines jungen Offiziers liegt und ihn natürlich kratzen will. – Also nochmals Gertrud: Kopf hoch und nicht den Mut verlieren, es wird schon schiefgehen. Malen Sie fleißig, versuchen Sie mal das Innere einer Kirche (ich meine es ganz ernst). Hoffentlich haben Sie das herrliche Pfingstwetter genossen.

Mit vielen Grüßen Ihre R. L.[283]

(Tintenstift-Zensurvermerk) T
7. 8. 15.

Liebe Gertrud!

Sie haben mir mit der schönen Sendung viel Freude gemacht, ebenso wie mit den 3 kleinen Bildchen, die früher gekommen sind. Ich freue mich vor allem, daß Sie fleißig malen und Fortschritte machen...

In diesem Monat ist Ihr Geburtstag, wenn ich noch recht weiß, am 14. Ich schicke Ihnen schon jetzt viele Grüße und Glückwünsche dazu, kaufen Sie sich für die Kleinigkeit, die ich Ihnen schicke, etwas nettes und nützliches. Nächstes Jahr wollen wir den Tag schöner feiern. Ihre Blumenvase mit Marias Bettstroh, den Mahonien (Johanniskraut und Berberitzen – Anm. des Autors) und der glühend roten Nelke, steht auf meinem Tisch und weckt die angenehmsten Erinnerungen. Das war doch wirklich ein schöner Frühling und Sommer, wo wir vormittags mit den Riesensträußen in den Armen vom Feld zurückkehrten!... Denken Sie, hier in meiner Nachbarschaft ist irgendwo auch eine Gans, ich meine: eine richtige, gefiederte Gans; und die schreit manchmal zu meinem Entzücken; leider nur zu selten. Wissen Sie weshalb mir das so gefällt? Ich habe es jetzt raus: das Gackern der Hühner oder das Quacken der Enten das ist so ein echt hausmütterlicher sorgenvoller Laut eines alten Haustieres, aber in dem Gänseschrei da steckt noch ganz der wilde ungezähmte Vogel, der nach dem Süden zieht über Winter, da ist noch trotziger Hochflug drin, das gegenseitige Locken über weite Fernen; wahrhaftig, wenn ich diesen unartikulierten Gänseschrei höre, da zuckt in mir alles vor Sehnsucht nach – was weiß ich nach was, einfach nach der Ferne, nach der Welt. Himmelkreuzhageldonnerwetter! Wenn ich so weit weitweg fliegen könnte wie eine Wildgans! Ich würde Sie gleich mitnehmen. Bis zu diesem Gänseflug leben Sie recht wohl und behalten Sie den Kopf oben. Aber Gertrud, vergessen Sie auch nicht, daß ein Maler nicht bloß malen, sondern viel lesen muß, um vorwärts zu kommen. Bücher können Sie ja von Frl. Jacob aus meiner und aus ihrer Bibliothek immer haben. Lesen Sie denn überhaupt? U. A. w. g. – Von Mimi höre ich lauter Lob und Entzücken. Der hiesige Kater ist ein Lump und jagt immerzu Spatzen. Herz. Grüße

Ihre R. L.[284]

Aber noch etwas anderes kann man aus den Briefen des Jahres 1915 herauslesen: fast scheint es, als sei sie froh gewesen, verhaftet worden zu sein, wenn sie auch versucht hatte, den Termin des Strafantritts hinauszuschieben. Sie brauchte wohl die Abgeschlossenheit einer Gefängniszelle, um sich dort von dem Schlag zu erholen, den ihr die

Ereignisse am 4. August zugefügt hatten. In der Barnimstraße zog sie eine Art Bilanz, die ihre literarische Form in der berühmten ›Junius-Broschüre‹[285] fand: »Die Krise der Sozialdemokratie«, eine »Abrechnung« mit dem Parteivorstand, aber auch der qualvolle Aufschrei einer zutiefst enttäuschten Sozialistin.

Ende April 1915 vollendet, gelang es ihr, das Manuskript mit Hilfe der ihr wohlgesinnten Gefängniswärterin hinauszuschmuggeln. Doch erst nach ihrer Entlassung 1916 erschien diese Arbeit. Sie fand stärkste Beachtung. Lenin beschäftigte sich mit ihr, ohne zu wissen, wer hinter dem Pseudonym steckte, lobte einiges mit kühler Distanziertheit und kritisierte vieles. Jenseits jeder Moral und jeden Mitleids stehend, lehnte er »Rosas klarste und eindringlichste Äußerungen über proletarische Moral« (Nettl, S. 603) ab.

»Der ›Luxemburgismus‹ – wenn es ihn überhaupt gibt – besteht nicht«, schreibt er weiter, »in dieser oder jener Abweichung vom Bolschewismus oder irgendeiner anderen neomarxistischen Lehre, sondern in der Totalität der Betrachtungsweise. Ein wichtiger Bestandteil dieser Totalität ist die Moral, aber eine unbewußte Moral, keine Moralpredigt.« Das trat besonders einprägsam in den folgenden Sätzen zutage:

»Vorbei ist der Rausch. Vorbei der patriotische Lärm in den Straßen, die Jagd auf Goldautomobile, die einander jagenden falschen Telegramme, die mit Cholerabazillen vergifteten Brunnen, die auf jeder Eisenbahnbrücke Berlins bombenwerfenden russischen Studenten, die über Nürnberg fliegenden Franzosen, die Straßenexzesse des spionenwitternden Publikums,[286] das wogende Menschengedränge in den Konditoreien, wo ohrenbetäubende Musik und patriotische Gesänge die höchsten Wellen schlugen; ganze Stadtbevölkerungen in Pöbel verwandelt, bereit, zu denunzieren, Frauen zu mißhandeln, Hurra zu schreien und sich selbst durch wilde Gerüchte ins Delirium zu steigern; eine Ritualmordatmosphäre, eine Kischineff-Luft,[287] in der der Schutzmann an der Straßenecke der einzige Repräsentant der Menschenwürde war.

Die Regie ist aus. Die deutschen Gelehrten, die ›wankenden Lemuren‹, sind längst zurückgepfiffen. Die Reservistenzüge werden nicht mehr vom lauten Jubel der nachstürzenden Jungfrauen begleitet, sie grüßen nicht mehr das Volk aus den Wagenfenstern mit freudigem Lächeln; sie trotten still, ihren Karton in der Hand, durch die Straßen, in denen das Publikum mit verdrießlichen Gesichtern dem Tagesgeschäft nachgeht.

In der nüchternen Atmosphäre des bleichen Tages tönt ein anderer Chorus: der heisere Schrei der Geier und Hyänen des Schlachtfeldes. Zehntausende Zeltbahnen garantiert vorschriftsmäßig! 100000 Kilo Speck, Kakaopulver, Kaffee-Ersatz, nur per Kasse, sofort lieferbar! Granaten, Drehbänke, Patronentaschen, Heiratsvermittlung für Witwen der Gefallenen, Ledergurte, Vermittlung von Heereslieferungen – nur ernst gemeinte Offerten!

Das im August, im September verladene und patriotisch angehauchte Kanonenfutter verwest in Belgien, in den Vogesen, in Masuren in Totenäckern, auf denen der Profit mächtig in die Halme schießt. Es gilt, rasch die Ernte in die Scheunen zu bringen. Über den Ozean strecken sich tausend gierige Hände, um zu raffen...« (S. 3.)

Da es ihr unmöglich schien, mit jenen Sozialisten, die zum Krieg ja gesagt hatten, jemals wieder zusammenzuarbeiten, erhob sie die Forderung nach einer neuen Internationale, die als oberste Verpflichtung die Aufrechterhaltung der Solidarität aller Werktätigen auch in einem Krieg festlegen müsse, was sie aber nicht hinderte, sondern im Gegenteil dazu antrieb, der von Lenin gewünschten Bildung der Dritten Internationale im Frühjahr des Jahres 1919 zu widersprechen, weil sie dessen diktatorische Gelüste kannte und weil sie – als Polin? – das russische Übergewicht in einem solchen Gremium fürchtete.

Sie wollte die von ›Sozialpatrioten‹ gereinigte und erneuerte Zweite Internationale wiederbeleben. Ob sie von der Zimmerwalder Konferenz[288] im September 1915 vorher etwas gehört hatte, ist nicht sicher, aber man darf es annehmen. Unter den zehn deutschen Delegierten: sieben von der

SPD unter Ledebour und Adolph Hoffmann, einer von der Splittergruppe ›Lichtstrahlen‹ befanden sich auch zwei von Liebknechts und Rosa Luxemburgs Gruppe ›Internationale‹, die sich nach dem Verbot der gleichnamigen Zeitschrift gebildet hatte und aus der sich später der Spartakusbund entwickelte.

In Zimmerwald spielte nicht Lenin die erste Geige, wie er gehofft hatte und wie heute die sowjetische Geschichtsschreibung wahrheitswidrig behauptet. Die Mehrheit lehnte sogar seinen Resolutionsentwurf ab und beauftragte den mit ihm seit 1903 verfeindeten Leo Trotzki, einen neuen Text zu erstellen, der dann als das ›Zimmerwalder Manifest‹ in die Geschichte eingehen sollte.

Das hinderte die Sowjets nicht, im März 1919 bei der Gründung der Dritten Internationale in Moskau dieses Manifest für sich zu reklamieren und sich als Vollstrecker der dort erhobenen Forderung nach der Bildung einer neuen, gereinigten Internationale auszugeben.

Noch vom Gefängnis aus versuchte Rosa Luxemburg, die Gruppe ›Internationale‹ zu leiten, obwohl plötzlich die Überwachungsvorschriften verschärft worden waren, nachdem sie einem Kriminalbeamten ein Buch an den Kopf geworfen hatte. In solchen Dingen reagieren die Vertreter des Staates in der ganzen Welt mit Strafen. Erst als sich die Handhabung der Vorschriften wieder etwas lockerte, gelang es ihr, ein Programm von zwölf Punkten hinauszuschmuggeln, das als Grundlage für die Arbeit einer Oppositionsgruppe dienen sollte, von der sie wußte, daß sie am 1. Januar 1916 in Liebknechts Anwaltskanzlei zusammentreten würde.

Bei dieser illegalen Versammlung von Genossen aus dem ganzen Reich wurde beschlossen, Informationsbriefe herauszugeben, die mit ›Spartacus‹ gezeichnet werden sollten. Diese ›Spartakusbriefe‹ erlangten in der Weimarer Republik eine legendäre Bedeutung, doch in Wirklichkeit war diese Bedeutung längst nicht so groß, wie sie den ›Briefen‹ von den kommunistischen Führern Deutschlands beigemessen wurde und noch heute beigemessen wird. Unter den Lesern dieser maschinegeschriebenen Briefe bildete sich weder ein organisatorischer Kern heraus, noch übten sie auf deren politische Meinungsbildung einen nachhaltigen Einfluß aus. Heute haben diese Briefe nur noch historischen Charakter.

Am 22. Januar – etwas vorzeitig – entlassen, schloß sich Rosa fast zwangsläufig enger an Karl Liebknecht an, ohne daß beider Beziehungen herzlich genannt werden konnten. Auch zu den zwanzig SPD-Abgeordneten, die am 21. Dezember gegen weitere Kriegskredite gestimmt hatten, fand sie keinen rechten Kontakt. Auf gemeinsamen Spaziergängen mit Liebknecht diskutierte sie über die Entwicklung der politischen Verhältnisse, aber gerade dabei merkte sie, daß der Sohn des alten Wilhelm Liebknecht bei weitem nicht die dynamische Kraft des Vaters geerbt hatte, und im vertrauten Kreis gab Rosa Luxemburg dieser Tatsache unverblümt Ausdruck.

Dennoch plante sie mit ihm eine ›improvisierte Maifeier‹ auf dem Potsdamer Platz. Natürlich bekam die Polizei davon Wind, und unter den zwei- bis dreihundert Menschen, die dem Aufruf gefolgt waren, befanden sich mehrere Dutzend Kriminalbeamte. Von einer ›riesigen Menschenmenge‹, wie später behauptet wurde, konnte keine Rede sein. Liebknecht hielt eine kurze Ansprache und rief: »Nieder mit dem Krieg! Nieder mit der Regierung!« Obwohl ihn eine Anzahl Getreue umringte, die ihn gegen die angreifenden Kriminalbeamten zu schützen versuchten, wurde er, ›auf frischer Tat‹ ertappt, verhaftet.

Der Reichstag hob seine Immunität auf, und ein Gericht verurteilte ihn zu vier Jahren und einem Monat Zuchthaus und sechs Jahren Ehrverlust. Die anderen Sozialisten, die an der Kundgebung teilgenommen hatten, wurden im Laufe der nächsten Monate in ›Schutzhaft‹ genommen. Liebknecht kam bereits am 25. Oktober 1918 auf Grund einer Amnestie des Reichskabinetts Prinz Max von Baden, in dem auch zwei sozialistische Staatssekretäre saßen, wieder frei, Rosa Luxemburg wurde erst am 9. November 1918 von revolutionären Arbeitern befreit, weil sie als ›Schutzhäftling‹ nicht unter die Amnestie fiel, eine recht böswillige Auslegung der Begnadigungsbestimmungen seitens der Behörden.

Am 10. Juli 1916 wurde Rosa Luxemburg in Schutzhaft genommen und ins Polizeipräsidium Berlin eingeliefert, in die ›Spelunke am Alexanderplatz, wo ich in der 11 cbm großen Zelle, morgens und abends ohne Licht, eingeklemmt zwischen das C (aber ohne W) und die eiserne Pritsche, meinen Mörike deklamierte«, wie sie an eine Freundin schrieb.[289] Später brachte man sie auf die Festung Wronke in der Provinz Posen. Dort war die Behandlung nicht schlecht und ihre Zelle verhältnismäßig bequem. Tagsüber konnte sie innerhalb der alten Festungswälle spazierengehen und sich sogar ein kleines Gärtchen anlegen. An ihren Freund Hans Diefenbach[290] schrieb sie am 12. Mai 1917:

»... Hier gehe ich auch gleich nach dem Frühstück ins Gärtlein und habe eine herrliche Beschäftigung: meine ›Pflanzung‹ vor dem Fenster begießen. Ich habe mir ein kleines hübsches Gießkännlein besorgen lassen und muß mit ihm wohl ein Dutzend mal zum Wasserzober laufen, bis die Rabatte genug feucht ist. Die Wasserspritzer funkeln in der Morgensonne und die Tropfen zittern noch lange auf den rosa und blauen Hyazinthen, die schon halb erschlossen sind...«[291]

Im Sommer 1917 schrieb sie in einem Brief an Diefenbach über die Tiere und Insekten, die sie in ihrer Zelle ›besuchten‹.[292] Es gab buchstäblich nichts, für das sich Rosa Luxemburg nicht interessiert hätte. Am 29. Juli 1917 schrieb sie an Diefenbach:

»... irgendwo in der Nachbarschaft (beginnt) ein fleißiges, gedämpftes Teppichklopfen oder etwas derartiges. Ich habe keine Ahnung wer und wo diese Verrichtung tut, habe aber schon durch die regelmäßige Wiederkehr jener Laute eine unbestimmte intime Beziehung zu ihnen gewonnen.«[293]

Im selben Brief schreibt sie noch: »... Hänschen, Sie haben keine Ahnung, wie blau der Himmel heute war! Oder war er ebenso blau in Lissa? Ich gehe gewöhnlich vor ›Einschluß‹ Abends noch für ein halbes Stündchen hinaus, um mein kleines Blumenbeet (selbstgesetzte Stiefmütterchen, Vergißmeinnicht und Flox!) mit einem kleinen eigenen Kännchen zu begießen und mich noch ein bißchen im Garten zu ergehen. Diese vorabendliche Stunde hat einen eigenen Zauber. Die Sonne war noch heiß, aber man läßt sich gern ihre schrägen Strahlen auf Nacken und Wangen wie einen Kuß brennen. Ein leiser Lufthauch bewegte die Sträucher wie ein lispelndes Versprechen, daß die abendliche Kühle bald kommt, den heißen Tag abzulösen. Am Himmel, der von flimmernder, zitternder Bläue war, standen ein paar blendend-weiße, hochaufgetürmte Wolkengebilde; ein ganz blasser Halbmond schwamm zwischen ihnen schemenhaft wie im Traume hindurch... Um Himmelswillen, Hänschen, befolgen Sie aber nicht mein übles Beispiel und werden Sie nicht auch so redselig. Mir soll es nicht mehr passieren, ich schwöre!!!«[294]

Aber sie verstand auch kräftig zu schimpfen, zum Beispiel in einem Weihnachtsbrief an Mathilde Wurm[295]:

Ich will Deinen Weihnachtsbrief gleich beantworten, solange ich noch in dem frischen Zorn bin, den er in mir erregt hat. Ja, Dein Brief hat mich fuchsteufelswild gemacht, weil er mir, so kurz er ist, in jeder Zeile zeigte, wie sehr Du wieder ganz im Bann Deines Milieus stehst. Dieser heulmeierische Ton, dieses Ach und Weh über die ›Enttäuschungen‹, die Ihr erlebt habt – angeblich an Anderen, statt nur selbst in den Spiegel zu blicken, um der Menschheit ganzen Jammer in treffendstem Konterfei zu erblicken! Und ›wir‹ bedeutet jetzt in Deinem Munde Deine sumpfige Froschgesellschaft, während es Dir früher, wenn Du mit mir zusammenwarst, meine Gesellschaft bedeutete. Dann wart, ich werde Dich per ›Ihr‹ behandeln...

Und das einfache Wort des ehrlichen und geraden Menschen: »Hier steh ich, ich kann nicht anders, Gott helf mir«, ist für euch nicht gesprochen. Ein Glück, daß die bisherige Weltgeschichte nicht von Euersgleichen gemacht war, sonst hätten wir keine Reformation und säßen wohl noch im ancien régime. Was mich anbelangt, so bin ich in der letzten Zeit, wenn ich schon nie weich war, hart geworden wie geschliffener Stahl und werde nunmehr weder politisch noch im persönlichen Umgang auch die geringste Konzession machen... Hast du jetzt genug zum Neujahrsgruß? Dann sieh, daß du Mensch bleibst. Mensch sein ist vor allem die Hauptsache. Und das heißt: fest und klar und heiter sein, ja heiter trotz alledem und alledem, denn das Heulen ist Geschäft der Schwäche. Mensch sein, heißt sein ganzes Leben »auf des Schicksals großer Waage« freudig hinwerfen, wenn's sein muß, sich ungleich aber an jedem hellen Tag und jeder schönen Wolke freuen... Die Welt ist so schön bei allem Graus und wäre noch schöner, wenn es keine Schwächlinge und Feiglinge auf ihr gäbe. Komm, Du kriegst doch noch einen Kuß, weil Du doch ein ehrlicher kleiner Kerl bist. Prosit Neujahr!

R.[296]

Man hatte ihr ursprünglich den Status als Kriegsgefangene zugestanden, und als solche hätte sie kein Porto zahlen müssen, aber das änderte sich bald. In einem Brief an Hans Diefenbach vom 30. März 1917 schrieb sie: »... ich bin nach amtlicher Erklärung keine Kriegsgefangene. Ergebnis: ich muß meine Briefe frankieren.«[297]

Mit Mathilde Wurm korrespondierte sie über Literatur wie mit allen anderen Briefpartnern auch. Am 16. Februar 1917 schrieb sie:

»... Ob ich Dir auch, wie Du willst, Lehrerin bleibe, hängt von Dir ab... Aber sieh, Mädchen, wenn Du schon so selten dazu kommst, ein Buch in die Hand zu nehmen, dann lies doch wenigstens nur Gutes, nicht solchen Kitsch, wie den ›Spinoza-Roman‹, den Du mir schicktest. Was willst Du mit den speziellen Judenschmerzen? Mir sind die armen Opfer der Gummiplantagen in Putumayo,[298] die Neger in Afrika, mit deren Körper die Europäer Fangball spielen, ebenso nahe. Weißt du noch die Worte aus dem Werk des Großen Generalstabs über den Trothaschen Feldzug in der Kalahari: ›... Und das Röcheln der Sterbenden, der Wahnsinnsschrei der Verdurstenden verhallten in der erhabenen Stille der Unendlichkeit.‹ O diese ›erhabene Stille der Unendlichkeit‹, in der so viele Schreie ungehört verhallen, sie klingt in mir so stark, daß ich keinen Sonderwinkel im Herzen für das Ghetto habe: ich fühle mich in der ganzen Welt zu Hause, wo es Wolken und Vögel und Menschentränen gibt...«[299]

Anfang August 1917 wurde sie von der Festung Wronke in das Breslauer Stadtgefängnis übergeführt, für sie ein furchtbarer Schlag. Es gab keine Festungswälle mehr, in denen sie spazierengehen konnte, und keine Vögel, die ihr das Futter aus der Hand pickten, von denen sie kurz vor der Übersiedlung nach Breslau in ihrem Brief vom 6. Juli 1917 an Hans Diefenbach so rührend schrieb:

»Hänschen, schlafen Sie. Ich komme mit einem langen Strohhalm, um Sie am Ohr zu kitzeln. Ich brauche Gesellschaft, ich bin traurig, ich will beichten. In diesen Tagen war ich bös, und deshalb unglücklich und deshalb krank. Oder war die Reihenfolge umgekehrt: ich war krank und deshalb unglücklich und deshalb bös, – ich weiß es nicht mehr. Jetzt bin ich wieder gut und gelobe, nie, nie wieder den Teufeln in meinem Innern Gehör zu schenken...

Wer mich am meisten zur Vernunft gebracht hat, ist ein kleiner Freund, dessen Bild ich Ihnen hier schicke. Dieser Geselle mit dem kecken Schnabel, der steilen Stirn und dem altklugen Auge heißt ›Hypolais hypolais‹, zu Deutsch ›Gartenlaubvogel‹ oder auch ›Gartenspötter‹. Sie haben ihn sicher schon irgendwo gehört, denn er nistet gern überall in dichten Gärten und Parkanlagen, Sie haben ihn nur nicht beachtet, wie die Menschen zumeist an holdesten Dingen im Leben achtlos vorbeigehen. Dieser Vogel ist ein ganz eigenartiger Kauz. Er singt nicht etwa ein Lied, eine Melodie, wie andere Vögel, sondern er ist ein Volksredner von Gottes Gnaden, er hält Ansprachen an den Garten, und das mit ganz lauter Stimme, voller dramatischer Aufregung, sprunghafter Übergänge, pathetischer Steigerungen...«[300]

Die Briefe aus Breslau dagegen sind auf Moll gestimmt. In Wronke konnte sie sich noch eine kleine Welt schaffen, in Breslau gab es nur die düstere Gefängniszelle, einen engen, kleinen Raum, wie er in allen Gefängnissen der Welt zu finden ist. Nur die Bücher blieben ihr, auf die sie als ›Schutzgefangene‹ Anspruch hatte.

Mit der zunehmenden Nahrungsmittelknappheit wurde auch das Essen in den Gefängnissen schlechter, und ihr nervöses Magenleiden verschlimmerte sich in bedenklicher Weise. Dazu kam noch ein Schlag, der sie fast niederwarf. Am 25. Oktober fiel in Frankreich ihr Freund Dr. med. Hans Diefenbach. Im Brief an Luise Kautsky[301] vom 10. November 1917 teilte sie der Freundin den Verlust des Geliebten mit:

Liebste Lulu! Ich erhalte soeben die Nachricht, daß Hannes gefallen ist. Ich bin momentan nicht imstande, mehr zu schreiben.

Herzlich

Deine Rosa[302]

Erst wenige Tage später fand sie die Kraft, als Antwort auf Luise Kautskys Beileidsbrief zu schreiben:

Breslau, 15. 11. 17.

Liebste! Dank Dir für Deine paar Worte, die mich beschämt haben, weil ich Dir ja die schreckliche Nachricht so kurz und unumwunden geschrieben hatte. Aber ich erhielt sie ebenso und fand: in einem solchen Fall ist Kürze und Offenheit noch das Barmherzigste, wie bei einer schweren Operation. Ich finde auch keine Worte darüber.

Ich möchte nur jetzt mit Dir und Hans sein können, weil mir ist, als ob die Atmosphäre der Liebe, die zwischen uns Dreien um seine Person webt, ihn irgendwie doch lebendig erhielte.

Ich komme immer noch nicht aus dem tiefen Erstaunen heraus: ist das möglich? Es ist mir wie ein mitten im Satz verstummtes Wort, wie ein plötzlich abgerissener Akkord, den ich noch immer höre.

Wir hatten tausend Pläne für die Zeit nach dem Kriege, wir wollten ›das Leben genießen‹, reisen, gute Bücher lesen, den Frühling bewundern, wie noch nie... Ich begreife es nicht: ist das möglich? Wie eine abgerissene und zertretene Blume... Liebste, behalte den Kopf oben. Man muß stolz bleiben und nichts zeigen. Wir müssen uns nur etwas mehr zusammenschließen, damit es ›wärmer‹ wird. Ich umarme Dich und Hans in treuester Liebe.

Deine R.[303]

»Man muß stolz bleiben und nichts zeigen« – nicht dem »Klassenfeind«, damit sich dieser nicht am Schmerz der »Klassenfeindin« weiden konnte, nicht den Zensurbeamten, meist junge Leutnants und Oberleutnants, vor denen sie sich nicht offenbaren wollte, nicht unbekannten Menschen gegenüber, die sie niemals verstehen würden. Wie die Liebe, die man nicht zu Markte trug, war ihr auch der Schmerz ein ganz persönliches Gefühl, das man nicht zeigte wie ein bezahltes Klageweib.

Die russische Revolution

Die Überwachung der düsteren Trakte im Stadtgefängnis von Breslau war erheblich strenger. In Wronke hatte sie sofort einen Wärter gefunden, der ihre Briefe hinausschmuggelte und von draußen Nachrichten übermittelte. In Breslau dauerte es Monate, bis sie Verbindung mit ihren Freunden aufnehmen konnte.

Ihren letzten Beitrag für die ›Spartakusbriefe‹ (Nr. 5 vom Mai 1917) schrieb sie noch in Wronke, und er galt der russischen Revolution. In Breslau gelang es ihr erst im September 1918, einen Artikel (Nr. 11) durch die strenge Überwachung zu schmuggeln. Auch er galt der russischen Revolution, doch sie betitelte ihn bereits ›Die russische Tragödie‹. Vieles darin war falsch, und in manchen Punkten vertrat sie darin, ohne es zu wissen, die Ansichten Trotzkis, der sich jedoch nicht hatte durchsetzen können.

Aber wer wollte ihr wegen ihrer Unkenntnis einen Vorwurf machen? Zwar hatte man ihr gestattet, neben bürgerlichen Zeitungen auch sozialdemokratische zu halten, aber das genügte nicht, um zu verstehen, was in Petrograd, wie das alte Sankt Petersburg seit 1914 hieß, tatsächlich vorgegangen war, und noch weniger, welche Zustände in dem weiten russischen Reich herrschten.

Begonnen hatte es wie 1905, Anfang März (nach dem alten russischen Kalender am 25. Februar), mit spontanen Streiks und der Bildung eines Sowjet. Da sich die in der Hauptstadt stationierten Truppen geweigert hatten, gegen die Streikenden vorzugehen, war der Sieg der aufbegehrenden Arbeiter damit gesichert. Doch eine Regierung zu bilden, waren sie nicht fähig. Diese Aufgabe übernahmen Mitglieder des ›Progressiven Blocks‹ der Duma und Sozialrevolutionäre.

Die Ursachen der Streiks waren alles andere als politische. Der entsetzliche Hunger, die Not, die mangelnde Belieferung mit Heizmaterial und anderen Dingen des täglichen Lebens hatten die Arbeiter von den Fabriken auf die Straße getrieben, genau wie 1905. Erst nachträglich schalteten sich Vertreter der sozialistischen Gruppen, in erster Linie der Sozialrevolutionäre, der Menschewiki und der Bolschewiki, ein, und ihre Agitation fiel auf fruchtbaren Boden.

Als Rosa Luxemburg ihren Artikel für die Mainummer 1917 der ›Spartakusbriefe‹ schrieb, wußte sie offenbar noch nicht, daß Lenin mit deutscher Hilfe nach Rußland gefahren und am 16. April in Petrograd angekommen war. Noch weniger dürfte sie geahnt haben, daß der Führer der Bolschewiki Gelder in Empfang genommen hatte, und zwar seit November 1914, die aus Quellen der Reichsregierung stammten, und daß die ›Prawda‹, von Stalin redigiert, ohne die deutschen Millionenbeträge überhaupt nicht hätte existieren können.[304] Aber sie begriff, was der Sturz von Nikolaus II. für das riesige Zarenreich bedeutete:

»Mit dem Ausbruch der russischen Revolution ist der tote Punkt überwunden, auf den die geschichtliche Situation mit der Fortdauer des Weltkrieges und dem gleichzeitigen Versagen des proletarischen Klassenkampfes geraten war. In dem von Moderluft erfüllten Europa, worin man seit bald drei Jahren beinahe erstickte, ist gleichsam plötzlich ein Fenster aufgerissen worden, und ein frischer belebender Luftstrom weht hinein, dem sich alles tief aufatmend zuwendet. Namentlich die Blicke der ›deutschen Befreier‹ sind heute gespannt auf den Schauplatz der russischen Revolution gerichtet.«[305]

In seinen Aprilthesen hatte Lenin die ›Beendigung des Krieges‹, eine ›Republik der Arbeiterräte‹, ›Nationalisierung des gesamten Bodens‹ und ›Kontrolle der Banken und der Produktion und Verteilung durch die Räte‹ gefordert. Auch von dem Juliputsch der Bolschewiki scheint Rosa nichts geahnt zu haben. Zur Machtergreifung mit Hilfe des Trotzkischen Staatsstreichs der Bolschewiki konnte sie wegen der scharfen Zensur in Breslau keinerlei Kommentar geben. Nur in den Briefen äußerte sie sich, wenn auch zwangsläufig, mit äußerster Zurückhaltung. Bereits am 27. März 1917 hatte sie, noch aus Wronke, an ihren Freund Diefenbach folgendermaßen geschrieben:

»... Wie mich Rußland innerlich in Aufruhr gebracht hat, können Sie sich ja denken. So mancher alter Freund, der in Moskau, in Petersburg, Orel und Riga seit Jahren im Kerker schmachtete, spaziert jetzt frei. Wie mir das mein Sitzen hier erleichtert!... Aber ich bin's zufrieden und gönne Jenen ihre Freiheit, wenn auch meine Chancen gerade dadurch um so schlechter geworden sind...«[306]

Am 24. November 1917 schrieb sie aus dem ›Strafgefängnis Breslau‹ an ihre Freundin Luise Kautsky:

... Freust Du Dich über die Russen? Natürlich werden sie sich in diesem Hexensabbath nicht halten können, – nicht weil die Statistik eine zu rückständige ökonomische Entwicklung in Rußland aufweist, wie Dein gescheiter Gatte[307] ausgerechnet hat, sondern, weil die Sozialdemokratie in dem hochentwickelten Westen aus hundsjämmerlichen Feiglingen besteht, und die Russen, ruhig zusehend, sich wird verbluten lassen. Aber ein solcher Untergang ist besser als ›leben bleiben für das Vaterland‹, es ist eine weltgeschichtliche Tat, deren Spur in Äonen nicht untergehen wird. Ich erwarte noch viel Großes in den nächsten Jahren, nur möchte ich die Weltgeschichte nicht bloß durch das Gitter bewundern...[308]

Liebste, sei ruhig und fest, sei heiter trotz alledem – und schreibe mir bald. Ich umarme Dich

Deine Rosa.[309]

Zu den Streiks, die seit Mitte April 1917 in sieben deutschen Städten ausgebrochen waren, hatte sie sich nicht äußern können; die Zensur hätte nie einen Brief mit Bemerkungen darüber durchgelassen. Aber im Herbst 1918 scheinen sich die Überwachungsvorschriften in Breslau gelockert zu haben, ihr Artikel für den ›Spartakusbrief‹ Nr. 11: »Die russische Tragödie«, beweist es. Dazwischen lagen die Kapitulation der Bolschewiki und die Friedensverhandlungen in Brest-Litowsk.

Trotzki hatte am 10. Februar 1918 die Verhandlungen abgebrochen und erklärt, Rußland sehe den Kriegszustand als beendet an und werde demobilisieren, ohne die deutschen Friedensbedingungen anzunehmen. Als Antwort hatten die Deutschen am 18. Februar den Krieg von neuem begonnen, mit einem Vormarsch auf Riga und in den riesigen Raum der Ukraine hinein, um »die Versorgung des Deutschen Reiches mit Getreide sicherzustellen«, eine Erwartung, die sich als Utopie erwies.

Der Abbruch der Verhandlungen durch Trotzki war vom Zentralkomitee der Bolschewiki auf Betreiben Lenins hin verurteilt worden. Andere Unterhändler unterschrieben am 3. März 1918 den Friedensvertrag zwischen Rußland einerseits und Deutschland, Österreich-Ungarn, der Türkei und Bulgarien anderseits. Die Sowjets verzichteten darin auf die russische Hoheit über Polen, Litauen und Kurland und anerkannten die Selbständigkeit der Ukraine und Finnlands.

Dieser Friedensvertrag war eine der zahlreichen kapitalen Dummheiten der kaiserlichen deutschen Diplomatie und bildete später die Grundlage für die nicht minder großen Dummheiten der Alliierten bei den Friedensschlüssen von Versailles (Deutschland), Saint-Germain (Österreich), Trianon (Ungarn) und Sèvres (Türkei). Doch es bleibt unverständlich, wie die deutschen Diplomaten erwarten konnten, daß sich das Nationalgefühl der Polen nur auf das als selbständig anerkannte ehemalige Russisch-Kongreßpolen beschränken werde.

In Preußen wohnten mehr als drei Millionen Menschen polnischer Zunge, und von der österreichischen Bevölkerung sprachen 16 Prozent polnisch: die Bevölkerung Nordgaliziens mit der alten polnischen Königsstadt Krakau als österreichischem Verwaltungszentrum. Ähnlich war es in der Ukraine. Von der österreichischen Bevölkerung waren 13 Prozent Ruthenen, also Ukrainer, und mehr als eine halbe Million wohnten in Ungarn, in der Karpatengegend. Auch sie mußten sich zu einer selbständigen Ukraine hingezogen fühlen und nicht zum deutschsprachigen Herrscherhaus der Habsburger in Wien.

Rosa Luxemburg verurteilte den Friedensvertrag aber nicht deswegen. Ihr Argument war ganz anderer Art. Die Genossen, die diesen Artikel abschrieben und vervielfältigten, hatten große Bedenken und fügten ihm eine Fußnote bei, in der sie sagten, daß der Beitrag – der Name des Verfassers wurde nicht genannt – Befürchtungen äußere, »die aus der *objektiven* Lage der Bolschewiki, nicht aus ihrem *subjektiven* Verhalten entspringen. Wir bringen den Artikel vornehmlich wegen seiner Schlußfolgerungen: ohne die deutsche Revolution keine Rettung der russischen Revolution, keine Hoffnung des Sozialismus in diesem Weltkriege«.[310] In dem Artikel von Rosa Luxemburg hieß es:

»Seit dem Brest-Litowsker Frieden ist die russische Revolution in eine sehr schiefe Lage geraten. Die Politik, von der sich die Bolschewiki dabei haben leiten lassen, liegt auf der Hand: Friede um jeden Preis, um eine Atempause zu gewinnen, inzwischen die proletarische Diktatur in Rußland auszubauen und zu befestigen, soviel wie irgend möglich an Reformen im Sinne des Sozialismus zu verwirklichen und so den Ausbruch der internationalen proletarischen Revolution abzuwarten, sie zugleich durch das Beispiel Rußlands zu beschleunigen...

Und doch war sie zum größten Teil eine Rechnung ohne den Wirt, nämlich ohne den deutschen Militarismus, dem sich Rußland durch den Separatfrieden auf Gnade und Ungnade ausgeliefert hat. Der Brester Friede war in Wirklichkeit nichts anderes als eine Kapitulation des russischen revolutionären Proletariats vor dem deutschen Imperialismus. Freilich, Lenin und seine Freunde täuschten über die

Tatsachen weder sich noch andere. Sie gaben die Kapitulation unumwunden zu. Worüber sie sich leider täuschten, war die Hoffnung, um den Preis dieser Kapitulation eine wirkliche Atempause zu erkaufen, durch einen Separatfrieden sich aus dem Höllenbrand des Weltkrieges wirklich retten zu können. Sie zogen die Tatsache nicht in Betracht, daß die Kapitulation Rußlands in Brest-Litowsk eine enorme Stärkung der imperialistisch-alldeutschen Politik, damit gerade die Schwächung der Chancen einer revolutionären Erhebung in Deutschland bedeuten und nicht den Abschluß des Krieges mit Deutschland herbeiführen würde, sondern bloß den Anfang eines neuen Kapitels dieses Krieges...«[311]

Wenn man die Erfahrungen betrachtet, die fünfzig Jahre Weltgeschichte inzwischen geliefert haben, wäre es gerade vom bolschewistischen Standpunkt aus richtiger gewesen, den Weg Trotzkis zu gehen, denn nur er bildete die Möglichkeit, die Revolution nach Deutschland ›hineinzutragen‹, obwohl auch das problematisch bleibt. Doch wenn Rosa Luxemburg meinte – und das im September 1918! –, in Deutschland werde die Revolution sich nach russischen Leitbildern ausrichten, so war das ein nicht minder tragischer Irrtum.

Zwar hatten sich die linken Sozialdemokraten zur Unabhängigen Sozialdemokratischen Partei Deutschlands (USPD) konstituiert, aber mit den Sowjets wollten auch sie nicht zusammenarbeiten. Teils wirkte die Bebelsche Ablehnung gegenüber dem Zarentum noch nach, wenn auch mehr unbewußt, zum Teil wollte man mit Lenin nichts zu tun haben. Man hatte ihn auf den internationalen Kongressen kennengelernt, und die wirklichen Ursachen der Streitigkeiten zwischen den Menschewiki und Bolschewiki, die ihren Ausgang von einem kleinen Unterschied im Programm genommen hatten, waren faktisch allen westlichen Sozialisten unverständlich geblieben.

Dumpf ahnte man wohl auch, daß es Lenin weniger um die Verwirklichung der marxistischen Lehre ging als vielmehr um die Befriedigung reiner Machtgelüste, obwohl das zu diesem Zeitpunkt noch niemand hätte nachweisen können, nicht einmal Rosa Luxemburg. So schrieb sie am Schluß eines Artikels im ›Spartacus‹ Nr. 11[312]:

»... Die Schuld an den Fehlern der Bolschewiki trägt in letzter Linie das internationale Proletariat und vor allem die beispiellose beharrliche Niedertracht der deutschen Sozialdemokratie, einer Partei, die im Frieden an der Spitze des Weltproletariats zu marschieren vorgab, alle Welt zu belehren und zu führen sich anmaßte, im eigenen Lande mindestens zehn Millionen Anhänger beider Geschlechter zählte und nun seit vier Jahren wie die feilen Landsknechte des Mittelalters auf Geheiß der herrschenden Klassen den Sozialismus vierundzwanzigmal an jedem Tage ans Kreuz schlägt...

Es gibt nur eine Lösung der Tragödie, in die Rußland verstrickt ist: den Aufstand im Rücken des deutschen Imperialismus, die deutsche Massenerhebung, als Signal zur internationalen revolutionären Beendigung des Völkermordes. Die Rettung der Ehre der russischen Revolution ist in dieser Schicksalsstunde identisch mit der Ehrenrettung des deutschen Proletariats und des internationalen Sozialismus.«[313]

Wenn ihre Feinde diesen Artikel zu Gesicht bekommen hätten, so würde sich ihr Ruf als ›blutige Rosa‹ erneut gefestigt haben. Doch ein Tag dieses sinnlos gewordenen Krieges kostete mehr Opfer, als später die – von ihr nicht gewünschten – revolutionären Unruhen 1918/19 in Berlin gefordert haben. Ihr Ruf nach dem Ende des Krieges und der Bestrafung der Schuldigen entsprang ihren humanitären Anschauungen und dem Mitleid mit der gequälten Kreatur, wie es in einem Brief an Sonja Liebknecht zum Aussdruck kam, der zu den schönsten ihrer Briefe gehört:

»... Ach, Sonitschka, ich habe hier einen scharfen Schmerz erlebt; auf dem Hof, wo ich spaziere, kommen oft Wagen vom Militär, voll bepackt mit Säcken oder alten Soldatenröcken und Hemden, oft mit Blutflecken..., die werden hier abgeladen, in die Zellen verteilt, geflickt, dann wieder aufgeladen und ans Militär abgeliefert. Neulich kam so ein Wagen, bespannt statt mit Pferden mit Büffeln. Ich sah die Tiere zum erstenmal in der Nähe. Sie sind kräftiger und breiter gebaut als unsere Rinder, mit flachen Köpfen und flach abgebogenen Hörnern, die Schädel also unseren Schafen ähnlicher, ganz schwarz mit großen sanften Augen. Sie stammen aus Rumänien, sind Kriegstrophäen... die Soldaten, die den Wagen führen, erzählen, daß es sehr mühsam war, diese wilden Tiere zu fangen und noch schwerer, sie, die an die Freiheit gewöhnt waren, zum Lastdienst zu benutzen. Sie wurden furchtbar geprügelt, bis daß für sie das Wort gilt ›vae victis‹... An hundert Stück der Tiere sollen in Breslau allein sein; dazu bekommen sie, die an die üppige rumänische Weide gewöhnt waren, elendes und karges Futter. Sie werden schonungslos ausgenutzt, um alle möglichen Lastwagen zu schleppen, und gehen dabei rasch zugrunde. – Vor einigen Tagen kam also ein Wagen mit Säcken hereingefahren, die Last war so hoch aufgetürmt, daß die Büffel nicht über die Schwelle bei der Toreinfahrt konnten. Der begleitende Soldat, ein brutaler Kerl, fing an, derart auf die Tiere mit dem dicken Ende des Peitschenstieles loszuschlagen, daß die Aufseherin ihn empört zur Rede stellte, ob er denn kein Mitleid mit den Tieren hätte! ›Mit uns Menschen hat auch niemand Mitleid!‹ antwortete er mit bösem Lächeln und hieb noch kräftiger ein... Die Tiere zogen schließlich an und kamen über den Berg, aber eins blutete... Sonitschka, die Büffelhaut ist sprichwörtlich an Dicke und Zähigkeit, und die war zerrissen. Die Tiere standen dann beim Abladen ganz still erschöpft, und eins, das, welches blutete, schaute dabei vor sich hin mit einem Ausdruck in dem schwarzen Gesicht und den sanften schwarzen Augen wie ein verweintes Kind. Es war direkt der Ausdruck eines Kindes, das hart bestraft worden ist und nicht weiß, wofür, weshalb, nicht weiß, wie es der Qual und der rohen Gewalt entgehen soll... ich stand davor, und das Tier blickte mich an, mir rannen die Tränen herunter – es waren seine Tränen, man kann um den liebsten Bruder nicht schmerzlicher zucken, als ich in meiner Ohnmacht um dieses stille Leid zuckte...«[314]

Wer fragte nach den deutschen Soldaten, nach den immer mehr aufbegehrenden französischen ›poilus‹? Ihre Briefe an

Freunde wurden immer bedrückter, und schließlich lehnte sie sogar ab, Besucher zu empfangen, denn das Benehmen der Gefängnisbeamten ihr gegenüber wurde immer rigoroser. Nur einige Wärter behandelten sie freundlich. Wegen der Schikanen wollte sie nicht mehr mit Besuchern über belanglose, alltägliche, lächerlich gewordene Dinge sprechen und dabei über das Wichtigste, was sie am meisten interessierte, schweigen müssen.

Wie sich bei Blinden der Tastsinn entwickelt, so beginnen Gefangene verschärft auf umliegende Geräusche zu hören, lernen aus harmlosen Andeutungen in Briefen Schlüsse ziehen und bei halben Wahrheiten in den Zeitungen zwischen den Zeilen zu lesen. Im Herbst 1917 waren zwei Matrosen als ›Verräter‹ erschossen worden,[315] und an der Westfront hatten sich die letzten fünf Offensiven der deutschen Heeresleitung im März, im April, Ende Mai, im Juni und im Juli 1918 festgelaufen.

Am 8. August 1918 hatten die alliierten Truppen im Westen zurückgeschlagen, Anfang September begann die Rückverlegung der deutschen Front (in ›vorbereitete Stellungen‹, wie es hieß), und in den Heeresberichten stand fast täglich der stereotype Satz: »Im Westen nichts Neues.« Bei den deutschen Verbündeten war der Grad der Zersetzung viel weiter gediehen. In der Türkei waren die Engländer bereits bis ins Heilige Land vorgedrungen, Bulgarien hatte kapituliert, und Zar Ferdinand I. mußte zugunsten seines Sohnes auf den Thron verzichten. Am 3. Oktober ernannte Kaiser Wilhelm den badischen Prinzen Max zum Reichskanzler. In dessen Regierung saßen zum erstenmal in der Geschichte des Reiches parlamentarische Staatssekretäre, für das autoritäre Kaisertum also eine verlorene Schlacht.[316]

Rosa Luxemburg konnte keinen Besucher danach fragen und erst recht nicht von ihnen Auskünfte über die Stimmung in der Arbeiterschaft erbitten. Im Januar 1918 war es zu riesigen Streiks der Metallarbeiter gekommen, und am 7. Oktober waren, wie man ihr zugeflüstert hatte, die Spartakusgruppe und andere linksradikale Organisationen zu einer Reichskonferenz zusammengetreten. Es ist nicht sicher bekannt, ob es gelang, Rosa Luxemburg die darin gefaßten Beschlüsse zu übermitteln, in denen es unter anderem hieß:

»Die Zusammenarbeit zwischen allen revolutionären Gruppen, die sich nach dem Zerfall der früheren Sozialdemokratischen Partei Deutschlands gebildet haben, wurde auf eine feste gemeinsame Grundlage gestellt. Dadurch ist ein Zusammenschluß zwischen der Linksradikalen Bewegung und der Spartakus-Organisation zustande gekommen. Der Eintritt in die USP ist damit indessen nicht verbunden.«[317]

Das Ende stand bevor, das war zu erkennen, aber wenn Besucher in dem dafür vorgesehenen kalten, nüchternen Zimmer mit Rosa Luxemburg sprachen, saß noch immer ein Bewachungsbeamter daneben, und wenn sie versuchten, auf politische Dinge zu sprechen zu kommen, wurden sie unterbrochen. Ein Schutzhäftling brauchte nicht informiert zu sein über das, was draußen geschah. Aus dieser Stimmung heraus schrieb sie am 18. Oktober 1918 an Sonja Liebknecht:

Liebste Sonitschka, ich schrieb Ihnen vorgestern. Bis heute habe ich noch keinen Bescheid auf mein Telegramm an den Reichskanzler, es kann vielleicht noch einige Tage dauern. Jedenfalls steht aber eins fest: meine Stimmung ist schon derart, daß mir ein Besuch meiner Freunde unter Aufsicht zur Unmöglichkeit geworden ist. Ich ertrug alles ganz geduldig die Jahre hindurch und wäre unter anderen Umständen noch weitere Jahre ebenso geduldig geblieben. Nachdem aber der allgemeine Umschwung in der Lage kam, gab es auch in meiner Psychologie einen Knick. Die Unterredungen unter Aufsicht, die Unmöglichkeit, darüber zu reden, was mich wirklich interessiert, sind mir schon so lästig, daß ich lieber auf jeden Besuch verzichte, bis wir uns als freie Menschen sehn.

Lange kann es ja nicht mehr dauern. Wenn Dittmann und Kurt Eisner freigelassen sind, können sie mich nicht länger im Gefängnis halten, und auch Karl wird bald frei sein. Warten wir also lieber auf das Wiedersehen in Berlin.
Bis dahin tausend Grüße.

Stets Ihre Rosa.[318]

Als sie diesen Brief schrieb, wußte sie offenbar bereits aus den Zeitungen, daß die Regierungen Preußens und anderer deutscher Länder eine Amnestie für politische Häftlinge planten. Tatsächlich wurde Karl Liebknecht auch am 23. Oktober aus dem Zuchthaus Luckau entlassen und traf noch am selben Tag in Berlin ein, von einer riesigen Menschenmenge am Anhalter Bahnhof empfangen. Er fuhr geradewegs in die sowjetische Botschaft.

Über die Gespräche, die er dort führte, wurden nie irgendwelche Einzelheiten bekannt. Er selber hatte keine Gelegenheit mehr, darüber zu schreiben. Nur Karl Radek brachte in einem Artikel einen Hinweis auf die Unterhaltung Liebknechts mit dem sowjetischen Botschafter Joffe, der bald darauf zur Persona ingrata erklärt wurde und Berlin verlassen mußte:

»... Sein erster Gang war in die russische Botschaft. In der Nacht nach seiner Befreiung teilte uns Bucharin mit, Karl sei mit uns vollkommen einig. Die Freude der russischen Arbeiter über Liebknechts Befreiung läßt sich nicht aussprechen. Hätte er damals zu uns kommen können, kein König ist jemals so empfangen worden, wie Liebknecht von den russischen Arbeitern empfangen worden wäre.«[319]

Sein Ansehen bei der internationalen Arbeiterschaft stand in der Tat um jene Zeit auf dem Zenit, nachdem Henri Barbusse in seinem im Schützengraben geschriebenen Kriegsroman ›Le feu‹[320] einen französischen Soldaten sagen läßt: »Sieh. Das ist ein Mensch, der sich über den Krieg erhoben hat, und sein Name wird voranleuchten, weil dieser Mut selten und so groß ist... Liebknecht!« (S. 308 der deutschen Ausgabe.) Aber auch in deutschen Schützengräben war dieses ›Tagebuch einer Korporalschaft‹ aufgetaucht und hatte bei vielen kriegsmüden Soldaten Liebknechts Namen populär gemacht.

Rosa Luxemburg mußte bis zum 9. November warten, bis revolutionäre Arbeiter sie aus dem Gefängnis befreiten. Viele erkannten sie kaum wieder. Sie wirkte krank und kleiner als sonst, doch ihr früher tiefscharzes Haar, das weiß geworden war, gab ihrem Gesicht einen seltsamen Glanz. Ihre Freunde führten sie zum Domplatz, wo eine riesige Menschenmenge sie erwartete. Man kannte sie noch und feierte die Versammlungsrednerin von einst und gleichzeitig den Schutzhäftling des kaiserlichen Regimes als Heldin und Märtyrerin.

Trotz ihrer körperlichen Schwäche fuhr sie noch am selben Nachmittag nach Berlin.[321] Dort angekommen, suchte sie sofort die Druckerei des ›Berliner Lokalanzeigers‹ auf,[322] die von ihren Freunden von der Spartakusgruppe besetzt worden war. Am nächsten Tag übernahm sie zusammen mit Jogisches, Liebknecht und anderen Gesinnungsgenossen die Führung der Gruppe, die noch am selben Abend einen von ihr stark beeinflußten Aufruf erließ, in dem es hieß:

»Mit der Abdankung der Hohenzollern ist es nicht getan. Noch viel weniger ist es getan, daß ein paar Regierungssozialisten mehr an die Spitze treten... Es darf kein ›Scheidemann‹ mehr in der Regierung sitzen; es darf kein Sozialist in die Regierung eintreten, solange ein Regierungssozialist noch in ihr sitzt. Es gibt keine Gemeinschaft mit denen, die euch vier Jahre lang verraten haben.«[323]

Die deutsche Revolution

Die Frage, ob die Revolution 1918 in Deutschland eine ›Revolution‹ oder mehr ein ›Soldatenstreik‹ war, beschäftigt die Historiker bis heute. Die Kommunisten reklamieren noch 1970 das Hauptverdienst am Sturz des Kaiserreiches für sich. Doch das ist ebenso abwegig wie die Behauptung der Bolschewiki, der Sturz des Zarenregimes sei Lenins Werk gewesen.

Begonnen hatte die ›deutsche Revolution‹ mit der Revolte 1917 auf deutschen Kriegsschiffen. Plievier hat die Ursachen[324] außerordentlich plastisch beschrieben:

»... Die Zeitungen in Deutschland inserieren Stahlschuhsohlen, Trockenmilch, markenfreien Fleischersatz. Professoren und Ernährungstheoretiker haben die Kohlrübe entdeckt, ein vorzügliches Volksernährungsmittel!

Kohlrübenkaffee!

Kohlrübensuppe!

Kohlrübenmus!

Jedem Seeoffizier stehen monatlich 20 Flaschen Wein zu. Dreimal wöchentlich werden Messefeste veranstaltet. Auf den Schiffen der Hochseeflotte gibt es eine Dampfküche für 1000 oder 1500 Mann, aber drei Offiziersküchen mit den dazugehörigen Proviant- und Getränkelasten.

Momentbilder aus der Flotte:

SMS ›Nürnberg‹! Die Abnahme des neuerbauten Kreuzers wird gefeiert. Die Flunkys rennen mit den angewärmten Platten in die Messe. Fünf Fleischgänge, Pudding, Früchte, Mokka. Die Getränkekarte zeigt eine Auswahl von sieben Marken Weißwein, zwei Marken Rotwein, Portwein, Sherry, zehn Schnapssorten. Ansprachen werden gehalten auf die glorreiche Tradition des Schiffes, auf Seine Majestät den Kaiser, auf das Durchhalten bis zum Siegfrieden... Die Musiker vor der Messetür erhalten pro Stunde ein Glas Bier. In der Messe werden Knöpfe, Kragen, Krawatten gelokkert...

Die Matrosen und Heizer in den Hängematten können nicht in Schlaf kommen. Manche stecken sich eine Pfeife an, heimlich nur. Das Rauchen ist nach dem Befehl ›Pfeifen und Lunten aus!‹ verboten und wird bestraft.

›... diese Bande!‹ – ›Sie sollen doch ins Puff gehen und da Krach machen!‹ – ›Hunger! Hunger!‹ – ›Nieder mit der Marmelade!‹ – ›Und du darfst nichts sagen, sonst kriegst du gleich so ein Himmelfahrtskommando wie die andern!‹

Einige Tage später hält der Erste Offizier, Kapitänleutnant Lerche, der angetretenen Mannschaft eine Rede: »... Heute haben verschiedene Leute um mehr Brot gebeten. Das gibt es nicht, da müssen sie eben hungern. Sollte einer von ihnen dabei eingehen, so bin ich gern bereit, ihn mit allen Kriegsehren beerdigen zu lassen! An die Arbeit! Wegtreten!‹...«[325]

Es war zu Insubordinationen gekommen, und die Marineleitung hatte ›durchgegriffen‹, das heißt eine Reihe Matrosen in Haftanstalten überführt und schließlich einigen den Prozeß gemacht. Die ›Ordnung‹ glaubte sie mit der Erschießung der beiden Matrosen Köbis und Reichpietsch auf der Wahner

Heide bei Köln wiederhergestellt zu haben. Aber das war ein Irrtum, wie sich im Oktober 1918 erweisen sollte.

Einige der verurteilten Matrosen hatten sich in ihrem Urlaub mit Abgeordneten der USPD in Verbindung gesetzt, und diese Abgeordneten machte der amtierende Reichskanzler Michaelis im Reichstag für die Vorfälle in der Marine verantwortlich:

»... Michaelis hoffte, daß die Reichstagsmehrheit sich aus nationalen Gründen hinter ihn stellen werde. Dann konnte man die USPD polizeilich auflösen und ihre Führer verhaften. Damit wäre eine Partei, die besonders eifrig den Verständigungsfrieden vertrat, zertrümmert gewesen. Die polizeiliche Niedertretung der oppositionellen Strömung in der Arbeiterschaft hätte auch die Mehrheitssozialisten gelähmt, und auf der anderen Seite die Anhänger des Siegfriedens gestärkt. Der Schlag gegen die USPD galt im Grunde eigentlich der Reichstagsmehrheit.«[326]

Unter ›Reichstagsmehrheit‹ verstand man jene Parteien, die 1917 unter Führung des württembergischen Zentrumsabgeordneten Matthias Erzberger einer ›Friedensresolution‹ zugestimmt hatten, die für einen Verständigungsfrieden eintrat. Der deutsche Historiker Arthur Rosenberg schilderte die Situation in seinem Buch:

»Michaelis hatte sich über die Intelligenz seiner Gegner getäuscht. Als er am 9. Oktober den geplanten Angriff gegen die USPD unternahm, trat ihm neben den Angegriffenen unabhängigen Sozialisten auch die SPD aufs schärfste entgegen. Die Sozialdemokraten wußten sehr gut, daß die Abgeordneten der USPD sich bei ihrer Propaganda durchaus im Rahmen der Gesetze hielten, und auch die bürgerlichen Parteien trauten bei aller Abneigung gegen die USPD dem Material von Michaelis nicht. So wies der Abgeordnete Ebert den Versuch der Regierung, eine ganze Partei außerhalb des Rechts zu stellen, aufs schärfste zurück, und er verlangte statt dessen den Rücktritt des Reichskanzlers. Zentrum und Fortschrittler unterstützten den Reichskanzler nicht, und nicht einmal die Nationalliberalen traten für Michaelis ein, da sie jede Gelegenheit benutzen wollten, um diesen unmöglichen Kanzler zu beseitigen. So holte sich Michaelis am 9. Oktober eine Niederlage...«[327]

Das bedeutete zwar nicht den Sturz des Kanzlers, der nach der Reichsverfassung nur vom Kaiser abberufen werden konnte, aber dennoch wirkte sich diese Niederlage so aus, daß Wilhelm II. ihn am 24. Oktober abberief und den hochbetagten bayrischen Zentrumsgrafen Hertling zum Reichskanzler ernannte. Als am 29. September 1918 Generalfeldmarschall Paul von Hindenburg und sein Generalquartiermeister Erich Ludendorff den sofortigen Waffenstillstand verlangten, weil Gefahr bestehe, daß die deutsche Front im Westen zusammenbreche, trat Hertling zurück, und Wilhelm II. berief den liberal denkenden badischen Erbprinzen Max zum Kanzler.

Die am 3. Oktober gegenüber dem amerikanischen Präsidenten Woodrow Wilson geäußerte Bitte um Waffenstillstand ließ dem deutschen Volk offenbar werden, daß das Reich den Krieg verloren hatte.

In seiner Antwortnote forderte Wilson die Abdankung des Kaisers. Daraufhin erließ der Oberbefehlshaber der deutschen Streitkräfte am 24. Oktober einen Armeebefehl, in dem es unter anderem hieß:

»Die Antwort Wilsons fordert die militärische Kapitulation. Sie ist deshalb für uns Soldaten unannehmbar. Sie ist der Beweis, daß der Vernichtungswille unserer Feinde, der 1914 den Krieg entfesselte, unvermindert fortbesteht. Wilsons Antwort kann daher für uns Soldaten nur die Aufforderung sein, den Widerstand mit äußersten Kräften fortzusetzen.«[328]

Generalquartiermeister Ludendorff, der seit dem Sommer 1916 der Diktator Deutschlands gewesen war, wurde am 26. Oktober abberufen, und am selben Tag trat eine Verfassungsreform in Kraft, nach der ein Reichskanzler nur mit Zustimmung der Mehrheit des Deutschen Reichstages ernannt werden konnte. Die Parlamentarisierung der deutschen Regierungsmaschinerie, eine Forderung aller liberalen Kräfte seit Bestehen des Reiches, war damit über Nacht Tatsache geworden.

Für das Offizierskorps der Kriegsmarine, seit jeher feudal und nur vom Adel und von den Söhnen reicher bürgerlicher Eltern besetzt, brach eine Welt zusammen. Die Admiralität beschloß, die deutsche Kriegsflotte zu einem letzten großen Schlag gegen England einzusetzen. Die Schiffe, die auf der Reede von Kiel ankerten, wurden von diesem Kriegshafen an der Ostsee abgezogen und an der Schilligreede vor Wilhelmshaven versammelt.

Welche Pläne Großadmiral Scheer[329] hatte, teilte er weder dem nunmehr für alles verantwortlichen Reichskanzler Prinz Max von Baden noch dem Generalfeldmarschall mit. Nur der am 26. Oktober abberufene Generalquartiermeister Ludendorff war informiert.

Am 28. Oktober meldeten die Zeitungen, daß der Reichskanzler dem amerikanischen Präsidenten geantwortet habe. Nach Lage der Dinge konnte es nur ein Versuch sein, billigere Bedingungen auszuhandeln, als sie nach der Antwortnote Wilsons zu erwarten waren.

Diese Nachricht wirkte auf die Matrosen wie ein warnendes Signal. Da sie wußten, daß immer wenn ihre Schiffe ausfuhren, bestimmte Arbeiten in Angriff genommen wurden – zum Beispiel entfernte man aus den Messen der Offiziere alle brennbaren Gegenstände wie Polstermöbel und so weiter, Kohlen wurden gebunkert, und die ›Filzlausgeschwader‹, die Minensuchflottillen, erhielten Order, auszufahren und in den Minengürteln rund um die deutsche Bucht einen Durchgang freizufischen –, beobachteten sie mißtrauisch jeden Schritt und jede Handlung ihrer Offiziere.

Ende Oktober deutete alles auf einen neuen Vorstoß in die Nordsee hin, während der deutsche Reichskanzler um einen Waffenstillstand nachgesucht hatte. Keiner der Matrosen hatte Lust, fünf Minuten vor zwölf einen sinnlosen Tod zu sterben, nachdem sie vier Jahre Krieg hinter sich gebracht hatten. Etwas anderes war es, die Küste zu verteidigen. Einer von ihnen hatte es klar und bündig ausgesprochen: »Greift der Engländer an, so stellen wir unseren Mann. Aber wir selbst greifen nicht an. Weiter als bis Helgoland fahren wir nicht. Andernfalls wird Feuer ausgemacht.«

Am 29. Oktober ging es in den Messen hoch her. Am Oberlicht lauschend, hörten die Matrosen auf SMS ›Thüringen‹, wie Kapitänleutnant Rudloff einen Trinkspruch ausbrachte:

»›Unsere letzten 2000 Schuß werden wir auf die Engländer abfeuern und dann ruhmvoll untergehen! Besser ein Ende in Ehren, als ein Leben in Schande!‹ – ›Lieber zehn Jahre Krieg, als solch einen Frieden!‹ – ›Advokaten, Koofmichs, Zeitungsschreiber, die wollen jetzt bei uns regieren!‹ – ›Die Regierung geht uns einen Dreck an! Die Flotte, der Flottenchef hat volle Handlungsfreiheit!‹

Blasse Gesichter, vor Erregung heisere Stimmen: ›Thüringen muß sterben! Kameraden, meine Herren! Es geht um unsere Ehre, dieses Glas...‹ – ›Auf den Todesritt der deutschen Flotte!‹ – ›Auf den letzten Gang!‹ – ›Die letzten 2000 Schuß!‹«[330]

Als die Schiffe um 10 Uhr nachts ausfuhren, verweigerten die Matrosen des 24000 Tonnen großen Schlachtschiffes SMS ›Thüringen‹ den Gehorsam. Das gleiche geschah auf dem kleinen Kreuzer ›Helgoland‹. Admiral von Hipper ließ 600 Mann in eine provisorische Haftanstalt überführen. Die vernehmenden Kriegsgerichtsräte konnten jedoch keinen abgekarteten Plan entdecken; am allerwenigsten Einflüsse von bolschewistischen Agenten[331]: »... In der Tat hatte die Flottenbewegung nicht die geringste Zuspitzung gegen die Reichsregierung und gegen die Reichstagsmehrheit. Zwei kleine Episoden seien hier angeführt. Einer der verhafteten Matrosen sagte aus, daß auf ›Thüringen‹ ein Bild des Admirals Scheer zertrümmert war und dafür ein aus der Zeitung ausgeschnittenes Bild von Scheidemann aufgeklebt war. Auch sei auf dem Schiff ›Hoch Scheidemann‹ gerufen worden. Ein Offizier der ›Thüringen‹ schreibt in seinen Erinnerungen, er habe am 30. Oktober abends an Bord eine Schar von erregten Matrosen gefragt, was sie eigentlich wollten. Da habe ein Matrose gerufen: ›Wir wollen Erzberger‹, worauf lauter Beifall der anderen einsetzte.

Die Mannschaften der übrigen Schiffe fühlten sich mit den 600 Verhafteten solidarisch. Sie hatten die Überzeugung, daß die Regierung zu schwach sei, um sich gegen die Offiziere durchzusetzen. Die Matrosen fürchteten neue Todesurteile, und so beschlossen sie, sich selbst zu helfen.«[332]

Die Flottenleitung hatte inzwischen die vier Geschwader disloziert. Die nach Kiel verlegten Matrosen befürchteten, daß einigen ihrer Kameraden dasselbe Schicksal widerfahren könnte wie den Rebellen von 1917, von denen zwei auf der Wahner Heide erschossen worden waren. Sie wählten einen Matrosenrat und die in den Streik getretenen Werftarbeiter einen Arbeiterrat. Erst jetzt stellten die Matrosen gegenüber dem Gouverneur von Kiel, Admiral Souchon, auch politische Forderungen.

»1. Abdankung des Hohenzollernhauses.
2. Aufhebung des Belagerungszustandes.
3. Freilassung unserer Kameraden vom III. Geschwader.
4. Freilassung aller im Zuchthaus Celle sitzenden Kameraden von der Matrosenerhebung im Jahre 1917.
5. Freilassung sämtlicher politischen Gefangenen.
6. Einführung des allgemeinen, gleichen und geheimen Wahlrechts für beide Geschlechter.«[333]

Die Rebellion der Matrosen wegen des schlechten Essens und ihre Weigerung, gegen den Willen der Regierung eine »Fahrt in den Tod« anzutreten, war in eine politische Aktion umgeschlagen, und das Feuer griff mit der Schnelligkeit eines Steppenbrandes um sich.

Am 5. November meuterten die Matrosen auf den Schiffen, und die Garnisonen des Heeres von Kiel, Lübeck und Brunsbüttelkoog, am 6. November schlossen sich die Einheiten des Truppenübungsplatzes Locksted an, ferner Hamburg und Bremen, am 7. November hatte das Feuer der Rebellion Hannover, Braunschweig und Köln erfaßt, und in München übernahm der USPD-Mann Kurt Eisner die Macht. Am 8. November waren Frankfurt, Stuttgart, das gesamte Industriegebiet an der Ruhr, Dresden, Leipzig, die thüringischen Großherzog- und Herzogtümer in der Gewalt der Revolutionäre, und am 9. November erfaßte das Feuer auch die Hauptstadt des Reiches:

»Das Reichsmarineamt in Berlin – Staatssekretäre, Admirale, Kapitäne, Kapitänleutnants, einige hundert Offiziere mit Dolchen, Pistolen, Handgranaten, Maschinengewehren bewaffnet, unterstützt von einer kaisertreuen kriegsstarken Kompanie Jäger: diese Festung kapituliert vor einem Unteroffizier und sechs Mann.«[334]

»Ich hasse die Revolution wie die Sünde!«

Berlin, 9. November 1918. Im preußischen Kriegsministerium in der Wilhelmstraße vertrat Kriegsminister General Heinrich Scheuch die Meinung, solange es gelänge, die Reichshauptstadt zu halten, sei nichts verloren. Woher er seinen Optimismus nahm, daß Berlin gehalten werden könnte, blieb unverständlich. In Bayern, in Sachsen, in nahezu allen anderen deutschen Bundesländern hatten die Könige und Fürsten ihren Thron ohne Gegenwehr aufgeben müssen, weil die Palastwachen und ›Leibregimenter‹ kampflos zu den Revolutionären übergegangen waren.

Wenn Berlin von der Rebellion bisher noch nicht erfaßt worden war, dann nur dank der sozialdemokratischen Führer. Zwei davon hatten am 21. Oktober 1918 ihre Ernennungsurkunde als Staatssekretäre ohne Portefeuille aus der Hand des in seine Residenz geeilten Kaisers Wilhelm II. empfangen, auf den Tag genau 40 Jahre nach Erlaß des Sozialistengesetzes durch Bismarck »gegen die gemeingefährlichen Bestrebungen der Sozialdemokratie«:

»Wir, Wilhelm von Gottes Gnaden, Deutscher Kaiser, König von Preußen, tun kund und fügen hiermit zu wissen...«

Die Kaiserliche Majestät zeigte sich gnädig. Obwohl er die Sozialdemokraten einmal als »vaterlandslose Gesellen« bezeichnet hatte, gewährte er dem ehemaligen Kanzleidiener Gustav Bauer und dem früheren Buchdrucker Philipp Scheidemann »für die Dauer ihrer Amtsführung das Prädikat ›Exzellenz‹« und gab jedem huldvollst die Hand. Gut präpariert, richtete er an sie auch ein paar passende Worte.

Sieben Tage später tat Wilhelm II. seinem Volke »kund und fügte hiermit zu wissen«, daß der Kanzler künftig dem Reichstag verantwortlich sei und nicht mehr ihm allein, daß Kriegserklärungen und Friedensschlüsse der Zustimmung der Volksvertretung bedürften und Offiziere nur noch nach Gegenzeichnung durch den Kanzler beziehungsweise durch die Kriegsminister der Bundesländer ernannt werden könnten. Die auf den Herrscher ausgerichtete Bismarcksche Verfassung war damit entscheidend demokratisiert worden und durfte als ein Schritt zur Revision der verschiedenen Formen des Klassenwahlrechts in den Bundesländern angesehen werden.

Doch trotz dieses Erfolges gärte es in der Berliner Arbeiterschaft. Staatssekretär Philipp Scheidemann hatte in einer Kabinettsitzung gesagt, es bleibe ein Rätsel, von was sich die Berliner Bevölkerung ernähre. Das, was man angesichts der militärischen Niederlage dem Volk an Rechten zugestand, kam zu spät und machte außerdem nicht satt. Die tägliche Ration für einen ›Normalverbraucher‹ bestand aus 250 Gramm Kriegsbrot, 10 Gramm Fett, 25 Gramm Fleisch und 1 Pfund Kartoffeln. Davon wurde kein Kind satt.

Die sozialdemokratische Führung stand unter zunehmendem Druck von links, nachdem in Bayern und allen anderen deutschen Bundesstaaten die Republik ausgerufen worden war und die Zeitungen im ganzen Reich offen die Abdankung ›der beiden Wilhelme‹ forderten: des Kaisers und des Kronprinzen Wilhelm. Bereits am 7. November hatte die SPD dem Reichskanzler Prinz Max von Baden ein Ultimatum gestellt, in dem vier Forderungen erhoben worden waren:

»Die sozialdemokratische Partei fordert, daß

1. die Versammlungsverbote für die gestrigen Versammlungen aufgehoben werden;
2. Polizei und Militär zu äußerster Zurückhaltung angehalten werden;
3. die preußische Regierung sofort im Sinne der Reichstagsmehrheit umgestaltet wird;
4. der sozialdemokratische Einfluß in der Reichsregierung verstärkt wird;

5. die Abdankung des Kaisers und der Thronverzicht des Kronprinzen bis Freitag mittag (8. November) bewirkt werden.

Werden diese Forderungen nicht erfüllt, so tritt die Sozialdemokratie aus der Regierung aus. Gleichzeitig ergeht eine neue Mahnung an die Arbeiter zur Besonnenheit.«[335]

Den beschwörenden Worten des Reichskanzlers war es gelungen, vom Vorsitzenden der SPD, Friedrich Ebert, einen Aufschub bis zum 9. November zu erlangen. Am Morgen dieses Tages rief gegen 7 Uhr Scheidemann in der Reichskanzlei an und fragte, ob der Kaiser endlich abgedankt habe.[336] Das wurde verneint. Um 9 Uhr rief er erneut vom Reichstag aus an und erhielt dieselbe Antwort. Darauf trat er als Staatssekretär zurück. Er wußte, daß keine Zeit mehr zu verlieren war; die Gefahr, links von der USPD und den radikalen ›Obleuten‹ überholt zu werden, stieg von Stunde zu Stunde.

Die Berliner Metallarbeiter standen seit jeher im Ruf, besonders radikal zu sein. Als Karl Liebknecht 1916 zu einer Zuchthausstrafe verurteilt worden war, hätten – so rühmten sie sich – 55000 Arbeiter aus Protest einen Tag gestreikt. Im Jahr darauf waren rund 200000 in den Ausstand getreten, doch dieser Streik war schnell zusammengebrochen, nachdem einige zehntausend den Einberufungsbefehl erhalten hatten. Dasselbe Bild zeigte sich im Jahre 1918, und diesmal hielt man eine ganze Woche durch.

Aus jener Zeit war eine lose Gruppe revolutionärer Gewerkschaftsobleute erhalten geblieben, die sowohl mit der USPD als auch mit dem Spartakusbund Verbindung hielten. Die führende Rolle unter ihnen spielte der ehemalige Metallarbeiter Emil Barth, der sich nach seiner Entlassung aus dem Lazarett in den Kopf gesetzt hatte, eine politische Rolle zu spielen, obwohl er wegen ›Erregung öffentlichen Ärgernisses‹ (Exhibitionist) fünfmal vorbestraft war (Verbrecheralbum Neukölln, Band IV/1906, Nr. 164) und im Gefängnis gesessen hatte. Allerdings war er seit mehr als zehn Jahren nicht mehr straffällig geworden.

Die Führer der USPD und der Spartakusgruppe beschuldigte er, ›revolutionäre Gymnastik‹ zu betreiben, weil sie nicht glaubten, daß Revolutionen ›gemacht‹ werden könnten, sondern auf die Erhebung der Massen rechneten. In seinem Buch »Aus der Werkstatt der deutschen Revolution« behauptete er, noch vor dem 1. Mai mit Liebknecht gesprochen und ihm folgendes gesagt zu haben:

»... Die Masse ist wohl durch die Länge des Krieges, durch die Hungerkur, durch die Knebelung des Belagerungszustandes, durch die rücksichtslose Ausbeutung, der langen Arbeitszeit wegen und noch aus tausend anderen Gründen unzufrieden, meinethalben auch rebellisch, aber auf keinen Fall revolutionär. Sie ist trotz aller Unzufriedenheit feige, bodenlos feige. Bei aller Kriegsmüdigkeit unternimmt sie gegen den Krieg vorläufig nichts, weil sie immer noch fürchtet, sich die Siegesbeute, die sie für alle Entbehrungen reichlich entschädigen soll, zu verscherzen.

Die Demonstration sollte meine Voraussage noch übertreffen. Ist die Masse an sich schon feige, so kennt die Feigheit keine Grenze, wenn es gilt, sich vom Schützengraben zu drücken. Und jeder weiß, daß er, wenn er auch nur der Teilnahme denunziert wird, in den Schützengraben wandert.«[337]

Am 6. Februar 1918, nach dem Zusammenbruch des Berliner Metallarbeiterstreiks, war er aufgefordert worden, an einer illegalen Versammlung von Obleuten teilzunehmen. »Es waren 18 Kollegen anwesend«, schrieb er in seinen Erinnerungen, und sie wählten ihn zu ihrem Sprecher. Was er in seinem Rechenschaftsbericht »Aus der Werkstatt der deutschen Revolution« später erzählte, ist recht interessant: »Aber nicht um politische Forderungen, sondern um ein paar Gramm Brot« hätten die Massen gestreikt, und nach den Arbeitseinstellungen im April 1917 sei »eine Atempause von 8 Monaten notwendig« gewesen. An einer anderen Stelle seines Buches (S. 29) berichtet er:

»Ich selbst fuhr unter den verschiedenen Namen nach den verschiedenen Großstädten und Industriezentren, immer nur mit einem Genossen Fühlung suchend, die Bildung der

Organisation in den Bezirken und Orten bewirkend und die Verbindung über das Reich herstellend.«

Diese Reisen mit mehreren hunderttausend Mark »zur Vorbereitung der Revolution und zum Ankauf von Waffen« finanziert zu haben (Barth), rühmte sich der Vertreter der Sowjetregierung in Berlin, Adolf Joffe, in Telegrammen. Das dürfte sogar richtig gewesen sein, Barth kaufte jedenfalls von kriegsmüden Soldaten, die sich in Berlin versteckt hielten, Waffen auf, doch ›eine Revolution‹ konnte man damit nicht machen.

Aber Anfang November 1918 hatte sich die Situation völlig verschoben. Die Oberste Heeresleitung war gezwungen gewesen, ihre Niederlage einzugestehen, und die Rebellion der Matrosen, bei denen es, wie bei den Streiks in Berlin und im Reich, zuerst nur um »ein paar Gramm Brot« ging, hatte auch ihre Auswirkungen auf die Berliner Arbeiterschaft, und manchmal lösen Schneebälle Lawinen aus.

Barth hatte durch seine Organisation den Ausbruch der deutschen Revolution für den 4. November vorgesehen. Aus den tagebuchähnlichen Aufzeichnungen, die Karl Liebknecht hinterließ,[338] lesen wir:

»2. November, abends. Arbeiterrat: Ungünstige Stimmungsberichte der Obleute. Nachtsitzungen. Die technische Vorbereitung für Montag (4. November) wird unmöglich. Antrag des Vorstands: ›Die Sache zu verschieben, Arbeiterrat sollte Mittwoch, den 6. November, wieder zusammentreten. Es seien noch technische Vorbereitungen nötig, Organisation usw. zu ergänzen.‹ Es wird festgestellt, daß der Arbeiterrat fast nur die Metallindustrie und diese nicht vollständig umfaßt.«

Am selben Tag stellte man fest, daß mit dem umfangreichen Diplomatengepäck des sowjetischen Vertreters auch Flugblätter in deutscher Sprache eingeschmuggelt wurden. Daraufhin entzog man Joffe den Status eines diplomatischen Vertreters.

Am Tag darauf, am 5. November, mußte er die Reichshauptstadt verlassen. Damit verloren Liebknecht und Barth ihren materiellen Halt.

Berlin war seit dem 6. und 7. November nur noch eine Insel; praktisch gehörte im ganzen Reich die Macht den Arbeiter- und Soldatenräten, die sich überall gebildet hatten. Doch Friedrich Ebert, in die Reichskanzlei gebeten, glaubte noch immer, die Bewegung in »geordneten Bahnen« halten zu können. Zu Prinz Max von Baden sagte er: »Wenn der Kaiser nicht abdankt, dann ist die soziale Revolution unvermeidlich. Ich aber will sie nicht, ja ich hasse sie wie die Sünde.«

Dieser später von den Kommunisten immer wieder zitierte Satz, von dem man nicht sicher weiß, wann, wo und ob er fiel, nahm sich im Mund eines Sozialisten in der Tat recht seltsam aus. In jedem Fall bedarf er einer Erläuterung.

Was Ebert »wie die Sünde« haßte, war eine Revolution wie die des Jahres 1792 in Frankreich, die so grauenhafte Blutopfer gekostet hatte, oder Exzesse, wie sie von beiden Seiten während und nach der Pariser Commune auch in Berlin begangen worden waren. Er glaubte an eine Revolution ohne Blutvergießen, und er forderte die Einberufung einer Nationalversammlung, die über das zukünftige Deutschland bestimmen sollte.

Was sein Parteifreund Landsberg in diesen Tagen zu Prinz Max von Baden sagte, war sicher auch Eberts Meinung: »Wir denken nicht daran, die Republik einzuführen, weil wir zwar Republikaner, aber auch Demokraten sind und nicht die Ansichten einer Minderheit der Mehrheit aufdrängen wollten.«

Am 9. November morgens saß Barth in seinem Stammlokal ›Zum musikalischen Fuchs‹ in der Innenstadt, wo er sein Hauptquartier aufgeschlagen hatte, »dargestellt durch einen Stadtplan, den ich auf den Tisch auslegte... Das Revolutionskomitee bildete ich mutterseelenallein«. Er glaubte wirklich, wie ein General seine ›Stoßtrupps‹ und die ›Massen‹ dirigieren zu können.

Aber die Arbeiter der großen Berliner Betriebe setzten sich auch ohne seine Befehle in Bewegung, und sein von ihm am Tag vorher verfaßtes und in einigen tausend Exemplaren herausgeworfenes Flugblatt trug nur wenig dazu bei:

ARBEITER, SOLDATEN, GENOSSEN!
Die Entscheidungsstunde ist da! Es gilt der
historischen Aufgabe gerecht zu werden.
Während an der Wasserkante die Arbeiter-
und Soldatenräte die Gewalt in Händen haben,
werden hier rücksichtslos Verhaftungen vorgenommen.
Däumig und Liebknecht sind verhaftet.
Das ist der Anfang der Militärdiktatur, das
ist der Auftakt zu nutzlosem Gemetzel.
Wir fordern nicht Abdankung einer Person,
sondern Republik!
DIE SOZIALISTISCHE REPUBLIK
mit allen ihren Konsequenzen.
Auf zum Kampf für Friede, Freiheit und Brot.
Heraus aus den Betrieben!
Heraus aus den Kasernen!
Reicht Euch die Hände.
Es lebe die sozialistische Republik.
Der Vollzugsausschuß des
Arbeiter- und Soldatenrates.
Barth, Brühl, Eckert, Franke, Haase, Ledebour,
Liebknecht, Neuendorf, Pieck, Wegmann[339]

Der sozialdemokratische Parteivorstand versuchte dieses Flugblatt des ›Vollzugsausschusses des Arbeiter- und Soldatenrates«, der noch gar nicht existierte, durch ein eigenes Flugblatt zu paralysieren:

Die Kaiserfrage vor der Entscheidung.
Kurzer Aufschub.
Arbeiter! Parteigenossen!
Ein Teil der gestern von uns aufgestellten Forderungen ist von der Regierung und den Mehrheitsparteien erfüllt worden. Das gleiche Wahlrecht für Preußen und alle Bundesstaaten auf der Grundlage des Verhältniswahlsystems soll ohne Verzug durch Reichsgesetz eingeführt werden.

Noch nicht erledigt ist die Kaiserfrage. Unsere Forderungen auf sofortigen Rücktritt und Verzicht wurden aufgestellt unter der Voraussetzung, daß der Waffenstillstand heute mittag abgeschlossen sein würde. Diese Voraussetzung hat sich nicht erfüllt, weil die deutsche Delegation infolge äußerer Hindernisse heute vormittag im feindlichen Hauptquartier nicht eintreffen konnte. Der Abschluß des Waffenstillstandes würde aber gefährdet durch unseren Austritt aus der Regierung. Deshalb haben Parteivorstand und Reichstagsfraktion die gestellte Frist bis zum Abschluß des Waffenstillstandes verlängert, um erst das Aufhören des Blutvergießens und die Sicherung des Friedensschlusses herbeizuführen. Sonnabend treten die Vertrauensmänner der Arbeiter erneut zusammen.

Arbeiter! Parteigenossen! Es handelt sich also nur um einen Aufschub von wenigen Stunden. Eure Kraft und Eure Entschlossenheit verträgt diesen Aufschub.

Der Vorstand der SPD und die Reichstagsfraktion[340]

Doch die Wand, die man aufgebaut hatte, war ins Rutschen gekommen. Die Arbeiter warteten auf den Ruf zum Generalstreik, und da er nicht kam, marschierten die Belegschaften der großen Vorortebetriebe ohne Befehl von Barth und ohne Weisung ihrer Gewerkschaften in die Stadt. Es gab noch keinen Rundfunk, der Parolen hätte ausgeben können, alle handelten ›von sich aus‹. Konzentrisch marschierten sie nach dem Schloß zu, der verödeten Prachtstraße des Kaiserreiches, Unter den Linden, und zur Wilhelmstraße, wo noch immer Prinz Max von Baden für die Erhaltung der Monarchie kämpfte.

Auf den Gesichtern der Arbeiter lag dumpfe Entschlossenheit. Kein Lied klang auf, wie sonst stets bei den Demonstrationszügen am 1. Mai. Man wußte, daß Truppenkordons die innere Stadt abgeriegelt hatten, aber man war entschlossen, das Risiko auf sich zu nehmen. Doch der Griff nach den Zentren der Macht, wie er Trotzki in der Nacht vom 6. zum 7. November 1917 in Petrograd geglückt war, kam niemand in den Sinn. Man wollte keinen Staatsstreich durchführen, sondern kämpfen um besseres Essen und für die Beendigung des mörderischen Krieges.

Im Zug von Norden her marschierten zu Beginn zweitausend Arbeiter, als er den Stadtkern erreichte, waren es sechstausend; die auf dem Weg anliegenden Betriebe hatten sich angeschlossen, von den Soldaten gar nicht zu reden, denn als sich die ersten Reihen den aufmarschierten Truppen genähert hatten, war es zu Verbrüderungen gekommen. Mit nach unten gerichtetem Gewehrlauf, von den Feldmützen die Kokarden abgerissen, reihten sie sich ein. Auch sie wollten nicht mehr, über vier Jahre Krieg waren zuviel; und dann dieser entsetzliche Hunger und die Angst vor einem fünften Kriegswinter.

Das gleiche zeigte sich auch bei den anderen Zügen. In der Reichskanzlei lief eine Hiobsbotschaft nach der anderen ein. In seiner höchsten Not gab Prinz Max von Baden die Abdankung des Kaisers bekannt, ohne daß dieser seine endgültige Zustimmung gegeben hatte.[341] Aber alles war zu spät. Der Damm war gebrochen, die Flut ergoß sich über die Reichshauptstadt, ohne Widerstand zu finden und ohne daß sich Verteidiger der alten Ordnung gefunden hätten.

Doch Barrikaden wurden nirgends gebaut, und so brauchten die Rebellen auch nicht, wie es in Kiel geschehen war, aufgebaute Straßensperren am Abend mit roten Laternen zu versehen, damit ja niemand darüber stolperte.[342] Nicht nur Ebert und seine Freunde wollten eine ›geordnete Revolution‹, auch die Arbeiter und selbst der von Barrikadenromantik träumende Revoluzzer Emil Barth wünschte sie. Sein Glaube, das Hirn des Umsturzes zu sein, während er doch nur ein kleines Rädchen war, erwies sich als Irrtum. Ohne ihn hätten sich die Dinge genauso entwickelt.

Das zerfallende Kabinett des Prinzen Max von Baden tagte in Permanenz. Aber zu geordneten Beratungen kam man an diesem Morgen nicht mehr. Es war ein Kommen und Gehen wie in einem Bienenstock. Der Prinz erkannte, daß nichts mehr zu retten war. Jetzt kam es ihm nur noch darauf an, »das Chaos zu verhindern«, denn auch er hatte die Bilder der großen Französischen Revolution von 1789 und der Pariser Commune von 1871 vor Augen, mit Carmagnole und Tanz um die Guillotine.

Der Kanzler hatte den sozialdemokratischen Parteivorstand Ebert zu sich gebeten, der zusammen mit Bauer, Scheidemann und zwei weiteren Parteigenossen erschien. Prinz Max wandte sich an seinen Landsmann, den aus Heidelberg stammenden ehemaligen Sattlergesellen und späteren Gastwirt Friedrich Ebert, gestern noch Untertan des badischen Großherzogs, dessen Nachfolger Max einmal werden sollte, und sagte zu ihm in feierlichem Ton: »Wenn überhaupt jemand in der Lage ist, jetzt unser Vaterland vor dem Schlimmsten zu bewahren, ist es Ihre Partei. Sie haben die größte Organisation und den größten Einfluß. Herr Ebert, übernehmen Sie das Reichskanzleramt.«

Der Vorsitzende der SPD zögerte. Zu seinen Parteigenossen gewandt, sagte er: »Ob ich nicht vorher die Parteileitung befragen muß?« Die Antwort, die sie gaben, war klar: »Annehmen!« Auch jetzt noch überlegte Friedrich Ebert, von dem in diesem Augenblick noch niemand ahnen konnte, welche staatsmännischen Eigenschaften in dieser gedrungenen Gestalt steckten. Dann antwortete er: »Es ist ein schweres Amt, aber ich werde es übernehmen.« Aus dem ›vaterlandslosen Gesellen‹ war in dieser Stunde der Kanzler des Reiches geworden.

Inzwischen hatte die Revolution draußen ihren Fortgang genommen, aber zu blutigen Exzessen kam es nirgends. Man riß den Offizieren die Achselstücke herab, und ab und zu gab es auch ein paar Ohrfeigen, aber im großen und ganzen ging alles recht diszipliniert zu. Am Nachmittag besetzten Stoßtrupps der Obleute die Redaktionen einiger bürgerlicher Zeitungen, ganz ohne Plan, mehr im Vorbeigehen. Im ›Lokalanzeiger‹, einem stramm nationalen Blatt des Scherl-Konzerns, das sich rühmte, es sei die einzige Zeitung, die SM der Kaiser lese, nistete sich eine Spartakusgruppe ein. Bereits die zweite Abendausgabe erschien unter dem Titel ›Die Rote Fahne‹.

Nachdem die Nachricht von der Abdankung des Kaisers auch in Petrograd eingetroffen war, begab sich Trotzki zum Telegraphenamt, um zu versuchen, mit Berlin Verbindung zu erhalten. Zu seinem Erstaunen mußte er feststellen, daß die direkte Telegraphenlinie nach Deutschland noch immer intakt war und wahrscheinlich während des ganzen Krieges für Nachrichtenübermittlungen gedient hatte. Er ließ ›dem Genossen Ebert‹ die Grüße der Sowjetregierung übermitteln und erinnerte ihn daran, daß sie sich einmal privat begegnet waren. Auch andere Berliner, vor allem aber Karl Liebknecht, sollten benachrichtigt und gebeten werden, Verbindung mit Petrograd aufzunehmen.[343]

Der Telegraphenbeamte am deutschen Ende der Leitung war ein Sozialdemokrat, der die einlaufenden Meldungen ohne Verzug zur Reichskanzlei trug. Ebert dachte gar nicht daran, eine Antwort zu erteilen, und als einige Tage später, am 15. November, die Sowjets das Angebot machten, mit 50000 Pud Mehl (über 800 Tonnen) auszuhelfen, um der hungernden Berliner Bevölkerung zu zusätzlichen Brotrationen zu verhelfen, ließ er mit höflichen Worten danken. Er wollte sich den Sowjets gegenüber nicht verpflichten.

Immerhin geschah am Nachmittag noch einiges, was wie organisierte Revolution aussah. Ein Stoßtrupp der revolutionären Obleute drang in das Gefängnis Moabit ein und ließ sich vom Direktor die Listen der politischen Gefangenen aushändigen; alle zu befreien, wäre gegen den Ordnungssinn der Stoßtruppler gewesen. Die Wärter schlossen die Zellen auf und ließen die Inhaftierten frei. Im Strafgefängnis Tegel öffneten sich für 200 Militärgefangene die Tore. Auch das Rathaus und Polizeipräsidium am Alexanderplatz wurde besetzt, doch die alten Beamten ließ man in ihren Zimmern ruhig weiterarbeiten.

Im Reichstag kampierten Soldaten, und im Restaurant löffelten Abgeordnete eine dünne Suppe aus. Besondere Vergünstigungen in der Verpflegung hatte es für sie nie gegeben. Auch Ebert und Scheidemann waren gekommen. Plötzlich entstand eine Unruhe. Soldaten redeten auf Scheidemann ein, daß Liebknecht beabsichtige, vom Balkon des kaiserlichen Schlosses aus die ›Sozialistische Republik‹ auszurufen.

Sie drängten den ehemaligen kaiserlichen Staatssekretär, dem zuvorzukommen. Von seinem Stuhl hochgezogen, durch das Restaurant geschoben, durch die Wandelhalle und den Lesesaal, erreichte er die Balkontür. Ein bayrischer Hauptmann reichte ihm die Hand und half ihm auf die Brüstung. Unten standen zahlreiche Menschen. Von ihren Rufen angefeuert, gab Scheidemann eine kurze Übersicht der Ereignisse dieses Tages. Seine improvisierte Rede schloß er mit den Worten:

»Arbeiter und Soldaten! Seid euch der geschichtlichen Bedeutung dieses Tages bewußt. Unerhörtes ist geschehen. Große und unübersehbare Arbeit steht uns bevor. Alles für das Volk, alles durch das Volk. Nichts darf geschehen, was der Arbeiterbewegung zur Unehre gereicht. Seid einig, treu und pflichtbewußt. Das Alte und Morsche, die Monarchie, ist zusammengebrochen. Es lebe das Neue! Es lebe die Deutsche Republik!«

Wieder in das Restaurant zurückgekehrt, machte Ebert Scheidemann eine Szene. »Ist das wahr?« fragte er seinen Fraktionskollegen. »Wie kommst du dazu? Dazu hast du kein Recht, die Republik auszurufen. Das ist nicht deine Sache, was aus Deutschland wird, Republik und was sonst, das entscheidet die Konstituante.« Anderthalb Stunden später rief Liebknecht die ›Freie Sozialistische Republik Deutschland‹ aus, vom selben Balkon, von dem Wilhelm II. bei Kriegsbeginn zu seinen Untertanen gesprochen hatte.

Emil Barth, dem die Bewegung vollständig aus den Händen geglitten war, begriff endlich, daß seine eigenen Obleute nicht ihn, sondern die Reichskanzlei als das Zentrum der Rebellion betrachteten. Als er dort außer Atem anlangte, hörte er, daß die Vertreter der USPD »mit den Verrätern am Sozialismus, mit Ebert und Scheidemann«, über eine gemeinsame Regierung verhandelten. Doch er gab sich noch nicht geschlagen. Jetzt galt es, auf die Soldaten- und Arbeiterräte Einfluß zu gewinnen.

Am Abend kehrte Prinz Max von Baden noch einmal in die Reichskanzlei zurück, um sich von seinem Nachfolger zu verabschieden. »Ich bitte Sie dringend«, sagte Ebert, »ich möchte, daß Sie als Reichsverweser bleiben!« Der Prinz verneinte: »Ich weiß, daß Sie im Begriffe sind, mit den

Unabhängigen ein Abkommen zu treffen, und mit denen kann ich nicht zusammenarbeiten.«

Schon auf der Schwelle stehend, drehte sich der Prinz noch mal um: »Herr Ebert, ich lege Ihnen das Deutsche Reich ans Herz.« Der ›vaterlandslose Geselle‹ von einst stand mit vorgeneigtem Kopf vor dem Schreibtisch, an dem vor vierzig Jahren Bismarck das Sozialistengesetz unterzeichet hatte, und antwortete: »Ich habe zwei Söhne für dieses Reich verloren.«[344]

Bis gegen Mitternacht saß Friedrich Ebert allein im Zimmer des Altreichskanzlers Bismarck. Die einlaufenden Meldungen von der Besetzung der bürgerlichen Zeitungen hatten ihn nervös gemacht. Morgen mußte er dafür irgendeine Lösung finden; er wollte keine ›ungesetzlichen Expropriationen‹, alles sollte streng nach Gesetzen vor sich gehen, die von einer Konstituante zu erlassen waren. Aber auch seine Kraft fand an diesem ereignisreichen Tag ihre Grenzen. Todmüde legte er sich schlafen.

Vom Bund der Verschwörer zur Partei

Ein Fahrplan existierte nicht mehr. Niemand weiß genau, wann Rosa Luxemburg in der Reichshauptstadt ankam. Wahrscheinlich fuhr sie in der Nacht vom 9. zum 10. November nach Berlin. Alle Züge waren in jener Zeit überfüllt, mit Urlaubern, mit Soldaten, die sich selber beurlaubt oder entlassen hatten, mit Reisenden, die noch über einen Erlaubnisschein verfügten. Wir wissen nicht, ob sie I., II., III. oder IV. Klasse fuhr, aber in jedem Fall war die Fahrt für die körperlich ausgezehrte Frau eine Tortur.

Doch wer ein Vierteljahrhundert für die sozialistische Revolution gearbeitet hat, dem fließen am Tag der Erfüllung, auch wenn es nur eine scheinbare Erfüllung ist, neue Kräfte zu. Man darf annehmen, daß Rosa Luxemburg spätestens am Morgen des 10. November in Berlin eintraf und sich sofort in die Redaktion der ›Roten Fahne‹ im Scherl-Verlag begab. Daß ihre Gesinnungsfreunde sich dort eingenistet hatten, muß sie auf der Fahrt erfahren haben.

Sie traf dort Liebknecht und ihren früheren Lebensgefährten Leo Jogisches, der tags zuvor aus dem Gefängnis in Moabit befreit worden war. Ob sie den beiden Vorwürfe wegen ihres Vorgehens gegen den Scherl-Verlag machte, ist unbekannt, doch darf man es annehmen, denn sie war gegen diese ›Expropriation‹, »nicht weil sie Respekt vor dem alten Gesetz und dem Großkapital hatte, das hinter dem ›Lokalanzeiger‹ stand, sondern weil sie erkannte, daß der Spartakusbund noch nicht die Kraft hatte, diese Position zu halten«.[345]

Die Entwicklung sollte ihr recht geben, doch auf eine für sie niederdrückende Art. Die alte Direktion des Verlages steckte sich hinter die Setzer und Drucker, die sich plötzlich weigerten, weiter für ›Spartakisten‹ zu arbeiten. Rosa versuchte sie mit der Kraft ihrer Rede davon abzubringen, aber sie hatte damit keinen Erfolg. Vielleicht wurde ihr schon jetzt klar, wie dornenvoll ihr zukünftiger Weg sein würde. Die Buchdrucker waren ›Proletarier‹, aber sie hielten zu ihrem ›Ausbeuter‹ und nahmen dessen Interessen wahr.

Vielleicht wirkte sich beim Personal bereits die systematische Verleumdungskampagne aus, die gegen die Spartakusgruppe eingesetzt hatte. Sie war zweifellos gesteuert, ohne daß ihr Ursprung zu erkennen gewesen wäre. Man warf den ›Spartakisten‹, bald ein Synonym für ›Verbrecher‹, vor, für »die freie Liebe« zu sein, »Kapitalisten auf viehische Weise zu ermorden«, und sogar das alte Ritualmordmärchen feierte fröhliche Urständ, indem man das Gerücht ausstreute, »die Spartakisten« würden »alle Kinder der Bourgeoisie« töten.[346]

Am 11. November komplimentierte man die Spartakisten aus dem Haus hinaus. Der Berliner Arbeiter- und Soldatenrat, in dem auch revolutionäre Obleute saßen, versuchte mit einem salomonischen Urteil das Problem zu lösen. Er erklärte tags darauf, die Besetzung der Redaktion des ›Lokalanzeigers‹ sei gegen das Gesetz gewesen, aber anderseits hätte der Verlag seine drucktechnischen Einrichtungen zur Verfügung zu stellen – gegen bare Kasse natürlich. Die Anordnung war von Richard Müller,[347] der später den Spitznamen ›Leichenmüller‹ erhalten sollte, und Hauptmann von Beerfelde[348] unterzeichnet.

Rosa Luxemburg, begleitet von Karl Liebknecht und einigen bewaffneten Arbeitern, brachte diese Anweisung persönlich ins Verlagsgebäude, doch inzwischen war erkennbar geworden, wohin der Weg dieser Revolution ging. Man lehnte ab und bat den ›Rat der Volksbeauftragten‹, der sich inzwischen gebildet hatte, um Schutz:

»Der Verlag Scherl befindet sich... in einem schweren Gewissenskonflikt, wenn er diesen Druckauftrag ausführen muß, da er entschlossen ist..., das Programm der Regierung, für Ruhe und Ordnung und für die Sicherheit des Privatbesitzes zu sorgen, mit allen nur möglichen Kräften zu unterstützen. Durch den vorstehenden Befehl wäre er gezwungen, die gegenteiligen Bestrebungen durch seinen großen Apparat zu fördern.«[349]

Die Antwort Friedrich Eberts war deutlich: »Durch Rücksprache mit dem Vorsitzenden des Arbeiter- und Soldatenrates erledigt. Der Befehl gegen Scherl wird nicht ausgeführt, weitere Befehle dieser Art nicht erlassen.« Die ›Rote Fahne‹ konnte erst am 18. November wieder erscheinen, in einer anderen Druckerei, die ihre Preise zu machen verstand. Am Kopf trug sie den Untertitel ›Begründet von Karl Liebknecht und Rosa Luxemburg‹. Die Zeitung hielt sich, doch aus eigener Kraft heraus konnte sie nie existieren. Immer mußten Zuschüsse geleistet werden, trotz niedrigster Gehälter und minimalem Zeilenhonorar für die freien Mitarbeiter.[350] Erst 1933 verschwand sie aus dem deutschen Blätterwald.

Dem ›Rat der Volksbeauftragten‹, der sich am 10. November gebildet hatte, gehörten die Sozialdemokraten Ebert, Scheidemann und Landsberg und die USPD-Mitglieder Haase, Dittmann und Barth an. Dieser Rat war in den Verhandlungen zwischen den beiden Parteien am 9. und 10. November zustande gekommen und bereits am selben Tag von einer Versammlung ad hoc einberufener Berliner Arbeiter- und Soldatenräte bestätigt worden. Über diese Versammlung im Zirkus Busch, dem traditionellen Kundgebungsraum Berlins, liegen nur recht einseitig gefärbte Berichte vor. Den Vorsitz führte Emil Barth, der als Tagesordnung vorschlug: »Bestätigung der Volksbeauftragten« und »Wahl eines Vollzugsausschusses der Berliner Arbeiter- und Soldatenräte« und zugleich des ›Provisorischen Zentralrates‹.

Die beiden gleichberechtigten Vorsitzenden des Rates der Volksbeauftragten, Ebert und Haase, hielten kurze Ansprachen. Die vorbereitete Resolution »An das werktätige Volk!« wurde ohne Widerspruch angenommen, obwohl es darin hieß:

»Das alte Deutschland ist nicht mehr. Das deutsche Volk hat erkannt, daß es jahrelang in Lug und Trug gehüllt war. Der vielgerühmte, der ganzen Welt zur Nachahmung empfohlene Militarismus ist zusammengebrochen. Die Revolution hat von Kiel ihren Siegesmarsch angetreten und hat sich siegreich durchgesetzt. Die Dynastien haben ihre Existenz verwirkt. Die Träger der Krone sind ihrer Macht entkleidet. Deutschland ist Republik geworden. Eine sozialistische Republik...«[351]

Die Diskussionen waren Spiegelbild der Zersplitterung der deutschen Arbeiterbewegung. Viele der Soldaten, die zum erstenmal mit sozialistischen Ideen konfrontiert wurden, fanden sich nicht zurecht. Der Block der Sozialdemokraten stand geschlossen hinter Ebert und Scheidemann, die USPD dagegen zerfiel in drei Richtungen: in einen pazifistischen Flügel, repräsentiert durch Rudolf Breitscheid, Eduard Bernstein und andere, einen revolutionären Flügel, geführt von Ledebour und der Gruppe Spartakus, die wiederum gespalten war in die Gruppe Barth von den revolutionären Obleuten auf der einen und Liebknecht und Rosa Luxemburg auf der anderen Seite.

In seinem Buch beschwert sich Barth, daß die SPD bei der Beschickung der stimmberechtigten Arbeiter- und Soldatenräte »gegen Treu und Glauben verstoßen« habe. Jeder Betrieb und jede Formation sollte für je 1000 Arbeiter oder Soldaten einen Rat wählen. Über 3000 Männer und auch einige Dutzend Frauen waren anwesend, und Barth und auch Liebknecht und Luxemburg behaupteten später, die Sozialdemokraten hätten die Wahl manipuliert und mehr ihrer treuergebenen Anhänger in den Zirkus geschmuggelt, als ihnen eigentlich zugekommen wäre.

Dieser Vorwurf dürfte sogar berechtigt sein. Aber die Gegenseite hatte oder hätte es nicht anders gemacht. Die Entsendung von Delegierten für diese Versammlung war ein Wettlauf, in dem die Sozialdemokraten das Ziel eben zuerst erreichten. Die Soldaten, aber auch die Arbeiter machten dem Gezeter zwischen den einzelnen Richtungen sehr schnell ein Ende und forderten ›Einigkeit‹ und ›Parität‹. Liebknecht, Ledebour und Rosa Luxemburg, die zu sprechen versuchten, wurden, ohne daß man sie anhörte, niedergebrüllt, als sie ablehnten, mit den ›Verrätern‹ Ebert und Scheidemann eine Regierung zu bilden.

Das wirkte recht ernüchternd. Liebknecht und Luxemburg hatten als erste die Einsetzung von Räten gefordert, und ausgerechnet die Berliner A.- und S.-Räte stellten sich gegen sie. Noch schlimmer sollte es dann beim Berliner Reichsrätekongreß vom 16. bis zum 21. Dezember sein. Weder Rosa Luxemburg noch Karl Liebknecht konnten dafür ein Mandat erhalten, unter der reichlich fadenscheinigen Begründung, sie seien weder Arbeiter noch Soldaten.

Diese Ablehnung war die reinste Groteske, wenn man bedenkt, daß gerade die linken USPDler und die Spartakisten als Wahlbestimmung für die Delegierten durchgesetzt hatten, nur »Arbeiter von der Werkbank« dürften delegiert werden – um die Wahl von rechten Gewerkschaftsfunktionären unmöglich zu machen. Damit hatten sie sich selber ausgeschlossen.

Die Bestätigung der sechs Volksbeauftragten, um die es Ebert in erster Linie ging, um ein gewisses Legalitätsprinzip zu postulieren, lief im Zirkus Busch glatt über die Bühne. Sogar der eitle Emil Barth war dafür, saß er doch selber in diesem ›Rat‹. Am nächsten Tag erließen die Volksbeauftragten einen Aufruf:

An das deutsche Volk!

Die aus der Revolution hervorgegangene Regierung, deren politische Leitung rein sozialistisch ist, setzt sich die Aufgabe, das sozialistische Programm zu verwirklichen. Sie verkündet schon jetzt mit Gesetzeskraft folgendes:

Deutschland, Dezember 1918:
Einzug der heimkehrenden Frontsoldaten in Berlin. Von links:
Friedrich Ebert, Vorsitzender der Volksbeauftragten,
General Lequis, Kriegsminister Scheüch und
Oberbürgermeister Wermuth.

Karl Liebknecht, neben Rosa Luxemburg Führer
des Spartakusbunds, verkündete am 9. November 1918
vom Balkon des Kaiserschlosses in Berlin die
»freie sozialistische Republik«.

Plakat aus den Gründungswochen
der KPD mit dem Porträt Liebknechts,
der zu Arbeitern spricht.

1. Der *Belagerungszustand* wird aufgehoben.
2. Das *Vereins-* und *Versammlungsrecht* unterliegt keiner Beschränkung, auch nicht für Beamte und Staatsarbeiter.
3. Eine *Zensur* findet nicht statt. Die Theaterzensur wird aufgehoben.
4. *Meinungsäußerung* in Wort und Schrift ist *frei.*
5. Die Freiheit der *Religionsausübung* wird gewährleistet. Niemand darf zu einer religiösen Handlung gezwungen werden.
6. Für alle politischen Straftaten wird Amnestie gewährt. Die wegen solcher Straftaten anhängigen Verfahren werden niedergeschlagen.
7. Das Gesetz für den vaterländischen *Hilfsdienst* wird aufgehoben, mit Ausnahme der sich auf die Schlichtung von Streitigkeiten beziehenden Bestimmungen.
8. Die *Gesindeordnungen* werden außer Kraft gesetzt. Ebenso die Ausnahmegesetze gegen die Landarbeiter.
9. Die bei Beginn des Krieges aufgehobenen *Arbeiterschutzbestimmungen* werden hiermit wieder in Kraft gesetzt.

Weitere *sozialpolitische* Verordnungen werden binnen kurzem veröffentlicht werden. Spätestens am 1. Januar 1919 wird der achtstündige Maximalarbeitstag in Kraft treten. Die Regierung wird alles tun, um für ausreichende Arbeitsgelegenheit zu sorgen. Eine Verordnung über die Unterstützung von *Erwerbslosen* ist fertiggestellt. Sie verteilt die Lasten auf Reich, Staat und Gemeinde. Auf dem Gebiet der Krankenversicherung wird die Versicherungspflicht über die bisherige Grenze von 2500 Mark ausgedehnt werden. Die *Wohnungsnot* wird durch die Bereitstellung von Wohnungen bekämpft werden. Auf die Sicherung einer geregelten Volksernährung wird hingearbeitet werden. Die Regierung wird die geordnete Produktion aufrechterhalten, das *Eigentum* gegen Eingriffe Privater sowie die Freiheit und Sicherheit der Person *schützen.*

Alle *Wahlen* zu öffentlichen Körperschaften sind fortan nach dem gleichen, geheimen, direkten, allgemeinen Wahlrecht auf Grund des *proportionalen Wahlsystems* für alle mindestens zwanzig Jahre alten *männlichen und weiblichen* Personen zu vollziehen. Auch für die konstituierende Versammlung, über die nähere Bestimmung noch erfolgen wird, gilt dieses Wahlrecht.

Berlin, den 12. November 1918.

Ebert, Haase, Scheidemann,
Landsberg, Dittmann, Barth.[352]

Das war eine ganze Menge. Es gab keine Zensur mehr, man konnte Versammlungen einberufen, wie man wollte, und vor allem, die Gesindeordnungen[353] wurden aufgehoben und die Arbeiterschutzbestimmungen von früher wieder in Kraft gesetzt. Der Achtstundentag, um den man Jahrzehnte gekämpft hatte, wurde eingeführt. Bis dahin mußten die Arbeitnehmer 66 Stunden und mehr in der Woche arbeiten, und die Angestellten von Ladenbetrieben sogar noch am Sonntag von 11 bis 14 Uhr. Überstunden wurden nicht bezahlt.

Wichtiger als alles andere war jedoch der Abschluß eines Waffenstillstandes durch die im Wald von Compiègne auf eine Nachricht wartenden deutschen Unterhändler.[354] Seit dem 10. November wußte man, daß die Bedingungen hart sein würden, ein Kurier hatte sie durch die Linien gebracht. Generalfeldmarschall von Hindenburg empfahl die Annahme, selbst dann, wenn keine Erleichterungen mehr auszuhandeln sein würden. Das Heer war ausgeblutet, wenn es bis jetzt auch die Front gehalten hatte. Doch ein Durchbruch konnte jede Stunde geschehen. Ein Telegramm ermächtigte Staatssekretär Matthias Erzberger zur Unterzeichnung.

Die Waffenstillstandsbedingungen hatten eine niederschmetternde Wirkung, und im selben Maße, wie sie den alten Soldaten bewußt wurden, versteifte sich ihr Widerstand gegen die Spartakisten. Die Rechnung war einfach: Nur eine handlungsfähige Regierung war in der Lage, dem Blutvergießen ein Ende zu machen, eine Revolution dagegen mußte ins Chaos führen. Ein Appell an die Großmut der Sieger nützte offenbar nichts.

Wenn Rosa Luxemburg dennoch dem Reichsrätekongreß noch Mitte Dezember in einer Resolution, die sie von dritten Personen vorlegen ließ, die Forderung austellte: »Sofortiger Aufruf des Zentralrats an die Proletarier aller Länder zur Bildung von Arbeiter- und Soldatenräten zwecks Durchführung der gemeinsamen Aufgaben der sozialistischen Weltrevolution«,[355] so grenzte das nach Meinung vieler ihrer Anhänger an Demagogie.

Auch die Bolschewiki hatten 1917, nachdem sie in Petrograd die Macht an sich gerissen hatten, einen Funkspruch ›An alle‹ erlassen, in dem Lenin den »Regierungen der Kriegführenden« vorschlug, »alsbald Besprechungen über einen gerechten demokratischen Frieden zu beginnen« ... »sogleich einen Waffenstillstand zu schließen« ... »das Werk des Friedens zu Ende zu bringen und alle Arbeiterklassen von Ausbeutung zu befreien«.[356] Die Wirkung war gleich Null gewesen.

Wie konnte man erwarten, daß die USA dem zustimmen würden, nachdem sie gerade erst in den Krieg eingetreten waren? Oder England und Frankreich, die beide Eroberungen machen wollten, oder Italien, dem seine Verbündeten in Geheimverträgen die österreichische Adriaküste versprochen hatten, ohne zu wissen, daß dieselbe Küste auch den Serben in einem Geheimvertrag zugesichert worden war? Selbst die Deutschen dachten nicht an Frieden, denn zu diesem Zeitpunkt rechneten sie noch fest mit einem Sieg.

Beim Waffenstillstand war es zwar zwischen den deutschen und russischen Truppen zu Verbrüderungsszenen gekommen, und darüber wurde viel geredet, aber nicht sozialistische Gedankengänge waren die Ursache gewesen, sondern das Gefühl, »noch einmal davongekommen« zu sein. Als dann 1918 die deutschen Truppen ihren Vormarsch gegen Petrograd wiederaufnahmen, hinterließen die zurückweichenden russischen Verbände in Riga einen »Aufruf an die deutschen Soldaten«, in dem es hieß:

»Deutsche Soldaten! Der Vollzugsausschuß der XII. Armee lenkt eure Aufmerksamkeit darauf, daß ihr für den Absolutismus kämpft gegen die Revolution, Freiheit und

Gerechtigkeit. Euer Sieg bedeutet den Tod der Demokratie und der Freiheit. Wir verlassen Riga, wir wissen aber, daß die Revolution sich stärker und kraftvoller erweisen wird als die Macht der Kanonen. Wir sind dessen sicher, daß die deutschen Soldaten schließlich zusammen mit der russischen revolutionären Armee zum Sieg der Freiheit schreiten werden. Ihr seid heute stärker als wir, aber euer Sieg ist lediglich der Sieg der rohen physischen Kraft. Die moralische Kraft steht auf unserer Seite. Die Geschichte wird einst künden, daß das deutsche Proletariat gegen seine russischen Brüder marschierte und die internationale Solidarität preisgab. Diese Schuld kann nur dadurch gesühnt werden, daß ihr euch zum Schutze eurer eigenen Interessen wie derer der ganzen Welt erhebt, eure ganze Kraft gegen den Imperialismus zusammenfaßt und im Verein mit uns den Feind zu Boden werft.«[357]

Auch dieser Appell war ohne jede Wirkung geblieben, wie ein Nachsatz in den ›Spartakusbriefen‹ ausdrücklich feststellte. Es ist unvorstellbar, daß Rosa Luxemburg diese Dinge nicht bekannt waren. Trotzdem suchte sie nach Gleichungen zur russischen Revolution, wo es keine Gleichungen gab, bemühte sie sich, eine Gesetzmäßigkeit in der Entwicklung der gesellschaftlichen Verhältnisse zu erkennen, wo es keine Gesetzmäßigkeiten gab. Geschichte hatte sich bisher noch nie wiederholt, immer waren die Voraussetzungen für Geschehnisse und kommende Ereignisse andere gewesen als in der Vergangenheit. Sollte Rosa, die geniale Analytikerin, das nicht erkannt haben?

Vielleicht lag ihre Fehleinschätzung der Lage daran, daß sie erst am 9. November 1918 aus dem Gefängnis befreit worden war und die Zustände und Stimmungen im Heer und in der Heimat, die schließlich zur Flucht des Deutschen Kaisers und zum Zusammenbruch einer unerschütterlich erscheinenden Staatsmacht führten, nur durch den Filter der Zensur hatte wahrnehmen können. Die Befreiung aus der Schutzhaft, die begeistert zuhörende Menschenmenge auf dem Domplatz in Breslau, die Fahrt nach Berlin mit zahlreichen sich von der Truppe absetzenden Soldaten hatten bei ihr anscheinend einen euphorischen Zustand ausgelöst, der sie zu einer falschen Einschätzung der revolutionären Triebkräfte verführt haben dürfte.

Sie glaubte, zumindest in den ersten Wochen ihrer neugewonnenen Freiheit, an die Möglichkeit einer ›echten‹ revolutionären Umwandlung auch der gesellschaftlichen Verhältnisse, während die Soldaten nur kriegsmüde waren und das Volk, die Arbeiter in den Fabriken ebenso wie die Kleinbürger, Angst vor einem weiteren Kohlrübenwinter und ungeheizten Wohnungen hatte. Bei der über Deutschland hinweggehenden Grippewelle konnten sich solche Umstände verhängnisvoll auswirken.[358] Bis zu diesem Punkt glichen die Zustände in Deutschland den russischen im November 1917. Aber nur bis dahin.

Während in Rußland die Bolschewiki die Arbeiter in den Städten mit der Parole ›Frieden‹ und die Bauern auf dem Lande wegen der noch nicht durchgeführten Landreform gegen die kriegführende Kerenski-Regierung für ihre Ziele hatten mobilisieren können, hatte die Regierung des Prinzen Max von Baden auf Druck der Obersten Heeresleitung[359] hin um Waffenstillstand nachgesucht, der am 11. November abgeschlossen werden konnte, und eine Landreform war nur in den östlichen Gebieten des Landes Preußen populär, nicht aber bei den breiten Schichten von Klein- und Mittelbauern in Süd- und Mitteldeutschland.

Doch bald zeigte sich, daß die Alliierten gar nicht daran dachten, sich an die vom amerikanischen Präsidenten Woodrow Wilson als Grundlage für einen Friedensvertrag verkündeten vierzehn Punkte zu halten. Die Blockade, also das Hungern, ging trotz der Waffenstreckung weiter, und was vom Ausland her über den künftigen Friedensvertrag nach Deutschland drang, ließ das Schlimmste befürchten. Das Ziel Frankreichs schien die Zerschlagung des Reiches zu sein, für dessen Verteidigung man 1914 guten Glaubens in den Krieg gezogen war.

Auch die These von der Kriegsschuld Deutschlands, die Lenin im Sommer 1919 heftig attackierte und mit der Veröffentlichung russischer Akten als Beweis für die Mitschuld des Zaren und seiner Berater zumindest abzuschwächen versuchte, wirkte sich gegen den Spartakusbund aus, dessen Propaganda sich nahezu ausschließlich nur gegen die deutschen Machthaber von einst richtete. Die Hinweise Rosa Luxemburgs, daß es auch auf der Gegenseite ›Kriegstreiber‹ gegeben habe, überlas oder überhörte man.

Erkannte sie nicht, daß die einseitige Einstellung gegenüber den ›deutschen Imperialisten‹ objektiv falsch war und viele ihrer Anhänger abstieß? An jeder Straßenecke konnte man die zunehmende Abneigung gegen allzu radikale revolutionäre Forderungen feststellen. Die Gründe lagen auf der Hand. In Rußland hatte es nie eine mächtige Arbeiterpartei wie die SPD gegeben; um so leichter fiel es den Agitatoren der Bolschewiki, in den Städten die Massen für sich zu gewinnen.[360] In Deutschland war die SPD 1912 zur stärksten Partei aufgerückt, sie hatte rund ein Drittel aller Stimmen auf sich vereinigen können.

Noch etwas kam dazu: Die festgefügten Organisationen der freien Gewerkschaften, die Zeitungen der Partei und die zahlreichen Nebenorganisationen, wie etwa der Verband für Feuerbestattung und ein billiger Buchvertrieb, banden die Massen noch viel stärker an die SPD als die direkte Parteizugehörigkeit.[361] Man hatte nicht nur Beiträge gezahlt, sondern auch Rechte erworben. Das war nicht so schnell zu erschüttern.

Rosa Luxemburg scheint das zwar gefühlt zu haben, aber Kenntnis nahm sie davon nicht. Sie verfiel in den Fehler fast aller ›Moralisten‹, die Menschen nach ihrem eigenen moralischen und revolutionären Maßstab zu messen. Immerhin bemühte sie sich, die Stimmung der Massen kennenzulernen. Wenn sie Zeit fand, ging sie in den Straßen spazieren, um dem einfachen Mann »aufs Maul zu schauen«. Aber wann fand sie schon Zeit?

Die Arbeit in der seit 18. November täglich erscheinenden Parteizeitung ›Die Rote Fahne‹, Reden in Versammlungen und endlose Sitzungen fraßen nicht nur ihre Zeit, sondern auch ihre Kräfte auf. Nicht einmal die alten Freunde besuchte sie, obwohl manche nur ein paar Straßenzüge entfernt wohnten. Die Revolution, besser wohl die Vollendung der begonnenen Revolution, ging vor.

Alles an ihr trug in den letzten beiden Monaten den Stempel der Improvisation, des Gehetzten, des nicht Ausgereiften. Als der von Rußland als Beobachter nach Deutschland geschickte Karl Radek »ihr Vorhaltungen wegen des schrillen Tons ihrer Artikel machte, der in keinem Verhältnis zu den realen Möglichkeiten des Spartakusbundes (stehe), erwiderte sie: ›Wenn ein gesundes Kind geboren wird, dann schreit es und piepst nicht!‹«[362]

Aber galt nicht auch hier die alte Spruchweisheit: »Wer schreit, hat unrecht?« Dieses ›Schreien‹ kam besonders deutlich im Schlußteil des Programms für den Spartakusbund zum Ausdruck, das sie Ende November 1918 verfaßte:

»... Das will der Spartakus Bund!

... weil er der Mahner, der Dränger, weil er das sozialistische Gewissen der Revolution ist, wird er von allen offenen und heimlichen Feinden der Revolution und des Proletariats gehaßt, verfolgt und verleumdet.

Kreuzigt ihn! rufen die Kapitalisten, die um ihre Kassenschränke zittern.

Kreuzigt ihn! rufen die Kleinbürger, die Offiziere, die Antisemiten, die Preßlakaien der Bourgeoisie, die um die Fleischtöpfe der bürgerlichen Klassenherrschaft zittern. Kreuzigt ihn! rufen die Scheidemänner, die wie Judas Ischariot die Arbeiter an die Bourgeoisie verkauft haben und um die Silberlinge ihrer politischen Herrschaft zittern.

... Im Hasse, in der Verleumdung gegen den Spartakus-Bund vereinigt sich alles, was gegenrevolutionär, volksfeindlich, antisozialistisch, zweideutig, lichtscheu, unklar ist. Dadurch wird bestätigt, daß in ihm das Herz der Revolution pocht, daß ihm die Zukunft gehört.

Der Spartakus-Bund ist keine Partei, die über der Arbeitermasse oder durch die Arbeitermasse zur Herrschaft gelangen will.

Der Spartakus-Bund ist nur der zielbewußte Teil des Proletariats, der die breite Masse der Arbeiterschaft bei jedem Schritt auf ihre geschichtlichen Aufgaben hinweist, der in jedem Einzelstadium der Revolution das sozialistische Endziel und in allen nationalen Fragen die Interessen der proletarischen Weltrevolution vertritt.

Der Spartakus-Bund lehnt es ab, mit Handlangern der Bourgeoisie, mit den Scheidemann-Ebert, die Regierungsgewalt zu teilen, weil er in einer solchen Zusammenwirkung einen Verrat an den Grundsätzen des Sozialismus, eine Stärkung der Gegenrevolution und eine Lähmung der Revolution erblickt.

Der Spartakus-Bund wird es auch ablehnen, zur Macht zu gelangen, nur weil sich die Scheidemann-Ebert abgewirtschaftet und die Unabhängigen durch die Zusammenarbeit mit ihnen in eine Sackgasse geraten sind.

Der Spartakus-Bund wird nie anders die Regierungsgewalt übernehmen, als durch den klaren, unzweideutigen Willen der großen Mehrheit der proletarischen Masse in ganz Deutschland, nie anders als kraft ihrer bewußten Zustimmung zu den Ansichten, Zielen und Kampfmethoden des Spartakus-Bundes.

Die proletarische Revolution kann sich nur stufenweise, Schritt für Schritt, auf dem Golgathaweg eigener bitterer Erfahrungen durch Niederlagen und Siege, zur vollen Klarheit und Reife durchringen.

Der Sieg des Spartakus-Bundes steht nicht am Anfang, sondern am Ende der Revolution: er ist identisch mit dem Siege der großen Millionenmassen des sozialistischen Proletariats.«[363]

Das war kein Parteiprogramm im üblichen Sinne, sondern ein Plädoyer für einen Angeklagten. Doch einige Sätze waren recht bemerkenswert, wie auch Nettl hervorhebt:

»Das Spartakusprogramm war Rosas Testament und die bündige Zusammenfassung ihres Lebenswerkes. Hier stand der berühmte Satz, daß Spartakus die Macht nur durch den Willen der großen Mehrheit der Masse übernehmen werde; jener Satz, der zwischen Sozialdemokraten und Kommunisten zu so bitterem Streit um Rosas geistiges Erbe geführt hat.«[364]

Doch eine Alternative zur Politik des Rates der Volksbeauftragten stellt weder Programm noch ›Rosas Testament‹ dar. Worauf es in den letzten Wochen des Jahres 1918 ankam, war: die Ernährung zu sichern, die harten Bedingungen des Waffenstillstandsvertrages zu erfüllen,[365] die Friedensverhandlungen vorzubereiten und die Demobilisierung von mehreren Millionen Soldaten durchzuführen, die Tag für Tag über die Rheinbrücke ins Reich zurückfluteten. Parallelen zu dem Rußland von 1917 gab es in diesen Punkten keine. Die Räte als Institution beizubehalten war für Deutschland eine Unmöglichkeit.

Wenn auch für Revolutionäre gilt, daß die Politik die Kunst des Möglichen ist, so verstieß Rosa Luxemburg in heute kaum noch begreiflicher Weise gegen diesen Grundsatz. Das gilt sogar hinsichtlich ihrer Parole »Alle Macht den Räten!« Nur in einigen Orten, abzuzählen an den Fingern einer Hand, kontrollierte die Spartakusgruppe die A.- und S.-Räte. In den meisten dominierten die Sozialdemokraten, für die Unabhängigen mit ein Grund, ebenfalls für die Nationalversammlung einzutreten, deren schleunige Wahl die SPD forderte. Zu überflügeln war diese Partei nicht, aber es bestand die Chance, daß die USPD zum Zünglein an der Waage wurde.

Der Reichsrätekongreß zeigte vor aller Welt auf, wo die Mehrheit der Räte stand: bei der SPD. Man lehnte sogar ab, Rosa als Gast vorzulassen. Unter diesen Umständen sahen die Anhänger der Spartakusgruppe die einzig vernünftige Lösung in der Gründung einer eigenen Partei, obwohl Rosa am 11. November erklärt hatte, es empfehle sich, so lange wie möglich im organisatorischen Rahmen der USPD zu verbleiben, weil hier eine gewisse Organisation vorhanden sei, wenn sich diese auch nicht mit dem Funktionärsapparat der SPD vergleichen ließe. Aber besser als die Organisation der Spartakusgruppe war die der USPD auf jeden Fall.

Das Programm für die neue Partei lag vor: das der Spartakusgruppe, das Rosa Luxemburg entworfen hatte. Sie selber konnte sich nur schwer entschließen, einer Parteigründung zuzustimmen. Doch schließlich fügte sie sich. Am 29. Dezember 1918 trat dann im preußischen Landtag die ›Reichskonferenz‹ der Spartakusgruppe zusammen. Als offizieller Vertreter der Bolschewiki meldete sich Karl Radek, der illegal nach Deutschland gekommen war, und zwar schon vor den Weihnachtstagen, um an der Reichsrätekonferenz teilzunehmen. Angeblich weigerte sich Rosa Luxemburg zunächst, wie Ruth Fischer in ihrem Buch behauptete,[366] ihm die Hand zugeben, bis Paul Levi sie davon überzeugte, daß man mit einem offiziellen Vertreter Lenins nicht so verfahren könne. Immerhin blieb es eine merkwürdige Sache, daß ausgerechnet der von der deutschen (und auch der polnischen) Sozialdemokratie geächtete Radek den Mut hatte, nach Deutschland zurückzukehren. Aber Lenin wußte wohl, daß er der beste Kenner deutscher Verhältnisse unter den Bolschewiki war. (Siehe Anmerkung 164, 165, 166 und 206.)

Der Parteitag ging vorbei, ohne großen Widerhall bei den Massen zu finden. Selbst Karl Radek zweifelte an der Schlagkraft der neuerstandenen KPD, wie aus einem Bericht von ihm hervorgeht:

»... Der erste Parteitag der Kommunistischen Partei Deutschlands im Preußischen Landtag. Rund hundert Delegierte. Viele Bekannte. Pieck, Ernst Meyer, Duncker und andere, aber die Jugend, die ich vor dem Krieg nicht kannte, überwog. Darunter zwei Russen: Leviné, mit einem ernsten nachdenklichen Gesicht, ein ehemaliger Sozialrevolutionär, der in Deutschland erzogen war, und der junge, fixe Max Levin, der Sohn des ehemaligen deutschen Generalkonsuls in Moskau, der in Moskau ins Gymnasium ging und sich für einen Russen hielt, in Uniform. Die Parteitagsjugend war bereit, den Himmel zu stürmen. Sie meinte, Karl und Rosa bremsten, der Sieg sei sehr nahe. Am meisten trat der ehemalige Abgeordnete Rühle in Erscheinung. Ich erhielt das Wort zur Begrüßung im Namen des russischen ZK. Große Sensation bei den Vertretern der bürgerlichen Presse. Sie stürzten zur Tür, um mit ihren Redaktionen zu telefonieren. Aber der erfahrene Pieck hatte schon Anweisung gegeben, die Türen zu schließen und niemand herauszulassen. Der Parteitag hörte gespannt zu. Die Einheit mit der russischen Kommunistischen Partei und der russischen Revolution war die Grundtendenz der Stimmungen des Kongresses. Der Parteitag demonstrierte grell die Jugend und die Unerfahrenheit der Partei. Die Verbindung mit den Massen war äußerst schwach. Zu den Verhandlungen mit den linken Unabhängigen verhielt sich der Parteitag ironisch. Ich fühlte nicht, daß hier schon eine Partei vor mir war.

Zu Neujahr verbrachte ich den Abend und die Nacht mit Liebknecht. Er war trotz seiner Müdigkeit lustig wie ein Kind. ›Macht nichts, wir werden schon fertig. Die Sozialdemokraten sind stärker als wir, aber sie sind alt. Mit uns geht die Jugend. Sie ist beweglich, leidenschaftlich. Die Unabhängigen sind schon gezwungen, aus der Regierung herauszugehen. Das bringt sie zur Opposition. Die Dinge werden sich schneller entwickeln.‹«[367]

Karl Liebknecht sollte recht behalten: Die Dinge entwickelten sich schneller, als vorauszusehen war. Zwei Wochen nach dieser Unterredung wurden er und Rosa Luxemburg ermordet.

»Ich war – ich bin – ich werde sein!«

Der Sturz des Zaren und die Machtergreifung der Bolschewiki waren verhältnismäßig unblutig verlaufen. Am 7. November hatte man nur acht Tote zu verzeichnen gehabt. Erst der Bürgerkrieg hatte so entsetzliche Opfer gekostet, und noch immer war er nicht zu Ende. Die Nachrichten, die Flüchtlinge nach dem Westen brachten, waren dazu angetan, die Furcht vor einer Wiederholung in Deutschland auf die Spitze zu treiben, die Gerüchte, zweifellos von einer neugegründeten ›Antibolschewistischen Liga‹ bewußt genährt, wahrscheinlich sogar ausgestreut, bewiesen es. Die unsinnigsten Behauptungen wurden geglaubt.

Rosa Luxemburg hatte natürlich ebenfalls davon gehört und mißbilligte den Terror der Tscheka (siehe Anmerkung 22). Kein anderer als Karl Radek ist dafür Kronzeuge. In seinen Aufzeichnungen berichtete er über ein Gespräch, das er kurz nach seiner Ankunft in Berlin am 19. oder 20. Dezember 1918 geführt haben will:

»Levi führte mich in eine Arbeiterkneipe. Im hinteren Zimmer saßen schon Rosa und Liebknecht. Bald kam Tyszka (Jogisches). Wir bekamen jeder eine große Schüssel Grütze mit Zimt... Der Streit ging in erster Linie um den Terror. Rosa tat es weh, daß Dzierzyński (Dschersinski) das Haupt der Čeka (Tscheka) war. Man hat uns doch mit Terror nicht kleingekriegt. Wie kann man auf Terror setzen? ›Aber mit Hilfe des Terrors‹, antwortete ich ihr, ›mit Hilfe der Verfolgung haben sie uns für Jahre zurückgeworfen. Wir setzen auf die Weltrevolution; müssen einige Jahre Zeit gewinnen. Wie kann man da die Bedeutung des Terrors leugnen? Außerdem, der Terror ist erfolglos gegenüber einer jungen Klasse, die die Zukunft der gesellschaftlichen Entwicklung vertritt und daher voller Begeisterung und Selbstverleugnung ist. Etwas anderes ist es mit der Klasse, die von der Geschichte zum Tode verurteilt wurde, die das Verbrechen des Weltkrieges hinter sich hat.‹ Liebknecht unterstützte mich warm. Rosa sagte: ›Vielleicht haben Sie recht. Aber wie kann Józef (Dschersinski) so grausam sein?‹«[368]

Radek veröffentlichte sein Tagebuch aus der Berliner Zeit erst im Jahre 1926,[369] als der Luxemburgismus bereits zum Schreckgespenst für alle linientreuen Kommunisten geworden war, wenn man auch offiziell Rosa als Märtyrerin feierte. Da man dem russischen Sendboten alles vorwerfen kann, nur keine Prinzipientreue,[370] ist nicht ausgeschlossen, daß er später vieles in seinen Aufzeichnungen retuschierte, doch seine Angaben über Rosas Abneigung gegen ›den Terror‹, die auch von anderer Seite belegt wird, dürften zutreffen.

Die Oberste Heeresleitung hatte die Gefahr eines blutigen Bürgerkrieges sehr früh erkannt und ihr schon am 10. November zu begegnen versucht – durch ein Zusammengehen mit den Mehrheitssozialisten. Tatsächlich war das die einzige Möglichkeit, wie Generalquartiermeister Groener vom Großen Hauptquartier in seinem Buch selber zugibt:

»In den allerersten Tagen nach dem 9./10. November hatten wir uns in der O. H. L. in dem Traum gewiegt, daß wir genügend zuverlässige Truppen haben würden, um einen Grenzschutz am Rhein aufzubauen. Diese Hoffnung erwies sich als trügerisch. Die in vollster Ordnung zurückmarschierenden Truppen blieben in der Hand ihrer Führer bis zu dem Augenblick, da sie am Rhein in die revolutionäre Atmosphäre eintraten; von da ab war kein Halten mehr. Die von der Heeresleitung an die Marschstraße ausgesandten ›Serumspritzer‹, tüchtige, geschickte Offiziere, die die Truppen gegen den Geist der Revolution immun machen sollten, hatten keinen wesentlichen Erfolg. Es gab Regimenter, die während des Rückmarsches sich vornahmen, sobald sie in ihren Garnisonen wären, den Revolutionären, besonders den Matrosen, den Garaus zu machen; wenn sie aber in den Kasernen waren, wurden alle diese guten Vorsätze vergessen und der Einfluß der Offiziere war dahin. So schnell wie möglich entlassen zu werden war der Wunsch jedes einzelnen. Die Sorge um Haus und Hof, um die Familie überwog den vaterländischen Gedanken. Manche Divisionen konnten es kaum erwarten, bis sie auf die Eisenbahn verladen wurden.«[371]

Bereits am 10. November ergriff Generalquartiermeister Groener die Initiative. Da seit jeher eine direkte Telefonleitung vom Großen Hauptquartier zur Reichskanzlei bestand, versuchte er, den Vorsitzenden des Rats der Volksbeauftragten, Friedrich Ebert, der gerade erst von der Versammlung im Zirkus Busch zurückgekehrt war, in der Nacht zu erreichen. Plievier hat diese Szene auf Grund sorgsamer Recherchen geschildert:

»In der Reichskanzlei schrillt ein Telefon.

Der Vorsitzende der Sozialdemokratischen Partei hat den Hörer in der Hand:

›Hier Ebert.‹

›Hier Groener.‹

Der Generalquartiermeister Groener hat sich mit seinem Stab beraten und hat dem Feldmarschall v. Hindenburg darüber Vortrag gehalten. Die Armee braucht die Sozialdemokratische Partei zur Wiederherstellung der verloren gegangenen Autorität. Als Preis dafür bieten die Generäle der neuen Regierung den Schutz ihrer Bajonette und Kanonen... Der Reichskanzler Ebert hört den Vorschlägen des Ersten Generalquartiermeisters Groener aufmerksam zu und fragt zurück:

›Wie werden Sie sich den Arbeiter- und Soldatenräten gegenüber verhalten?‹

›Die Kommandostellen sind angewiesen, auf gütlichem Wege mit ihnen zu verhandeln.‹

›Und was erwarten Sie von uns?‹

›Der Herr Generalfeldmarschall erwartet von der Reichsregierung die Unterstützung des Offizierskorps bei Aufrechterhaltung der Disziplin und der straffen Ordnung im Heer. Er erwartet, daß die Verpflegung des Heeres mit allen Mitteln sichergestellt und daß jede Störung des Eisenbahnverkehrs verhindert wird.‹

›Was noch?‹

›Das Offizierskorps erwartet, daß die Reichsregierung den Bolschewismus bekämpfen wird und stellt sich ihr hierfür zur Verfügung.‹

Ebert zögert mit der Antwort. Er blickt zu der mit dicken Polstern ausgeschlagenen Tür; er dreht sich nach dem Fenster um und lauscht nach draußen, wo er die Niederrufe vorbeimarschierender Arbeiter zu hören glaubt.

›Übermitteln Sie dem Herrn Generalfeldmarschall den Dank der Regierung!‹«[372]

Jeden Abend telefonierte Groener mit Ebert. Um diese nächtlichen Gespräche haben sich Legenden gebildet. Bereits im November 1918 erzählte man sich von einem ›Geheimpakt zur Niederschlagung der Revolution‹, in Wirklichkeit war es nichts anderes als eine routinemäßige Fühlungnahme mit dem neuen Regierungschef. Es galt, einige Millionen Soldaten aus den besetzten Gebieten innerhalb von 14 Tagen zurückzuführen, die Räumung des linken Rheinlands innerhalb von 30 Tagen zu sichern und zwischendurch das Große Hauptquartier von Spa in Belgien nach Wilhelmshöhe bei Kassel zu verlegen.

Das alles erforderte ständige Besprechungen mit der Regierung. Militärische Absprachen wurden erst getroffen, als revolutionäre Arbeiter die Reichskanzlei belagerten. Im Gegensatz zu Ebert, der die Verbindung zum Großen Hauptquartier nicht gesucht hatte, sie aber, als sie sich anbot, selbstverständlich ausnützte, fuhr der Radikale Emil Barth eigens ins Große Hauptquartier nach Wilhelmshöhe bei Kassel, um dort politische Absprachen zu treffen. Auch die Zeitung der unabhängigen Sozialisten, ›Die Freiheit‹, unterhielt eine Zeitlang recht intime Beziehungen zu einem Mitglied des Soldatenrates im Großen Hauptquartier.

Die engere Verbindung zwischen Ebert und den Militärs kam erst zustande, als sich zeigte, daß seine Regierung auch über eine gewisse bewaffnete Macht, Polizei oder Armee, verfügen mußte, um wilden Aktionen begegnen zu können. Wie notwendig das war, erläutert Nettl:

»Die Mitglieder des Spartakusbundes waren, wenn man so sagen kann, noch revolutionärer als die Führer. Das Drängen zum Handeln kam von unten – genau wie es Rosa Luxemburg immer vorausgesagt hatte. Im Dezember griffen Gruppen junger Spartakusmitglieder im Anschluß an Massendemonstrationen öffentliche Gebäude an. Schon am 21. November war, nicht ohne Opfer, ein Versuch unternommen worden, das Berliner Polizeipräsidium zu stürmen, obwohl der Polizeipräsident ein linker Unabhängiger und späterer Kommunist war – vermutlich der einzige höhere Beamte in der Hauptstadt, der mit Spartakus sympathisierte. Am 8. Dezember marschierten nach einer öffentlichen Kundgebung Gruppen zur Kommandantur und stürmten sie. Und in vielen Spartakusversammlungen traten nach den offiziellen Rednern Unbekannte aus der Menge auf, die manchmal haarsträubende, aber ernstgemeinte Forderungen stellten, etwa nach Freilassung sämtlicher Gefängnisinsassen und sofortiger Festnahme verschiedener prominenter Persönlichkeiten. Fast jeden Tag fanden Kundgebungen der rivalisierenden Gruppen statt, die mitunter zu Zusammenstößen führten.«[373]

Die Unruhen in der zweiten Hälfte des Dezember gingen nicht auf das Konto der Spartakisten. Sie waren weniger ein revolutionäres Aufbegehren als vielmehr ein Streit um fällige

Löhnung der in Berlin Anwesenden und in der Volksmarinedivision zusammengefaßten Matrosen, die sich im ehemaligen kaiserlichen Marstall und im Schloß einquartiert hatten. Auf welcher Seite sie eigentlich standen, war nicht genau festzustellen. Einerseits sagten sie, ihre Aufgabe sähen sie darin, die Regierung zu schützen, anderseits hielten die Matrosen aber auch enge Verbindung zur USPD und zur Spartakusgruppe.

Um diesem Schwebezustand ein Ende zu machen, stellte man der Volksmarinedivision ein Ultimatum, Marstall und Schloß zu räumen und sich aufzulösen, nachdem der Reichskongreß der Arbeiter- und Soldatenräte eine solide Mehrheit für die Sozialdemokraten erbracht hatte, die 288 von 489 Delegierten stellten. Nur 80 A.- und S.-Räte bekannten sich zu den Unabhängigen und ganze 10 zur Spartakusgruppe. Da die Matrosen nicht gewillt waren nachzugeben, begann man gegen sie vorzugehen. Der Angriff scheiterte jedoch, und in Berlin sprach man von einer ›blutigen Weihnacht‹.[374]

Aus Protest gegen dieses Vorgehen schieden die drei Unabhängigen aus dem Rat der Volksbeauftragten aus. Die Spartakusgrupe hätte jetzt durch die USPD wieder eine breitere Basis erhalten können, aber Rosa Luxemburg und Karl Liebknecht waren nunmehr fest entschlossen, eine eigene Partei zu gründen, gegen den Rat von Leo Jogisches.

Rückschauend betrachtet, war das ein kardinaler Fehler. Zwar hatte die Spartakusgruppe die Parole ausgegeben, sich nicht an den Wahlen zur Nationalversammlung am 19. Januar 1919 zu beteiligen,[375] weil sie weder Geld noch einen dafür notwendigen Apparat hatte, aber mit der Bildung einer neuen Partei, der KPD, trieb sie sich selber in die Isolierung und verscherzte sich die Möglichkeit, auf den Listen der USPD wenigstens einige Kandidaten unterzubringen.

Wenn die KPD in Berlin auch einen gewissen Anhang hatte – im Reich ließen sich die Mitläufer zählen. Nicht einmal im Ruhrgebiet verfügte die Partei über eine feste Organisation. Die am 1. Januar 1919 auf dem ersten Parteitag in einer Resolution aufgestellte Forderung, den ›Klassenkampf‹ hinaus ›aufs Land‹ zu tragen, war deshalb nichts anderes als eine rhetorische Floskel. Welcher Bauer oder Landarbeiter wäre bereit gewesen, sich für die KPD einzusetzen, die weder Land noch sonstige Vorteile zu versprechen in der Lage war?

Schon der Lehrmeister, Karl Marx, hatte zum Bauern keine rechte Beziehung gefunden; in seinem Werk wird der Bauer immer nur am Rande erwähnt. Am Problem der Landwirtschaft krankte der Marxismus von Anbeginn. Die Kommunistische Partei sollte auch später bei der Landbevölkerung und nicht einmal beim Landproletariat: den Landarbeitern auf den großen Gütern in Ostelbien, irgendeinen nennenswerten Rückhalt finden, und in der Sowjetunion hat man selbst nach fünfzig Jahren noch kein richtiges Verhältnis zum Bauern gefunden.

Nach dem Gründungsparteitag der KPD entwickelten sich die Dinge täglich mehr zu deren Ungunsten. Vor allem Rosa Luxemburg und Karl Liebknecht waren gefährdet. An Zäunen und leeren Hauswänden tauchten Plakate auf:

> Arbeiter, Bürger!
> Das Vaterland ist dem Untergang nahe.
> Rettet es!
> Es wird nicht bedroht von außen, sondern von innen:
> Von der Spartakusgruppe.
> Schlagt ihre Führer tot!
> Tötet Liebknecht!
> Dann werdet ihr Frieden, Arbeit und Brot haben!
> Die Frontsoldaten[376]

Von wem diese Plakate stammten, konnte niemand sagen; vom Rat der Volksbeauftragten, wie von den Kommunisten später oft behauptet wurde, in keinem Fall. Dort lehnte man Morde aus politischen Gründen ab, im Gegenteil, man befürchtete, daß man durch eine solche Tat gerade das bewirken könnte, was man damit verhindern wollte.

In einem Brief an Clara Zetkin vom 25. Dezember 1918 schrieb Rosa Luxemburg, aus ›offiziellen Quellen‹ sei ihr die dringende Warnung zugegangen, nicht zu Hause zu schlafen; hinter ihr und Karl Liebknecht seien die Mörder her.[377] Die ›offiziellen Quellen‹ konnten nur Ebert oder Scheidemann gewesen sein.

Sah sie die Gefahren trotz der Warnung nicht, die auf sie lauerten? Wer die ›Rote Fahne‹ in jenen Tagen las, konnte zur Überzeugung kommen, daß sie bewußt provozierte. Die Zeitung floß über von Beschuldigungen gegen die ›Matrosenmörder Ebert-Scheidemann‹ und später gegen Noske, ohne eine Alternative zu bieten.[378] Weder Rosa Luxemburg noch Karl Liebknecht, noch die anderen Mitarbeiter der ›Roten Fahne‹ hatten ein realpolitisches Ziel anzubieten, jedenfalls war keines in den Artikeln zu erkennen. Was der sozialdemokratische Abgeordnete Hermann Müller-Franke später schrieb,[379] traf ins Schwarze:

»Wenn die Kommunisten der Auffassung waren, daß der Sturz der Regierung als politisches Ziel jetzt gar nicht in Frage kam, mußten sie alles vermeiden, was bei ihren Anhängern den Glauben erwecken könnte, daß die Regierung gestürzt werden solle.«

Den Glauben, die Regierung stürzen zu können, konnte Rosa Luxemburg niemals gehabt haben, auch nicht nachdem die USPD den Rat der Volksbeauftragten verlassen hatte und die Sozialdemokraten mit fünf Volksbeauftragten allein regierten. Mit den auf den Straßen hin und her flutenden Massen – beim Begräbnis der am 24. Dezember 1918 getöteten elf Matrosen marschierten Zehntausende auf, teils von der Front zurückgekehrte Soldaten, teils Arbeiter, die entlassen worden waren, und alles andere als politisch geschulte Menschen – ließ sich kein Staat erobern, oder – falls das wider Erwarten doch gelingen sollte – niemals auf die Dauer halten.

In den ersten Januartagen spitzte sich die Lage immer mehr zu. Eine bewaffnete Auseinandersetzung war kaum noch zu umgehen, doch faktisch verfügte die Regierung über keinerlei disziplinierte Truppe. Die vom Großen Hauptquartier nach Berlin verlegten Regimenter hatten sich verlaufen, die Verbände aufgelöst wie Salz im Wasser. Das bedenkliche dabei war, daß viele Soldaten ihre Waffen an Revolutionäre verkauften. Gustav Noske, der am 27. Dezember auf Verlangen von Friedrich Ebert aus Kiel zurückbeordert worden war, um im Rat der Volksbeauftragten das Ressort ›Heer und Marine‹ übernehmen, schrieb über jene Zeit:

»... Mir wurde die Bearbeitung aller Angelegenheiten des Heeres und der Marine übertragen. Der Zustand des Reichs war chaotisch. Wo früher Staatsregierungen bestanden hatten, lief der alte Apparat mehr oder weniger recht und schlecht weiter... Daß wilde Räte Verhaftungen vornahmen, muß wohl bei allen Revolutionen so sein. Der Unfug lärmender Demonstrationen des von Liebknecht und seiner Gefolgschaft aufgehetzten Teiles der Berliner Bevölkerung dauerte bis über Januar 1919 an... vorerst fehlte es dazu an Machtmitteln. In den ersten Januartagen 1919 waren in der Stadt Berlin von annähernd 20000 Waffenträgern – 4500 Mann Sicherheitswehr, mehrere tausend Mann Volksmarine-Division, 12000 republikanische Volkswehr, ganz abgesehen von den vielen tausend in den Kasernen herumlungernden Soldaten – nicht 100 Mann, auf die Verlaß war, für die Volksbeauftragten verfügbar...«[380]

Das Berliner Polizeipräsidium, unter dem unabhängigen Sozialisten Emil Eichhorn, war zu einer Machtposition der Linken geworden. Nach dem Rücktritt der drei unabhängigen Volksbeauftragten wurde er zum Rücktritt aufgefordert, doch er weigerte sich. Aber der SPD war alles daran gelegen, dieses wichtige Amt nicht länger in den Händen eines ihr feindlich gesinnten unabhängigen Sozialisten zu belassen, und am 1. Januar eröffnete der ›Vorwärts‹ die Kampagne gegen Eichhorn; die Redaktion behauptete, er sei ein sowjetischer Agent, denn er habe früher für eine russische Nachrichtenagentur gearbeitet.

»Die Verleumdung war völlig aus der Luft gegriffen«, schreibt Nettl, »aber (sie war) sehr wirksam.« An Stelle von Eichhorn sollte der rechte Sozialdemokrat Eugen Ernst treten. Doch Eichhorn, der unabhängige Sozialist, weigerte sich, sein Amt aufzugeben; nicht der preußische Innenminister, der die Entlassung ausgesprochen hatte, sei »für ihn zuständig«, erklärte er, sondern nur der Berliner Vollzugsrat der Arbeiter- und Soldatenräte. Die USPD, bemüht ihr

Gesicht zu wahren, schlug eine Protestdemonstration vor, die ›Rote Fahne‹ dagegen forderte energische ›revolutionäre Maßnahmen‹ und verlangte, wie schon oft, die ›Entwaffnung der Gegenrevolution‹ und die ›Bewaffnung des Proletariats‹.

Ein Vorgehen ›gegen die Reaktion‹ und die Aushändigung von Waffen an Arbeiter war weder politisch noch technisch durchführbar, und Rosa Luxemburg mußte das wissen.[381] So blieb es bei der Protestdemonstration. Zur allgemeinen Überraschung überstieg die Teilnehmerzahl der Demonstrierenden am 5. Januar alle Voraussagen. Rosa Luxemburg und Karl Liebknecht glaubten sich bestätigt. Wenn man solche Massen auf die Straße bringen konnte, dann mußte man auch handeln, doch wie man Revolution macht oder auch nur revolutionäre Maßnahmen einleitet, das wußte niemand:

»Am 5. und 6. Januar beherrschten die revolutionären Arbeiter, unter ihnen viele Bewaffnete, die Straßen von Berlin. Die sie gerufen hatten, waren sich aber keineswegs darüber im klaren, was weiter werden sollte. In pausenlosen Beratungen, während die Demonstranten nach Waffen und Entschlüssen verlangten, wurde schließlich ein Revolutionsrat unter dem Vorsitz von Liebknecht, Ledebour und Scholze gegründet. Unter dem Einfluß von unzutreffenden Nachrichten, daß die in Berlin stehenden Truppen auf Seite der Revolution übergehen wollten, wurde der Beschluß gefaßt, den Kampf um die Macht zu wagen und die Regierung zu stürzen. In der Nacht vom 5. zum 6. Januar wurde der Ausschuß von der Meldung überrascht, daß bewaffnete Stoßtrupps radikaler Spartakisten auf eigene Faust das ›Vorwärts‹-Gebäude und Verlagshäuser anderer großer Tageszeitungen besetzt hätten. Damit waren die Feindseligkeiten eröffnet und ein Zurückgehen nicht mehr gut möglich.«[382]

Wenn später behauptet wurde,[383] der Rat der Volksbeauftragten hätte alle Möglichkeiten zum gütlichen Ausgleich beiseite geschoben und beschlossen, mit Gewalt Ordnung zu schaffen, so ist das in dieser Form falsch. Erst am 6. Januar erhielt Noske den Auftrag, Einheiten zu bilden und die Unruhen im Stadtinnern niederzuschlagen:

»In ziemlicher Aufregung, denn die Zeit drängte, auf der Straße riefen unsere Leute nach Waffen,[384] stand man im Arbeitszimmer Eberts umher. Ich forderte, daß ein Entschluß gefaßt werde. Darauf sagte jemand: ›Dann mach' du doch die Sache!‹ Worauf ich kurz entschlossen erwiderte: ›Meinetwegen! Einer muß der Bluthund werden, ich scheue die Verantwortung nicht!‹[385] ... Ein Beschluß wurde mündlich so formuliert, daß Regierung und Zentralrat mir weitgehendste Vollmachten zum Zweck der Wiederherstellung geordneter Verhältnisse in Berlin übertrugen ... Meine Ernennung zum Oberbefehlshaber war vollzogen. Den Wortlaut der mir erteilten Vollmachten habe ich nie gelesen und die Bestallung als Oberbefehlshaber nie in der Hand gehabt.

Zeit war nicht zu verlieren. Mit einem jungen Hauptmann in Zivil sollte ich nach dem Generalstabsgebäude gehen, um dort mit einigen Offizieren die erforderlichen Maßnahmen zu besprechen. Auf der Straße wurde ich stürmisch begrüßt. Man hob mich hoch, und ich teilte kurz mit, daß ich zum Befehlshaber ernannt sei. Wie es gemacht werden sollte, wußte ich noch nicht, doch erklärte ich voller Zutrauen: ›Verlaßt euch darauf, ich bringe euch Berlin in Ordnung.‹

Als wir die Massen, mit denen die Wilhelmstraße gefüllt war, hinter uns hatten, stießen wir Unter den Linden auf das Aufgebot der Unabhängigen und Spartakusleute ... Ledebour hat im Januar 1920 ausgeplaudert, daß am Sonntag, dem 5. Januar 1919, in einer Sitzung der revolutionären Obleute mit 80 gegen 6 Stimmen der Beschluß für die Aufnahme des Kampfes gefaßt worden war ... Einige Lastautomobile mit Maschinengewehren standen an der Siegessäule. Höflich bat ich wiederholt darum, mich durchzulassen, denn ich hätte eine dringende Besorgung. Es wurde mir bereitwillig der Weg freigegeben. Wenn die Scharen entschlossene, zielklare Führer gehabt hätten, an Stelle von Schwadroneuren, hätten sie am Mittag dieses Tages Berlin in der Hand gehabt.

Ein Jahr später, als Ledebour sich rühmte, diese Revolution gemacht zu haben, schrieb höhnend das Kommunistenblatt ›Die Rote Fahne‹:

›Was am Montag in Berlin sich zeigte, war vielleicht die größte proletarische Massentat, die die Geschichte je gesehen hat. Wir glauben nicht, daß in Rußland Massendemonstrationen dieses Umfanges stattgefunden haben. Vom Roland zur Viktoria standen die Proletarier Kopf an Kopf. Bis weit hinein in den Tiergarten standen sie. Sie hatten ihre Waffen mitgebracht, sie ließen ihre roten Banner wehen. Sie waren bereit, alles zu tun, alles zu geben, das Leben selbst. Eine Armee von 200000 Mann wie kein Ludendorff sie gesehen.‹«[386]

Aber diese ›Armee von zweihunderttausend Mann‹, die bereit war, »alles zu tun, alles zu geben, das Leben selbst«, wie die ›Rote Fahne‹ schrieb, hatte keinen Führer. Wie schon weiter oben geschildert, war niemand da, der befahl. Im Krieg – und es war ein Krieg, ein Bürgerkrieg – können nicht mehrere befehlen, sondern immer nur einer. In dieser Erkenntnis lag auch der Erfolg der Revolution von 1917 in Rußland. Dort hatte Trotzki das Kommando übernommen und sich nicht von Lenin dreinreden lassen, in Berlin ging es hin und her. Die ›Rote Fahne‹ fährt dann fort:

»Und da geschah das Unerhörte. Die Massen standen von früh um 9 Uhr in Kälte und Nebel. Und irgendwo saßen die Führer und berieten. Der Nebel stieg, und die Massen standen weiter. Aber die Führer berieten. Der Mittag kam, und dazu die Kälte, der Hunger. Und die Führer berieten. Die Massen fieberten vor Erregung: sie wollten eine Tat, auch nur ein Wort, das ihre Erregung besänftigte. Doch keiner wußte, welches. Denn die Führer berieten. Der Nebel fiel wieder, und mit ihm die Dämmerung. Traurig gingen die Massen nach Hause: sie hatten Großes gewollt und nichts getan. Denn die Führer berieten. Im Marstall hatten sie beraten, dann gingen sie weiter ins Polizeipräsidium und berieten weiter. Draußen standen die Proletarier auf dem leeren Alexanderplatz, die Knarre in der Hand, mit leichten und schweren Maschinengewehren. Und drinnen berieten die Führer. Im Präsidium wurden die Geschütze klargemacht; Matrosen standen an jeder Ecke der Gänge, im Vorderzimmer ein Gewimmel, Soldaten, Matrosen, Proletarier. Und drinnen saßen die Führer und berieten. Sie saßen den ganzen Abend und saßen die ganze Nacht und berieten, sie saßen am nächsten Morgen, als der Tag graute, teils noch, teils wieder, und berieten. Und wieder zogen die Scharen in die Siegesallee, und noch saßen die Führer und berieten. Sie berieten, berieten, berieten.

Nein! diese Massen waren nicht reif, die Gewalt zu übernehmen, sonst hätten sie aus eigenem Entschluß Männer an ihre Spitze gestellt, und die erste revolutionäre Tat wäre gewesen, die Führer im Polizeipräsidium aufhören zu machen zu beraten.«[387]

Wenn diese Schilderung auch mehr journalistisch als historisch zu bewerten ist, so bestätigt sie doch Rosa Luxemburgs Feststellung in ihrem letzten Artikel ›Die Führung hat versagt‹. Sie hatte an diesen beiden Tagen wirklich total versagt. Aber so ganz ergebnislos, wie es scheinen mochte, waren die Beratungen am 6. Januar auch wieder nicht.

Man erließ – ein Gipfelpunkt von Leichtfertigkeit – folgende Proklamation:

Kameraden! Arbeiter!

Die Regierung Ebert-Scheidemann hat sich unmöglich gemacht. Sie ist von dem unterzeichneten Revolutionsausschuß, der Vertretung der revolutionären sozialistischen Arbeiter und Soldaten (Unabhängige Sozialdemokratische Partei und Kommunistische Partei) für abgesetzt erklärt.

Der unterzeichnete Revolutionsausschuß hat die Regierungsgeschäfte vorläufig übernommen.

Kameraden! Arbeiter!

Schließt euch den Maßnahmen des Revolutionsausschusses an.

Berlin, den 6. Januar 1919. Der Revolutionsausschuß
Ledebour – Liebknecht – Scholze[388]

Alle Behauptungen in diesem Aufruf waren objektiv falsch: die USPD, für die Ledebour unterschrieben hatte, stand nicht hinter diesem ominösen ›Revolutionsausschuß‹, für dessen 33 Mitglieder das oben genannte Dreierkollegium zeichnete.

Auch nicht Rosa Luxemburg, die mit Liebknecht hart gekämpft hatte, keinen Aufstand anzuzetteln. Wann und wo dieser Ausschuß die Regierungsgeschäfte angeblich übernommen oder auch nur den Versuch dazu gemacht haben wollte, hätte weder Liebknecht noch Ledebour, noch Scholze als Vertreter der ›Revolutionären Obleute‹ sagen können.

Hier drohte die Tragödie des schon vor seinem Beginn gescheiterten Januaraufstandes zur Farce zu werden, denn um die gleiche Zeit, in der die Proklamation erlassen wurde, gab der Vollzugsrat der A.- und S.-Räte bekannt, daß er die Amtsenthebung Eichhorns billige. Damit war der moralische oder revolutionäre Grund für den Aufstand hinfällig geworden; aber man war nun schon einmal dabei, Revolution zu machen, und so schlitterte man weiter in die Katastrophe hinein.

Statt die Nervenzentren eines modernen Staates zu besetzen: Reichskanzlei, Ministerien, Post- und Telegrafenämter, die Telefonzentralen und so weiter, wie es Trotzki in Petrograd gemacht hatte,[389] besetzte man Zeitungsredaktionen und verletzte damit »die elementarsten Regeln der revolutionären Aktionen«, wie Rosa Luxemburg[390] schrieb. Sie sah die Niederlage voraus. Aber nachdem die Arbeiter zur Aktion übergegangen waren, glaubte sie gegen ihre bessere Überzeugung mitmachen zu müssen.

In den zwei Tagen, in denen die Massen untätig herumstanden, gelang es der Regierung, Kräfte zu sammeln. Der neue Oberbefehlshaber Noske begab sich am 6. Januar nachmittags in den Westen Berlins, nach Dahlem, wo ihm ein Bautrupp in dem leicht zu verteidigenden Luisenstift, einem Pensionat für Mädchen ab zwölf Jahren, eine Befehlszentrale einrichtete. Diesem Widerstandszentrum strömten von allen Seiten ehemalige Soldaten und Offiziere zu, aber auch Einheiten aus dem Zossener Lager rückten an, und »nach drei Tagen glich die Gegend einem Kriegslager«:

»Mit beträchtlicher Sorge war bei der Besprechung der Lage in dem Dahlemer Hauptquartier der Verhältnisse in Spandau gedacht worden. Dort terrorisierten Maulhelden, die bis zur Revolution nicht gewagt hatten, sich irgendwie mausig zu machen, nun als die radikalsten die besonnenen Arbeiter der großen staatlichen Militärwerkstätten. Das Rathaus hatten Leute dieses Schlages besetzt. Bei dem Marsch auf Berlin bestand die Gefahr einer Bedrohung der linken Flanke durch Spandauer Scharen... Darauf befahl ich den Angriff, der am nächsten Morgen erfolgte und zu einem vollen Erfolge führte. Bald darauf erschienen die Spandauer Radikalen bei mir, um zu geloben, daß sie Maß halten würden. Bei dem Angriff auf das Rathaus sind einige Menschenleben vernichtet worden. Einige Verhaftete, die nach Berlin ins Gefängnis übergeführt werden sollten, wurden erschossen, weil sie nach Angabe der Begleitmannschaft einen Fluchtversuch machten. Ein Beweis vom Gegenteil ist nicht erbracht worden.«[391]

Tatsache ist, daß in den nächsten Tagen kaum noch Gefangene gemacht wurden, vor allem nachdem die Militärs erklärt hatten, sie lehnten jede Verhandlung ab.[392] Insgesamt dürften einige hundert Menschen den Tod gefunden haben, und darunter nicht nur Arbeiter, die sich zur KPD oder zu dem ominösen Revolutionsausschuß bekannten.

Am Freitag, den 10. Januar, nahm Noske an einer Kabinettsitzung in Berlin teil. »Die Ungeduld war in der Reichskanzlei aufs höchste gestiegen«, schrieb er später, und da man befürchtet hätte, daß die Entwicklung der Dinge recht ungünstig verlaufen könnte, wenn nicht bald Truppen kämen, befahl er von der Reichskanzlei aus den Vormarsch einiger Einheiten. Noch in der Nacht vom Freitag zum Sonnabend, dem 11. Januar, konnte das ›Vorwärts‹-Gebäude zurückerobert werden.

Dabei kam es erneut zu recht unliebsamen Szenen: Parlamentäre wurden einfach an die Wand gestellt. Tags darauf teilten die militärischen Führer auch der Regierung mit, daß sie keinerlei Verhandlungen mit den Spartakisten wünschten; das beeinträchtige ›die Zuverlässigkeit der Truppe‹. Tatsächlich hatte die Wut der Soldaten alle Grenzen einer humanen Kriegführung gesprengt. Aber Bürgerkriege waren seit jeher immer viel schrecklicher als Kriege. Im ›Vorwärts‹ vom 13. Januar erschien ein Gedicht, das als direkte

Aufforderung von seiten der Sozialdemokraten angesehen wurde, auch Liebknecht und Luxemburg zu töten:

Das Leichenhaus

Vielhundert Tote in einer Reih –
Proletarier!
Es fragten nicht Eisen, Pulver und Blei,
ob einer rechts, links oder Spartakus sei,
Proletarier!
Wer hat die Gewalt auf die Straßen gesandt,
Proletarier?
Wer nahm die Waffe zuerst zur Hand
und hat auf ihre Entscheidung gebrannt?
Spartakus!
Vielhundert Tote in einer Reih –
Proletarier!
Karl, Rosa, Radek und Kumpanei –
Es ist keiner dabei, es ist keiner dabei!
Proletarier![393]

Kurz nach dem Tode Rosa Luxemburgs und Karl Liebknechts brachte der ›Vorwärts‹ folgende Erklärung des Verfassers Arthur Zickler:

»Heute bereue ich das Gedicht. Karl Liebknecht und Rosa waren erstens nicht feige, sondern erwiesen sich als sehr tapfer; zweitens hatten sie den wahnwitzigen Aufstand nicht angefangen, sondern zu bremsen versucht. Verantwortlich waren andere... Jetzt natürlich beschuldigen mich die Herren von der ›Roten Fahne‹ (die meine Abneigung gegen Prozesse kennen), ich hätte zum Mord an Liebknecht und Frau Luxemburg aufgehetzt... Das einem Sozialisten, der den Beiden begeistert zu Füßen gesessen und in dieser Zeit selbst Schweres durchgemacht hat.«[394]

Am Samstag setzte sich Noske an der Spitze von rund 3000 Mann zu Fuß nach Berlin hinein in Marsch. Die Bevölkerung, die unter der Schießerei sehr gelitten hatte, begrüßte die Truppen mit stürmischen Hurrarufen. Man war froh, daß nun wieder ›Ruhe und Ordnung‹ einkehren würde. Bei den

Kommandostellen der militärischen Einheiten meldeten sich haufenweise Denunzianten, und ›Spartakist‹ genannt zu werden kam nicht selten einem Todesurteil gleich. Aber noch waren Rosa Luxemburg und Karl Liebknecht in Freiheit, und an den Häuserwänden sah man neue Plakate, die wieder zum Mord aufforderten:

Arbeiter! Bürger!
Das Vaterland ist dem Untergang nahe.
Rettet es!
Es wird nicht bedroht von außen, sondern von innen:
VON DER SPARTAKUSGRUPPE.
SCHLAGT IHRE FÜHRER TOT!
TÖTET LIEBKNECHT UND LUXEMBURG!
Dann werdet Ihr Frieden, Arbeit und Brot haben!
Die Frontsoldaten[395]

Rosa Luxemburg wie auch Karl Liebknecht waren schon seit Wochen nicht mehr in ihre Wohnung gekommen; aus Sicherheitsgründen hatten sie es für richtig gehalten, in Hotels zu nächtigen. Nach dem Erlöschen der Kämpfe fanden die beiden Unterschlupf bei einer Frau Markussohn in Berlin-Wilmersdorf. Dort schrieb Rosa Luxemburg ihren letzten Artikel, ›Die Ordnung herrscht in Berlin‹ (siehe Anhang), der mit den Worten schloß: »Ich war – ich bin – ich werde sein!«, und Karl Liebknecht seine Fanfare ›Trotz alledem‹. Sie erschienen beide in der ›Roten Fahne‹ am 14. beziehungsweise am 15. Januar 1919.

Am 15. Januar, lange nach Einbruch der Dunkelheit, gegen 21 Uhr, wurden Karl Liebknecht und Rosa Luxemburg von einem Trupp der Einwohnerwehr von Schöneberg verhaftet. Hauptmann Pabst gab 1959 dem späteren Vizepräsidenten des Bundes für Verfassungsschutz, Dr. Günther Nollau, eine Erklärung ab, die dieser als ›Aktennotiz‹ festhielt.[396] Zur Verhaftung Karl Liebknechts und Rosa Luxemburgs erklärte Hauptmann Pabst, er sei es gewesen, der sie veranlaßt habe.

»Er habe Karl Liebknecht und Rosa Luxemburg damals in Berlin selbst sprechen hören. Er habe sich nämlich in Zivil unter das Volk gemischt. Seine eigenen Beobachtungen hätten ihn zu der Auffassung gebracht, daß beide außerordentlich gefährlich seien und man ihnen nichts gleichwertiges entgegensetzen könne. Deswegen habe er sich entschlossen, diese Personen unschädlich zu machen. Er habe an die Einwohnerwehr von Schöneberg, wo die beiden gewohnt hätten, den Auftrag gegeben, sie festzunehmen und zum Hauptquartier der Garde-Kavallerie-Schützen-Division zu bringen. In ihren Wohnungen seien sie aber nicht anzutreffen gewesen. Die Einwohnerwehr hätte sie aber gefunden und am 15. Januar 1919 zu ihm gebracht.«[397]

Mit ihnen wurde auch Wilhelm Pieck verhaftet, der spätere erste Präsident der DDR. Die Frage, wer das Quartier bei Frau Markussohn verriet, konnte nie geklärt werden. Henriette Roland-Holst meinte (S. 207), die Anwesenheit der beiden geheimnisvollen Flüchtlinge sei in dem bürgerlichen Mietshaus in Wilmersdorf bekannt geworden, und sie ließ durchblicken, die Mitbewohner hätten sie verraten. Später beschuldigte man Pieck, der gerade angekommen war und falsche Papiere für die beiden überbracht hatte, der Einwohnerwehr den Tip gegeben zu haben.

Diese Anschuldigung ging auf Hauptmann Pabst zurück, der später behauptete, Wilhelm Pieck sei entlassen worden, weil er Informationen über andere führende Spartakusleute geliefert und damit deren Verhaftung erleichtert habe.[398] Das Gerücht verdichtete sich so stark, daß der KPD-Vorsitzende Ernst Thälmann 1929 eine Untersuchung gegen Pieck, damals Vorsitzender der KPD Berlin-Brandenburg, einleiten konnte.

Was sie zutage förderte, wurde nie bekanntgegeben. Vorsitzender dieser Untersuchungskommission war ein gewisser Hans Kippenberger, Leiter des militärischen Apparates (M-Apparat) der KPD, also ein sehr wichtiger Parteimann. Er wurde später, wie viele andere deutsche Kommunisten auch, im Rußland der dreißiger Jahre während der Schädlingsprozesse hingerichtet.

Von dieser Seite Informationen zu erhalten ist also unmöglich. Immerhin ist nicht auszuschließen, daß man zu der Überzeugung kam, Pieck habe in seiner Todesangst Rosa Luxemburg verraten. Möglich ist aber auch, daß diese Untersuchungskommission nur ein Racheakt von Ernst Thälmann war, denn kurz vorher war ein Schwager von ihm, der Mein und Dein nicht hatte unterscheiden können, in einen Finanzskandal verwickelt worden, und der Vorsitzende der KPD hatte das gedeckt.

Das Zentralkomitee setzte daraufhin Thälmann ab. Doch mußte er gleich darauf wieder auf Befehl von Stalin in seine alten Ämter eingesetzt werden. Gerade die geringen geistigen Fähigkeiten des KPD-Führers waren für den russischen Diktator ein Grund, sich für ihn zu verwenden, da von ihm kaum irgendwelche Einwände gegen die Politik der von Stalin bereits völlig beherrschten Komintern zu erwarten waren.

Daß nichts gegen Wilhelm Pieck unternommen wurde, beweist nicht seine Schuldlosigkeit. Stalin liebte es, Menschen zu protegieren, deren Weste nicht ganz sauber war; sie dienten ihm am treuesten. Nettl verweist noch auf einen anderen merkwürdigen Vorgang, der für eine gewisse Schuld spricht:

»Immerhin enthält Runges eigene Darstellung – die Pieck als zutreffend bestätigte (›Die Rote Fahne‹, 11. Januar 1921) – eine ziemlich sonderbare Stelle. Runge erzählt, ihm sei befohlen worden, den Redakteur der ›Roten Fahne‹ (für den man Pieck irrtümlich hielt) im Korridor des Hotels zu erschießen. Ich hatte Zweifel... Der Mann von der ›Roten Fahne‹ wandte sich an mich und sagte, er habe einen Auftrag zu erledigen. Er wurde in ein Zimmer geführt, und als er wieder herauskam, befahl ein Offizier einem der Posten: ›Bringen Sie diesen Mann weg und passen Sie auf, daß nichts passiert.‹«[399]

Von ihrem illegalen Quartier aus wurde zuerst Karl Liebknecht im Auto abtransportiert. Seine Versicherung, er sei nicht derjenige, für den man ihn halte, wurde nicht geglaubt. Man wußte genau, wen man vor sich hatte und daß sein Paß eine Fälschung war. Kurz darauf wurde Rosa Luxemburg abtransportiert. Im Eden-Hotel, dem Stabsquartier der Garde-Kavallerie-Schützen-Division, empfingen die Soldaten sie mit Hohn- und Schmährufen, darunter nicht wiederzugebende Ausdrücke, die von der schmutzigen Phantasie der Landsknechte zeugten.

Im ersten Stock des Hotels erwartete sie Hauptmann Pabst, der erste Stabsoffizier der Division, der sie kurz verhörte. Ein Protokoll wurde offenbar nicht angefertigt. Dann setzte sich Rosa Luxemburg still in eine Ecke und las in einem der Bücher, die sie bei dem eiligen Abtransport in ihr Köfferchen hatte packen können: ›Faust‹, 2. Teil.[400] Sie und auch Karl Liebknecht wußten wahrscheinlich, was man beabsichtigte.

Liebknecht hatte schon vorher Andeutungen gemacht, daß er mit einem Anschlag auf ihn rechne, und im Schlußsatz ihrer Rede auf dem Gründungsparteitag der KPD war Rosa Luxemburg der Satz entschlüpft: »Wieviel Zeit dieser Prozeß braucht, wer rechnet von uns, wen kümmert das, wenn nur unser Leben dazu ausreicht, es dahin zu bringen...« Auch in Briefen hatte sie mehrfach ihrer Befürchtung Ausdruck gegeben, ermordet zu werden.

Doch selbst ein zum Tode Verurteilter hofft noch bis zur letzten Stunde auf Gnade. Niemand weiß, was sie in diesen Minuten vor ihrem letzten Gang in den Tod bewegte. Das Scheinverhör durch Hauptmann Pabst, der eine ihrer Reden gehört und beschlossen hatte, sie umzubringen,[401] das rüde Benehmen der Offiziere und Soldaten mußten ihr gezeigt haben, wie ernst ihre Lage war. Daß sie Goethes ›Faust‹ las, beweist ihr Bestreben, sich abzulenken, sich vom Getriebe um sie zu isolieren.

Nach Hans Diefenbachs Tod hatte sie an ihre Freundin Luise Kautsky geschrieben: »Man muß stolz sein und nichts zeigen!« Auch jetzt war sie zu stolz, sich ihre Angst anmerken zu lassen. Sie wollte aufrecht sterben und nicht um Gnade winseln. Dem »Kampf gegen den Militarismus«, gegen das arrogante Offizierskorps hatte sie Jahre ihres Lebens geopfert. Dafür war sie ins Gefängnis gegangen und später in Schutzhaft. Nun präsentierten ihr Offiziere die Rechnung.

Zuerst wurde Karl Liebknecht abtransportiert. Unter den hohnvollen Blicken und rohen Zurufen der Soldaten, unter die sich auch einige Hotelgäste gemischt hatten, wurde Liebknecht durch einen Seitenausgang auf die verlassene Kurfürstenstraße hinausgeführt. Vielleicht hatten Militärposten für einige Minuten alle Passanten abgewehrt, damit niemand Zeuge sein konnte für das, was geplant war, denn jedermann im Hotel wußte, welches Schicksal man Liebknecht bereiten wollte.[402]

Der Jäger Runge, 44 Jahre alt, von Beruf Dreher, als ›Proletarier‹ im Norden von Berlin wohnend, hatte den Auftrag erhalten, Liebknecht mit dem Gewehrkolben über den Schädel zu schlagen. Er zögerte nicht, den ›Befehl‹ auszuführen. Halb betäubt zerrte man Liebknecht in ein bereitstehendes Auto, in dem bereits einige Offiziere saßen. Im Hotel war ihm erklärt worden, er werde in Schutzhaft ins Gefängnis Moabit abgeführt, doch das Auto schlug eine andere Richtung ein.

Vom Hinterausgang des Eden-Hotels in der Kurfürstenstraße bog es in die Budapester Straße ein, fuhr über den Landwehrkanal nach der Hitzigstraße zur Stühlestraße und dann in den Großen Weg im Tiergarten. Am Neuen See täuschte man eine Autopanne vor. Man fragte Liebknecht, ob er in der Lage sei zu gehen, und als er bejahte, erhielt er den Befehl, auszusteigen und zu Fuß weiterzugehen. Nach wenigen Schritten schoß Kapitänleutnant Horst von Pflugk-Harttung,[403] Sohn eines bekannten früheren Universitätsprofessors, ihm eine Kugel in den Kopf.

Das Auto konnte jetzt plötzlich wieder fahren. Man schleifte den Leichnam heran und transportierte ihn in das nächstgelegene Leichenschauhaus. Ins Eden-Hotel zurückgekehrt, meldete der »außergewöhnlich begabte, kluge Soldat ... und Mensch« in strammer Haltung, Karl Liebknecht sei »auf der Flucht« erschossen worden.

Auf dem Gesicht mit dem Schnurrbart und dem kleinen Kinnbärtchen, nach der Mode, die Admiral von Scheer in der

Flotte eingeführt hatte, war nichts zu erkennen, was irgendwie nach Mitleid oder nach Genugtuung aussah. Der Herr Kapitänleutnant hatte einen Befehl ausgeführt und einen Menschen wissentlich und mit Vorbedacht umgebracht. So etwas regte einen Soldaten »mit eiserner Willenskraft«, einen »vorzüglichen Organisator und ganz vortrefflichen Kameraden«, nicht sonderlich auf.[404]

Kurz danach wurde auch Rosa Luxemburg aus ihrem Zimmer geholt. Schon in der Hotelhalle schlugen Soldaten auf sie ein. Wenig später hörte Wilhelm Pieck ein Dienstmädchen des Hotels sagen: »Nein, ich werde den Anblick nicht wieder los, wie man die arme Frau niedergeschlagen und umhergeschleift hat.«[405] Diese junge Frau hatte offenbar ein viel empfindlicheres Gemüt als die Soldaten. Vor dem Nebenausgang des Eden-Hotels in der Kurfürstenstraße schlug wiederum der Jäger Runge der ›blutigen Rosa‹ mit dem Gewehrkolben über den Kopf, diesmal gleich zweimal. Sie war betäubt, aber sie lebte noch.

Wie eine Puppe schleifte man die ohnmächtige Frau ins Auto und fuhr davon. Doch diesmal machte man sich nicht soviel Arbeit. Das Auto fuhr nur bis zum Lützowufer. Im letzten Moment war noch ein Mann auf das Trittbrett des Kraftwagens gesprungen,[406] und er war es, der Rosa Luxemburg kurz vor der Lichtensteinbrücke ins Genick schoß. Zwei Soldaten packten die Tote und warfen sie in das schlammige Wasser des Landwehrkanals. Dann fuhren sie zurück und meldeten in militärisch strammer Haltung, eine wütende Menschenmenge habe den Wagen angehalten und Rosa Luxemburg mit unbekanntem Ziel entführt.[407] Die wenigen Habseligkeiten der Ermordeten teilten sich Offiziere als ›Souvenire‹.[408]

Am Abend saßen die Soldaten vom Eden-Hotel mit ihren Kameraden, die an dem Mord beteiligt gewesen waren, zusammen und feierten ihren Sieg über zwei wehrlose Gefangene. An der Mitte des Tisches hockte der schnauzbärtige Jäger Runge, mit Feldmütze, niederer Stirn und hervorstehenden Backenknochen, und trank wie schon so oft in diesen Tagen. Wenn das ›schöne‹ Lied aufklang: »Es liegt eine Leiche im Landwehrkanal, ja reich sie mir mal her, aber knutsch sie nicht so sehr«, fiel er grölend in den Gesang ein.

Die jungen Burschen um ihn (eine Photographie der ›Siegesfeier‹ ist erhalten geblieben), Siebzehnjährige darunter, vielleicht Kadetten, deren Laufbahn plötzlich abgebrochen war, oder junge Rekruten, Jahrgang 1900, aus irgendeiner Kaserne davongelaufen, ließen Runge immer wieder hochleben, und mancher von ihnen empfand wohl auch ein bißchen Neid, daß nicht ihm die Aufgabe zuteil geworden war, es den beiden ›Spartakistenschweinen‹ mit dem Gewehrkolben zu besorgen. Den ›Fangschuß‹ abzugeben blieb ja den Offizieren vorbehalten.

Am nächsten Tag meldete die ›BZ am Mittag‹: »Liebknecht auf der Flucht erschossen – Rosa Luxemburg von der Menge getötet«. Das Wolfsche Telegraphenbüro gab eine wortreiche, detaillierte Darstellung, die in den Abendausgaben der Tageszeitungen veröffentlicht wurde, der man aber sofort anmerkte, daß sie nicht aufklären, sondern vertuschen sollte:

Liebknechts und Rosa Luxemburgs Ende!

»Über die Erschießung Liebknechts beim Fluchtversuch und über die Tötung der Frau Rosa Luxemburg auf der Fahrt zum Untersuchungsgefängnis erhalten wir vom Stab der Garde-Kavallerie-Schützen-Division folgenden Bericht:

1. Am Mittwoch, den 15. Januar, gegen 9.30 abends, wurde durch Mannschaften der Wilmersdorfer Bürgerwehr der in Wilmersdorf, Mannheimer Straße 43, vorläufig festgenommene Dr. Karl Liebknecht und gegen 10 Uhr die gleichfalls dort vorläufig festgenommene Frau Rosa Luxemburg beim Stabe der Garde-Kavallerie-Schützen-Division eingeliefert.

Nach kurzer Vernehmung der vorläufig Festgenommenen zur Feststellung ihrer Personen wurde zunächst Dr. Liebknecht eröffnet, daß er sich weiterhin als vorläufig festgenommen anzusehen habe und auf Anordnung der vorgesetzten Dienststelle (Abt. Lüttwitz) in das Moabiter Untersuchungsgefängnis geschafft würde, wo die Weiterverfügung über ihn die Reichsregierung zu treffen habe...

Die Nachricht von der Verhaftung und dem Aufenthaltsort von Liebknecht und Rosa Luxemburg hatte sich schnell in der Umgebung des Hotels verbreitet. Die Folge davon war eine große Menschenansammlung vor dem Eden-Hotel. Teile des Publikums drangen bis in die Halle des Hotels ein.

Von der G. K. S. D. erhielt der Führer der in Aussicht genommenen Begleitmannschaft daher den ausdrücklichen Befehl, von der Menge unbemerkt Dr. Liebknecht durch einen Seitenausgang aus dem Haus zu schaffen und ihn mit einem Dienstautomobil nach Moabit zu bringen. Der Führer machte Dr. Liebknecht ausdrücklich darauf aufmerksam, daß er bei einem Fluchtversuch von der Waffe Gebrauch machen werde.

Inzwischen aber hatte sich bereits auch am Seitenausgang eine zahlreiche Menschenmenge versammelt, so daß es der Begleitmannschaft nur mühsam gelang, sich einen Weg zu bahnen. Als Liebknecht und die Begleitmannschaften gerade im Wagen Platz genommen hatten und der Wagen im Begriff war, anzufahren, erhielt Liebknecht aus der den Wagen umdrängenden Menge von hinten von einem unbekannten Täter einen wuchtigen Schlag auf den Kopf, durch den er eine stark blutende Kopfverletzung davontrug. Der Führer der Begleitmannschaft ließ daraufhin das Automobil so schnell wie möglich anlaufen, um L. vor der Menge zu schützen.

Zur Vermeidung von Aufsehen wählte der Führer der Begleitmannschaft einen Umweg durch den Tiergarten nach Moabit. Am Neuen See blieb der Kraftwagen stehen, der offenbar durch das schnelle Anfahren in Unordnung geraten war. Als auf Befragen der Kraftwagenführer angab, daß die Wiederherstellung der Maschine einige Zeit erfordern würde, fragte der Führer der Begleitmannschaft Doktor Liebknecht, ob er sich kräftig genug fühle, die Charlottenburger Chaussee zu Fuß zu erreichen... Als sich die Begleitmannschaft etwa 50 Meter vom Wagen entfernt hatte, machte sich Liebknecht von ihnen los und rannte eiligst in gerader Richtung von ihnen fort. Der eine Begleitmann wollte ihn halten, erhielt aber von Liebknecht einen Messerstich in die rechte Hand. Da Liebknecht auf mehrfaches Anrufen nicht stehen blieb, schossen mehrere Leute der Begleitmannschaft hinter ihm her; einige Augenblicke später stürzte Liebknecht zusammen und war anscheinend sofort tot.

2. Auf Befehl der G. K. S. D. wurde etwa um 10 Uhr abends einer zweiten Begleitmannschaft befohlen, Frau Rosa Luxemburg in das Untersuchungsgefängnis zu überführen. Da sich wegen des Abtransportes von Karl Liebknecht durch den Seitenausgang gerade dort eine große Menschenmenge angesammelt hatte, versuchte der Führer der Begleitmannschaften, die Menge dadurch zu zerstreuen, daß er mit lauter Stimme vor dem Seitenausgang rief, der Abtransport der Rosa Luxemburg sei bereits erfolgt. Der Führer ließ dann das Automobil abfahren und erteilte dem Wagenführer zur weiteren Irreführung der Menge mit lauter Stimme den Befehl, nach Hause zu fahren. Der Wagen fuhr dann in einem Bogen an der Kaiser-Wilhelm-Gedächtnis-Kirche vorbei und wieder zurück vor den Haupteingang des Hotels. Zur Zeit des Vorfahrens war der Haupteingang menschenleer.

Der Führer der Begleitmannschaften forderte die in einem Zimmer des ersten Stockes befindliche Frau Rosa Luxemburg auf, ihm schnell nach dem Wagen zu folgen und ging selbst zu ihrem Schutze vor ihr her, während die Begleitmannschaften sie umringten. Innerhalb der wenigen Minuten zwischen der Vorfahrt des Wagens und der Abholung der Frau Luxemburg hatte sich aber eine zahlreiche Menschenmenge vor dem Hotel und in der Halle des Hotels angesammelt. Die Menge nahm eine drohende Haltung gegen Frau Luxemburg ein, es fielen Verwünschungen und es wurde mehrfach der Versuch gemacht, gegen Frau Luxemburg tätlich zu werden. Den Begleitmannschaften gelang es, Frau Luxemburg zum Wagen zu bringen und den Eingang des Wagens freizuhalten. Da sich aber auch an der Straßenseite eine erregte Menschenmenge angesammelt hatte, welche gleichfalls dem Wagen zudrängte, so befand sich die Begleitmannschaft vorübergehend in einem erregten Menschenknäuel und wurde auseinandergerissen. In diesem Augenblick schlug die Menschenmenge auf Frau Luxemburg ein.

Diese wurde von dem Führer der Transportmannschaften aufgefangen und bewußtlos von ihm und seinen Leuten in den Wagen gebracht. Frau Luxemburg lag halb zurückgelehnt auf dem Vordersitz des Wagens. Als sich dieser der Menge wegen langsam in Bewegung setzte, sprang plötzlich ein Mann aus der Menge auf das Trittbrett und gab auf Frau Luxemburg einen Pistolenschuß ab.

Auf Befehl des Führers der Begleitmannschaften versuchte der Wagen daraufhin in schneller Fahrt den Kurfürstendamm in Richtung Berlin hinunterzufahren, wurde aber in der Nähe des Kanals plötzlich durch Haltrufe zum Anhalten aufgefordert. In der Annahme, daß es sich um eine kontrollierende Patrouille handle, hielt der Wagenführer. In diesem Augenblick drängte sich eine zahlreiche Menschenmenge an den Wagen heran, sprang auf die Trittbretter und zerrte unter den Rufen: Das ist die Rosa! den Körper der Frau Luxemburg aus dem Wagen heraus.

Die Menge verschwand mit ihr in der Dunkelheit. Es ist anzunehmen, daß die Leute, die das Automobil zum Anhalten brachten, aus der vor dem Eden-Hotel versammelten Menschenmenge waren. Da sich der Kraftwagen vom Hotel aus nur langsam hatte in Bewegung setzen können, war es den Leuten möglich geworden, dem Wagen vorzueilen und ihm den Weg zu verlegen.«[409]

Um die Vernebelung komplett zu machen, tat die Garde-Kavallerie-Schützen-Division das Ihre und gab noch folgende Meldung heraus:

»Zur Feststellung, ob die beiden Führer der Begleitmannschaften von Dr. Liebknecht und Frau Rosa Luxemburg ihre dienstliche Pflicht erfüllt haben, ist die kriegsgerichtliche Untersuchung eingeleitet worden. Der die Begleitmannschaft der Frau Rosa Luxemburg befehlende Offizier ist vom Dienst suspendiert, bis klargelegt worden ist, warum er zum Schutze der Frau Luxemburg nicht gegen das Publikum von der Waffe Gebrauch gemacht hat.«[410]

Es kam tatsächlich zu einer Gerichtsverhandlung, die am 8. Mai 1919 vor dem Feldgericht der Garde-Kavallerie-Schützen-Division begann.[411] Die Untersuchung hatte Kriegsgerichtsrat Jorns geführt. Die Offiziere schworen, »bei Gott dem Allmächtigen und Allwissenden«, die »reine Wahrheit zu sagen, nichts als die Wahrheit, nichts hinzuzufügen und nichts wegzulassen«. Ihre Aussagen, alle aufeinander abgestimmt, waren samt und sonders falsch. Das Urteil lautete:

»1. Angeklagter Jäger *Runge* wegen Wachtvergehens im Felde, versuchten Totschlags in Tateinheit mit gefährlicher Körperverletzung unter Mißbrauch seiner Waffe in zwei Fällen, in einem Falle mit erschwertem Wachtverbrechen und Gebrauchmachung von falschen Urkunden zu *zwei Jahren Gefängnis,* zwei Wochen Haft, vier Jahre Ehrverlust und Entlassung aus dem Heere.

2. Angeklagter Leutnant *Liepmann* wegen Anmaßung einer Befehlsbefugnis in Verbindung mit Begünstigung zu *sechs Wochen geschärften Stubenarrest.*

3. Oberleutnant *Vogel* wegen erschwerten Wachtverbrechens im Felde in Tateinheit mit Begünstigung in Ausübung des Dienstes, wegen Mißbrauchs der Dienstgewalt und Beiseiteschaffung einer Leiche und wissentlich falscher Dienstmeldung zu *zwei Jahren vier Monaten Gefängnis* und Dienstentlassung.

Ferner wird der Angeklagte *Liepmann* von der weiteren Anklage wegen gemeinschaftlichen Mordes freigesprochen. Angeklagter Vogel wird von der weiteren Anklage der Duldung strafbarer Handlungen Untergebener, des erschwerten Wachtvergehens in einem zweiten Fall und des Mordes *freigesprochen.*

Die Angeklagten Kapitänleutnant z. S. Horst *von Pflugk-Harttung,* Oberleutnant z. S. *Rittgen,* Leutnant z. S. *Stiege,* Leutnant *Schulz,* Hauptmann Heinz *von Pflugk-Harttung* werden von der Anklage des Mordes, Hauptmann *Weller* von der Begünstigung dazu *freigesprochen.*«[412]

Die Herren Offiziere von der Garde-Kavallerie-Schützen-Division ließen ihre Kameraden nicht im Stich. Obwohl bereits am 14. Mai, dem letzten Verhandlungstag, ein unabhängiger Abgeordneter mitteilen konnte, daß für die Angeklagten Pässe mit falschen Namen besorgt worden seien, zum Beispiel für den Oberleutnant Vogel auf den Namen Kurt Felsen, wurden keine Vorsichtsmaßnahmen getroffen. Vogel wurde auch prompt befreit und konnte nach Holland entkommen.

Der Jäger Runge hatte seine Schuldigkeit getan und konnte sitzen.[413] Kriegsgerichtsrat Paul Jorns avancierte zum Reichsgerichtsrat, unter Hitler tätig am Volksgerichtshof.[413] Leo Jogisches, der in den nächsten Wochen viel zur Aufdeckung der Umstände bei der Ermordung von Rosa Luxemburg und Karl Liebknecht beitrug,[415] wurde am 10. März 1919 verhaftet, ins Untersuchungsgefängnis eingeliefert und dort in einem der Gänge von dem Kriminalbeamten Tamschick »auf der Flucht« erschossen.

Das gleiche Schicksal bereitete dieser schießwütige ehemalige Unteroffizier dem Matrosenführer von der Volksmarine-Division, Heinrich Dorrenbach. Tamschick wurde später für seine Verdienste zum Offizier der Preußischen Schutzpolizei befördert.[416]

Hauptmann Pabst brachte es bis zum Major. Seine Pension verzehrte er in der Schweiz. Nach ›Spiegel‹ Nr. 1/2/1970 wohnte er dann neunundachtzigjährig und laut amtsärztlichem Zeugnis wegen ›fortschreitender seniler Demenz‹ nicht mehr vernehmungsfähig, in Düsseldorf. Dort gab er dem Vizepräsidenten Dr. Günther Nollau die weiter oben erwähnten Auskünfte. Drei Jahre vorher hatte Pabst auch dem Fernsehreporter Dieter Ertel erklärt, nicht Vogel, sondern der Marineleutnant und spätere Oberst Hermann Wilhelm Souchon habe den tödlichen Schuß auf Rosa Luxemburg abgegeben. Der damalige Ordonnanzoffizier, Freiherr von Wechmar, bestätigte diese Aussage.

Vor Gericht, unter Eid stehend: »Ich schwöre bei Gott dem Allmächtigen und Allwissenden, die reine Wahrheit zu sagen, nichts als die Wahrheit«, sagte Souchon laut Protokoll aus:

»Ich saß am fraglichen Abend mit Pflugk-Harttung beim Abendbrot, er wurde herausgerufen. Als er wieder hereinkam, befahl er mir, sofort eine Patrouille für eine Unternehmung zusammenzustellen.

Ich machte ihm mehrere Herren namhaft. Dann fuhren wir zum Eden-Hotel. Dort erfuhr ich, daß wir Dr. Liebknecht nach Moabit zu transportieren hätten. An dem Transport konnte ich nicht teilnehmen, da ich von der Menge abgedrängt wurde. Eine Verabredung zwischen den Offizieren, Liebknecht zu töten, hat nicht stattgefunden. Wohl aber kann ich mich entsinnen, daß beim Abtransport Liebknechts aus der Menge die Worte fielen: Laßt ihn nicht lebendig weg!«[417]

Karl Liebknecht wurde am 25. Januar 1919 zu Grabe getragen, zusammen mit weiteren 31 Genossen, die ebenfalls ums Leben gekommen waren. Eine riesige Menschenmenge folgte den Särgen, unter denen sich auch ein leerer befand, der symbolisieren sollte, daß man auch Rosa Luxemburgs gedachte, deren Leiche erst am 31. Mai an einer Schleuse des Landwehrkanals angespült wurde. Gustav Noske ließ die schrecklich zugerichtete Tote, die schon in Verwesung übergegangen war, zunächst nach dem Truppenlager Zossen transportieren, weil die Regierung Demonstrationen befürchtete. Als aber bekannt wurde, daß man die Leiche gefunden habe, mußte man sie herausgeben.

Die Beerdigung fand am 13. Juni unter starker Teilnahme der Berliner Arbeiterschaft statt, ohne daß es zu Zwischenfällen kam. Der Friedhof Friedrichsfelde wurde zu einem Wallfahrtsort der Kommunisten. Am 13. Juni 1926 enthüllte man dort ein modernes Denkmal für Rosa Luxemburg, Karl Liebknecht, Franz Mehring, Leo Jogisches und Julian Marchlewski. Letzterer war als hoher Staatsfunktionär in einem italienischen Sanatorium gestorben, sein Leichnam nach Berlin überführt und eingeäschert worden. Die Asche gab man auf Bitten der polnischen Regierung im März 1950 zur Beisetzung in Polen frei. Die Nationalsozialisten zerstörten das Denkmal, aber nach dem Krieg baute man es wieder auf.

Rosa Luxemburgs schrecklicher Tod war dennoch Erfüllung ihres Lebens. Er bewahrte sie davor, in einem der sowjetischen Gefängnisse den Genickschuß zu erhalten. Den Glauben an den endgültigen Sieg des Sozialismus bewahrte sie sich bis zum letzten Tag, und man darf annehmen, daß sie ihn auch dann nicht verlor, als man sie durch die Menge der Soldaten führte, die auf sie einschlugen und sie unflätig beschimpften. Ihr Werk ist auch heute nicht vollendet: ein demokratischer Sozialismus. Aber eines Tages wird man sich ihrer erinnern, und dann wird das Wort wahr werden:

ICH WAR – ICH BIN – ICH WERDE SEIN!

Anhang

Reden und Schriften

DER WELTKRIEG NAHT

(Rede in einer Wählerversammlung in Leipzig am 1. Dezember 1911)

Die bevorstehende Reichstagswahl erreicht uns in einer so stürmisch bewegten Zeit, wie noch nie seit dem Bestehen des neuen Deutschen Reiches. Wir haben noch nie, seit wir das Deutsche Reich und den Reichstag haben, eine Reichstagswahl erlebt, die während eines blutigen Kriegszustandes kam. Zwar 1907 hatten wir schon die entfernten Nachklänge eines Kolonialkrieges.[418] Allein man konnte wenigstens damals die Illusion aufrechterhalten, daß es ein von Europa ferner Krieg war, der nicht mitzählt in der allgemeinen politischen Situation. Erinnern Sie sich, wie es noch vor wenigen Jahren in politischen Kreisen, und selbst in unsern eigenen Reihen, so viele Optimisten gab, die nicht müde wurden, die Tatsache hervorzuheben, daß wir trotz allen Rüstens und aller Kriegshetzereien ganze 40 Jahre der friedlichen Entwicklung gehabt hätten? Diese Theorie über das Hineinwachsen in den Frieden und die friedliche demokratische Entwicklung knüpft sich an den Namen eines französischen Parteiführers, der wohlverdienten Ruf in der internationalen Sozialdemokratie genießt: Jean Jaurès. Sie wissen wahrscheinlich, daß Genosse Jaurès noch vor kurzer Zeit nicht müde wurde, die sehr wichtige Tatsache hervorzuheben, daß wir seit dem deutsch-französischen Kriege keine Kriege mehr auf dem Kontinent gehabt hätten und daß diese

Tatsache eine angenehme Perspektive eröffne. Es hieß: Wir gehen einer Zeit entgegen, in der der Gedanke der Humanität, der Menschlichkeit über die Bestrebungen der Reaktion triumphiert.

Diese Gedankengänge, die auch bei uns und in allen anderen Ländern sehr viel Anhänger zählten, knüpften sich an bestimmte Vorstellungen darüber, was eigentlich die Garantien der friedlichen Entwicklung in Europa seien. Man nannte den Dreibund auf der einen Seite, den Zweibund auf der andern Seite. In letzter Zeit, als sich der russisch-französische Zweibund an England annäherte, begrüßte Jaurès das auch mit Freuden. Das wären die zwei Pfeiler, die den Frieden stützten, und damit bekämen wir ein großes Brachfeld für eine friedliche Kulturentwicklung in unserem Sinne.

Das Echo dieser schönen Träume ist noch nicht verklungen, und wie sieht es heute aus? Heute haben wir mitten in Europa einen blutigen Krieg,[419] und die Frage des Zweibunds, des Dreibunds und des Haager Tribunals[420] des Friedens sind lauter Hirngespinste. Es hat sich mit brutaler Nacktheit gezeigt, daß die friedliche Entwicklung ein für allemal dahin ist. Wir haben heute Sturm von allen Seiten, und mitten im Sturm müssen wir unsern Kampf führen. Und wir haben keinen Grund zu bedauern, daß wir auf stürmischem Boden stehen. Je stürmischer es zugeht, desto lustiger flattert die Fahne auf unserem Schiff.

Nicht nur die Kriegsfurie ist heute entfesselt. Wir haben in diesem Jahre noch einen andern Sturm erlebt, die Welt der Hungerrevolten, die mitten in den höchst entwickelten Kulturstaaten zum Durchbruch kam. Diese Hungerrevolten verdienen eine ganz besondere Beachtung. Wir sind an das Hungern gewöhnt. Wir wissen, daß in der kapitalistischen Gesellschaft mit periodischer Regelmäßigkeit und unabwendbar nach einer glänzenden Geschäftszeit eine Krise sich einstellt, und daß, nachdem eine Handvoll Kapitalisten den Rahm abgeschöpft haben, die Opfer der Krise auf die große Masse erdrückend herabfallen. Dann kommt die Arbeitslosigkeit, der Hunger. Aber in diesem Jahre haben wir den

Hungerschrei nicht mehr in einer Krisenperiode, sondern mitten in der Prosperität gehört. Jetzt braucht es nicht einmal des Niedergangs der Konjunktur, die Arbeiter brauchen nicht erst aufs Pflaster geworfen zu werden. Mitten im glänzendsten Geschäftsgang für die Kapitalisten treibt der Hunger schon jetzt die Massen auf die Straße. Das ist eine neue Erscheinung, die wohl zu merken und zu untersuchen ist.

Und der Sturm kommt noch von einer andern Seite. Das erleben wir in diesem Augenblick. Die Metallindustrie in Berlin hat seit gestern 50–60000 Arbeiter ausgesperrt, und es ist nicht das erste Mal, daß wir in diesem Jahre einen so gewaltigen Kampf in der Metallindustrie erleben. Erst kam der Kampf in Hamburg, dann im sächsisch-thüringischen Bezirk, und jetzt mitten in Berlin eine Kraftprobe. Die Eisenindustrie ist die grundlegende Industrie in Deutschland, in der die Arbeiterschaft eine mächtige Schutzorganisation errichtet, und da entfesselt eine solche Machtprobe kolossale Massenkämpfe. Und auch von dieser Seite zeigt sich: Was wir bis heute erlebt haben, ist nur Kinderspiel gegenüber dem, was wir noch zu erwarten haben.

So gibt es noch genug, um jedem Denkenden zu zeigen, daß Ruhe und Frieden ein für allemal vorbei sind. Die Zeit rückt näher, wo eines Tages die Entscheidung fallen muß, wo die Arbeiterklasse für den Ausgang verantwortlich ist...

Es ist die Frage aufzuwerfen, können wir etwas gegen den Krieg tun? Wir sind uns darüber klar, daß, solange der Kapitalismus existiert, wir den Krieg nicht abschaffen können. Aber wir werden den Kapitalismus besiegen, wenn wir mit aller Macht gegen den Imperialismus, gegen den Krieg den Kampf führen. Und da gilt es, die äußerste Kraft aufbieten, um auch dem letzten klar zu machen, daß es seine verdammte Pflicht und Schuldigkeit ist, dahin zu streben, daß wir einmal über kurz oder lang den Moment erleben, wenn von den herrschenden Klassen an die Massen der Appell ergeht, wo es heißt, daß sich eine Masse auf die andere stürzen soll, daß dann einmal der Moment kommt, wo von den Massen erklärt wird: *das tun wir nicht*.

Man hat im Zusammenhang mit dieser Frage den *Massenstreik* erörtert, und auch von unserer Seite hat man geglaubt, die Versicherung geben zu müssen, daß die deutsche Sozialdemokratie nicht daran denke, im Falle eines Krieges den Massenstreik zu inszenieren. Ich weiß nicht, und kein Sterblicher kann erklären, was die Sozialdemokratie bei einem nächsten Krieg tun wird. Allein, das eine können wir sagen, so wenig ein Mensch sagen kann, daß wir im Falle eines Krieges einen Massenstreik machen werden, so wenig kann er erklären, die Sozialdemokratie wird keinen Massenstreik machen. Im Gegenteil. Unsere Aufgabe ist, dahin zu streben, die Massen aufzurütteln, ihnen die Wahrheit der Situation, das Vertrauen in die eigene Kraft einzuflößen, damit wir so schnell wie möglich den Moment erleben, wo sich die Soldaten weigern, einen schmachvollen Dienst zu leisten, und auch die Massen der Arbeiter durch die Waffe der gekreuzten Arme ihr Veto gegen die Verbrechen des Krieges einsetzen.

Wir wollen in wenigen Wochen an die Urne gehen, um durch den Stimmzettel, durch die Wahl der Abgeordneten das entscheidende Wort über die politische Entwicklung zu sprechen, und da sage ich: Es gilt das auszunützen, um durch Aufrüttelung der großen Masse den Sieg an die sozialdemokratische Fahne zu heften. Wir gehen nicht auf Mandatefang. Wir zählen nicht bloß die Stimmen, wir wiegen sie nach dem geistigen Gehalt. Wir wollen nicht eine große Masse urteilsloser Mitläufer, uns liegt daran, in jedem Wähler einen wetterfesten Streiter im Klassenkampf zu gewinnen, solche Anhänger zu haben, die uns in guten und bösen Zeiten nicht verlassen.

Darüber müssen wir uns klar sein, daß ein scharfer Wind weht gegen die Sozialdemokratie. Nicht, daß wir Angst hätten, wir fürchten keine Verfolgungen. Im Gegenteil. Wir sagen klar und offen den Massen: Macht euch darauf gefaßt, nicht bloß eure Stimme für uns zu geben, sondern auch euer Leben, wenn es nötig wird. Deshalb brauchen wir diesen Wahlkampf, um unsere Aufgabe vor die Augen der Massen zu stellen.

Wir leben in einer Zeit, wo der letzte Rest des Liberalismus unter dem Stampfen des Imperialismus zusammenbricht. Es gibt nicht eine bürgerliche Partei, die den Mut hätte, sich für die Ehre des Parlamentarismus einzusetzen. Wenn wir in Deutschland noch einen Parlamentarismus hätten oder ein Bürgertum, das einigermaßen auf Tradition hielt, es würde solche Leute, wie einen Bethmann,[421] einen Kiderlen,[422] zum Teufel jagen mit einem Denkzettel, daß sie nicht wagten, wieder vor die Augen des Volkes zu treten. Aber heute ist die Arbeiterschaft in Deutschland die einzige Macht, die gegenüber dem Treiben des persönlichen Regiments das Prinzip der Demokratie vertritt und sagt: Wir brauchen kein Instrument des Himmels, her mit der Republik.

So müssen wir für die kommende Reichstagswahl kämpfen, und jeder Wähler, der mit dem Zettel an die Urne geht, muß es aus der Gesinnung heraus tun wie Bebel in Dresden gesagt hat: Ich bin und bleibe ein Todfeind der bürgerlichen Gesellschaft![423]

LIEBER DEN VOLKSAUFSTAND ALS DEN KRIEG

(Rede auf dem Mannheimer Parteitag 1906)

Die Rede von Legien[424] war geradezu ein klassisches, typisches Muster für die Haltung, die gewisse Gewerkschaftsführer in der letzten Zeit gegenüber der Sozialdemokratie und gegenüber den wichtigsten Parteifragen eingenommen haben. Erst hat er eine ganze Stunde lang die Jenaer Resolution aufs schärfste kritisiert und die Unmöglichkeit und die Verderblichkeit der Idee des Massenstreiks nachgewiesen, uns davor gewarnt, und am Schlusse kam dann natürlich die herzerquickende und beruhigende Versicherung: Wir sind ja alle ein Herz und eine Seele! Also wir haben gar nicht nötig, irgendwie Streitigkeiten auszutragen; wir können uns vereinigen auf eine Resolution. Und diese Einigkeit wird in der merkwürdigen Weise hergestellt, daß man die Kölner Resolution (Kölner Gewerkschaftskongreß 1905), die schon die bloße Diskussion des Massenstreiks als verderblich hinstellt, mit der Resolution von Jena (Jenaer Parteitag 1905) für identisch erklären soll. Als ich hörte, daß Legien diesen Antrag gestellt hat, sagte ich mir, es gehört eine gehörige Portion Mut und Dreistigkeit dazu, uns zuzumuten, wir hätten dem Antrag zuzustimmen. Und ich war nicht wenig erstaunt zu hören, daß der Parteivorstand darauf eingegangen ist.

Einige Worte über die Kritik von Legien an dem Jenaer Beschluß. Charakteristisch ist sein Appell an die Tradition: Wir seien alle in dem Begriff aufgewachsen, daß der Generalstreik, den er ohne weiteres mit dem Massenstreik identifiziert, Generalunsinn sei. Ja, wir wären schöne Sozialdemokraten, wenn wir es nicht verständen, uns von Ideen freizumachen, die man als kleines Kind hat. Wir sind doch dazu eine Partei der historischen Entwicklung, damit wir aus der Geschichte lernen. Wenn man heute angesichts der großartigen russischen Revolution, die auf Jahrzehnte hinaus die Lehrmeisterin der revolutionären Bewegungen des Proletariats sein wird, das Problem des Massenstreiks hauptsächlich an der Hand der Vorgänge in Italien und Frankreich studiert, so beweist man damit, was eben Legien mit seinem Appell an die Tradition bewiesen hat, daß man nichts zu lernen und nichts zu vergessen versteht.

Jawohl, Sie verstehen nichts zu lernen aus der russischen Revolution. Sonst würden Sie (Legien = Anm. d. Autors) nicht den Mut haben zu sagen, die Massenstreikbewegung wäre die äußerste Gefahr für den Bestand der Gewerkschaften. Sie haben offenbar keine Ahnung davon, daß die gewaltige russische Gewerkschaftsbewegung ein Kind der Revolution ist. Das russische Proletariat ist in die Revolution ohne die Spur einer Organisation eingetreten, und heute ist das ganze Land mit kräftigen Organisationsansätzen bedeckt. Das ist eben die alte verknöcherte englische Auffassung, daß die Gewerkschaften nur bei ruhiger Entwicklung gedeihen können.

Die russische Revolution hat bewiesen, daß vielfach aus dem Kampf die kräftigsten proletarischen Organisationen geboren werden und gedeihen können.

David hat wiederum von seinem speziellen Mainzer gesetzlichen Standpunkt aus an der Idee des Massenstreiks Kritik geübt. Er hat uns als Popanz die Maschinengewehre vorgeführt. Auch er hat keine Ahnung davon, was in Rußland vorgeht; er vergißt, daß die Maschinengewehre von lebendigen Leuten, von Soldaten bedient werden, und daß sie, wenn die Zeit reif ist, ihre Wirksamkeit nicht verlieren. Sie bleiben ebenso tödlich, sie werden nur angelegt gegen das herrschende Regime.

Ein letztes Argument von Legien war so beschaffen, daß es beweist, daß Legien wirklich in manchen Beziehungen in den Begriffen der Kindlichkeit geblieben ist. Er sagte, wir hätten durch die Annahme der Jenaer Resolution eine unvorsichtige Handlung begangen; wir hätten den Feinden unsere Pläne verraten. Seit wann werden denn große geschichtliche Bewegungen, große Volksbewegungen auf dem Wege heimlicher Abmachungen in geschlossenem Zimmer abgewickelt? Das ist eine kindliche Vorstellung vom Generalstreik, wenn man glaubt, sein Schicksal hänge davon ab, was die Generalkommission sogar mit dem Parteivorstand in stiller Kammer beschließt.

Ich wollte noch ein paar Worte zur Rede Bebels äußern, nur bin ich nicht sicher, daß ich sie richtig erfaßt habe, denn ich saß auf der linken Seite, und er hat heute immer nach rechts gesprochen. (Große Heiterkeit.) Einen markanten Widerspruch habe ich aber doch entdeckt. Er sagte einmal: Es bleibt selbstverständlich bei der Jenaer Resolution. Wenn uns das allgemeine Wahlrecht genommen werden sollte, dann müßten wir es selbstverständlich mit allen Mitteln verteidigen, und sollten wir auf der Strecke bleiben. Die Worte habe ich mir gemerkt, sie haben mein Herz erquickt und erfrischt.

Dann aber zum Schlusse kam das, was in Deutschland geschehen könnte und müßte, wenn wir durch eine Intervention Preußens in einen Krieg mit Rußland gebracht würden. Ich bin mir nicht sicher, ob ich Bebel da richtig verstanden habe,[425] und ich würde es für gut halten, wenn er im Schlußwort allen Mißdeutungen vorbeugen würde. Soviel ich ihn verstehen konnte, war der Sinn der, falls ein Krieg ausbricht, können wir nichts machen. Unsere Freunde in Frankreich wären in schönster Verlegenheit, wenn die Bebelsche Rede so gedeutet werden könnte, denn dort haben unsere tapferen und mutigen Genossen durch Vaillant erklärt: Wenn es zum Krieg mit Rußland käme, dann würden sie ihr Veto einlegen. Von unseren Freunden ist das geflügelte Wort geprägt: Plutôt l'insurrection que la guerre! Lieber einen Volksaufstand, als den Krieg! – das war die männliche Sprache des französischen Proletariats, und ich hoffe, auch das deutsche wird Mut genug finden, zu sagen: »Es darf nichts gegen unseren Willen geschehen.«

Bebel hat gesagt: »Denkt ihr, der Massenstreik könne vom Parteivorstand gemacht werden? Nein, der Parteivorstand muß von der Masse geschoben werden.« Nun, wenn der Parteivorstand seine Rolle nicht anders auffaßt, soll und wird er geschoben werden, und ich bitte Sie, in diesem Sinne die Abmachungen des Vorstandes mit der Generalkommission, die hinter unserem Rücken getroffen sind, abzulehnen.[426]

WAS WILL DER SPARTAKUSBUND?

I

Am 9. November haben Arbeiter und Soldaten das alte Regime in Deutschland zertrümmert. Auf den Schlachtfeldern Frankreichs war der blutige Wahn von der Weltherrschaft des preußischen Säbels zerronnen. Die Verbrecherbande, die den Weltbrand entzündet und Deutschland in das Blutmeer hineingetrieben hat, war am Ende ihres Lateins angelangt. Das vier Jahre lang betrogene Volk, das im Dienste des Molochs Kulturpflicht, Ehrgefühl und Menschlichkeit vergessen hatte, das sich zu jeder Schandtat mißbrauchen ließ, erwachte aus der vierjährigen Erstarrung – vor dem Abgrund.

Am 9. November erhob sich das deutsche Proletariat, um das schmachvolle Joch abzuwerfen. Die Hohenzollern wurden verjagt, Arbeiter- und Soldatenräte gewählt.

Bestattung der Revolutionskämpfer
auf dem Tempelhofer Feld im Dezember 1918.
Unter den Trauergästen Friedrich Ebert (zweiter von rechts)
und der Volksbeauftragte Philipp Scheidemann (links).

Nach der Ermordung
Rosa Luxemburgs und Karl Liebknechts:
Protestdemonstration in Berlin.

Am 15. Januar 1919 war auch Wilhelm Pieck verhaftet worden, der spätere erste Präsident der DDR. Während Rosa Luxemburg und Karl Liebknecht ermordet wurden, kam er überraschend frei.

Im Frühjahr 1919 begann vor einem Militärgericht in Berlin die Gerichtsverhandlung gegen die Mörder, die mit geringen Haftstrafen davonkamen.

Aber die Hohenzollern waren nie mehr als Geschäftsträger der imperialistischen Bourgeoisie und des Junkertums. Die bürgerliche Klassenherrschaft: das ist der wahre Schuldige des Weltkrieges in Deutschland wie in Frankreich, in Rußland wie in England, in Europa wie in Amerika. Die Kapitalisten aller Länder: das sind die wahren Anstifter zum Völkermord. Das internationale Kapital: das ist der unersättliche Baal, dem Millionen auf Millionen dampfender Menschenopfer in den blutigen Rachen geworfen werden.

Der Weltkrieg hat die Gesellschaft vor die Alternative gestellt: entweder Fortdauer des Kapitalismus, neue Kriege und baldigster Untergang im Chaos und in der Anarchie oder Abschaffung der kapitalistischen Ausbeutung.

Mit dem Ausgang des Weltkrieges hat die bürgerliche Klassenherrschaft ihr Daseinsrecht verwirkt. Sie ist nicht mehr imstande, die Gesellschaft aus dem furchtbaren wirtschaftlichen Zusammenbruch herauszuführen, den die imperialistische Orgie hinterlassen hat.

Produktionsmittel sind in ungeheurem Maßstab vernichtet. Millionen Arbeitskräfte, der beste und tüchtigste Stamm der Arbeiterklasse hingeschlachtet. Der am Leben Gebliebenen harrt bei der Heimkehr das grinsende Elend der Arbeitslosigkeit, Hungersnot und Krankheiten drohen die Volkskraft an der Wurzel zu vernichten. Der Staatsbankrott infolge der Kriegsschulden ist unabwendbar.

Aus all dieser blutigen Wirrsal und diesem gähnenden Abgrund gibt es keine Hilfe, keinen Ausweg, keine Rettung als im Sozialismus. Nur die Weltrevolution des Proletariats kann in dieses Chaos Ordnung bringen, kann allen Arbeit und Brot verschaffen, kann der gegenseitigen Zerfleischung der Völker ein Ende machen, kann der geschundenen Menschheit Frieden, Freiheit, wahre Kultur bringen. Nieder mit dem Lohnsystem! Das ist die Losung der Stunde. An Stelle der Lohnarbeit und der Klassenherrschaft soll die genossenschaftliche Arbeit treten. Die Arbeitsmittel müssen aufhören, das Monopol einer Klasse zu sein, sie müssen Gemeingut aller werden. Keine Ausbeuter und Ausgebeutete mehr! Regelung der Produktion und Verteilung der Produkte im Interesse der Allgemeinheit. Abschaffung der heutigen Produktionsweise, die Ausbeutung und Raub, so des heutigen Handels, der nur Betrug ist.

An Stelle der Arbeitgeber und ihrer Lohnsklaven freie Arbeitsgenossen! Die Arbeit niemandes Qual, weil jedermanns Pflicht! Ein menschenwürdiges Dasein jedem, der seine Pflicht gegen die Gesellschaft erfüllt. Der Hunger hinfür nicht mehr der Arbeit Fluch, sondern des Müßiggängers Strafe!

Erst in einer solchen Gesellschaft sind Völkerhaß, Knechtschaft entwurzelt. Erst wenn eine solche Gesellschaft verwirklicht ist, wird die Erde nicht mehr durch Menschenmord geschändet. Erst dann wird es heißen: Dieser Krieg ist der letzte gewesen.

Sozialismus ist in dieser Stunde der einzige Rettungsanker der Menschheit. Über den zusammensinkenden Mauern der kapitalistischen Gesellschaft lodern wie ein feuriges Menetekel die Worte des ›Kommunistischen Manifestes‹: Sozialismus oder Untergang in der Barbarei!

II

Die Verwirklichung der sozialistischen Gesellschaftsordnung ist die gewaltigste Aufgabe, die je einer Klasse und einer Revolution der Weltgeschichte zugefallen ist. Diese Aufgabe erfordert einen vollständigen Umbau des Staates und eine vollständige Umwälzung in den wirtschaftlichen und sozialen Grundlagen der Gesellschaft.

Dieser Umbau und diese Umwälzung können nicht durch irgendeine Behörde, Kommission oder ein Parlament dekretiert werden, sie können nur von der Volksmasse selbst in Angriff genommen und durchgeführt werden.

In allen bisherigen Revolutionen war es eine kleine Minderheit des Volkes, die den revolutionären Kampf leitete, die ihm Ziel und Richtung gab und die Masse nur als Werkzeug benutzte, um ihre Interessen, die Interessen der Minderheit, zum Siege zu führen. Die sozialistische Revolution ist die erste, die im Interesse der großen Mehrheit und durch die große Mehrheit der Arbeitenden allein zum Siege gelangen kann.

Die Masse des Proletariats ist berufen – nicht bloß der Revolution in klarer Erkenntnis Ziele und Richtung zu stekken. Sie muß auch selbst, durch eigene Aktivität Schritt um Schritt den Sozialismus ins Leben einführen.

Das Wesen der sozialistischen Gesellschaft besteht darin, daß die große arbeitende Masse aufhört, eine regierte Masse zu sein, vielmehr das ganze politische und wirtschaftliche Leben selbst lebt und in bewußter freier Selbstbestimmung lenkt.

Von der obersten Spitze des Staates bis zur kleinsten Gemeinde muß deshalb die proletarische Masse die überkommenen Organe der bürgerlichen Klassenherrschaft, die Bundesräte, Parlamente, Gemeinderäte, durch eigene Klassenorgane, die Arbeiter- und Soldatenräte, ersetzen, alle Posten besetzen, alle Funktionen überwachen, alle staatlichen Bedürfnisse an dem eigenen Klasseninteresse und den sozialistischen Aufgaben messen. Und nur in ständiger, lebendiger Wechselwirkung zwischen den Volksmassen und ihren Organen, den Arbeiter- und Soldatenräten, kann ihre Tätigkeit den Staat mit sozialistischem Geiste erfüllen.

Auch die wirtschaftliche Umwälzung kann sich nur als ein von der proletarischen Massenaktion getragener Prozeß vollziehen. Die nackten Dekrete oberster Revolutionsbehörden über die Sozialisierung sind allein ein leeres Wort. Nur die Arbeiterschaft kann das Wort durch eigene Tat zum Fleische machen. In zähem Ringen mit dem Kapital, Brust an Brust, in jedem Betriebe, durch unmittelbaren Druck der Massen, durch Streiks, durch Schaffung ihrer ständigen Vertretungsorgane können die Arbeiter die Kontrolle über die Produktion und schließlich die tatsächliche Leitung an sich bringen.

Die Proletariermassen müssen lernen, aus toten Maschinen, die der Kapitalist an den Produktionsprozeß stellt, zu denkenden, freien, selbsttätigen Lenkern dieses Prozesses zu werden. Sie müssen das Verantwortungsgefühl wirkender Glieder der Allgemeinheit erwerben, die Alleinbesitzerin alles gesellschaftlichen Reichtums ist. Sie müssen Fleiß ohne

Unternehmerpeitsche, höchste Leistung ohne kapitalistische Antreiber, Disziplin ohne Joch und Ordnung ohne Herrschaft entfalten. Höchster Idealismus im Interesse der Allgemeinheit, straffste Selbstdisziplin, wahrer Bürgersinn der Massen sind für die sozialistische Gesellschaft die moralische Grundlage, wie Stumpfsinn, Egoismus und Korruption die moralische Grundlage der kapitalistischen Gesellschaft sind.

Alle diese sozialistischen Bürgertugenden, zusammen mit Kenntnissen und Befähigungen zur Leitung der sozialistischen Betriebe, kann die Arbeitermasse nur durch eigene Betätigung, eigene Erfahrung erwerben.

Sozialisierung der Gesellschaft kann nur durch zähen, unermüdlichen Kampf der Arbeitermassen in ihrer ganzen Breite verwirklicht werden, auf allen Punkten, wo Arbeit mit Kapital, wo Volk mit bürgerlicher Klassenherrschaft einander ins Weiße des Auges blicken. Die Befreiung der Arbeiterklasse muß das Werk der Arbeiterklasse selbst sein.

III

In den bürgerlichen Revolutionen war Blutvergießen, Terror, politischer Mord die unentbehrliche Waffe in der Hand der aufsteigenden Klassen.

Die proletarische Revolution bedarf für ihre Ziele keines Terrors, sie haßt und verabscheut den Menschenmord. Sie bedarf dieser Kampfmittel nicht, weil sie nicht Individuen, sondern Institutionen bekämpft, weil sie nicht mit naiven Illusionen in die Arena tritt, deren Enttäuschung sie blutig zu rächen hätte. Sie ist kein verzweifelter Versuch einer Minderheit, die Welt mit Gewalt nach ihrem Ideal zu modeln, sondern die Aktion der großen Millionenmassen des Volkes, die berufen ist, die geschichtliche Mission zu erfüllen und die geschichtliche Notwendigkeit in Wirklichkeit umzusetzen.[427]

Aber die proletarische Revolution ist zugleich die Sterbeglocke für jede Knechtschaft und Unterdrückung. Darum erheben sich gegen die proletarische Revolution alle Kapitalisten, Junker, Kleinbürger, Offiziere, alle Nutznießer und

Parasiten der Ausbeutung und der Klassenherrschaft einhellig zum Kampf auf Leben und Tod.

Es ist ein toller Wahn, zu glauben, die Kapitalisten würden sich gutwillig dem sozialistischen Verdikt eines Parlaments, einer Nationalversammlung fügen, sie würden ruhig auf den Besitz, den Profit, das Vorrecht der Ausbeutung verzichten. Alle herrschenden Klassen haben um ihre Vorrechte bis zuletzt mit zähester Energie gerungen. Die römischen Patrizier wie die mittelalterlichen Feudalbarone, die englischen Kavaliere wie die amerikanischen Sklavenhändler, die walachischen Bojaren wie die Lyoner Seidenfabrikanten – sie haben alle Ströme von Blut vergossen, sie sind über Leichen, Mord und Brand geschritten, sie haben Bürgerkrieg und Landesverrat angestiftet, um ihre Vorrechte und ihre Macht zu verteidigen.

Die imperialistische Kapitalistenklasse überbietet als letzter Sproß der Ausbeuterkaste die Brutalität, den unverhüllten Zynismus, die Niedertracht aller ihrer Vorgänger. Sie wird ihr Allerheiligstes, ihren Profit und ihr Vorrecht der Ausbeutung, mit Zähnen und Nägeln, mit jenen Methoden der kalten Bosheit verteidigen, die sie in der ganzen Geschichte der Kolonialpolitik und in dem letzten Weltkriege an den Tag gelegt hat. Sie wird Himmel und Hölle gegen das Proletariat in Bewegung setzen. Sie wird das Bauerntum gegen die Städte mobil machen, sie wird rückständige Arbeiterschichten gegen die sozialistische Avantgarde aufhetzen, sie wird mit Offizieren Metzeleien anstiften, sie wird jede sozialistische Maßnahme durch tausend Mittel der passiven Resistenz lahmzulegen suchen, sie wird der Revolution zwanzig Vendeen[428] auf den Hals hetzen, sie wird den äußeren Feind, das Mordeisen der Clemenceau, Lloyd George und Wilson als Retter ins Land rufen – sie wird lieber das Land in einen rauchenden Trümmerhaufen verwandeln, als freiwillig die Lohnsklaverei preisgeben.

All dieser Widerstand muß Schritt um Schritt mit eiserner Faust, rücksichtsloser Energie gebrochen werden. Der Gewalt der bürgerlichen Gegenrevolution muß die revolutionäre Gewalt des Proletariats entgegengestellt werden. Den

Anschlägen, Ränken, Zettelungen der Bourgeoisie die unbeugsame Zielklarheit, Wachsamkeit und stets bereite Aktivität der proletarischen Masse. Den drohenden Gefahren der Gegenrevolution die Bewaffnung des Volkes und Entwaffnung der herrschenden Klassen. Den parlamentarischen Obstruktionsmanövern der Bourgeoisie die tatenreiche Organisation der Arbeiter- und Soldatenmasse. Der Allgegenwart und den tausend Machtmitteln der bürgerlichen Gesellschaft die konzentrierte, zusammengeballte, aufs höchste gesteigerte Macht der Arbeiterklasse. Die geschlossene Front des gesamten deutschen Proletariats, des Süddeutschen mit dem Norddeutschen, des städtischen mit dem ländlichen, der Arbeiter mit den Soldaten, die lebendige geistige Führung der deutschen Revolution mit der Internationale, die Erweiterung der deutschen Revolution zur Weltrevolution des Proletariats vermag allein die granitene Basis zu schaffen, auf der das Gebäude der Zukunft errichtet werden kann.

Der Kampf um den Sozialismus ist der gewaltigste Bürgerkrieg, den die Weltgeschichte gesehen, und die proletarische Revolution muß sich für diesen Bürgerkrieg das nötige Rüstzeug bereiten, sie muß lernen, es zu gebrauchen – zu Kämpfen und Siegen.

Eine solche Ausrüstung der kompakten arbeitenden Volksmasse mit der ganzen politischen Macht für die Aufgaben der Revolution, das ist die Diktatur des Proletariats und deshalb die wahre Demokratie. Nicht wo der Lohnsklave neben dem Kapitalisten, der Landproletarier neben dem Junker in verlogener Gleichheit sitzen, um über ihre Lebensfragen parlamentarisch zu debattieren, dort, wo die millionenköpfige Proletariermasse, die ganze Staatsgewalt mit ihrer schwieligen Faust ergreift, um sie, wie der Gott Thor seinen Hammer, den herrschenden Klassen aufs Haupt zu schmettern, dort allein ist die Demokratie, die kein Volksbetrug ist.

Um dem Proletariat die Erfüllung dieser Aufgaben zu ermöglichen, fordert der Spartakus-Bund:

a) Als sofortige Maßnahme zur Sicherung der Revolution:

1. Entwaffnung der gesamten Polizei, sämtlicher Offiziere sowie der nichtproletarischen Soldaten, Entwaffnung aller Angehörigen der herrschenden Klassen.

2. Beschlagnahme aller Waffen- und Munitionsbestände sowie Rüstungsbetriebe durch Arbeiter- und Soldatenräte.

3. Bewaffnung der gesamten erwachsenen männlichen proletarischen Bevölkerung als Arbeitermiliz. Bildung einer Roten Garte aus Proletariern als aktiven Teil der Miliz zum ständigen Schutz der Revolution vor gegenrevolutionären Anschlägen und Zettelungen.

4. Aufhebung der Kommandogewalt der Offiziere und Unteroffiziere.[429] Ersetzung des militärischen Kadavergehorsams durch freiwillige Disziplin der Soldaten. Wahl aller Vorgesetzten durch die Mannschaften unter jederzeitigem Rückberufungsrecht. Aufhebung der Militärgerichtsbarkeit.

5. Entfernung der Offiziere und Kapitulanten aus allen Soldatenräten.

6. Ersetzung aller politischen Organe und Behörden des früheren Regimes durch Vertrauensmänner der Arbeiter- und Soldatenräte.

7. Einsetzung eines Revolutionstribunals, vor dem die Hauptschuldigen am Kriege und seiner Verlängerung, die beiden Hohenzollern, Ludendorff, Hindenburg, Tirpitz und ihre Mitverbrecher, sowie alle Verschwörer der Gegenrevolution abzuurteilen sind.

8. Sofortige Beschlagnahme aller Lebensmittel zur Sicherung der Volksernährung.

b) Auf politischem und sozialem Gebiet:

1. Abschaffung aller Einzelstaaten; einheitliche deutsche sozialistische Republik.

2. Beseitigung aller Parlamente und Gemeinderäte und Übernahme ihrer Funktionen durch Arbeiter- und Soldatenräte sowie deren Ausschüsse und Organe.

3. Wahl von Arbeiterräten über ganz Deutschland durch die gesamte erwachsene Arbeiterschaft beider Geschlechter in Stadt und Land, nach Betrieben, sowie von Soldatenräten durch die Mannschaften, unter Ausschluß der Offiziere und

Kapitulanten. Recht der Arbeiter und Soldaten zur jederzeitigen Rückberufung ihrer Vertreter.

4. Wahl von Delegierten der Arbeiter- und Soldatenräte im ganzen Reiche für den Zentralrat der Arbeiter- und Soldatenräte, der den Vollzugsrat als das oberste Organ der gesetzgebenden und vollziehenden Gewalt zu wählen hat.

5. Zusammentritt des Zentralrats vorläufig mindestens alle drei Monate – unter jedesmaliger Neuwahl der Delegierten – zur ständigen Kontrolle über die Tätigkeit des Vollzugsrates und zur Herstellung einer lebendigen Fühlung zwischen der Masse der Arbeiter- und Soldatenräte im Reiche und ihrem obersten Regierungsorgan. Recht der lokalen Arbeiter- und Soldatenräte zur jederzeitigen Rückberufung und Ersetzung ihrer Vertreter im Zentralrat, falls diese nicht im Sinne ihrer Auftraggeber handeln. Recht des Vollzugsrats, die Volksbeauftragten sowie die zentralen Reichsbehörden – und Beamten zu ernennen und abzusetzen.

6. Abschaffung aller Standesunterschiede, Orden und Titel. Völlige rechtliche und soziale Gleichstellung der Geschlechter.

7. Einschneidende soziale Gesetzgebung. Verkürzung der Arbeitszeit zur Steuerung der Arbeitslosigkeit und unter Berücksichtigung der körperlichen Entkräftung der Arbeiterschaft durch den Weltkrieg; sechsstündiger Höchstarbeitstag.

8. Sofortige gründliche Umgestaltung des Ernährungs-, Wohnungs-, Gesundheits- und Erziehungswesens im Sinne und Geiste der proletarischen Revolution.

c) Nächste wirtschaftliche Forderungen:

1. Konfiskation aller dynastischen Vermögen und Einkünfte für die Allgemeinheit.

2. Annullierung der Staats- und anderer öffentlichen Schulden sowie sämtlicher Kriegsanleihen, ausgenommen Zeichnungen von einer bestimmten Höhe an, die durch den Zentralrat der Arbeiter- und Soldatenräte festzusetzen ist.

3. Enteignung des Grund und Bodens aller landwirtschaftlichen Groß- und Mittelbetriebe, Bildung sozialisti-

scher landwirtschaftlicher Groß- und Mittelbetriebe, Bildung sozialistischer landwirtschaftlicher Genossenschaften unter einheitlicher zentraler Leitung im ganzen Reiche; bäuerliche Kleinbetriebe bleiben im Besitze ihrer Inhaber bis zu deren freiwilligem Anschluß an die sozialistischen Genossenschaften.

4. Enteignung aller Banken, Bergwerke, Hütten sowie aller Großbetriebe in Industrie und Handel durch die Räterepublik.

5. Konfiskation aller Vermögen von einer bestimmten Höhe an, die durch den Zentralrat festzusetzen ist.

6. Übernahme des gesamten öffentlichen Verkehrswesens durch die Räterepublik.

7. Wahl von Betriebsräten in allen Betrieben, die im Einvernehmen mit den Arbeiterräten die inneren Angelegenheiten der Betriebe zu ordnen, die Arbeitsverhältnisse zu regeln, die Produktion zu kontrollieren und schließlich die Betriebsleitung zu übernehmen haben.

8. Einsetzung einer zentralen Streikkommission, die unter ständigem Zusammenwirken mit den Betriebsräten der beginnenden Streikbewegung im ganzen Reich einheitliche Leitung, sozialistische Richtung und die kräftigste Unterstützung durch die politische Macht der Arbeiter- und Soldatenräte sichern soll.

d) Internationale Aufgaben:

Sofortige Aufnahme der Verbindungen mit den Bruderparteien des Auslandes, um die sozialistische Revolution auf internationale Basis zu stellen und den Frieden durch die internationale Verbrüderung und revolutionäre Erhebung des Weltproletariats zu gestalten und zu sichern.

e) Das will der Spartakus-Bund!

Und weil er das will, weil er der Mahner, der Dränger, weil er das sozialistische Gewissen der Revolution ist, wird er von allen offenen und heimlichen Feinden der Revolution und des Proletariats gehaßt, verfolgt und verleumdet.

Kreuzigt ihn! rufen die Kapitalisten, die um ihre Kassenschränke zittern.

Kreuzigt ihn! rufen die Kleinbürger, die Offiziere, die Antisemiten, die Preßlakien der Bourgeoisie, die um die Fleischtöpfe der bürgerlichen Klassenherrschaft zittern.

Kreuzigt ihn! rufen die Scheidemänner, die wie Judas Ischariot die Arbeiter an die Bourgeoisie verkauft haben und um die Silberlinge ihrer politischen Herrschaft zittern.

Kreuzigt ihn! wiederholen noch wie ein Echo getäuschte, betrogene, mißbrauchte Schichten der Arbeiterschaft und Soldaten, die nicht wissen, daß sie gegen ihr eigen Fleisch und Blut wüten, wenn sie gegen den Spartakus-Bund wüten.

Im Hasse, in der Verleumdung gegen den Spartakus-Bund vereinigt sich alles, was gegenrevolutionär, volksfeindlich, antisozialistisch, zweideutig, lichtscheu, unklar ist. Dadurch wird bestätigt, daß in ihm das Herz der Revolution pocht, daß ihm die Zukunft gehört.

Der Spartakus-Bund ist keine Partei, die über die Arbeitermasse oder durch die Arbeitermasse zur Herrschaft gelangen will.

Der Spartakus-Bund ist nur der zielbewußteste Teil des Proletariats, der die ganze breite Masse der Arbeiterschaft bei jedem Schritt auf ihre geschichtlichen Aufgaben hinweist, der in jedem Einzelstadium der Revolution das sozialistische Endziel und in allen nationalen Fragen die Interessen der proletarischen Weltrevolution vertritt.

Der Spartakus-Bund lehnt es ab, mit Handlangern der Bourgeoisie, mit den Scheidemann-Ebert, die Regierungsgewalt zu teilen, weil er in einer solchen Zusammenwirkung einen Verrat an den Grundsätzen des Sozialismus, eine Stärkung der Gegenrevolution und eine Lähmung der Revolution erblickt.

Der Spartakus-Bund wird es auch ablehnen, zur Macht zu gelangen, nur weil sich die Scheidemann-Ebert abgewirtschaftet und die Unabhängigen durch die Zusammenarbeit mit ihnen in eine Sackgasse geraten sind.

Der Spartakus-Bund wird nie anders die Regierungsgewalt übernehmen als durch den klaren, unzweideutigen Willen der großen Mehrheit der proletarischen Masse in ganz Deutschland, nie anders als kraft ihrer bewußten Zustimmung zu den Ansichten, Zielen und Kampfmethoden des Spartakus-Bundes.

Die proletarische Revolution kann sich nur stufenweise, Schritt für Schritt, auf dem Golgathaweg eigener bitterer Erfahrungen durch Niederlagen und Siege, zur vollen Klarheit und Reife durchringen.

Der Sieg des Spartakus-Bundes steht nicht am Anfang, sondern am Ende der Revolution: er ist identisch mit dem Siege der großen Millionenmassen des sozialistischen Proletariats.

Auf, Proletarier! Zum Kampf! Es gilt, eine Welt zu erobern und gegen eine Welt anzukämpfen. In diesem letzten Klassenkampf der Weltgeschichte um die höchsten Ziele der Menschheit gilt dem Feinde das Wort: Daumen aufs Auge und Knie auf die Brust!

Der Spartakus-Bund[430]

DIE ORDNUNG HERRSCHT IN BERLIN

(Rosa Luxemburgs letzter Artikel)

»Ordnung herrscht in Warschau«, teilte der Minister Sebastiani im Jahre 1831 in der Pariser Kammer mit, als Paskiewitschs Soldateska nach dem furchtbaren Sturm auf die Vorstadt Praga in der polnischen Hauptstadt eingerückt war und ihre Henkerarbeit an den Aufständischen begonnen hatte.

»Ordnung herrscht in Berlin!« verkündet triumphierend die bürgerliche Presse, verkünden Ebert und Noske, verkünden die Offiziere der ›siegreichen Truppen‹, denen der Berliner kleinbürgerliche Mob in den Straßen mit Tüchern winkt, mit Hurra! zujubelt. Der Ruhm und die Ehre der deutschen Waffen sind vor der Weltgeschichte gerettet. Die jämmerlich Geschlagenen von Flandern und den Argonnen haben ihren Ruf wiederhergestellt durch den glänzenden Sieg – über die 300 ›Spartakisten‹ im ›Vorwärts‹. Die Zeiten des ersten ruhmreichen Eindringens deutscher Truppen in Belgien, die Zeiten Generals von Emmich, des Bezwingers von Lüttich, erblassen vor den Taten der Reinhardt und Gen. in den Straßen Berlins. Niedergemetzelte Parlamentäre, die über die Übergabe des ›Vorwärts‹ verhandeln wollten und von der Regierungs-Soldateska mit Kolben bis zur Unkenntlichkeit zugerichtet wurden, so daß die Rekognoszierung ihrer Leichen unmöglich ist, Gefangene, die an die Wand gestellt und in einer Weise hingemordet werden, daß Schädel und Hirn herumspritzen: Wer denkt da noch angesichts so glorreicher Taten an die schmählichen Niederlagen vor den Franzosen, Engländern und Amerikanern? ›Spartakus‹ heißt der Feind und Berlin der Ort, wo unsere Offiziere zu siegen verstehen. Noske, der ›Arbeiter‹, heißt der General, der Siege zu organisieren weiß, wo Ludendorff versagt hat.

Wer denkt da nicht an den Siegesrausch der ›Ordnungs‹-meute in Paris, an das Bacchanal der Bourgeoisie auf den Leichen der Kommunekämpfer, derselben Bourgeoisie, die eben erst vor den Preußen erbärmlich kapituliert und die Hauptstadt des Landes dem äußeren Feinde preisgegeben hatte, um selbst, wie die letzten Feiglinge, Fersengeld zu geben! Aber gegen die schlecht bewaffneten ausgehungerten Pariser Proletarier, gegen ihre wehrlosen Weiber und Kinder – wie flammte da wieder der Mannesmut der Bourgeoissöhnchen, der ›goldenen Jugend‹, der Offiziere auf! Wie tobte sich da die Tapferkeit der vor dem äußeren Feind zusammengeknickten Marssöhne in bestialischen Grausamkeiten an Wehrlosen, an Gefangenen, an Gefallenen aus!

»Ordnung herrscht in Warschau!« – »Ordnung herrscht in Paris!« – »Ordnung herrscht in Berlin!« So laufen die Meldungen der Hüter der ›Ordnung‹ jedes halbe Jahrhundert von einem Zentrum des weltgeschichtlichen Kampfes zum andern. Und die frohlockenden ›Sieger‹ merken nicht, daß eine ›Ordnung‹, die periodisch durch blutige Metzeleien aufrechterhalten werden muß, unaufhaltsam ihrem historischen Geschick, ihrem Untergang entgegengeht. Was war diese letzte ›Spartakus-Woche‹ in Berlin, was hat sie gebracht, was lehrt sie uns? Noch mitten im Kampf, mitten im Siegesgeheul der Gegenrevolution müssen sich die revolutionären Proletarier über das Geschehene Rechenschaft ablegen, die Vorgänge und ihre Ergebnisse am großen historischen Maßstab messen. Die Revolution hat keine Zeit zu verlieren, sie stürmt weiter – über noch offene Gräber, über ›Siege‹ und ›Niederlagen‹ hinweg – ihren großen Zielen entgegen. Ihren Richtlinien, ihren Wegen mit Bewußtsein zu folgen, ist die erste Aufgabe der Kämpfer für den internationalen Sozialismus.

War ein endgültiger Sieg des revolutionären Proletariats in dieser Auseinandersetzung, war der Sturz der Ebert-Scheidemann und eine Aufrichtung der sozialistischen Diktatur zu erwarten? Gewiß nicht, wenn man alle Momente reiflich in Betracht zieht, die über die Frage entscheiden. Die wunde Stelle der revolutionären Sache in diesem Augenblick: die politische Unreife der Soldatenmasse, die sich immer noch von ihren Offizieren zu volksfeindlichen gegenrevolutionären Zwecken mißbrauchen läßt, ist allein schon ein Beweis dafür, daß ein dauernder Sieg der Revolution in diesem Zusammenstoß nicht möglich war. Andererseits ist diese Unreife des Militärs selbst nur ein Symptom der allgemeinen Unreife der deutschen Revolution.

Das platte Land, aus dem ein großer Prozentsatz der Soldatenmasse stammt, ist nach wie vor noch von der Revolution kaum berührt. Berlin ist bislang noch vom Reich so gut wie isoliert. Zwar stehen in der Provinz die revolutionären Zentren – im Rheinland, an der Wasserkante, in Braunschweig, in Sachsen, in Württemberg – mit Leib und Seele auf seiten des Berliner Proletariats. Doch fehlt vorerst noch der unmittelbare Gleichschritt des Vormarsches, die direkte Gemeinsamkeit der Aktion, die den Vorstoß und die Schlagfertigkeit der Berliner Arbeiterschaft unvergleichlich wirksamer gestalten würde. Sodann sind – war nur der tiefere Zusammenhang jener politischen Unfertigkeiten der Revolution – die wirtschaftlichen Kämpfe, die eigentliche vulkanische Quelle, die den revolutionären Klassenkampf fortlaufend speist – erst im Anfangsstadium begriffen.

Aus alledem ergibt sich, daß auf einen endgültigen dauernden Sieg in diesem Augenblick noch nicht gerechnet werden konnte. War deshalb der Kampf der letzten Woche ein ›Fehler‹? Ja, wenn es sich überhaupt um einen absichtlichen ›Vorstoß‹, um einen sogenannten ›Putsch‹ handeln würde! Was war aber der Ausgangspunkt der letzten Kampfwoche? Wie in allen bisherigen Fällen, wie am 6. Dezember, wie am 24. Dezember: eine brutale Provokation der Regierung! Wie früher das Blutbad gegen wehrlose Demonstranten in der Chausseestraße, wie die Metzelei gegen die Matrosen, so war diesmal der Anschlag gegen das Berliner Polizeipräsidium die Ursache aller weiteren Ereignisse. Die Revolution operiert eben nicht aus freien Stücken, in einem offenen Brachfeld, nach einem schlau von ›Strategen‹ zurechtgelegten Plan. Ihre Gegner haben auch die Initiative, ja, sie üben sie in der Regel viel mehr, als die Revolution selbst, aus. Vor die Tatsache der frechen Provokation seitens der Ebert-Scheidemann gestellt, war die revolutionäre Arbeiterschaft gezwungen, zu den Waffen zu greifen. Ja, es war Ehrensache der Revolution, sofort den Angriff mit aller Energie abzuschlagen, sollte nicht die Gegenrevolution zu weiterem Vordringen ermuntert, die revolutionären Reihen des Proletariats, der moralische Kredit der deutschen Revolution in der Internationale erschüttert werden.

Der sofortige Widerstand kam auch spontan mit einer so selbstverständlichen Energie aus den Berliner Massen heraus, daß gleich im ersten Anlauf der moralische Sieg auf seiten der ›Straße‹ blieb.

Nun ist es inneres Lebensgesetz der Revolution, nie beim erreichten Schritt in Untätigkeit, in Passivität stehenzubleiben. Die beste Parade ist ein kräftiger Hieb. Diese elementare Regel jedes Kampfes beherrscht erst recht alle Schritte der Revolution. Es versteht sich von selbst und zeugt von dem gesunden Instinkt, von der inneren frischen Kraft des Berliner Proletariats, daß es sich nicht bei der Wiedereinsetzung Eichhorns in sein Amt beruhigte, daß es spontan zur Besetzung anderer Machtposten der Gegenrevolution: der bürgerlichen Presse, des offiziösen Nachrichtenbüros, des »Vorwärts« schritt. Alle diese Maßnahmen ergaben sich bei der Masse aus der instinktiven Erkenntnis, daß sich die Gegenrevolution ihrerseits bei der davongetragenen Niederlage nicht beruhigen, sondern auf eine allgemeine Kraftprobe ausgehen wird.

Auch hier stehen wir vor einem der großen historischen Gesetze der Revolution, gegen die alle Klügeleien und Besserwissereien jener kleinen ›Revolutionäre‹ vom Schlage der USP zerschellen, die in jedem Kampfe nur nach Vorwänden zum Rückzug haschen. Sobald das Grundproblem der Revolution klar aufgestellt worden ist – und das ist in dieser Revolution der Sturz der Regierung Ebert-Scheidemann als des ersten Hindernisses für den Sieg des Sozialismus –, dann taucht dieses Grundproblem immer wieder in seiner ganzen Aktualität auf, und jede einzelne Episode des Kampfes rollt mit der Fatalität eines Naturgesetzes das Problem in seinem vollen Umfang auf, mag die Revolution zu seiner Lösung noch so unvorbereitet, mag die Situation noch so unreif sein. »Nieder mit Ebert-Scheidemann!« – diese Losung taucht unausweichlich in jeder Revolutionskrise auf, als die einzig erschöpfende Formel aller partiellen Konflikte, und treibt dadurch von selbst, durch ihre innere objektive Logik, ob man es will oder nicht, jede Kampfepisode auf die Spitze.

Aus diesem Widerspruch zwischen der Zuspitzung der Aufgabe und den mangelnden Vorbedingungen zu ihrer Lösung in einer anfänglichen Phase der revolutionären Entwicklung ergibt sich, daß die Einzelkämpfe der Revolution formell mit einer Niederlage enden. Aber die Revolution ist die einzige Form des ›Krieges‹ – auch dies ihr besonderes Lebensgesetz –, wo der Endsieg nur durch eine Reihe von ›Niederlagen‹ vorbereitet werden kann!

Was zeigt uns die ganze Geschichte der modernen Revolution und des Sozialismus? Das erste Aufflammen des Klassenkampfes in Europa: der Aufruhr der Lyoner Seidenweber 1831, endete mit einer schweren Niederlage. Die Chartistenbewegung in England – mit einer Niederlage. Die Erhebung des Pariser Proletariats in den Junitagen 1848 endete mit einer niederschmetternden Niederlage. Die Pariser Kommune endete mit einer furchtbaren Niederlage. Der ganze Weg des Sozialismus ist – soweit revolutionäre Kämpfe in Betracht kommen – mit lauter Niederlagen besät.

Und doch führt diese selbe Geschichte Schritt um Schritt unaufhaltsam zum endgültigen Siege! Wo wären wir heute ohne jene ›Niederlagen‹, aus denen wir historische Erfahrung, Erkenntnis, Macht, Idealismus geschöpft haben! Wir fußen heute, wo wir unmittelbar bis vor die Endschlacht des proletarischen Klassenkampfes herangetreten sind, geradezu auf jenen Niederlagen, deren keine wir missen dürften, deren jede ein Teil unserer Kraft und Zielklarheit ist.

Es ist da mit Revolutionskämpfen das direkte Gegenteil der parlamentarischen Kämpfe. Wir hatten in Deutschland binnen vier Jahrzehnten lauter parlamentarische ›Siege‹, wir schritten geradezu von Sieg zu Sieg.

Und das Ergebnis war bei der großen geschichtlichen Probe am 4. August 1914: eine vernichtende politische und moralische Niederlage, ein unerhörter Zusammenbruch, ein beispielloser Bankrott. Die Revolutionen haben uns bis jetzt lauter Niederlagen gebracht, aber diese unvermeidlichen Niederlagen häufen gerade Bürgschaft auf Bürgschaft des künftigen Endsieges.

Allerdings unter einer Bedingung! Es fragt sich, unter welchen Umständen die jeweilige Niederlage davongetragen wurde: Ob sie sich dadurch ergab, daß die vorwärtsstürmende Kampfenergie der Massen an die Schranke der mangelnden Reife der historischen Voraussetzungen geprallt, oder aber dadurch, daß die revolutionäre Aktion selbst durch Halbheit, Unentschlossenheit, innere Schwäche gelähmt war.

Klassische Beispiele für beide Fälle sind einerseits die französische Februarrevolution, andererseits die deutsche Märzrevolution. Die heldenmütige Aktion des Pariser Proletariats im Jahre 1848 ist der lebendige Quell der Klassenenergie für das ganze internationale Proletariat geworden. Die Jämmerlichkeiten der deutschen Märzrevolution hingen der ganzen modernen deutschen Entwicklung wie eine Fußkugel an. Sie wirkten durch die besondere Geschichte der offiziellen deutschen Sozialdemokratie bis in die jüngsten Vorgänge der deutschen Revolution – bis in die eben erlebte dramatische Krise nach.

Wie erscheint die Niederlage dieser sogenannten Spartakus-Woche im Lichte der obigen historischen Frage? War sie eine Niederlage aus stürmender Revolutionsenergie und unzulänglicher Reife der Situation oder aber aus Schwächlichkeit und Halbheit der Aktion?

Beides! Der zwiespältige Charakter dieser Krise, der Widerspruch zwischen dem kraftvollen, entschlossenen offensiven Auftreten der Berliner Massen und der Unentschlossenheit, Zaghaftigkeit, Halbheit der Berliner Führung ist das besondere Kennzeichen dieser jüngsten Episode.

Die Führung hat versagt. Aber die Führung kann und muß von den Massen und aus den Massen heraus neu geschaffen werden. Die Massen sind das Entscheidende, sie sind der Fels, auf dem der Endsieg der Revolution errichtet wird. Die Massen waren auf der Höhe, sie haben diese ›Niederlage‹ zu einem Glied jener historischen Niederlagen gestaltet, die der Stolz und die Kraft des internationalen Sozialismus sind. Und darum wird aus dieser ›Niederlage‹ der künftige Sieg erblühen.

»Ordnung herrscht in Berlin!« Ihr stumpfen Schergen! Eure ›Ordnung‹ ist auf Sand gebaut. Die Revolution wird sich morgen schon »rasselnd wieder in die Höh' richten« und zu eurem Schrecken mit Posaunenklang verkünden:

Ich war – ich bin – ich werde sein!

Zeittafel

1870	*5. März: Rosa (Rosalie) Luxemburg (eigentl. Luxenburg) als fünftes Kind des Holzhändlers Elias (Eliasch) Luxenburg und seiner Frau Line, geb. Löwenstein, in Zamość (Samosch, Zamost) / Polen geboren.*
	13. Juli: ›Emser Depesche‹ Otto von Bismarcks.
	19. Juli: Frankreich erklärt Preußen den Krieg.
	1. September: Schlacht bei Sedan. Kaiser Napoleon III. von Frankreich gerät in deutsche Gefangenschaft.
	4. September: Die Französische Republik wird ausgerufen (›Dritte Republik‹).
	Gründung der katholischen ›Zentrumspartei‹ in Deutschland.
	Heinrich Schliemann beginnt mit den Ausgrabungen in Troja.
	August Bebel: ›Unsere Ziele‹.
1870/71	Deutsch-Französischer Krieg.
1871	18. Januar: Gründung des Deutschen Reiches. Wilhelm I. in Versailles zum Kaiser proklamiert. Otto von Bismarck wird Reichskanzler.
	28. Januar: Paris kapituliert.
	26. Februar/10. Mai: Vorfriede von Versailles und Friede von Frankfurt am Main. Frankreich muß das Elsaß und Lothringen an das Deutsche Reich abtreten.
	18. März–28. Mai: Aufstand der Pariser Commune.
1873/74	›Gründerkrise‹ (Industriekrise).

1873	*Umzug der Familie nach Warschau.*
	9. Januar: Napoleon III. von Frankreich im englischen Exil gestorben.
	6. Juni/22. Oktober: Bündnis zwischen dem Deutschen Reich, Österreich-Ungarn und Rußland. Isolierung Frankreichs.
1874	*Das Hüftleiden Rosa Luxemburgs wird falsch behandelt; ein Dauerschaden ist die Folge.*
1875–1878	Balkankrise.
1875	22.–27. Mai: ›Allgemeiner Deutscher Arbeiterverein‹ und ›Sozialdemokratische Arbeiterpartei‹ schließen sich in Gotha zur ›Sozialistischen Arbeiterpartei Deutschlands‹ zusammen (ab 1890 ›Sozialdemokratische Partei Deutschlands‹).
1876	Alexander Graham Bell stellt ein gebrauchsfähiges Telephon her.
	Nikolaus Ottos Viertakt-Verbrennungsmotor wird patentiert.
1877/78	Russisch-Türkischer Krieg.
1877	Thomas Alva Edison erfindet den Phonographen.
1878	Österreich-Ungarn besetzt Bosnien und die Herzegowina.
	9. Januar: Viktor Emanuel II. von Italien gestorben. Humbert I. wird italienischer König.
	13. Juli: Friede von Berlin. Bestätigung der Unabhängigkeit Rumäniens, Serbiens und Montenegros. Bulgarien wird autonomes, der Türkei tributpflichtiges Fürstentum. Österreich-Ungarn verwaltet Bosnien und die Herzegowina.
	Oktober: ›Sozialistengesetz‹ in Deutschland. Verbot sozialistischer Vereinigungen, Versammlungen und publizistischer Tätigkeit.
	Friedrich Engels: ›Herrn Eugen Dührings Umwälzung der Wissenschaft‹.
1879	7. Oktober: ›Zweibund‹. Geheimes Verteidigungsbündnis zwischen dem Deutschen Reich und Österreich-Ungarn.

1880/81 Burenaufstand (Erster Südafrikanischer Krieg).

1880 *Rosa Luxemburg wird Schülerin am Gymnasium in Warschau.*

1881 13. März: Zar Alexander II. bei einem Attentat getötet. Nachfolger auf dem russischen Thron wird sein Sohn Alexander III.

18. Juni: ›Dreikaiservertrag‹. Geheimes Neutralitätsabkommen zwischen dem Deutschen Reich, Österreich-Ungarn und Rußland.

In Berlin-Lichterfelde fährt die erste elektrische Straßenbahn.

1882 20. Mai: ›Dreibund‹. Geheimes Verteidigungsbündnis zwischen dem Deutschen Reich, Österreich-Ungarn und Italien.

Robert Koch entdeckt den Tuberkel-Bazillus.

1883 14. März: Karl Marx in London gestorben.

August Bebel: ›Die Frau und der Sozialismus‹.

1884 *Rosa Luxemburg am Zweiten Frauengymnasium von Warschau.*

Frühjahr: ›Nationalliberale Partei‹ Deutschlands und ›Liberale Vereinigung‹ schließen sich zur ›Deutschen Freisinnigen Partei‹ zusammen.

Friedrich Engels: ›Der Ursprung der Familie, des Privateigentums und des Staats‹.

1885/86 Bulgarische Krise. Unruhen auf dem Balkan. Russische Intervention in Bulgarien.

1885 Erste Kraftwagen und Krafträder werden gebaut.

1887 *Sommer: Abitur in Warschau.*

18. Juni: ›Rückversicherungsvertrag‹. Geheimes Neutralitätsabkommen zwischen Rußland und dem Deutschen Reich.

Rudolf Hertz weist die elektromagnetischen Wellen nach.

1888 9. März: Tod des deutschen Kaisers Wilhelm I. Auf den Thron folgt Friedrich III.

15. Juni: Friedrich III. nach 99tägiger Regierungszeit gestorben. Wilhelm II. wird Kaiser des Deutschen Reiches.

1888 oder 1889 *Mit Hilfe Marcin (Martin) Kasprzaks gelangt Rosa Luxemburg heimlich nach Deutschland.*

1889 30. Januar: Der österreichische Kronprinz Rudolf und Mary von Vetsera werden in Mayerling erschossen aufgefunden.

Jahresende: Rosa Luxemburg in Zürich.

1890 *Bekanntschaft mit Leo Jogisches.*

20. März: Kaiser Wilhelm II. erzwingt den Rücktritt Otto von Bismarcks.

Herbst: Studienbeginn an der Philosophischen Fakultät der Universität Zürich.

Aufhebung des ›Sozialistengesetzes‹ in Deutschland.

Der deutsch-russische ›Rückversicherungsvertrag‹ wird nicht verlängert.

In London fährt die erste elektrische Untergrundbahn der Welt.

Rosa Luxemburg lernt während des Züricher Aufenthalts u. a. Lenin, Paul Axelrod, Wera Sassulitsch, Georgi Plechanow und Alexander Helphand (›Parvus‹) kennen.

1892 *Wechsel zur Juristischen Fakultät. Studium der Nationalökonomie.*

18. August: Beistandspakt zwischen Frankreich und Rußland.

1893–1896 Nordpol-Expedition Fridtjof Nansens.

1893 *Paris-Aufenthalt.*

Unter Mitwirkung Rosa Luxemburgs wird die polnische Zeitung ›Sprawa Robotnicza‹ (›Sache der Arbeiter‹) in Paris gegründet. Längere Tätigkeit als Chefredakteurin.

Friedrich Engels: ›Die Entwicklung des Sozialismus von der Utopie zur Wissenschaft‹.

1894/95 Chinesisch-Japanischer Krieg.

1894 4. Januar: Französisch-russischer ›Zweibund‹.

Frühjahr: Bildung der ›Sozialdemokratischen Partei des Königreichs Polen‹ (SDKP). Rosa Luxemburg und Leo Jogisches zählen zu den Mitbegründern.

1. November: Zar Alexander III. gestorben. Sein Sohn Nikolaus II. folgt auf den russischen Thron. Aussöhnung zwischen Kaiser Wilhelm II. und Bismarck. Louis Lumière konstruiert einen Kinematographen.

1895 5. August: Friedrich Engels in London gestorben. Wilhelm Conrad Röntgen entdeckt die nach ihm benannte elektromagnetische Strahlung.

1896 *Die ›Sprawa Robotnicza‹ stellt ihr Erscheinen ein. Beginn des Briefwechsels mit Karl Kautsky. Später Mitarbeit an Kautskys ›Neuer Zeit‹.*

9. August: Otto Lilienthal bei einem Gleitflug tödlich verunglückt.

Die ersten Olympischen Spiele der Neuzeit, angeregt durch Pierre de Coubertin, werden in Athen abgehalten.

Stiftung des Nobel-Preises.

Friedrich Engels: ›Revolution und Konterrevolution‹ (posthum erschienen).

1897 *Frühjahr: Studienabschluß. Dissertation über die industrielle Entwicklung Polens (1898 in Leipzig gedruckt).*

Tod der Mutter.

Guglielmo Marconi erfindet die drahtlose Telegraphie.

1898 *19. April: Scheinehe mit Gustav Lübeck in Basel. Rosa Luxemburg erhält dadurch die preußische Staatsangehörigkeit.*

15. April–10. Dezember: Krieg der USA gegen Spanien.

Mai: Übersiedlung nach Berlin. Eintritt in die SPD. Zusammenarbeit mit Ignaz Auer zur Vorbereitung auf die Reichstagswahlen. Reden in Oberschlesien.

30. Juli: Otto von Bismarck gestorben.

Herbst: Übernahme der Chefredakteursstelle bei der ›Sächsischen Arbeiterzeitung‹ in Dresden für einen Monat. – Treffen mit Jogisches in Dresden. Zerwürfnis.

10. September: Kaiserin Elisabeth von Österreich in Genf ermordet.
Oktober: Als Delegierte beim SPD-Parteitag in Stuttgart. Rosa Luxemburg nimmt gegen den ›Bernsteinschen Revisionismus‹ Stellung.
Marie und Pierre Curie entdecken das Element Radium.

1899–1902 Zweiter Burenkrieg in Südafrika.

1899 *›Sozialreform oder Revolution‹ erschienen.*
Jahresanfang: Aussöhnung mit Jogisches.
18. Mai–29. Juli: Erste Haager Friedenskonferenz. Bildung des Internationalen Schiedsgerichtshofes. Landkriegsordnung (verabschiedet 1907).
Rosa Luxemburg zieht in die Nähe der Familie Kautsky nach Berlin-Friedenau.
Beginn der engen Freundschaft mit Luise Kautsky.
Oktober: Fahrt zum Parteitag nach Hannover.
Bekanntschaft mit Clara Zetkin.

1900 Frühjahr/Sommer: Boxeraufstand in China.
Ab Sommer: Leo Jogisches für eineinhalb Jahre bei Rosa Luxemburg in Berlin.
2. Juli: Start des ersten Zeppelin-Luftschiffs.
29. Juli: Humbert I. von Italien in Monza ermordet. Viktor Emanuel III. wird italienischer König.
25. August: Friedrich Nietzsche in Weimar gestorben.
Herbst: V. Pariser Kongreß der Zweiten Internationale. Rosa Luxemburg referiert über das Thema: ›Der Völkerfriede, der Militarismus und die stehenden Heere‹.
Weltausstellung und Olympische Spiele in Paris.
Tod des Vaters.

1901 22. Januar: Königin Victoria von Großbritannien gestorben. Edward VII. wird Nachfolger auf dem Königsthron.
Ende Oktober: Rosa Luxemburg wird für zwei Monate als Nachfolgerin des verstorbenen Bruno Schönlank

	Chefredakteur der ›Leipziger Volkszeitung‹, zusammen mit Franz Mehring.
	Gründung des Internationalen Gewerkschaftsbundes in Amsterdam.
1902	März: Leo Jogisches erneut in Berlin.
1903	*Rechtmäßige Scheidung von Gustav Lübeck.*
	Anläßlich einer Wahlrede wird Rosa Luxemburg wegen Majestätsbeleidigung angeklagt.
	17. Dezember: Erster Motorflug der Brüder Orville und Wilbur Wright.
1904/05	Russisch-Japanischer Krieg.
1904	8. April/8. Juni: Britisch-französische ›Entente cordiale‹.
	Sommer: Rosa Luxemburgs Schrift ›Organisationsfragen der russischen Sozialdemokratie‹ veröffentlicht.
	Juli: Verurteilung zu einer dreimonatigen Gefängnisstrafe wegen Majestätsbeleidigung.
	14.–20. August: Besuch des Internationalen Sozialistischen Kongresses in Amsterdam.
	Ende August: Strafantritt in Zwickau.
	Marcin Kasprzak in Warschau hingerichtet.
1905/06	Erste russische Revolution. – Erste Marokko-Krise.
1905/15	Albert Einstein stellt die Relativitätstheorie auf.
1905	22. Januar (nach dem Julianischen Kalender 9. Januar): ›Blutsonntag‹ in Sankt Petersburg. Eine Demonstration der Arbeiter wird mit Waffengewalt niedergeschlagen.
	Alexander ›Parvus‹ Helphand und Leo Jogisches während der Unruhen in Rußland.
	31. März: Kaiser Wilhelm II. vor Tanger. Beginn der Marokko-Krise.
	Mai: Gewerkschaftskongreß in Köln. Angriffe auf Rosa Luxemburg, besonders durch Otto Hué.
	24. Juli: Verteidigungsbündnis zwischen Kaiser Wilhelm II. und Zar Nikolaus II.
	Oktober–Dezember: Erste Tagung des Sowjets der Arbeiterdelegierten in Petersburg.

28. Dezember: Rosa Luxemburg fährt mit gefälschtem Paß nach Warschau zur Unterstützung der SDKP.

1906 *Veröffentlichung der Broschüre ›Massenstreik, Partei und Gewerkschaft‹.*

März: Rosa Luxemburg und Leo Jogisches in Warschau verhaftet. Nach viermonatigem Gefängnisaufenthalt wird Rosa Luxemburg gegen Kaution freigelassen.

8. August/14. September: Flucht über Finnland nach Hamburg.

Ende September: Teilnahme am Parteitag der SPD in Mannheim.

1907 25. Januar/5. Februar: Wahlen zum Reichstag. Die SPD verliert nahezu die Hälfte ihrer Mandate.

30. April–19. Mai: Kongreß der Sozialdemokratischen Partei Rußlands in London.

15. Juni–18. Oktober: Zweite Haager Konferenz.

August: Rosa Luxemburg als Delegierte der ›Sozialdemokratischen Partei des Königreichs Polen und Litauen‹ (SDKPiL) beim II. Internationalen Sozialistischen Kongreß in Stuttgart. Auch Jogisches anwesend. Resolution gegen den Krieg.

Herbst/Winter: Rosa Luxemburg wird Dozentin an der Berliner Parteischule der SPD (bis 1914).

1908 *Beginn der Arbeit an dem Werk ›Einführung in die Nationalökonomie‹.*

Trennung von Jogisches. Beziehung zu Konstantin Zetkin.

Sommer: Jungtürkische Revolution.

September: Rosa Luxemburg beim Nürnberger Parteitag. Auseinandersetzungen um die Ziele der SPD-Parteischule.

Oktober: Österreich-Ungarns Annexion Bosniens und der Herzegowina führt zur Bosnischen Krise (1909).

1909 *Trennung von Konstantin Zetkin.*

6. April: Robert Edwin Peary gelangt in unmittelbare Nähe des Nordpols.

25. Juli: Louis Blériot überfliegt den Ärmelkanal.
Sommer: Reise in die Schweiz und nach Italien.

1910 *Streikbewegungen. Reden Rosa Luxemburgs.*
6. März: Die linksliberalen Parteien Deutschlands schließen sich zur ›Fortschrittlichen Volkspartei‹ zusammen.
6. Mai: Edward VII. gestorben. Georg V. wird Nachfolger auf dem englischen Thron.
August/September: Reise zum Sozialistischen Kongreß in Kopenhagen. Bestätigung der Resolution gegen den Krieg.

1911/12 Italienisch-Türkischer Krieg.

1911 1. Juli: Das deutsche Kanonenboot ›Panther‹ wird nach Agadir entsandt (›Panthersprung‹). Zweite Marokko-Krise.
14. Dezember: Roald Amundsen erreicht den Südpol; Robert Falcon Scott trifft einen Monat später am Pol ein.
Paul Singer, Mitglied des SPD-Vorstandes, gestorben.

1912 Oktober 1912 – Frühjahr 1913: Erster Balkankrieg.
November: Rosa Luxemburg beim Internationalen Sozialistischen Kongreß in Basel. Neuerliche Bestätigung der Anti-Kriegs-Resolution.
August Bebel gestorben.

1913 *›Die Akkumulation des Kapitals‹ von Rosa Luxemburg erschienen.*
29. Juni–10. August: Zweiter Balkankrieg.
September: Parteitag in Jena. Rosa Luxemburg wendet sich gegen den Militarismus.
26. September: Rede in Frankfurt/Bockenheim.
Die ›Leipziger Volkszeitung‹ lehnt eine weitere Mitarbeit Rosa Luxemburgs ab.
Dezember: Gemeinsam mit Marchlewski und Mehring Gründung der ›Sozialistischen Korrespondenz‹.

1914–1918 Erster Weltkrieg.

1914 *20. Februar: Wegen ihrer Frankfurter Rede wird Rosa Luxemburg zu einem Jahr Gefängnis verurteilt.*

28. Juni: Der österreichisch-ungarische Thronfolger Franz Ferdinand und seine Frau Sophie werden in Sarajevo bei einem Attentat getötet.
Juli: Rosa Luxemburg nimmt an der Sitzung der Zweiten Internationale in Brüssel teil.
28. Juli: Österreich-Ungarn erklärt Serbien den Krieg.
31. Juli: Jean Jaurès in Paris ermordet.
Rosa Luxemburg kehrt von Brüssel nach Berlin zurück.
1./3. August: Kriegserklärung des Deutschen Reiches an Rußland und Frankreich.
4. August: Großbritannien erklärt dem Deutschen Reich den Krieg. – Bewilligung der Kriegskredite durch die SPD-Fraktion.
Rosa Luxemburg, Karl Liebknecht, Franz Mehring und Clara Zetkin nehmen Stellung gegen den SPD-Beschluß.
15. August: Eröffnung des Panama-Kanals.
20. Oktober: Das Reichsgericht Leipzig bestätigt das Gefängnisurteil gegen Rosa Luxemburg.
Dezember: Haftverschonung wegen des schlechten Gesundheitszustands.

1915 *18. Februar: Antritt der Haftstrafe in Berlin.*
April: Die erste Ausgabe der Zeitschrift ›Die Internationale‹ erscheint. Mitarbeit Rosa Luxemburgs. Die Zeitung wird verboten und beschlagnahmt.
April: Abschluß der ›Junius-Broschüre‹ (›Die Krise der Sozialdemokratie‹), die 1916 gedruckt wird.
September: ›Zimmerwalder Manifest‹ Leo Trotzkis.
21. Dezember: Zwanzig SPD-Abgeordnete stimmen gegen die Kriegskredite.

1916 1. Januar: Versammlung der ›Spartakus-Gruppe‹ bei Karl Liebknecht.
22. Januar: Entlassung aus dem Gefängnis.
1. Mai: Improvisierte Maifeier in Berlin. Karl Liebknecht wird verhaftet und zu einer mehrjährigen Zuchthausstrafe verurteilt.

10. Juli: Rosa Luxemburg wird in ›Schutzhaft‹ genommen. Gefängnisaufenthalt zunächst in Berlin, ab Oktober auf der Festung Wronke/Provinz Posen.
21. November: Kaiser Franz Joseph I. von Österreich-Ungarn gestorben. Auf den Thron folgt Karl I.

1917 8.–14. März: Russische Märzrevolution (nach dem Julianischen Kalender ›Februarrevolution‹).
14. März: Zar Nikolaus II. dankt ab und wird gefangengenommen.
6. April: Kriegserklärung der USA an das Deutsche Reich.
April: Die ›Unabhängige Sozialdemokratische Partei‹ (USPD) spaltet sich von der SPD ab.
Ab April: Streiks in mehreren deutschen Städten.
August: Verlegung in das Stadtgefängnis Breslau.
August/September: Matrosenrevolte auf deutschen Kriegsschiffen.
16. September: In Rußland wird die Republik ausgerufen.
15. Oktober: Rosa Luxemburgs Freund Hans Diefenbach in Frankreich gefallen.
7./8. November (15./16. Oktober): Sieg der russischen ›Oktoberrevolution‹. Lenin wird Regierungschef.

1918 Januar: Streiks der Arbeiter in Berlin und weiteren Städten.
8. Januar: In seinen ›Vierzehn Punkten‹ fordert US-Präsident Woodrow Wilson Selbstbestimmungsrecht für alle Völker.
3. März: Friede von Brest-Litowsk zwischen Rußland und dem Deutschen Reich.
17. Juli: Die Zarenfamilie wird in Jekaterinburg erschossen.
Herbst: Rosa Luxemburgs Artikel ›Die russische Tragödie‹ erscheint im 11. Spartakusbrief.
23. oder 25. Oktober: Karl Liebknecht amnestiert und aus dem Gefängnis entlassen.

26. Oktober: General Erich Ludendorff abberufen.

29. Oktober: Meuterei der Matrosen in Kiel.

November/Dezember: Die ›Deutsche Demokratische Partei‹ (DDP), die ›Deutschnationale Volkspartei‹ (DNVP) und die ›Deutsche Volkspartei‹ (DVP) entstehen.

5.–9. November: Ausweitung der Unruhen auf ganz Deutschland. Bildung von Arbeiter- und Soldatenräten.

7. November: Revolution in München. Kurt Eisner ruft die Republik Bayern aus.

9. November: Revolution in Berlin. Prinz Max von Baden übergibt Friedrich Ebert das Reichskanzleramt. Philipp Scheidemann proklamiert die Deutsche Republik. – *Rosa Luxemburg von revolutionären Arbeitern aus dem Gefängnis befreit. Rückkehr nach Berlin.*

9./28. November: Kaiser Wilhelm II. verzichtet auf den Thron.

10. November: Gründung des ›Rats der Volksbeauftragten‹ in Berlin.

11./12. November: Der österreichische Kaiser Karl I. dankt ab. Die Republik Deutsch-Österreich wird ausgerufen.

18. November: Die Spartakisten-Zeitung ›Rote Fahne‹ erscheint wieder. Mitarbeit Rosa Luxemburgs.

Ende November: Rosa Luxemburg verfaßt das Programm des Spartakusbundes.

29.–31. Dezember: Gründung der ›Kommunistischen Partei Deutschlands‹ / ›Spartakusbund‹ (KPD) in Berlin unter Beteiligung Rosa Luxemburgs.

1919 *Letzte Artikel für die ›Rote Fahne‹: Rosa Luxemburgs ›Die Ordnung herrscht in Berlin‹ und Karl Liebknechts ›Trotz alledem‹.*

5. Januar: Protestdemonstration mit Rosa Luxemburg und Karl Liebknecht gegen die Entlassung des Berliner Polizeipräsidenten Emil Eichhorn. Bildung eines Revo-

lutionsrates. Beginn des Spartakus-Aufstands in Berlin.

10.–12. Januar: Blutige Unruhen. Militärisches Vorgehen gegen die Aufständischen.

Ab 11. Januar: Rosa Luxemburg und Karl Liebknecht tauchen in Berlin-Wilmersdorf unter.

15. Januar: Rosa Luxemburg zusammen mit Wilhelm Pieck verhaftet. Verhör im Eden-Hotel. Ermordung Rosa Luxemburgs. Die Leiche wird in den Landwehrkanal geworfen. – Karl Liebknecht ermordet.

25. Januar: Beerdigung Karl Liebknechts.

2.–6. März: Erster Kongreß der Kommunistischen Internationale in Moskau.

10. März: Leo Jogisches verhaftet und »auf der Flucht erschossen«.

29. April: Die Völkerbunds-Verfassung wird angenommen.

8. Mai: Prozeß gegen die Bewacher Rosa Luxemburgs und Karl Liebknechts. Milde Urteile.

31. Mai: Rosa Luxemburgs Leiche wird gefunden.

13. Juni: Beerdigung auf dem Friedhof Berlin-Friedrichsfelde.

28. Juni: ›Versailler Vertrag‹ zwischen den Alliierten und dem Deutschen Reich.

Anmerkungen

1 Lenin, ›Der Radikalismus, die Kinderkrankheit des Kommunismus‹, Berlin 1930, S. 120.
2 Fred Oelßner, ›Rosa Luxemburg – eine kritische biographische Skizze‹, Dietz Verlag, (Ost-)Berlin 1951.
3 Paul Frölich, ›Rosa Luxemburg – Gedanke und Tat‹, Editions Nouvelles Internationales, Paris 1939. Neuauflage mit wesentlichen Änderungen und einem Nachwort von Irving Fetscher, Frankfurt 1967.
4 Henriette Roland Holst-van der Schalk, ›Rosa Luxemburg – Ihr Leben und Wirken‹, Zürich 1937.
5 Peter Nettl, ›Rosa Luxemburg‹, Köln-Berlin 1965.
6 In der Ära Ruth Fischer erzählte man sich in Berlin, sie, die das ZK völlig beherrschte, habe gedroht, von ihr selbst arrangierte nächtliche Abenteuer gewisser Delegierter deren Frauen mitzuteilen, sollten sie weiter opponieren.
7 Ernst Fischer, ehemaliger kommunistischer Minister in Österreich, ›Der Spiegel‹ Nr. 47/1969, S. 144.
8 Die russische Revolution 1917, die durch den Staatsstreich Trotzkis am 7. November 1917 ihren vorläufigen Abschluß fand, entwickelte sich genauso wie die revolutionären Unruhen in den Jahren 1904/05, die ihren Höhepunkt im Wirken Trotzkis im ersten Petersburger Sowjet hatten.
9 Die führenden Köpfe in der sogenannten ›heroischen‹ oder ›Dynamit-Epoche‹ waren fast alle Intellektuelle. (Siehe Anmerkung 53.)
10 Die deutsche Jugendbewegung der Jahrhundertwende wurde zum Vorbild für die ganze Welt. Der erste Höhepunkt war die Tagung auf dem Hohen Meißner bei Kassel im Oktober 1913.

Die damalige Jugendbewegung zählte höchstens 15000 Mitglieder, von denen etwa 6000 im Ersten Weltkrieg fielen. Erst nach Kriegsende entstand eine Massenbewegung. Auch die heutige aufbegehrende Jugend stellt nur eine geringe Minderheit dar, von der aber ohne Zweifel Impulse ausgehen.

11 ›Süddeutsche Zeitung‹, Sonntagsausgabe, Beilage.
12 Elisabeth Hannover-Drück/Heinrich Hannover, ›Der Mord an Rosa Luxemburg und Karl Liebknecht‹, Dokumentation eines politischen Verbrechens, edition suhrkamp Nr. 233, S. 29.

13 Angelica Balabanoff, ›Lenin‹, Hannover 1961, S. 26. – Lenin lehnte Rosa Luxemburg als ›Intellektuelle‹ ab, nachdem es ihm nicht gelungen war, sie für sich zu gewinnen. Darüber schreibt Fred Oelßner, a. a. O., S. 18: »Lenin (zog) im Jahre 1913... die Bilanz eines zwanzigjährigen Streites...: ›Darin besteht eben der Kernpunkt des lächerlichen Fehlers Rosa Luxemburgs: ... daß man aus Furcht, dem bürgerlichen Nationalismus der unterdrückten Nationen in die Hände zu arbeiten, nicht nur dem bürgerlichen, sondern selbst dem reaktionären Nationalismus der *unterdrückten* Nation in die Hände arbeitet.‹« (W. I. Lenin, ›Sämtliche Werke‹, Bd. XVII, Zürich 1929, S. 144f.)

14 Balabanoff, a. a. O., S. 12.

15 Ebenda S. 18.

16 Ebenda S. 25.

17 Vorrede von Friedrich Engels zum ›Kommunistischen Manifest‹ vom 1. Mai 1890, Berlin 1906.

18 Harry Wilde, ›Politische Morde unserer Zeit‹, Frankfurt 1966, S. 199ff. – Harry Wilde, ›Leo Trotzki‹, Monographie, Reinbek 1969, S. 115ff.

19 Rosa Luxemburg, ›Die russische Revolution‹, herausgegeben von Ossip Flechtheim, Frankfurt 1963, S. 45.

20 Ebenda S. 12.

21 Ebenda S. 73.

22 Die harten Strafen, die erst in jüngster Zeit in der UdSSR gegen aufsässige Schriftsteller verhängt wurden, beweisen, daß sich gegenüber früher nur wenig geändert hat.

23 Balabanoff, a. a. O., S. 128: »Die Einhaltung aller bolschewistischen Vorschriften war für ihn (Trotzki – Anm. d. Autors) eine Frage des Prinzips, Ehrensache. Er war der erste, der die Disziplin einhielt, die er von anderen verlangte...« Ebenda S. 121: »Er war der neubekehrte, der an Eifer und Hingabe alle anderen übertrumpfen wollte, ein Neubekehrter, der sich Verzeihung für seine vielen Verstöße gegen den Bolschewismus verdienen wollte und daher ›päpstlicher als der Papst‹, unversöhnlicher, revolutionärer, bolschewistischer wurde als die Bolschewisten selbst. Er vermied sogar den Anschein alles dessen, was ihn zum Menschewisten hätte stempeln können. Trotzdem waren die Bolschewisten ihm nicht weniger feindlich gesinnt als vor seiner Bekehrung. Im Gegenteil...«

24 Die Familie schrieb ihren Namen mit ›n‹ statt mit ›m‹. Selbst Rosa Luxemburg unterzeichnete Briefe noch in dieser Schreibweise: P. Nettl, ›Rosa Luxemburg‹, Köln 1967, S. 64, Fn. 21. Auch das Abgangszeugnis (Nettl S. 192) lautet auf Luxenburg, mit dem Namen Rosalie, nach einer katholischen Heiligen. Nach diesem Schulzeugnis muß sie 1870 geboren und ›mosaischer Konfession‹ gewesen sein.

25 Das genaue Geburtsdatum steht nicht fest. Hier nach Brockhaus. In einigen Biographien wird 1871 angegeben. Auf der Heiratsurkunde – Nettl, a. a. O., S. 193 Bildbeilage – des ›Civilstands Kreis Basel-Stadt‹ Nr. 269 vom 19. April 1898 wurde als Geburtsdatum auf Grund vorgelegter amtlicher Urkunden – des Geburtsscheines und einer Erklärung der russischen Gesandtschaft in Bern – der 25. Dezember 1870 angege-

ben (ob russischer oder europäischer Zeitrechnung blieb offen). Gefeiert hat sie ihren Geburtstag immer im März (Nettl, S. 147ff.). – Paul Frölich, a. a. O., schreibt in der 3. Auflage auf S. 16, Fn.: »Gestützt auf Veröffentlichungen naher Freunde Rosa Luxemburgs, wurde in früheren Ausgaben dieses Buches... das Geburtsdatum mit 5. März 1870 angegeben. Nach dem Vorliegen des der Züricher Universität eingereichten Lebenslaufes ist das Geburtsjahr 1871 (StA Zürich, U. 105 h. 4).« – Nach der mit Rosa Luxemburg eng befreundeten Luise Kautsky war sie auch nicht das jüngste von fünf, sondern von acht Kindern. Nachzuweisen sind aber nur drei Brüder und eine Schwester. Möglicherweise starben drei Kinder schon in früher Jugend.

26 Die sehr zuverlässige Biographie von Peter Nettl, a. a. O., sagt darüber nichts aus, ebensowenig die Biographie von Frölich, a. a. O., und die von Henriette Roland Holst- van der Schalk, a. a. O.

27 Nettl, a. a. O., S. 65. – Roland Holst, S. 5. – Oelßner, S. 10.

28 Der große Stadtpark in Warschau hieß ›Sächsischer Garten‹, weil er von dem aus Sachsen stammenden König August (dem Starken) angelegt worden war.

29 Roland Holst, a. a. O., S. 10.

30 Ebenda S. 10: »Auch war sie zwar kein Zwerg, aber doch außerordentlich klein. Der Oberkörper war normal entwickelt, und im Sitzen schien sie als Erwachsene von normaler Größe; wenn sie aber aufstand, war sie eine äußerst kleine Frau.«

31 Ebenda S. 5.

32 Oelßner, a. a. O., S. 11, sagt, Rosa Luxemburg hätte die Goldmedaille nicht erhalten wegen ihrer oppositionellen Haltung in der Frage des Gebrauchs der polnischen Sprache, die in den Schulen in Warschau verboten war.

33 Nach der Statistik von 1897 lebten im europäischen Rußland auf 5,4 Millionen Quadratkilometer 105,5 Millionen Menschen, in Sibirien, im Kaukasus, in Zentralasien auf 17 Millionen Quadratkilometer 22,7 Millionen Menschen. Von 1807 bis 1881 wurden 624000 Personen, Verbrecher und politische Häftlinge, nach Sibirien deportiert. Von da an stieg die Zahl der Deportierten sprunghaft an, bis zu 20000 Personen im Jahr. Freiwillig folgten nicht selten die Frauen und Kinder den Verurteilten in die Verbannung nach.

34 Frölich, a. a. O., S. 52: »Der Kampf gegen die junge sozialdemokratische Richtung... begann 1893 mit dem Kesseltreiben gegen Kasprzak, den ersten Mentor Rosa Luxemburgs, der jahrelang zwischen deutschen und russischen Gefängnissen hin- und herpendelte und in ihnen seine Gesundheit aufrieb, aber dennoch von dem galizischen Führer Daszynski und seinen Freunden als Agent der Ochrana verlästert wurde... Kasprzak wurde im Sommer 1905 von der Warschauer Polizei in einer Geheimdruckerei entdeckt. Er verteidigte sich mit der Waffe in der Hand, wurde zum Tode verurteilt und im November... hingerichtet.« – Nach Nettl, a. a. O., S. 65, »entwickelte sich« zwischen Rosa Luxemburg und K. »eine starke persönliche Verbindung, die bis zu seinem Tode auf dem Schafott siebzehn Jahre später bestehen blieb«. – Nach

Oelßner, a. a. O., S. 12, hegte »der Pfarrer... zunächst Verdacht, daß Rosa um der irdischen Liebe willen die Religion wechseln wolle. Nachdem Rosa Luxemburg versichert hatte, daß allein die Liebe zum Christentum sie zu ihrem Schritte treibe, sagte der Pfarrer seine Hilfe zu«. Eine Quelle gibt Oelßner nicht an.

35 Dziodziu: Kosename, den Rosa für Leo Jogisches gebrauchte.

36 Bahnhof in Paris, von dem man nach der Schweiz abfährt.

37 Zur Sache = russisch, im Brief in cyrillischer Schrift.

38 ›Sache der Arbeiter‹ (›Sprawa Robotnicza‹): Organ der Sozialdemokraten des Königreichs Polen.

39 ›Ateneum‹, literarisch-zeitkritische Monatsschrift, die in den Jahren 1876 bis 1901 und von 1903 bis 1905 erschien. Gemeint ist ein Artikel über das Problem der Zolltarife zwischen Rußland und dem Königreich Polen bzw. Artikel über den Einfluß der russischen Zolltarife auf das Wirtschaftsleben des Königreichs Polen, die in den Jahrgängen 1890, 1891 und 1894 im ›Ateneum‹ publiziert wurden; Rosa Luxemburg machte in ihrer Doktorarbeit ›Die industrielle Entwicklung Polens‹, an der sie damals in Paris arbeitete, von ihnen Gebrauch.

40 ›Z Pola Walki‹, 1961, Nr. 3 (15), S. 138f.

41 Roland Holst, a. a. O., S. 23.

42 Ebenda S. 21.

43 Ebenda S. 23: »eine Sozialistin, die beide gut kannte, formulierte ihre Auffassung einmal kurz und bündig: ›Sie (Rosa) war durch und durch Natürlichkeit; er war ein Poseur.‹«

44 Rosa Luxemburg, ›Gesammelte Werke‹, Band III, Berlin 1925, S. 249.

45 Julian Marchlewski kam 1892 nach Zürich, nachdem er Warschau nach einer einjährigen Gefängnishaft hatte verlassen müssen. Sein Vater war Pole, seine Mutter Deutsche. Er benutzte später den Parteinamen ›Karski‹. Während des Krieges in Deutschland benutzte er das Pseudonym Johannes Kämpfer. 1919 ging er in die Sowjetunion. Er starb als hoher sowjetischer Diplomat 1925 in Italien.

46 Julius Wolf, ›Die volkswirtschaftliche Lehre der Gegenwart‹, Leipzig 1924, S. 220.

47 Roland Holst (S. 35) meint, Franz Mehring habe in seinen Büchern Rosa Luxemburgs Forschungsergebnisse ›ausgeplündert‹.

48 Rosa Luxemburg sprach auf dem Fünften Internationalen Sozialistischen Kongreß in Paris über die polnische Frage. Nach Roland Holst verursachte das einen gewissen Aufruhr unter den Delegierten; nur ein Teil des Kongresses spendete demonstrativ Beifall.

49 Nettl, a. a. O., S. 78: »Er hatte Jogisches von Anfang an nicht leiden können; nun aber haßte er ihn und sagte es laut und öffentlich. In Plechanows Augen hatte Jogisches – genau wie Trotzki – zwei unverzeihliche Fehler: er war selbstsicher (doppelt schlimm bei einem jungen Menschen), und er war Jude.«

Frölich, a. a. O., S. 29f.: »Jogisches verfügte über erhebliche Mittel, die er der sozialistischen Propaganda dienstbar machte. Plechanow schlug er die Gründung einer Zeitschrift vor, und dieser nahm das Angebot mit Freuden an, denn diese Zeitschrift konnte der Hebel werden für eine wirkliche sozialdemokratische Bewegung in Rußland, und Plechanow selbst würde endlich von elender Fron fürs Brot befreit werden (er fristete sein Leben mit Adressenschreiben) und seine großen Gaben als Wissenschaftler und Propagandist entfalten können. Ein Vertrag kam zustande, zerbrach aber sofort an der Frage, wer der politische Chef der Zeitschrift sein sollte. Plechanow hatte sein gut Teil Herrschsucht, und wie konnte er einem reichen Jüngling, der sich erst noch zu beweisen hatte, diese wichtige Waffe überlassen? Leo Jogisches aber kannte seinen eigenen Wert, und er konnte... sich nicht unterordnen; er selbst war herrisch bis zur Tyrannei. Er verließ also die allrussische Bewegung und stürzte sich ganz in die polnische, in der er sehr bald der unangefochtene Organisator und Leiter wurde...«

50 Auf dem Stuttgarter Kongreß soll Bebel zu Jean Jaurès gesagt haben: so gut, wie dieser glaube, sei die französiche Republik nicht, und so schlecht, wie er glaube, sei das deutsche Kaiserreich nicht.

51 Rosa Luxemburg hatte mit dem Ehepaar Lübeck Freundschaft geschlossen. Der Mann, von Beruf Buchdrucker, war in den Zeiten des Sozialistengesetzes nach der Schweiz emigriert und dort geblieben; seine Frau war eine geborene Polin.

52 Nettl, a. a. O., S. 192.

53 Unter ›Dynamit-Epoche‹ bezeichnete man die Zeit der vorbolschewistischen revolutionären Bewegung in Rußland, deren Aktivität nahezu ausschließlich aus Attentaten bestand. Trotzki gebrauchte diesen Ausdruck, ebenso andere russische Autoren.

54 Roland Holst, S. 36: »Rosa Luxemburg fühlte, daß ihre sozialistische Zukunft in Deutschland lag. Nicht etwa darum, weil der deutsche Geist oder das deutsche Temperament sie besonders anzogen. Das Gegenteil war eher der Fall. Aber in Deutschland schlug das Herz der internationalen Arbeiterbewegung. Dort hatten die sozialen Gegensätze gewaltige Ausmaße angenommen; dort waren die Ideen Marxens der Arbeiterklasse in Fleisch und Blut übergegangen...«

55 ›Z Pola Walki‹, 1961, Nr. 3 (15), S. 138; hier zitiert nach Nettl, a. a. O., S. 136.

56 Harry Wilde, ›Ein Toter auf Urlaub‹, ›Monat‹ Nr. 221/2; Essay über Kurt Eisner, in dem die Intrigen Auers geschildert werden.

57 August Bebel, Führer der SPD.

58 Grundbesitzer – im Brief russisch.

59 Dem Parteivorstand gehörten an: Bebel, Paul Singer, Wilhelm Pfannkuch, Ignaz Auer und Albin Gerisch.

60 Gemeint war die ›Gazeta Robotnicza‹ (Arbeiterzeitung), Organ der Sozialistischen Partei (PPS) im polnischsprachigen Gebiet Preußens.

61 R. L. meint die in London residierende Redaktion ›Przedświt‹ und spielt damit auf die Beschlüsse des III. Internationalen Sozialistischen Kongresses 1893 in Zürich an, auf dem sie sich erstmals öffentlich gegen den Standpunkt der PPS gestellt hatte.

62 Stanislaw Mendelson begann 1891–1892 die Hälfte des Defizits der ›Gazeta Robotnicza‹ zu decken und erwirkte sich somit das Recht, auf die Tendenz der Zeitung Einfluß zu nehmen.

63 Auf dem Hamburger Parteitag der SPD war Liebknecht zweimal im Zusammenhang mit der polnischen Frage aufgetreten.

64 Anspielung auf die Pressepolemik zwischen R. L. und Wilhelm Liebknecht.

65 Winter hatte in der ›Sächsischen Arbeiter-Zeitung‹ festgestellt, ein bestimmtes Maß von Germanisierung im polnischsprachigen Teil Preußens sei nicht zu verhindern und sollte deshalb auch nicht bekämpft werden. Daraufhin wurde er von polnischen Sozialisten scharf angegriffen.

66 Auers Standpunkt wurde also auch von Winter geteilt.

67 Redakteur der ›Gazeta Robotnicza‹, von dem hier die Rede ist, war Frantiszek Morawski.

68 Es handelt sich hier wahrscheinlich um eine Broschüre zum 1. Mai, herausgegeben von der PPS.

69 Beschluß des Parteitages der SPD 1893 von Halle über die Gründung einer Zeitschrift in polnischer Sprache für Posen und Schlesien: ›Gazeta Robotnicza‹.

70 Es handelte sich offenbar um den Redakteurposten in der ›Gazeta Robotnicza‹, den R. L. anstrebte.

71 abwehrte – im Brief russisch.

72 Ein Flugblatt (polnisch und deutsch), von der SPD herausgegeben, mit dem Titel: ›Oberschlesien, auf zur Wahl!‹

73 ›Z Pola Walki‹, 1961, Nr. 3 (15), S. 148ff.

74 Die erste Teilung Polens fand 1772 auf Anregung Friedrichs des Großen statt, die letzte Teilung auf dem Wiener Kongreß. Dort wurden die preußisch-deutschen Grenzen gezogen, wie sie bis 1918 existierten. Unter ›Kongreßpolen‹ verstand man das Herzogtum Polen oder Warschau, eine Schöpfung Napoleons, abzüglich der bei der vierten Teilung Polens Österreich und Preußen zugeschlagenen Gebiete. Obwohl Rosa Luxemburg gegen nationalstaatliche Tendenzen auftrat, setzte sie sich doch für das Recht der Polen auf ihre Muttersprache ein: »Die gemeinsamen Feinde der Arbeiterklasse sind die Kapitalisten, Fabrikanten, der Adel, die Priester und die Regierung. Ihr müßt euch also in der Sozialdemokratischen Partei organisieren, welche euer Klasseninteresse vertritt und die Rechte des polnischen Volkes verteidigt. Sie kämpft nicht gegen das deutsche Volk, sondern gegen die Regierung und die Kapitalisten, welche unbarmherzig in gleicher Weise sowohl die polnischen wie die deutschen Arbeiter ausbeuten. Eine Änderung wird nur die Macht des Proletariats bringen, vereinigt ohne Rücksicht auf Nationalität.« (Zitiert nach Oelßner, a. a. O., S. 23.)

75 ›Z Pola Walki‹, 1961, Nr. 3 (15), S. 161, hier zitiert nach Nettl, S. 140.

76 Polnische Redensart, kein Schimpfwort.

77 Prügel – im Brief russisch.

78 Gerhard v. Schulze-Gaevernitz, ›Der Nationalismus in Rußland und seine wirtschaftlichen Träger‹. R. L. beruft sich in ›Die industrielle Entwicklung Polens‹ häufig auf diese Arbeit.

79 Eine Petition mit der Forderung nach Besteuerung polnischer Handelsreisender, 1893 dem russischen Finanzminister unterbreitet. R. L. be-

zieht sich darauf in ihrer Arbeit über ›Die industrielle Entwicklung in Polen‹.

80 ›Kraj‹ – polnische Wochenschrift für Politik, Zeitkritik, Wirtschaft und Literatur, herausgegeben in Sankt Petersburg 1882–1909 von einer polnischen Gruppe, die für Versöhnung mit Rußland eintrat.

81 R. L. wollte, wie aus einem anderen Brief hervorgeht, im Untertitel ihrer Arbeit über die industrielle Entwicklung Polens den Ausdruck ›Materialien‹ unterbringen und im Titel ›kapitalistische‹ statt ›industrielle‹ Entwicklung haben. Es blieb bei letzterem.

82 Es ging um den Parteitag in Stuttgart im Oktober 1898.

83 auf sie pfeifen – im Russischen: auf sie niesen.

84 Man weiß nicht – im Brief russisch.

85 Die Organisationsstruktur der SPD stützte sich gebietsweise auf Wahlkreise zum Reichstag. Die Verantwortlichen für die Parteiarbeit in den Wahlkreisen waren die sogenannten Vertrauenspersonen.

86 Anspielung auf den Berg in der Schweiz, den sie wahrscheinlich zusammen mit Jogisches bestiegen hatte. Hier meint sie die SPD.

87 Russisches Sprichwort: »Auf einen Heuschober eine Erbse legen und den ganzen Berg aufessen.«

88 R. L.s Artikel ›Von Stufe zu Stufe – Zur Geschichte der bürgerlichen Klassen in Polen‹, veröffentlicht in der ›Neuen Zeit‹, 16. Jahrgang, 1. Band vom 27. Oktober 1897, S. 164ff.

89 Ein Artikel, den R. L. mit K. P. zeichnete: ›Die Agitation unter der polnischen Bevölkerung‹, ›Sächsische Arbeiter-Zeitung‹ vom 5. Juni 1897, Nr. 127.

90 Albert Eulenburg, 1840–1917, Professor der Medizin. R. L.s Bruder studierte Medizin und wurde ein bedeutender Nervenarzt.

91 Julius Platter, 1844–1923, Professor für politische Wissenschaften an der Universität Zürich, verfaßte ökonomische und sozialpolitische Werke.

92 Es handelt sich um die ›Sächsische Arbeiter-Zeitung‹.

93 Georg Ledebour, 1850–1947, einer der führende Köpfe der SPD.

94 ›Z Pola Walki‹, 1962, Nr. 1 (17), S. 154ff.

95 Ihr Geburtstag war am 5. März.

96 Offenbar das ›Handbuch der Staatswissenschaften‹, Neuausgabe 1898.

97 Brief Kautskys an R. L., in dem er sich lobend über ihre Artikel aussprach und sie zu einem Besuch einlud.

98 In der Arbeit ›Miliz und Militarismus‹, erstmals erschienen als Anhang zu ›Sozialreform oder Revolution‹, Leipzig 1899, Neudruck Leipzig 1919.

99 Kampfsignal – im Brief russisch.

100 Vernachlässigungen – im Brief russisch.

101 ›Z Pola Walki‹, 1963, Nr. 1/2 (21/22), S. 336ff.

102 Bei den Reichstagswahlen eroberte die SPD jeweils von 387 Sitzen: 1871: 1, 1887: 11, 1890: 35, 1893: 44, 1898: 56, 1903: 82, 1907: 43, 1912: 110 Sitze.

103 Hugo Haase, MdR der sozialdemokratischen Fraktion, später, nach Bebels Tod, Parteivorsitzender zusammen mit Friedrich Ebert.

104 Bernstein hatte den Streit um den ›Revisionismus‹ ausgelöst.

105 Verlag ›Archiv für soziale Gesetzgebung und Statistik‹ – Vierteljahrsschrift, Tübingen (von 1888 an), später in Berlin (von 1892 an).

106 R. L. stellte an den Schluß ihres Artikels gegen Schippel folgende Zeilen aus einem Gedicht des deutschen Lyrikers Heinrich Leopold Wagner (1747–1779): »Fort mit dem Brei. Ich brauch' ihn nicht! Aus Pappe schmied' ich kein Schwert!«

107 ›Jahrbücher für Nationalökonomie‹, gegründet 1872 von dem Ökonomen und Universitätsprofessor in Halle Johannes Conrad.

108 ›Z Pola Walki‹, 1962, Nr. 1 (17), S. 156ff.

109 Protokoll des Parteitages 1898, S. 100.

110 Georg v. Vollmar, Führer der bayrischen SP.

111 Protokoll des Parteitages 1898, S. 117. Im Streit um den ›Revisionismus‹ standen die Süddeutschen nahezu geschlossen auf der Seite Bernsteins.

112 Nettl, a. a. O., S. 152; ebenso Scharlau/Zeman, ›Freibeuter der Revolution‹, Köln 1964, die hervorragende, glänzend dokumentierte Biographie von Parvus Helphand. – Die Bemerkung stützte sich auf eine unmißverständliche Erklärung von Friedrich Engels in einer Neuherausgabe von Marx' ›Klassenkämpfe in Frankreich‹ vom Jahre 1895: »Die Geschichte hat... uns unrecht gegeben... Sie hat nicht nur unseren damaligen Irrtum zerstört, sie hat auch die Bedingungen total umgewälzt, unter denen das Proletariat zu kämpfen hat. Die Kampfweise von 1848 ist heute in jeder Beziehung veraltet... Haben sich die Bedingungen geändert für den Völkerkrieg, so nicht minder für den Klassenkampf. Die Zeit der Überrumpelungen, der von kleinen, bewußten Minoritäten an der Spitze bewußtloser Massen durchgeführten Revolutionen ist vorbei... Die Ironie der Weltgeschichte stellt alles auf den Kopf. Wir, die ›Revolutionäre‹, die ›Umstürzler‹, wir gedeihen weit besser bei den gesetzlichen Mitteln als bei den ungesetzlichen und dem Umsturz.«
Die Geschichte gab auch hier Engels unrecht: in Rußland eroberte 1917 eine ›kleine, bewußte Minorität an der Spitze bewußtloser Massen‹ einen Staat, in dem mehrere Millionen Soldaten und Polizisten unter Waffen standen, in China eroberten nicht Arbeiter, nach Marx die alleinige ›Avantgarde der Revolution‹, die Macht, sondern Bauern.

113 Roland Holst, a. a. O., S. 29: »In den Jahren, da Rosa Luxemburg und ihre Genossen ihren Kampf für die Internationalisierung der polnischen Bewegung kämpften, schien es außerordentlich utopisch, die Wiederherstellung der polnischen Nation in der kapitalistischen Gesellschaftsordnung zu erwarten. Unendlich utopischer noch als die Annahme, daß die Befreiung aller unterdrückten Nationalitäten das Werk des siegreichen Sozialismus sein würde...«

114 Es handelt sich um die Pressekommission der PPS (Polnische Sozialistische Partei) bei der ›Gazeta Robotnicza‹.

115 Es konnte nicht festgestellt werden, was R. L. damit meint.

116 ›Przedświt‹ – Zeitschrift der polnischen Sozialisten in London.

117 Dem Beitritt Rosa Luxemburgs zur Sozialistischen Partei im polnischen Teil Preußens auf deren V. Parteitag widmete die ›Gazeta Robotnicza‹ unter dem Titel ›Vom Parteitag‹ einen speziellen Leitartikel, in dem festgestellt wurde, daß ›Rosa Luxemburg nun endlich eine polnische Sozialistin geworden ist‹. Damit war gemeint, daß Rosa Luxemburg nun

offenbar auch die Forderung nach Unabhängigkeit für Polen unterstützte. Rosa L. antwortete sofort in einem Brief an die Redaktion, doch erschien in der folgenden Nummer nur eine Notiz (auf die R. L. in dem Brief an Jogisches Bezug nimmt): »Um Geduld bis zur nächsten Nummer bitten wir Gen. Luxemburg für die Antwort auf den Artikel ›Vom Parteitag‹.« Die Antwort erschien dann auch und rief weitere Angriffe der Redaktion und des Parteivorstands hervor.

118 ›Z Pola Walki‹, 1963, Nr. 1/2 (21/22), 336ff.

119 Frölich, a. a. O., S. 98.

120 Frölich, a. a. O., S. 99. Er zitiert dort aus einem Brief an R. L.s Freund Hans Diefenbach, enthalten in ›Briefe an Freunde‹, Hamburg 1950, S. 82: »...ich kenne den Hebbel länger, als ich Sie kenne. Ich habe ihn noch von Mehring ausgeborgt in jener Zeit, als unsere Freundschaft die heißeste Zeit durchmachte und die Gegend von Steglitz und Friedenau (allwo ich noch wohnte) eine tropische Landschaft darstellte, in der Elephas Primigenius graste und die schlanke Giraffe die grünen Wedel von der Phönixpalme abpflückte. ... das tropische Klima mußte jäh der ersten großen Gletscherperiode weichen, und meine dicke Getrud mußte mit einem Waschkorb voll erhaltener Geschenke und geliehener Bücher nach Steglitz wandern, in Beantwortung eines ebensolchen Transports, der in Friedenau eingetroffen war, wie dies bei unserer jedesmaligen Entlobung zu erfolgen pflegte.« – Das alte herzliche Verhältnis stellte sich allerdings nicht wieder ein. Später schrieb Mehring recht boshaft, »die Dame Luxemburg« mißfalle ihm wegen »ihrer maßlosen Herrschsucht und namentlich ihrer schmutzigen Habgier«. (Nettl, a. a. O., S. 204)

Die von Mehring gerügte ›Habgier‹ erklärte sich aus Rosa Luxemburgs Bedürfnissen nach einem gewissen, damals in der SPD als ›bourgeois‹ verschrienen Luxus in Kleidung und ›Wohnkomfort‹.

Nettl, a. a. O., S. 35, schreibt dazu: »Unter ihren näheren Freunden stand sie im Ruf einer Verschwenderin... Ängstlich besorgt, ihre Beziehungen zu anderen nicht vom Geld beherrschen zu lassen, bis zum Leichtsinn großzügig gegenüber Freunden, von Natur unfähig zum Sparen und gar nicht gewillt, es zu versuchen, gehörte sie zu jenen Menschen, die in der Gewißheit leben können, daß zwar nicht Gott, aber ihr eigenes Talent immer für sie sorgen wird.«

121 Roland Holst, S. 43.

122 Nettl, a. a. O., S. 204.

123 Hannover-Drück, a. a. O., S. 13. Die mit jugendlichem Elan geschriebene Broschüre ›Sozialreform oder Revolution‹ (hier Neudruck verwendet), Leipzig 1919, war Rosa Luxemburgs erste selbständige Arbeit. Der größere Teil des Textes erschien zuerst als Artikelserie in der ›Leipziger Volkszeitung‹, als Erwiderung auf Bernsteins Artikel in der ›Neuen Zeit‹. Der zweite Teil, ›Die ökonomische Entwicklung und der Sozialismus‹, war eine Besprechung des Buches von E. Bernstein, ›Die Voraussetzungen des Sozialismus und die Aufgaben der Sozialdemokratie‹, Stuttgart 1899. Es würde zu weit führen, hier im einzelnen auf die Streitfragen einzugehen.

124 Kuba ist ein Schulbeispiel dafür. Fidel Castro wurde von den amerikanischen Trustherren und der auf seiten des ›Establishment‹ stehenden Kirche buchstäblich in die Partnerschaft mit der UdSSR hineingezwungen.

125 In Frankreich war es sogar zum Eintritt eines Sozialisten (Milleran) in ein bürgerliches Kabinett gekommen – von Jean Jaurès begrüßt, von dem radikalen Jules Guesde erbittert bekämpft. (Wilde, ›Politische Morde‹, a. a. O., S. 39ff.)

126 Im Ersten Weltkrieg wurde Plechanow zum russischen Nationalisten, im Gegensatz zu Trotzki und Lenin.

127 ›Kommunistisches Manifest‹ von Marx/Engels.

128 Rosa Luxemburg, ›Politische Schriften‹, herausgegeben von Osip K. Flechtheim, Frankfurt 1966, 3 Bände, Bd. I, S. 83.

129 Balabanoff, a. a. O., S. 25.

130 Welche Überlegungen Subatow bewogen hatten, eine regierungsfromme Gewerkschaftsbewegung zu gründen, geht aus einem Geheimbericht aus dem Jahre 1899 hervor: »Die Streiks haben eine äußerst gefährliche und nachhaltende Wirkung auf den Staat, da sie eine Elementarschule zur politischen Erziehung der Arbeiter bilden. Sie bestärken das Vertrauen der Massen in ihre eigene Kraft, lehren sie die praktischen Methoden des Kampfes und bringen erfahrene und besonders begabte Ringführer an die Oberfläche... Die gegenwärtige Situation ist so intensiv, daß ein gemeinsames Vorgehen aller beteiligten Stellen notwendig sein wird, um der Bewegung Einhalt zu gebieten...« (Zitiert nach Scharlau/Zeman, a. a. O., S. 61.)

131 Pobjedonoszew, 1827–1907, ursprünglich Professor des Zivilrechts an der Universität Moskau, wurde 1872 Mitglied des Reichsrates und 1880 Oberprokureur des Allerheiligsten Synods. Als solcher hatte er einen verhängnisvollen Einfluß auf die Kirchenpolitik Rußlands unter Alexander III. und Nikolaus II. Pobjedonoszew hielt den Absolutismus und die alleinseligmachende Orthodoxie für die Grundlagen des russischen Staates.

132 Robert Payne, ›Lenin‹, München 1965, S. 142.

133 Ursprünglich eine von Nikolaus II. einberufene Ratsversammlung, wandelte sich der Petersburger Sowjet sehr schnell in eine Versammlung von Arbeiterdeputierten, deren Vorsitz am 26. (13.) November 1905 Trotzki übernahm und bis zu seiner Verhaftung am 16. (3.) Dezember 1905 innehatte. Siehe Wilde, ›Trotzki‹, S. 55.

134 Nach Nettl, a. a. O., S. 333, streikten 1905 über 2,8 Millionen, 1906 nahezu 1,2 Millionen Arbeiter.

135 Die SDKP = Socialdemokracja Królestwa Polkiego: Sozialdemokratische Partei des Königreichs Polen, wurde 1894 in Zürich gegründet. Darüber schreibt Nettl (S. 85): »Der Name stammte von Rosa Luxemburg und macht bereits die Haltung der neuen Partei klar: Durch die Verwendung des geographischen Begriffs ›Königreich Polen‹ sollte jeder Gedanke an ein ›Polonia rediviva‹ abgewiesen werden.« – Später schlossen sich die litauischen Sozialisten an, und die Partei setzte ihrem Namen die Buchstaben »iL« hinzu. Aus der SDKPiL ging eine Reihe bedeutender

revolutionärer Führer hervor, die später in der Sowjetunion eine wichtige Rolle spielten, wie beispielsweise Dscherschinski (Dzierżyński), der erste Chef der sowjetischen GPU, die als Terrororganisation so traurige Berühmtheit erlangen sollte. Die SDKPiL war eine reine Intellektuellenpartei.

136 PPS = Polnische Sozialistische Partei; eine Konkurrenz der SDKPiL, die sowohl in den preußischen Provinzen wie auch in Galizien und in Russisch-Polen zahlreiche Anhänger hatte. Oelßner schreibt darüber (S. 16): »Sie vertrat die Ansicht, die polnische Arbeiterklasse müsse zuerst die Abtrennung Polens von Rußland anstreben und einen unabhängigen polnischen Staat erkämpfen, dann erst könne sie in diesem Staate den Kampf um den Sozialismus aufnehmen. Diese Auffassung enthielt im Kern die ganze nationalistische Entartung, die nach 1906 die Polnische Sozialistische Partei (PPS) in den Dienst des kaiserlich-deutschen und des k. u. k. österreichischen Generalstabs führte und später, 1926 bis 1939, einen Teil der ehemaligen PPS-Führer zu Bannerträgern des faschistischen Pilsudski-Regimes in Polen machte.«

137 ›Algemener Jiddischer Arbeter-Bund‹, kurz ›Bund‹ genannt, dem nur jüdische Arbeiter angehörten. Innerhalb der SDAPR spielte der Bund eine nicht unwichtige Rolle. Daß er 1903 den II. Parteikongreß der SDAPR verließ, trug dazu bei, Lenin die Mehrheit zu verschaffen.

138 »Die Polizei hatte Monate gebraucht, um seine Identität festzustellen; nachdem das aber geschehen war – trotz Bemühungen Rosa Luxemburgs, es durch Beibringung deutscher Bürgschaftserklärungen zu verhindern –, wurde er des Versuchs angeklagt, ›die durch die Grundgesetze in Rußland festgelegte monarchische Regierungsform durch bewaffneten Aufstand zu stürzen und... auf diese Weise die Autonomie Polens zu erzielen‹.« (Frölich, a. a. O., S. 148.) – Jogisches wurde zu acht Jahren Zwangsarbeit verurteilt, konnte aber – wie auch Trotzki und Parvus Helphand – fliehen und ins Ausland entkommen. Dazwischen lagen etwa sechs Wochen, in denen er sich anscheinend bei einer Frau verborgen hielt. Wie Rosa Luxemburg davon Kenntnis bekam, ist unbekannt, aber sie brach daraufhin die persönlichen Beziehungen zu ihm ab. Erst nach Jahren kam es zu einer Art Aussöhnung, doch das alte herzliche Verhältnis scheint sich nicht wieder eingestellt zu haben.

139 C. Lehmann und Parvus, ›Das hungernde Rußland – Reiseeindrücke, Beobachtungen‹, Stuttgart 1900.

140 Scharlau/Zeman, a. a. O., S. 70.

141 Ebenda S. 70.

142 Isaac Deutscher, ›Trotzki‹, 3 Bde., Bd. I, S. 197.

143 Wilde, ›Politische Morde‹, a. a. O., S. 77ff.

144 Auf dem II. Parteitag der SDAPR (Sozialdemokratische Arbeiterpartei Rußlands) kam es im Jahre 1903 zur Spaltung: rechter Flügel Menschewiki (Minderheitler) und linker Flügel Bolschewiki (Mehrheitler) unter der Führung Lenins.

145 Frölich, a. a. O., S. 160, ebenso Rosa Luxemburg, ›Massenstreik, Partei und Gewerkschaften‹, Leipzig 1919, S. 3.

146 Siehe weiter unten die Darstellung Rosa Luxemburgs zu diesem Punkt.

147 Nettl, a. a. O., S. 294, nach dem Protokoll vom Jenaer Parteitag am 21. September 1905, S. 269. Doch wäre es falsch, anzunehmen, Rosa Luxemburg hätte die Arbeit der Gewerkschaften grundsätzlich abgelehnt: »Hätte es keine Gewerkschaften gegeben, so hätten die Arbeiter nicht einmal das erhalten, was ihnen nach diesem Gesetz zukam. Besonders in Zeiten der Konjunktur hätten sie weniger bekommen als den Lohn, auf den ihnen die kapitalistische Wirtschaft Anspruch gab...« (Nettl, S. 210.)

Roland Holst vertrat in ihrem Buch (S. 40) eine Meinung, die man mit Recht als die Rosa Luxemburgs betrachten konnte: »Die deutschen Arbeiter waren aber nicht wehrlos. Der märchenhafte Aufschwung des Betriebslebens rief starke Widerstandskräfte in ihnen wach. Die deutsche Gewerkschaftsbewegung, deren Bedeutung von der Sozialdemokratie lange unterschätzt worden war, wurde bald zu einem der wichtigsten Faktoren, auf denen das labile Gleichgewicht der Gesellschaft beruhte... Mit den Bedürfnissen stiegen die Löhne, durch die Intensivierung der Arbeit wurde die Arbeitszeit verkürzt. Hunderttausende, ja Millionen Proletarier traten den Gewerkschaften bei, mit deren Hilfe sie ihre neuen, äußerst bescheidenen Kulturbedürfnisse befriedigen lernten. Eine dünne Oberschicht von geschulten Arbeitern stieg zu kleinbürgerlichem Wohlstand auf.«

148 Luxemburg, ›Massenstreik‹, a. a. O., S. 4. Siehe auch Anmerkung 144.

149 Nettl, a. a. O., spricht auf S. 223 von ›talmudistischen Spitzfindigkeiten‹. Siehe auch Anmerkung 123.

150 Rosa Luxemburg hat verschiedentlich versucht, das Gefälle zwischen der sozialen Lage der deutschen und russischen Arbeiterschaft zu minimalisieren, während der tatsächliche Unterschied recht beträchtlich war. Hier spielten wohl gewisse Sentiments zugunsten der polnischen Arbeiter eine Rolle.

151 Wilde, ›Politische Morde‹, a. a. O., S. 64ff.

152 Luxemburg, ›Massenstreik‹, a. a. O., S. 17. Siehe auch Anmerkung 144.

153 Semstwo (russisch Landschaft), Name der in Rußland am 13. (1.) Januar 1894 in 34 (in allen großrussischen und in einem Teil der ukrainischen) Gouvernements eingeführten Form der Selbstverwaltung für die Gouvernements selbst wie für die Kreise. (Brockhaus, Leipzig 1934, Bd. 17, S. 268.)

154 Wilde, ›Trotzki‹, a. a. O., S. 51.

155 ›Massenstreik‹, a. a. O., S. 34f.

156 Ebenda S. 49f.

157 Payne, a. a. O., S. 134: »In den Monaten, die dem Abschluß des Kongresses folgten (1903 – Anm. d. Autors) ... verfaßte ... er eine Broschüre, die er ›Ein Schritt vorwärts, zwei Schritte zurück‹ nannte, in der er sich mit seinen eigenen Interventionen beschäftigte; dabei verteidigte er sich gegen die ›Schikanen und Dummheiten‹ seiner Gegner... Martow hat sich über die Heftigkeit von Lenins persönlichen Angriffen gegen ihn... bitter beklagt...: ›Lenin benahm sich... wie ein Wahnsinniger. Richtig. Er warf die Tür hinter sich zu. Richtig. Sein Auftreten weckte die Empörung der Mitglieder, die auf der Versammlung zurückgeblieben.

So war es!... Am Ende stimmten 9 von 16 Mitgliedern der Iskra-Organisation mit mir überein...‹«
Auch Rosa Luxemburg nahm gegen Lenin Stellung.

158 Balabanoff, a. a. O., S. 159ff. Auch Hannover-Drück, a. a. O., S. 14ff.

159 Balabanoff, S. 58ff.

160 Ebenda S. 181.

161 Ebenda S. 62.

162 David Shub, ›Lenin‹, Wiesbaden 1962, S. 126.

163 Balabanoff, a. a. O., S. 162.

164 Scharlau/Zeman, a. a. O., S. 146ff.; Stefan T. Possony, ›Jahrhundert des Aufruhrs‹, München 1956; Fritz Fischer, ›Griff nach der Weltmacht‹, Düsseldorf 1964; Shub, a. a. O.; Robert Payne, a. a. O.; Werner Hahlweg, ›Lenins Rückkehr nach Rußland‹, Leiden 1957; Wilde, ›Ein halbes Jahrhundert Legenden um Lenin‹, in ›Politische Studien‹, Nr. 175, S. 517ff.:
»Wir wissen heute, welche Summen für ›Propaganda‹... von der deutschen Reichsregierung ausgegeben worden sind: bis zum 30. Januar 1918 insgesamt 382 Millionen Mark.«
Über Rußland schrieb Fischer: »Die 40,580.997 Mark für Rußland machten etwa 10 Prozent... aus. Am 31. Januar 1918 waren rund 14,5 Millionen Mark noch nicht ausgegeben, jedoch betrug der Aufwand pro Monat bis zum 1. Juli 1918 für die deutsche Propaganda in Rußland rund 3 Millionen Mark...« (S. 529.)
David Shub hat über die Vorgänge genau berichtet: »Die Vermittler waren Ganetzky und Parvus in Stockholm und Kopenhagen, der Anwalt Koslowsky und Madame Sumenson in Petrograd. Das Geld für Lenin ging über die Diskonto-Gesellschaft in Berlin, die Nya Bank in Stockholm und die Sibirische Bank in Petrograd.«
Aber auch schon 1914 empfing Lenin von der deutschen Reichsregierung Gelder: »Kurz nach seiner Ankunft (in Bern 1914) machte er angestrengte Versuche, einige Manuskripte drucken zu lassen, hatte aber wenig Erfolg. Bis Anfang Oktober konnte er nur 140 Franken aufbringen. Ende Oktober aber dachte er daran, das offizielle Parteiorgan ›Sozialdemokrat‹ wieder ins Leben zu rufen... Am 14. November (1914) schrieb er in einem Brief, daß der ›Sozialdemokrat‹ erschienen sei, und bemerkte in einem anderen Brief, vom gleichen Tag: ›Im Augenblick bin ich mit Geld knapp.‹ Am 28. November (1914) schrieb er in einem Brief nach Stockholm, in dem er um eine Empfangsbestätigung für Geld bat, das er geliehen und zurückerstattet hatte. Er fügte hinzu: ›Wenn Sie kein Geld erhalten haben und auch keines auftreiben können, werden wir Ihnen wahrscheinlich einiges schicken können.‹« (Possony, S. 85.)
Die Gelder wurden wahrscheinlich an Lenin von dem mit der deutschen Reichsregierung in engstem Kontakt stehenden Esten Kesküla ausgezahlt. (Hahlweg, S. 8ff. und 39ff.)

165 Shub, a. a. O., S. 122ff., aber auch alle in Anmerkung 164 angegebenen Quellen, bis auf Hahlweg, der nur über die Geldzuwendungen an Lenin in den Kriegsjahren berichtet. Die ›Operation‹, an das Geld von Schmidt/Petersburg heranzukommen, dauerte übrigens Jahre!

166 Die beste Darstellung über diesen Parteitag gibt Payne, a. a. O., S. 163ff., ferner Leonhard Schapiro, ›Die Geschichte der Kommunistischen Partei der Sowjetunion‹, Frankfurt 1964. Letzterer schreibt auf S. 113 über diesen Parteitag: »In einer Frage jedoch, nämlich der Frage der ›Expropriationen‹, erlitt Lenin eine ernste Niederlage. Obgleich dieser Gegenstand bis dahin innerhalb der Partei nicht offen diskutiert worden war, war doch die demoralisierende Wirkung dieser Praxis wohlbekannt und gab bei einigen Bolschewiki, bei den Menschewiki, den Polen und im ›Bund‹ Anlaß zu Unruhe. Die Menschewiki wurden überdies noch von dem Wunsch getrieben, Lenin jener Quelle zu berauben, aus der dem privaten bolschewistischen Schatzmeister so bedeutende Geldmittel zuflossen. Ihr Antrag zu diesem Gegenstand wurde von dem Parteitag mit 170 Stimmen gegen 35 Stimmen bei 52 Enthaltungen angenommen.«

Payne schrieb dazu (S. 170): »Obwohl der Londoner Kongreß den Raub geächtet hatte, war nicht zu erwarten, daß sich Lenin diesem Verbot fügen würde... Tatsächlich aber billigte er Raubzüge und betrachtete sie mit erheblichem Wohlgefallen.«

Wie viele Raubzüge und Überfälle auf Geldtransporte verübt wurden, war später nicht mehr festzustellen, da die Bolschewiki sich nicht scheuten, auch mit richtigen Räuberbanden zusammenzuarbeiten. Der bekannteste Raubüberfall wurde von Stalin organisiert: »Der bedeutendste dieser Raubzüge wurde in Tiflis, im Juni 1907, in Szene gesetzt. Um halb elf Uhr morgens am 26. Juni empfing die Post von Tiflis eine große Geldsendung für die örtliche Depositenkasse der Staatsbank... die russische Presse... schätzte den Betrag auf dreihunderteinundvierzigtausend Rubel... Als der Konvoi sich dem Innern der Stadt näherte, wurde von dem Dach eines nahen Hauses eine Bombe... geworfen. Sie explodierte mit solcher Gewalt, daß die Fensterscheiben in einem Umkreis von anderthalb Kilometer zersprangen. Gleichzeitig wurden von der Straße aus Bomben gegen die (begleitenden) Kosaken geworfen... Die Geldsäcke verschwanden. Bei der Untersuchung konnte niemand angeben, was aus dem Geld geworden war... Die notwendigen Bomben hatte Leonid Krassin den Bolschewiki geliefert...« (Shub, S. 118.) – Krassin war Ingenieur, und die Sowjets benannten nach ihm einen Eisbrecher. Die Nummern der Banknoten waren bekannt, und so konnte das geraubte Geld nur zum kleinsten Teil untergebracht werden. ›Kamo‹, der im Auftrag von ›Koba‹ (Josef Dschugaschwili-Stalin) den Raubzug durchgeführt hatte, plante später, einen Berliner Bankier auszurauben. Doch die Polizei verhinderte das Unternehmen, ebenso die Fälschung von russischen Banknoten.

167 Payne, a. a. O., S. 165.

168 Ebenda S. 167.

169 Edward Ellis Smith, ›Der junge Stalin‹, München 1969, S. 82ff.

170 Louis Fischer, ›Das Leben Lenins‹, Köln 1964, S. 82. – Tatsächlich floß in Lenins Adern kein Tropfen russischen Blutes. Sein Vater und sein Großvater waren Tschuwaschen, mütterlicherseits stammte er von deutschen Vorfahren mit einem Schuß schwedischen Blutes ab.

171 Nettl schreibt S. 381 dazu wohl etwas zu optimistisch: »Die russische Revolution und die langen Gespräche in Kuokkala (Finnland – Anm. d. Autors) hatten Lenin und Rosa Luxemburg einander näher gebracht. Diese Periode der gegenseitigen Hochschätzung und der Zusammenarbeit währte bis 1911 – in diesem Jahr entbrannte der Kampf zwischen Jogisches und Lenin in der russischen Partei, und die SDKPiL spaltete sich. Die persönliche Verbindung mit Lenin wurde bis zu dessen Übersiedlung nach Krakau im Sommer 1912 aufrechterhalten.« – Lenin hatte sich nach der Auflösung des Ersten Petersburger Sowjet in das nur durch Personalunion mit Rußland verbundene Finnland zurückgezogen, Rosa Luxemburg tat es nach ihrer Entlassung in Warschau. An den zeitlichen Angaben Nettls ist sicher nicht zu zweifeln, doch die – nicht meßbare – ›Hochschätzung‹ war mehr ein Stillhalteabkommen, dessen Vorhandensein nicht nur durch gegenseitige Freundschaftsbeteuerungen, sondern noch viel mehr durch den Mangel an gegenseitigen Angriffen ›bestätigt‹ wird. Das gegenseitige Verhältnis verschärfte sich nach einem gewissen Abschluß der Geldangelegenheiten (siehe Anmerkung 166). Jogisches war wahrscheinlich nur das auslösende Element.

172 Nach dem II. Parteitag in London 1903, der die Spaltung der SDAPR in Bolschewiki und Menschewiki gebracht hatte, schrieb Trotzki 1904 eine Broschüre, die weithin unbekannt war. Es war Deutschers Verdienst (a. a. O., S. 94ff.) sie wieder ausgegraben zu haben.

Hier einige Zitate: »Lenins Methoden führen zu folgendem Ergebnis: zuerst tritt die Parteiorganisation an die Stelle der Partei; dann nimmt das Zentralkomitee die Stelle der Organisation ein, und schließlich ersetzt ein einzelner ›Diktator‹ das Zentralkomitee.« – Nach einer Verhöhnung der ›entsetzlichen, verkommenen und demagogischen‹ Schreibweise Lenins beschuldigt er ihn, sich von einem Sozialisten in einen radikalen bürgerlichen Politiker verwandelt zu haben, weil nur ein bürgerlicher Politiker der Arbeiterklasse so mißtrauen könne wie Lenin. – ›Entsetzlich‹ – ›verkommen‹ – ›demagogisch‹ – ›verschlampter Anwalt‹ – ›bösartig und moralisch abstoßend‹.

173 In einer Broschüre, die Trotzki Ende 1904 in München verfaßte und der er dann den Titel ›Bis zum 9. Januar 1905‹ gab, verblüffte er die Leser durch erstaunliche Vorhersicht der kommenden Ereignisse, die er dann selber stärkstens beeinflussen sollte. Seine Ausführungen deckten sich mit jenen Rosa Luxemburgs in ›Massenstreik, Partei und Gewerkschaften‹. Beide gingen von der Spontaneitätstheorie der Massen aus. Sowohl Menschewiki wie Bolschewiki lehnten diese Theorie ab.

174 Offizielle Vertreter der polnischen Sozialdemokratie waren Rosa und Julian Marchlewski.

175 Payne, a. a. O., S. 142.

176 Nettl, a. a. O., S. 365ff.

177 Der österreichische Staatsbürger und spätere deutsche Reichsfinanzminister Dr. Rudolf Hilferding und der Holländer Dr. Anton Pannekoek mußten ihre Lehrtätigkeit niederlegen, weil man sie sonst ausgewiesen hätte. Rosa übernahm von 777 Unterrichtsstunden eines Kursus 250 Stunden Nationalökonomie.

178 Als Schüler Rosa Luxemburgs sind u. a. zu nennen: Wilhelm Pieck (erster Präsident der DDR), Wilhelm Koenen, Jakob Walcher, August Winnig und Fritz Tarnow. Ein Teil davon entwickelte sich zu Kommunisten, ein Teil, wie Tarnow, zählte zum rechten Flügel der SPD.

179 Nettl, a. a. O., S. 377ff.

180 Bei den Wahlen im Januar 1907 schlossen sich alle konservativen und liberalen Parteien zu einem ›Block‹ zusammen, wobei es um Kolonialfragen ging; der Block bewilligte die Errichtung eines Reichskolonialamtes, das die SPD und das katholische Zentrum ablehnten. Gleichzeitig förderte der preußische Landtag (Dreiklassenwahlrecht) eine gegen das Polentum gerichtete Ansiedlungspolitik.

181 Frölich, a. a. O., S. 181.

182 Ebenda S. 183.

183 Die französischen Radikalsozialisten waren eine linksbürgerliche Partei.

184 Luise Kautsky, ›Briefe an Karl und Luise Kautsky‹, Berlin 1923, S. 139, Brief vom 1. Mai 1909.

185 Nettl, a. a. O., S. 398.

186 Nachdem sich 1904 England mit Frankreich arrangiert und mit einem förmlichen Abkommen (Entente cordiale) das Freundschaftsverhältnis besiegelt hatte, kam es zur Marokkokrise, ausgelöst durch einen Besuch Kaiser Wilhelms II. in Tanger im Jahre 1905. Die Spannungen konnten beigelegt werden. 1911 entsandte Staatssekretär Kiderlen-Waechter das Kanonenboot ›Panther‹ (Panthersprung) und löste damit eine neue Krise aus. Sie wurde erst am 4. November 1911 beigelegt. Deutschland verzichtete auf seine ›Interessen‹, die nur in wirtschaftlichen Prestigefragen einiger Firmen bestanden, und erhielt als Kompensation gewisse Zugeständnisse in Französisch-Kongo. Für die französischen Revanchisten war diese Krise Wasser auf ihre Mühlen.

187 Zitiert nach Nettl, a. a. O., S. 404.

188 »Kautskys Verhalten war ein Affront. Rosa Luxemburg war Hauptmitarbeiterin der ›Neuen Zeit‹, sie hatte Kautsky ständig vertreten, und das Ansehen, das Kautsky bei den Radikalen in der ganzen Internationale genoß, verdankte er in beträchtlichem Maße der geistigen Zusammenarbeit mit ihr (? – Anm. d. Autors.). Aber Kautsky hatte sich nicht etwa nur den Parteiinstanzen gebeugt, er hatte eine völlige Wendung vollzogen und das geistige Bündnis mit Rosa Luxemburg gebrochen.« (Frölich, a. a. O., S. 209.)

189 Nettl, a. a. O., S. 407f.

190 Protokoll des Parteitages vom 14. bis 20. September 1913, S. 487.

191 Insgesamt gab es 4210000 deutsche Staatsbürger, deren Muttersprache nicht Deutsch war. Nach der Volkszählung 1900: außer den genannten Polen und Franzosen noch 142049 Masuren, 106305 Litauer, 100213 Kassuben, 93032 Wenden, 64382 Mähren, 141061 Dänen, 80361 Holländer.

192 J. Hampton Jackson, ›Jean Jaurès‹, Hamburg 1949, S. 72.

193 Isaac Deutscher, a. a. O., Bd. I, S. 259.

194 ›Volksstimme‹, Frankfurt, 27. September 1913, zitiert nach Rosa Luxemburg, ›Kampf gegen den deutschen Militarismus‹, Berlin 1960, S. 25.

195 Nettl, a. a. O., S. 461.

196 Der Verteidiger von Rosa Luxemburg schätzte die Zahl der Fälle von Soldatenmißhandlungen, über die bei der SPD Akten geführt wurden, auf 30000. (Rosa Luxemburg, ›Im Kampf gegen den deutschen Militarismus‹, Berlin 1960, S. 152.) Wegen Mißbrauchs der Dienstgewalt erfolgten gegen Vorgesetzte 674 Verurteilungen im Jahre 1911 und 646 Verurteilungen im Jahre 1912.

197 ›Volksstimme‹, Frankfurt, 27. September 1913, zitiert nach Luxemburg, ›Militarismus‹, S. 25.

198 Im Kaiserreich und in der Weimarer Republik gab es für Überzeugungstäter Festungshaft, bei welcher die Zellen nur nachts abgeschlossen wurden, und auch sonst viele Vergünstigungen, die den Gefangenen das Leben erträglicher machten als im Gefängnis.

199 Nettl, a. a. O., S. 720, Fn. 49. – Dieser Brief wird nur verständlich, wenn man sich vergegenwärtigt, daß viele Parteigenossen es gern gesehen hätten, wenn Rosa L. ins Ausland geflohen wäre.

200 In einer seiner Reden hatte Kaiser Wilhelm II. die Sozialdemokraten als ›vaterlandslose Gesellen‹ bezeichnet.

201 »›Die Türkei ist geschlagen. Das Reich des Sultans zerfällt. Jetzt beginnt der Kampf um die Beute. Die Großmächte sind uneinig. Die Gefahr besteht, daß aus dem Balkankrieg ein Weltkrieg wird.‹ Mit diesen alarmierenden Schlagzeilen rief die sozialdemokratische Partei in einem Flugblatt die Wiener Arbeiterschaft zu einer Friedensdemonstration am 10. November auf. Weder Adler noch der Vorstand der SPD teilten den Optimismus des alten Bebel, der am 14. November nach Wien schrieb: ›Ich hoffe, es löst sich schließlich alles leidlich gut auf und wir bleiben von einem europäischen Krieg verschont.‹« Georges Haupt, ›Der Kongreß fand nicht statt‹, S. 67, Wien 1967.

202 Nettl, a. a. O., S. 563.

203 Ebenda S. 563.

204 Ebenda S. 563ff.

205 Ebenda S. 453.

206 Ebenda S. 558, Fn. 89: »Radek wurde beschuldigt, folgendes gestohlen zu haben: 1. Bücher aus der Bibliothek der Parteizeitung – das war der Gegenstand der Angriffe Häckers. 2. Einen Mantel (oder mehrere Kleidungsstücke) von einem Genossen ... 3. Geld. Das war der ernsteste Vorwurf, und in diesem Punkte leugnete Radek beharrlich, während er die Bücher und die Kleidungsstücke zugab.«

Ruth Fischer (›Stalin und der deutsche Kommunismus‹, Frankfurt 1948, 3. Auflage, S. 246) kannte Radek und sprach mit ihm über seine ›Affäre‹: »Luxemburg und Radek waren Mitglieder sowohl der deutschen wie der polnischen Partei (SDKPiL – Anm. d. Autors), und der Fall Radek auf dem deutschen Parteitag (1913 – Anm. d. Autors) war ein Nachhall der im gleichen Jahr erfolgten Spaltung in der polnischen Partei, in der Luxemburg in der einen und Radek in der Gegenfraktion führend waren. Luxemburg hatte die Unterstützung der führenden polnischen Sozialisten, Radek die der Warschauer Lokalorganisation ... Lenin neigte eher zur Warschauer Gruppe.«

207 Nettl, a. a. O., S. 559: »Rosa entzweite sich mit ihren alten Freunden im Norden, Henke und Knief sowie Pannekoek, weil sie für Radek eintraten. Zeitweise war Rosas Verhalten geradezu schizophren: polnischer Druck zwang sie in Deutschland zu einer Haltung, die sie im Grunde nur verurteilen konnte. Auf dem Jenaer Parteitag 1913, der Radek formell aus der SPD ausstieß, stimmte sie gegen das Verfahren des automatischen Ausschlusses, weil damit ein gefährlicher Präzedenzfall für alle Nonkonformisten in der deutschen Partei geschaffen wurde. Gleichzeitig galt es aber, den polnischen Beschluß zu respektieren und zu bekräftigen.«

208 Siehe auch Haupt, a. a. O., S. 67ff.

209 Hendrik de Man, ›Gegen den Strom‹, Stuttgart 1953.

210 Nettl, a. a. O., S. 459.

211 Ebenda S. 588, Fn. 42. Hier schreibt Nettl: »Ledebour, einer der persönlichen Feinde Rosas und selbst ein Radikaler, bezichtigte sie sogar des russischen Patriotismus und behauptete, sie wünsche einen Sieg des Zarismus über Deutschland. Siehe Viktor Adler, ›Briefwechsel‹, S. 606/607.«

212 »Berlin macht auf mich im allgemeinen den widrigsten Eindruck, kalt, geschmacklos, massiv – die richtige Kaserne; und die lieben Preußen mit ihrer Arroganz, als hätte jeder von ihnen einen Stock verschluckt, mit dem man ihn einst geprügelt.« (Brief an Familie Seidel vom 30. Mai 1898, Zentralbibliothek Zürich.) – An anderer Stelle: »Auf Schritt und Tritt fehlt mir jetzt die wohltuende Gemütlichkeit u(nd) die Kultur der Schweiz. Und auch die Reinlichkeit. Na, ich weiß nicht, woher das Märchen von der reinlichen deutschen Hausfrau stammt; ich habe hier noch keine einzige gesehen.«

213 Nettl, a. a. O., S. 143.

214 Unter ›Frühsozialisten‹ verstand man die Verkünder sozialistischer Ideen vor Karl Marx: den Engländer Robert Owen (1771–1851); die Franzosen Claude Henri Graf Saint-Simon (1760–1825), François Marie Charles Fourier (1772–1835), Pierre Josèphe Proudhon (1809–1865), Louis Blanc (1811–1882); den Deutschen Weitling (1808–1871) und andere.

215 Marx entwickelte den Sozialismus ›von der Utopie zur Wissenschaft‹. Die geistige Grundlage seiner Lehre (Marxismus) bildet der ›historische Materialismus‹, das wissenschaftlich logische Verfahren der von Hegel übernommenen und weitergebildeten Dialektik. Danach ist alle Geschichte die Geschichte von Klassenkämpfen, und für Marx war der bestehende Staat nicht die Verkörperung des Volkswillens, sondern das Gebilde der herrschenden Klasse. Gegen die Unterdrückung der Arbeiterklasse rief er zum Klassenkampf auf. Die logische Forderung dieses Klassenkampfes konnte nur die Vereinigung aller Unterdrückten in allen Ländern der Erde sein: »Proletarier aller Länder, vereinigt euch!« (›Kommunistisches Manifest‹). Gegenüber den ›utopischen‹ (gefühlsmäßigen) Frühsozialisten versuchte Marx die Gesetzmäßigkeit der kapitalistischen Ordnung darzulegen. Gegenüber der Bedarfswirtschaft, wo nur das produziert wurde, was Herr und Knecht samt ihren Familien

brauchten, sei in der kapitalistischen Gesellschaft nicht die Produktion, sondern der Profit das treibende Motiv.

216 Rosa Luxemburg, ›Rede zum Programm. Gehalten auf dem Gründungsparteitag der Kommunistischen Partei Deutschlands (Spartakusbund) am 29./31. Dezember 1918 zu Berlin‹, Berlin 1919, S. 6ff.

217 Einer der umstrittensten Punkte in Rosa Luxemburgs Theorien war die sogenannte ›Spontaneitätstheorie‹, von Lenin durch den Mund Sinojews als ›Spontaneitätsmystik‹ diffamiert. Rosa ging davon aus, daß revolutionäre Bewegungen nicht ›gemacht‹ werden können, etwa auf Beschluß einer Parteizentrale, sondern daß sie spontan ausbrechen müßten. Lenin forderte eine straff organisierte Partei (Bolschewiki) von Berufsrevolutionären.

218 Nettl, a. a. O., S. 457.

219 Schichtlohn der Bergarbeiter: 1873 RM 5,–, 1879: RM 2,55, 1900: RM 5,16, 1913: RM 6,02; Stundenlohn der Maurer: 1873: RM 0,37, 1879: RM 0,22, 1900: RM 0,45, 1913: RM 0,64; Wochenlohn der Buchdrucker: 1873–1875: RM 26,–, 1876–1878: RM 24,38, 1902–1906: RM 28,13.
Nach der Hochkonjunktur nach dem Deutsch-Französischen Krieg kam es zu einer ernsten Wirtschaftskrise. Erst mit dem Anwachsen der Gewerkschaften konnten höhere Löhne durchgesetzt werden.
An Mitgliedern hatten die Gewerkschaften: 1891 277659, 1900: 680427, 1906: 1689709, 1913: 2548763; die SPD: 1906: 384327, 1913: 982850. (Zahlen nach: ›Illustrierte Geschichte der deutschen Revolution‹, Verlag Neue Kritik, Frankfurt 1968, S. 56 und 58.)

220 Das preußische Dreiklassenwahlrecht begünstigte die Besitzenden. Neben dem Herrenhaus, dem alle preußischen Prinzen und Standesherren angehörten, gab es das Abgeordnetenhaus. Die Wahl der Abgeordneten erfolgte durch Wahlmänner. Je nach der Höhe der entrichteten Steuern hatte der Urwähler eine bis drei Stimmen. Auch die Wahlgesetze der anderen Bundesländer begünstigten einzelne Wählergruppen. Am fortschrittlichsten waren die süddeutschen Wahlgesetze.

221 Rosa Luxemburg, ›Briefe an Freunde‹, List-Taschenbuch Nr. 106, S. 11.

222 Rosa Luxemburg, ›Die Akkumulation des Kapitals‹, Neudruck des Limmat-Verlags, Zürich, Einleitung von Dr. Eduard März, S. I.

223 ›Z Pola Walki – Materialy i Dokumenty‹, Nr. 1/1969 (45).

224 Siehe Anmerkung 222: ›Akkumulation‹, S. IX (Vorwort).

225 In einem Brief an Hans Diefenbach vom 12. Mai 1917 aus Wronke (in ›Briefe an Freunde‹, a. a. O., S. 105) schrieb sie: »Die Zeit, als ich die ›Akkumulation‹ schrieb, gehört zu den glücklichsten meines Lebens. Ich lebte wirklich wie im Rausch, sah und hörte Tag und Nacht nichts als dieses eine Problem, das sich so schön vor mir entfaltete, und ich weiß nicht zu sagen, was mir höhere Freude bereitete: der Prozeß des Denkens, wenn ich eine verwickelte Frage im langsamen Hin- und Herwandeln durch das Zimmer wälzte, aufmerksam beobachtet von der Mimi, die auf dem Tisch mit der roten Plüschdecke mit untergeschlagenen Pfötlein lag und das kluge Köpfchen nach mir hin und her wandte, oder das Gestalten, das literarische Formen mit der Feder in der Hand. Wissen Sie, daß ich damals die ganzen 30 Druckbogen in einem Zug in

4 Monaten – unerhörte Sache! – niedergeschrieben habe und ohne das Brouillon (erster Entwurf, Skizze – Anm. d. Autors) auch nur einmal durchzulesen direkt in Druck gab?«

226 Frölich meinte damit die Weltwirtschaftskrise 1929 und die Krisen um das Dritte Reich. Die erste Auflage seines Buches erschien 1939, wenige Tage vor Ausbruch des zweiten Weltkrieges.

227 Frölich, a. a. O., S. 186.

228 Ebenda S. 188.

229 Ebenda S. 189.

230 Den zweiten Band hat Marx nicht vollendet; er wurde von Engels abgeschlossen und herausgegeben.

231 Karl Marx, Brief an Engels vom 2. April 1851.

232 Karl Marx, Brief an Engels vom 18. Juni 1862.

233 ›Kapital‹, Vorwort zum zweiten Band, S. V.

234 ›Die Akkumulation des Kapitals‹ oder ›Was die Epigonen aus der Marxschen Theorie gemacht haben‹; eine ›Antikritik‹ von Rosa Luxemburg, Leipzig 1921, enthalten als Neudruck in der im Limmat-Verlag, Zürich, herausgegebenen ›Bibliothek gesellschaftswissenschaftlicher Neudrucke‹.

235 Nettl, a. a. O., S. 508f.

236 Bis 1918 wurden die USA nur selten in sozialistischen Büchern erwähnt. Gegen die UdSSR nahm Rosa schon 1917/18 Stellung.

237 Oelßner, a. a. O., S. 178ff., denunzierte Rosa Luxemburgs Werk als ›bourgeoise Nationalökonomie‹: »Bei Rosa Luxemburg dagegen ist der Imperialismus nicht ein besonderes Stadium in der ökonomischen Entwicklung des Kapitalismus, sondern lediglich ein politischer Ausdruck der Kapitalakkumulation. Sie stimmt darin völlig mit allen bürgerlichen Nationalökonomen überein, die den Imperialismus ausschließlich als das Expansionsstreben der Großmächte erklären.«

238 In Rußland erschien die Schrift im April 1917 mit einem Vorwort Lenins vom 26. April unter dem Titel ›Der Imperialismus als jüngste Etappe des Kapitalismus‹.

239 Die Erste Internationale (Arbeiter-Assoziation) wurde 1864 in London gegründet. Sie zerbrach 1872 am Konflikt zwischen Karl Marx und dem Anarchisten Michael Bakunin. Die Zweite Internationale wurde 1889 gegründet. Auf dem Amsterdamer Kongreß 1904 waren 444 Delegierte anwesend, in Kopenhagen 1912 insgesamt 896 Delegierte aus 23 Ländern. Die Dritte Internationale wurde 1919 gegründet.

240 Siehe Kapitel ›Rosa Luxemburg und Lenin‹, in dem geschildert wurde, mit welch zweifelhaften Mitteln Lenin diese Erbschaft an sich brachte.

241 Trotzki hatte 1907, nach seiner Ankunft in Wien, eine unbedeutende Zeitung übernommen: ›Prawda‹, die er zu einem vielgelesenen illegalen Organ für Rußland ausbaute. Dafür brachte er persönliche Opfer. 1912 usurpierte Lenin für seine neue Partei diesen Zeitungsnamen, dessen Chefredakteur Stalin wurde. Lenin setzte sich über alle Proteste Trotzkis hohnvoll hinweg.

242 Hein Brahm, ›Trotzkijs Kampf um die Nachfolge Lenins‹, Köln 1964, S. 48. In Brüssel behauptete Plechanow, »der wirkliche Grund für

Lenins Weigerung, sich mit der übrigen Partei zu versöhnen sei, daß er sich nicht zwingen lassen solle, die großen Summen jener Parteigelder wieder herauszugeben, die er ›durch Diebereien‹ an sich gebracht habe. Lenins einziger Verbündeter war der lettische Delegierte« (Schapiro, ›Geschichte‹, a. a. O., S. 156), der von den Zuwendungen lebte, die er von Lenin erhielt.

243 Hanetzky, Jakub, oft auch ›Ganetzky‹ geschrieben, oder ›Fürstenberg‹, war österreichischer Staatsbürger polnischer Zunge und gehörte zu den führenden Mitgliedern der SDKPiL. 1917 gehörte er zu den Geldgebern und Vermittlern deutscher Gelder an Lenin.

244 Inès Armand war Lenins Geliebte, dessen Ehe mit Natalia Krupskaja nur noch zum Schein existierte; sie war längst nichts anderes als seine Mitarbeiterin. Unter den Frauen, die Lenin nahestanden, war Inès Armand seine engste Vertraute. Ihr Tod, im Jahre 1920, ging ihm sehr nahe.
Angelica Balabanoff berichtete über die Beerdigung in ihrem Buch (a. a. O., S. 48): »Ich sah Lenin bei der Beerdigung... Nie habe ich einen Menschen so ganz in seinem Schmerz aufgehen sehen, zugleich aber in der Anstrengung, diesen Schmerz für sich zu behalten und der Aufmerksamkeit der anderen zu entziehen.« Stalins Drohung der Krupskaja gegenüber, als diese gegen eine Maßnahme opponierte, wenn sie keine Ruhe gebe, werde er eine andere Frau zur Witwe Lenins ernennen, hatte durchaus seinen tieferen Sinn.

245 ›Liquidatoren‹ war ein von Lenin erfundener Begriff, um seine linksstehenden Gegner herabzusetzen.

246 Louis Fischer, ›Lenin‹, a. a. O., S. 105.

247 Die bolschewistische Partei war von Spitzeln durchsetzt. Sogar Stalin mußte eine Zeitlang in Diensten der Ochrana gestanden haben (siehe Text zu Anmerkung 167). Am bekanntesten wurde der Fall Malinowski. Spitzel der Ochrana, stieg der ehemalige Metallarbeiter rasch bis in die höchsten Spitzen der Partei und genoß das Vertrauen Lenins. Nach der Revolution vor Gericht gestellt, erklärte Malinowski, Lenin habe von seiner Spitzeltätigkeit wissen müssen. M. wurde zum Tode verurteilt und erschossen. (Shub, a. a. O., S. 136, 139ff., 227ff., 387ff.) Auch L. Fischer, a. a. O., S. 108ff.; Nettl, S. 102; Payne, S. 185f., 189f. und Balabanoff, S. 61ff.

248 Siehe offizieller Bericht des Zentralkomitees in Lenin, ›Werke‹, Band Nr. 20, S. 505 bis 548.

249 Siehe Lenin-Zitat im Vorwort, Seite 3, in dem Lenin seiner Gegnerin Rosa Luxemburg vorwirft, in Brüssel gegen ihn Partei ergriffen zu haben.

250 Wilde, ›Politische Morde‹, a. a. O., S. 75.

251 Graf Berchtold, österreichischer Außenminister, belog seinen Souverän, die Serben hätten die Feindseligkeiten eröffnet: »Einer Meldung des 4. Korpskommandanten zufolge haben serbische Truppen von Donaudampfern bei Temes-Kubin gestern unsere Truppen beschossen... die Feindseligkeiten sind hiermit tatsächlich eröffnet worden.« Der vierundachtzigjährige Kaiser Franz Joseph I. unterschrieb daraufhin die Kriegserklärung. (Emil Ludwig, ›Juli 1914‹, Berlin 1929, S. 130.)

252 Unter anderen nahmen unter dem Vorsitz von Vandervelde (Belgien) folgende sozialistische Führer daran teil:
Großbritannien: James Keir Hardie; Deutschland: Hugo Haase, Karl Kautsky; Österreich: Dr. Victor Adler, Dr. Friedrich Adler; Böhmen: Edmund Burian, Anton Nemec; Frankreich: Jean Jaurès, Edouard Vaillant, Jules Guesde; Italien: Angelica Balabanoff, Morgari; Spanien: Fabra-Ribas; Rußland: Ilja Rubanowitsch, Paul Axelrod; Polen: Rosa Luxemburg; Dänemark: Stauning; Holland: Troelstra; Belgien: Edouard Anseele, Camille Huysmans; Schweiz: Karl Moor, Robert Grimm. Hendrik de Man fungierte als Übersetzer. (Haupt, a. a. O., S. 177.)

253 Haupt, a. a. O., S. 178f.

254 Persönliche Mitteilung Hendrik de Mans an den Autor.

255 Fabra-Ribas in ›La Vie Socialist‹, August 1931, S. 12f.

256 Nettl, a. a. O., S. 575, zitiert aus einem Brief vom 28. August 1914.

257 Haupt, S. 187.

258 Bei der Generalkommission der deutschen Gewerkschaften liefen aus folgenden Ländern Telegramme ein, die sich für einen Generalstreik aussprachen: Italien, Frankreich, Belgien, England, Niederlande, Schweiz, Norwegen, USA.

259 Jean Jaurès wurde am 31. Juli 1914 von einem Fanatiker ermordet. Erst im Jahre 1919 wurde der Attentäter vor Gericht gestellt – und freigesprochen. Ausführliche Schilderung in Wilde, ›Politische Morde‹, a. a. O., S. 5ff.

260 »Sie gestatten mir noch, die tapfere Frau Rosa Luxemburg zu begrüßen, die die Flamme ihres Gedankens ins Herz des deutschen Proletariats setzt.« (Hirsch, ›Rosa Luxemburg‹, rororo Nr. 158.)

261 Frölich, S. 242f., weiß darüber recht dramatisch zu berichten: »... Und Rosa Luxemburg? Sie kam später als die anderen Parteivertreter. Ihr Gesicht war bleich, und sie suchte offenbar eine starke innere Unruhe zu beherrschen. Auf der Tribüne, wo die Mitglieder des Internationalen Bureaus saßen, blieb sie lange stehen und schaute stumm in die Versammlung hinein. Dann setzte sie sich und verbarg das Gesicht in den Händen. Zweimal kamen Mitglieder des Bureaus und sprachen eindringlich auf sie ein. Sie schüttelte energisch den Kopf und sprach nur das eine Wort: Nein! Sie war als Rednerin angekündigt. Der Vorsitzende, Vandervelde, sagte: ›Ich hätte gern Rosa Luxemburg das Wort gegeben, doch ich möchte ihr die Anstrengung ersparen.‹ Jaurès rief dazwischen: ›Sie wird sich im Gefängnis ausruhen!‹ Vandervelde fuhr fort: ›Doch ich möchte die tapfere deutsche Kämpferin begrüßen, die in der gegenwärtigen Lage so viel für das deutsche Proletariat bedeutet. Da Rosa Luxemburg, die gefährliche Feindin des Staates, das Wort nicht nehmen will, erteile ich es Troelstra.‹ Immer von neuem wurde Rosa von der Versammlung bestürmt. Doch sie saß unbeweglich da, in Gedanken versunken. Tiefes Leid stand in ihrem Gesicht.«

262 Hendrik de Man, ›Gegen den Strom‹, Stuttgart 1953, S. 112: »Ich sehe noch, wie der deutsche Delegierte Hugo Haase ... mit dem Arm um den Hals von Jaurès, mit ihm den Resolutionsentwurf Satz für Satz revidierte und zu verbessern suchte, wie zwei Mitarbeiter am selben Werke ...«

263 Rosa Luxemburg, ›Briefe an Freunde‹, Zürich 1950, S. 114, Brief vom 23. Juni 1917 an Hans Diefenbach.

264 Payne, a. a. O., S. 190: »Der Krieg traf Lenin unvorbereitet. Er hatte bis dahin immer nur über die Möglichkeit gescherzt, daß der Zar und der Kaiser gegeneinander in den Krieg ziehen würden, was nur zu einem sozialistischen Sieg führen könnte; nachdem er diesen Scherz gemacht hatte, zuckte er die Achseln, als läge es jenseits aller Glaubhaftigkeit, daß die Götter ihm eine solche Gunst bezeigen könnten.«

265 Auf dem Magdeburger Parteitag 1910 waren Auszüge aus einem Rundbrief des Kommandierenden Generals von Bissing verlesen worden, die Maßnahmen der Militärbehörden im Falle eines Krieges betrafen: »Die ersten Maßregeln, die gleichzeitig mit der Bekanntmachung des Belagerungszustandes getroffen werden müssen, sind die Unterdrückung aller aufrührerische Tendenzen verfolgenden Blätter und die Verhaftung der Redakteure sowie überhaupt aller als Führer und Agitatoren bekannten Personen ohne Rücksicht auf die Immunität der Reichstagsabgeordneten.« (Protokoll des Parteitages 1910, S. 430.)
Staatssekretär Clemens Delbrück vom Reichsamt des Inneren und zugleich Vizepräsident des preußischen Staatsministeriums hatte schon in einer Sitzung im Kriegsministerium am 24. Juli erklärt, daß Gewaltmaßnahmen gegen die Sozialdemokratie nicht erforderlich sein würden.

266 Es telegrafierten: Italien, Frankreich, Belgien, England, die Niederlande, die Schweiz, Norwegen und die USA. Als der Krieg ausgebrochen war, rief keine Gewerkschaft dieser Länder zum Generalstreik auf.

267 Karl Liebknecht, ›Klassenkampf gegen den Krieg‹, Berlin 1919, S. 11.

268 Wilde, ›Politische Morde‹, a. a. O., S. 96ff., mit Material über die Bestechungsgelder, die französische Zeitungen erhielten, auf Grund von Unterlagen, die von den Sowjets 1919 veröffentlicht wurden.

269 Die Serben wünschten einen Zugang zum Meer, um ihre landwirtschaftlichen Produkte (vor allem Schweinefleisch) exportieren zu können, wogegen vor allem Ungarn war.

270 Siehe Anmerkung 251, S. 203f. Als Nikolaus II. den Mobilmachungsbefehl widerrief, belog ihn sein Kriegsminister Suchomlinow, das sei nicht mehr möglich.

271 Wilde, siehe Anmerkung 267, S. 156.

272 Anfangs stimmte die Labour Party gegen einen Krieg. Eine Woche später erließ Macdonald einen Aufruf, in dem es hieß: »Wir kämpfen nicht für die Unabhängigkeit Belgiens, sondern wir kämpfen, weil wir dem Dreierbund angehören, weil die Politik des Auswärtigen Amtes seit einer Reihe von Jahren antideutsch orientiert gewesen ist und weil diese Politik von einer geheimen Diplomatie unter dem Gesichtspunkt geführt worden ist, Bündnisse zur Aufrechterhaltung des europäischen Gleichgewichts zu schließen.« – Die Labour Party trat nunmehr auch für die Rekrutierung der Armee ein, da England keine allgemeine Wehrpflicht kannte.

273 Haupt, S. 175: »Kurz nach der Ermordung von Jaurès, am Abend des 31. Juli, faßte das föderative Komitee der C. G. T. den Entschluß, ›die Prinzipien fallen zu lassen‹, also auf den Generalstreik zu verzichten.

Anscheinend wurde der Innenminister Malvy sofort davon unterrichtet. Am 1. August um ein Uhr nachts sandte er an die Präfekten ein Telegramm, in dem er anordnete, keine der im Carnet B eingetragenen Personen zu verhaften. Warum? Der Wortlaut von Malvys Telegramm gibt darauf eine eindeutige Antwort. Es beginnt mit folgendem Satz: ›Da wir allen Grund haben, zu glauben, daß man allen aus politischen Gründen im Carnet B eingetragenen Personen vertrauen kann...‹« (Nach Ploetz war am 1. August 1914 Victor Peytral französischer Innenminister.)
Das ›Carnet B‹ war eine Liste, die die Regierung an Hand von Hinweisen der französischen Präfekten aufgestellt hatte und in der 3000 bis 4000 Personen, vorwiegend Gewerkschaftsführer und Anarchisten, eingetragen waren, die bei Mobilmachung sofort verhaftet werden sollten.

274 Am 1. August fand eine Konferenz der Zentralvorstände der Gewerkschaften statt, bei der ein Aufruf an die Mitglieder beschlossen wurde, sofort alle Lohnbewegungen für die Dauer des Krieges abzubrechen. Auch sollten keine Streikunterstützungen mehr gezahlt werden. (Carl Grünberg, ›Die Internationale und der Weltkrieg‹, Leipzig 1916, S. 68f.) Noch vor der Zuspitzung der Lage war um die Erlaubnis angesucht worden, am 2. August eine Versammlung im Treptower Park, also unter freiem Himmel, durchzuführen. Das wurde verboten (am 31. Juli). Der Versuch, als Ersatz 39 Versammlungen am 2. August in geschlossenen Räumen zu veranstalten, wurde ebenfalls vereitelt, ebenso verbot man für den 4. August 17 Versammlungen mit dem Motto: ›Für den Frieden! Gegen den Krieg!‹ (Ebenda S. 63).)

275 Wilde, ›Politische Morde‹, a. a. O., S. 173.

276 Nach Nettl, a. a. O., S. 583, teilte Clara Zetkin der Holländerin Helen Ankersmit ihre Absicht mit, freiwillig aus dem Leben zu scheiden.

277 Tatsächlich blieb die Zahl der Wehrdienstpflichtigen, die sich im August (und später) ihrer Dienstpflicht entzogen, weit unter 1 Prozent.

278 ›Die Revolution‹, Nr. 2, Gedächtnisnummer zum zehnten Jahrestag der Gründung des Spartakusbundes. Hier zitiert nach Nettl, a. a. O., S. 584. Außerdem hatte der Parteivorstand beschlossen, innerhalb der SPD den ›Burgfrieden‹ zu wahren.

279 Brief an Konstantin Zetkin, Clara Zetkins Sohn, Ende 1914. Hier zitiert nach Nettl, S. 585.

280 ›Spartakusbriefe‹, Berlin 1958.

281 Der erste Staatsanwalt Düsseldorfs leitete im Juli 1915 ein Strafverfahren gegen »die Schriftstellerin Rosa Luxemburg und Genossen« wegen versuchten Hoch- und Landesverrates und Verstoßes gegen § 9 C des Belagerungsgesetzes ein. Doch der Oberreichsanwalt beim Reichsgericht war der Meinung, daß ein Tatbestand des Hoch- und Landesverrats nicht zu konstruieren sei. Der bereits für den 22. März 1916 einberaumte Termin wurde aufgehoben und das Verfahren eingestellt. (Nettl, a. a. O., S. 591.)

282 Nach Nettl soll die Gefängnisbeamtin Schrick Rosa Luxemburg geholfen haben. Briefe dieser Frau befinden sich in der Hoover Institution, Stanford University, Kalifornien.

283 Rosa Luxemburg, ›Briefe an Freunde‹, Zürich 1950, S. 185. Brief an Gertrud Zlottko, ihre langjährige Hausgehilfin.
284 Ebenda S. 187. Der Brief zeigt am Kopf eine Zeichnung mit drei Gänsen. Wie schon aus dem Brief hervorgeht, war Rosa Luxemburg auch eine nicht unbegabte Malerin.
285 ›Junius-Broschüre‹ – genannt nach den ›Junius-Briefen› 1768–1772, die in London erschienen und die herrschenden Zustände mit schonungsloser Satire geißelten.
286 Zu Beginn des Krieges wurden Gerüchte ausgestreut, Automobile aus Frankreich sollten Goldbarren durch Deutschland nach Rußland bringen, französische Agenten hätten Brunnen mit Cholerabazillen vergiftet und über Nürnberg seien Flugzeuge aufgekreuzt und hätten Bomben geworfen.
287 In Kischinew fanden 1905 Pogrome statt, die von den ›Schwarzen Hundert‹, einer nationalistischen russischen Organisation, angezettelt worden waren.
288 Gleich nach Kriegseintritt Italiens im Mai 1915 hatte der Italiener Morgari zuerst die englischen und französischen, also die Verbündeten, Sozialisten für eine Konferenz zu interessieren versucht. Bei einer Besprechung in Bern am 11. Juli, an der auch Lenin teilnahm, wurde beschlossen, möglichst viele nach wie vor internationalistisch denkende Sozialisten aus allen Ländern für eine Konferenz in Zimmerwald im Berner Oberland einzuladen. Am 5. September trafen sich dann in einem Gasthaus 38 Delegierte aus 11 Ländern: Bulgarien, Deutschland, Frankreich, Italien, Norwegen, Polen, Rumänien, Rußland, Schweden, Schweiz und Ungarn. Lenin verlangte Trotzkis Ausschluß, ohne damit durchdringen zu können. Das ›Zimmerwalder Manifest‹ stammt im wesentlichen aus Trotzkis Feder. (Wilde, ›Trotzki‹, a. a. O., S. 79f.)
289 ›Briefe an Freunde‹, a. a. O., S. 45. Brief an Mathilde Wurm.
290 Hans Diefenbach zählte zu den intimsten Freunden Rosa Luxemburgs.
291 ›Briefe an Freunde‹, a. a. O., S. 107.
292 Ebenda S. 109ff.
293 Ebenda S. 117.
294 Ebenda S. 121ff.
295 Mathilde Wurm, Frau des späteren Staatssekretärs Emanuel Wurm.
296 ›Briefe an Freunde‹, a. a. O., S. 44ff.
297 Ebenda S. 94.
298 Am Putamayo waren von Sir Roger Casament – gleich den von ihm aufgedeckten ›Congogreueln‹ im ›privaten Königreich‹ des belgischen Königs Leopold II. – die grauenvollen Methoden einer englischen Gesellschaft aufgedeckt worden, die die Indianer unter Folterungen zwang, Gummi zu gewinnen.
299 ›Briefe an Freunde‹, a. a. O., S. 47.
300 Ebenda S. 123ff.
301 Rosa Luxemburg, ›Briefe an Karl und Luise Kautsky (1896–1918)‹, herausgegeben von Luise Kautsky, Berlin 1923.
302 Ebenda S. 207.
303 Ebenda S. 207.

304 Siehe Anmerkung 164.
305 ›Spartakusbriefe‹ Nr. 5, S. 322.
306 ›Briefe an Freunde‹, a. a. O., S. 87.
307 Gemeint ist Karl Kautsky.
308 In den Briefen häufen sich fortan die Hinweise auf ihre Ungeduld.
309 ›Briefe an Karl und Luise Kautsky‹, a. a. O., S. 210.
310 ›Spartakusbriefe‹, a. a. O., S. 453.
311 Ebenda S. 453ff.
312 Die Briefe wurden mit ›Spartacus‹ gezeichnet, die Buchform lautete mit ›k‹ statt ›c‹: ›Spartakusbriefe‹.
313 ›Spartakusbriefe‹, a. a. O., S. 460.
314 ›Briefe aus dem Gefängnis‹, a. a. O., S. 57f.
315 Die Matrosen Alwin Köbis und Max Reichpietsch waren am 25. August 1917 von einem Kriegsgericht zum Tode verurteilt worden, zusammen mit drei weiteren Angeklagten, die man aber zu lebenslänglichem Zuchthaus begnadigte. Am 5. September wurden die Todesurteile vollstreckt. Schlechtes Essen, ungenügende Unterbringung und schlechte Behandlung der Mannschaften durch die Offiziere waren die Ursachen der Meuterei.
316 Staatssekretäre wurden die Sozialdemokraten Bauer und Scheidemann und vier weitere Parlamentarier anderer Parteien.
317 ›Spartakusbriefe‹, a. a. O., S. 47o.
318 ›Briefe aus dem Gefängnis‹, a. a. O., S. 71.
319 Karl Liebknecht, ›Klassenkampf gegen den Krieg‹, Berlin 1919, Anhang: »Karl Liebknecht zum Gedächtnis« von Karl Radek, zuerst veröffentlicht in der ›Iswestija‹, Februar 1919.
320 Henri Barbusse, ›Das Feuer – Tagebuch einer Korporalschaft‹, Zürich 1917, Neuauflage Berlin 1955.
321 Darüber liegen verschiedene Versionen vor. Hier nach Nettl, a. a. O., S. 678f.
322 Revolutioniäre Arbeiter hatten die Gebäude des Scherl-Konzerns besetzt und ein Flugblatt und eine Nummer der ›Roten Fahne‹ herausgebracht. Siehe folgendes Kapitel.
323 Zitiert nach Nettl, a. a. O., S. 683f.
324 Der hier wiedergegebene Textauszug betrifft die Entwicklung der Revolte im Jahre 1917, die mit der Hinrichtung von Köbis und Reichpietsch endete.
325 Theodor Plievier, ›Des Kaisers Kulis‹, S. 274ff.
326 Arthur Rosenberg, ›Die Entstehung der Deutschen Republik‹, Berlin 1930, S. 185.
327 Ebenda S. 185.
328 Ebenda S. 240.
329 Großadmiral Scheer war der ›Sieger der Schlacht am Skagerrak‹ am 1. Mai 1916, die beide Seiten, die Engländer wie die Deutschen, als ›Sieg‹ reklamierten. Tatsächlich gelang es der deutschen Hochseeflotte, den Engländern schwere Verluste zuzufügen; diese verloren nahezu doppelt soviel an Schiffsraum wie die Deutschen, aber Scheer mußte das Schlachtfeld räumen und sich hinter den schützenden Minengürtel der

Deutschen Bucht zurückziehen, um nicht am nächsten Tag vernichtet zu werden. Den ›Kampfplatz‹ beherrschten die Engländer, die sich deshalb als Sieger fühlten.

330 Plievier, ›Kulis‹, S. 315ff.

331 »... ist es eine interessante Ironie der Geschichte, daß kommunistische Historiker der Weimarer Zeit, die doch versucht sein mußten, die Bedeutung der Spartakusgruppe herauszustreichen, zuweilen dieser Versuchung energisch widerstanden. So schreibt P. Langner (›Der Massenstreik im Kampfe des Proletariats‹, Leipzig 1931, S. 49): ›Der Zusammenbruch des wilhelminischen Deutschland Ende Oktober, Anfang November 1918 vollzog sich nicht auf der Basis der Kämpfe der Arbeiterklasse gegen den imperialistischen Krieg und gegen die Bourgeoisie. Er entwickelte sich von innen heraus aus der physischen Unmöglichkeit, den Krieg fortzusetzen.‹« (Nettl, a. a. O., S. 673, Fn. 6.)

332 Rosenberg, a. a. O., S. 249.

333 Theodor Plievier, ›Der Kaiser ging, die Generäle bleiben‹, Berlin 1962, S. 161.

334 Plievier, ›Des Kaisers Kulis‹, S. 314.

335 Philipp Scheidemann, ›Memoiren eines Sozialdemokraten‹, ungekürzte Volksausgabe, Dresden 1930, Bd. II, S. 279.

336 Ebenda S. 296ff.

337 Emil Barth, ›Aus der Werkstatt der deutschen Revolution‹, Berlin 1919, S. 14.

338 ›Illustrierte Geschichte der Deutschen Revolution‹, Berlin 1929.

339 Barth, a. a. O., S. 53.

340 Plievier, ›Der Kaiser ging‹, a. a. O., S. 240.

341 Kaiser Wilhelm weigerte sich zunächst, dem Throne zu entsagen. Erst als die Generalität erklärte, es sei nicht möglich, die Fronttruppen zur Niederschlagung einer Revolution in der Heimat einzusetzen, entschloß sich Wilhelm II. abzudanken. In der Nacht vom 9. zum 10. November überschritt er die holländische Grenze. Hierzu Wilhelm Groener, ›Lebenserinnerungen‹, Göttingen 1957, S. 458.

342 Vicki Baum, ›Es war alles ganz anders‹, Berlin 1962, hier zitiert nach ›Spiegel‹, 47/1969, S. 130.

343 Eine Abschrift dieser Telegramme lag Plievier 1933 vor. Sie sollte für sein neues Buch ›Demokratie‹ Verwendung finden. Das Manuskript wurde 1933 mitsamt den Unterlagen beschlagnahmt und konnte nicht wieder aufgefunden werden. Ein Nachweis für das Angebot von Mehllieferungen findet sich in der ›Illustrierten Geschichte der Deutschen Revolution‹, Zeittafel S. 518.

344 Der Autor folgte hier im wesentlichen der Darstellung Theodor Plieviers in ›Der Kaiser ging‹, a. a. O., S. 290ff.

345 Frölich, a. a. O., S. 311.

346 ›Ein Pyrrhussieg‹, in ›Die Rote Fahne‹ vom 21. Dezember 1918 (hier zitiert aus Rosa Luxemburg, »Ich war, ich bin, ich werde sein! – Artikel und Reden zur Novemberrevolution«, Berlin 1958, S. 78ff.: »Liebknecht hat in Spandau 200 Offiziere ermordet. Liebknecht ist in Spandau ermordet worden... Liebknecht plündert die Läden. Liebknecht verteilt

Geld unter die Soldaten, um sie zur Gegenrevolution aufzustacheln... So schwirren seit einer Woche in Berlin die wildesten Gerüchte über unsere Richtung. Klirrt irgendwo auf der Straße eine Fensterscheibe, platzt an der Ecke ein Pneumatik mit lautem Knall, gleich schaut sich der Philister mit gesträubten Haaren und einer Gänsehaut auf dem Rücken um: Aha, sicher ›kommen die Spartakusleute‹!... Verschiedene Personen haben sich an Liebknecht mit der rührenden persönlichen Bitte gewandt, ihre Gatten, Neffen oder Tanten von dem beabsichtigten bethlehemitischen Kindermord, den die Spartakusse planen, ausnehmen zu wollen. So geschehen wahr und wahrhaftig im ersten Jahr und Monat der glorreichen deutschen Revolution!... Hinter all diesen schwirrenden Gerüchten, lächerlichen Phantasien, wahnwitzigen Räubergeschichten und schamlosen Lügen steckt ein sehr ernster Vorgang: es liegt System darin... Die Gerüchte werden zielbewußt fabriziert..., um eine Pogromatmosphäre zu schaffen und die Spartakusrichtung politisch zu meucheln, ehe sie noch die Möglichkeit hatte, die breitesten Massen mit ihrer Politik und ihren Zielen bekannt zu machen. Wir kennen die Weise, wir kennen den Text und auch die Verfasser. Es sind die Kreise der abhängigen Sozialdemokraten, der Scheidemann, Ebert, Otto Braun, der Bauer, Legien und Baumeister...«

347 Vorsitzender des A.- und S.-Rates. Seinen Spitznamen erhielt er, weil er erklärte, »nur über seine Leiche« hinweg könnten die A.- und S.-Räte aufgelöst werden.

348 Ein linksstehender Berufsoffizier, der in einem Brief an Wilhelm II. gegen den Krieg protestiert hatte und deshalb in ein Irrenhaus gesteckt worden war. Die folgenden Angaben machte 1930 von Beerfelde Plievier und dem Autor gegenüber.

349 Nettl, a. a. O., S. 686.

350 Beispielsweise gingen von jeder Nummer 5000 Exemplare an ›Abonnenten‹ in der Sowjetunion.

351 Barth, a. a. O., S. 61.

352 Scheidemann, a. a. O., S. 324f.

353 In Preußen gab es nahezu für jede Provinz eine eigene ›Gesindeordnung‹, Relikte aus der Zeit kurz nach Aufhebung der Leibeigenschaft. Wer seinen Dienst verließ, wurde von der Polizei zurückgebracht.

354 Prinz Max von Baden hatte den Staatssekretär Matthias Erzberger (Zentrum) als Vertreter der Reichsregierung nach Spa geschickt, doch im Großen Hauptquartier übergab ihm Hindenburg die Leitung der Waffenstillstandskommission, um das Heer vor dem Odium zu bewahren, die Kapitulation unterschrieben zu haben. (Erzberger ›Erlebnisse im Weltkrieg‹, Berlin 1920, S. 335.)

355 ›Illustrierte Geschichte der Deutschen Revolution‹, a. a. O., S. 251. Als Erzberger dem französischen Generalissismus vorhielt, die harten Bedingungen würden nur den Bolschewismus begünstigen, antwortete dieser, der Bolschewismus sei die Krankheit der geschlagenen Völker. Immerhin mäßigte er in einem Punkt die sehr harten Bedingungen: Deutschland brauchte 5000 Maschinengewehre weniger abzuliefern, um Waffen gegen Revolutionäre zu haben.

356 Barth, a. a. O., S. 16ff.
357 ›Spartakusbriefe‹, a. a. O., S. 404.
358 Eine besonders hartnäckige Grippewelle kam von Amerika ausgehend nach Spanien, von dort nach Frankreich und über die Schützengräben hinweg nach Deutschland. Man nannte sie die ›Spanische Grippe‹.
359 Am 1. Oktober 1918 verlangte die Oberste Heeresleitung in Spa den sofortigen Abschluß eines Waffenstillstandes, da die Front zusammenzubrechen drohe. Als Prinz Max von Baden diese überstürzte Bitte um Waffenstillstand ohne vorherige diplomatische Vorbereitung für bedenklich hielt, um so mehr als die neue parlamentarische Regierung noch gar nicht gebildet war, telegraphierte Hindenburg am 1. Oktober, 14 Uhr: »Wenn bis heute abend 7 bis 8 Uhr Sicherheit vorhanden ist, daß Prinz Max von Baden die Regierung bildet, so bin ich mit dem Aufschub bis morgen vormittag einverstanden. Sollte dagegen die Bildung der Regierung irgendwie zweifelhaft sein, so halte ich die Ausgabe der Erklärung an die fremden Regierungen heute nacht für geboten.« (Prinz Max von Baden, ›Erinnerungen und Dokumente‹, Stuttgart 1928, S. 336.)
360 Bei den Wahlen zur Konstituante in Rußland, die einzigen freien Wahlen, die je in diesem Lande stattfanden, erhielten die Bolschewiki in Petrograd und Moskau eine knappe Mehrheit gegenüber den bürgerlichen Gruppen und den Sozialrevolutionären. In ganz Rußland dagegen bekamen sie von 41,7 Millionen Stimmen nur 9,8, die linken Sozialrevolutionäre dagegen 20,8 Millionen. Die Konstituante trat im Januar zusammen, wurde aber von Trotzki auseinandergejagt. Neue Wahlen setzten die Bolschewiki niemals an, was Rosa Luxemburg kritisierte.
361 1914 hatte die SPD-Mitgliedschaft fast eine Million erreicht. Die Gewerkschaften und die anderen Nebenorganisationen registrierten insgesamt die fast vierfache Zahl an Mitgliedern.
362 Schüddekopf, a. a. O., S. 133.
363 Rosa Luxemburg, ›Politische Schriften II‹, Wien 1969, S. 171ff.
364 Nettl, a. a. O., S. 712.
365 Es mußten u. a. abgeliefert werden: 2500 schwere Geschütze, 2500 Feldgeschütze, 25000 Maschinengewehre, 3000 Minenwerfer, 5000 Lokomotiven, 10000 Waggons, 10000 Kraftwagen, die gesamte Kriegsflotte und alle vorhandenen Flugzeuge. Außerdem mußten sich die deutschen Truppen hinter den Rhein zurückziehen, und bei Mainz, Koblenz und Köln wurden Brückenköpfe in einer Tiefe von 30 Kilometer gefordert. Die Blockade blieb weiter bestehen, deutsche Schiffe konnten weiter gekapert werden.
366 Ruth Fischer, a. a. O., S. 92.
367 Aus den Notizen von Karl Radek, veröffentlicht von Otto-Ernst Schüddekopf, in: ›Karl Radek in Berlin‹, Hannover 1962, S. 135f.
368 Ebenda S. 133.
369 Karl Radek, ›November – Eine kleine Seite aus meinen Erinnerungen‹, in ›Krasnaja Nov‹, 1926, Nr. 10, S. 139ff.
370 »Walter Rathenau, der als mächtiger Mann Radek 1919 in der Haft aufsuchte und ihm seine eleganten Thesen brillant vortrug, nannte ihn

1922 ›zweifellos klug und witzig, aber einen schmierigen Kerl, den echten Typus eines gemeinen Judenjungen‹.« (Schüddekopf, a. a. O., S. 88.)

371 Wilhelm Groener, ›Lebenserinnerungen‹, Göttingen 1957, S. 472f.

372 Theodor Plievier, ›Der Kaiser ging‹, Berlin 1932, S. 345.

373 Nettl, a. a. O., S. 698.

374 »Die Mehrzahl in der Division waren brave Menschen, die nur mißbraucht wurden... Bei der Wanderung durch den ausgedehnten Marstall kam ich schließlich in eine Kompanieschreibstube, wo ich in ein sauber geführtes Verzeichnis der Mannschaft Einsicht nahm. Mindestens drei Viertel aller Leute wohnten in Berlin, waren in ihrer Garnison entlassen, hatten jedoch keine Arbeit gefunden und waren darum bei der Volksmarinedivision eingetreten. Die Unterhaltung in der Schreibstube wurde unterbrochen, da ein Unterführer erschien und mißtrauisch fragte, warum ich versuchte, auf die Kompanien einzuwirken. Er ließ sich von der Redlichkeit meiner Absichten überzeugen und geleitete mich zum Marstall hinaus.« (Gustav Noske, ›Von Kiel bis Kapp‹, Berlin 1920, S. 65f.)

375 Auf dem Gründungsparteitag der KPD trat Rosa Luxemburg für die Teilnahme an den Wahlen zur Nationalversammlung ein, erhielt aber nur ›schwachen Beifall‹. Die Mehrheit der Delegierten lehnte ihren Vorschlag ab: mit 62 gegen 23 Stimmen. Protokoll, S. 11. Rosa Luxemburg sagte enttäuscht: »Genossen! Ihr macht euch euren Radikalismus etwas sehr bequem!«

376 Frölich, a. a. O., S. 320.

377 Nettl, a. a. O. S. 720.

378 Die ›Rote Fahne‹ aus jenen Tagen war weniger eine Zeitung im landläufigen Sinne als vielmehr eine periodische Folge von Flugblättern.

379 Hermann Müller-Franke, ›Die Novemberrevolution‹, Berlin 1928, S. 252.

380 Noske, a. a. O., S. 82f.

381 »Wenn die Armee allzu großen Eifer zeigte, in die Entwicklung einzugreifen, so war das... nur eine Reaktion auf die revolutionären Exzesse der Spartakisten, die unvermeidliche Folge einer verworrenen Situation.« (Nettl, a. a. O., S. 697.)

382 Ebenda S. 27.

383 Hannover-Drück, a. a. O., S. 26.

384 Die SPD hatte zu Gegendemonstrationen ihrer Anhänger aufgefordert und sie zum Schutz des Rates der Volksbeauftragten, dem nur noch Mehrheitssozialisten angehörten, in die Wilhelmstraße beordert.

385 Dieser Ausspruch wurde noch nach 1933 von den Kommunisten weidlich gegen die SPD ausgenützt.

386 Noske, a. a. O., S. 68ff.

387 Ebenda S. 69f.

388 Friedrich Stampfer, ›Die vierzehn Jahre der ersten Deutschen Republik‹, Karlsbad 1936, S. 85.

389 Wilde, ›Politische Morde‹, a. a. O., ›Trotzki‹: S. 116.

390 Nettl, a. a. O., S. 726.

391 Noske, a. a. O., S. 73f.

392 Nettl, a. a. O., S. 730.
393 ›Vorwärts‹, 13. Januar 1919.
394 Nettl, a. a. O., S. 731, Fn. 80.
395 Es wurden auch Plakate angeschlagen mit der bloßen Aufforderung: »Tötet Liebknecht und Luxemburg!«
396 ›Spiegel‹, Nr. 1/2, Jahrgang 1969, S. 48.
397 Ebenda S. 49.
398 Erich Wollenberg, ›Der Apparat – Stalins Fünfte Kolonne‹, in ›Ost-Probleme‹, Jahrgang III, 19/12. Mai 1951.
399 Nettl, a. a. O., S. 742, Fn. 116.
400 ›Spiegel‹ 1/2, Jahrgang 1970, S. 49.
401 Ebenda S. 49.
402 Durch die Vernehmungen im Prozeß gegen die Luxemburg-Liebknecht-Mörder zogen sich wie ein roter Faden die Aussagen über Morddrohungen gegenüber den beiden KPD-Führern. Siehe ›Der Mord an Karl Liebknecht und Rosa Luxemburg‹, Berlin 1920 (Prozeßprotokoll).
403 Sein Führungszeugnis vom 15. März 1919 lautete: »Kapitänleutnant von Pflugk-Harttung ist seit Januar 1919 beim Divisionsstabe. Er ist ein außergewöhnlich begabter, kluger Soldat von eiserner Willenskraft, ein vorzüglicher Organisator und ganz vortrefflicher Kamerad.« (Hannover-Drück, a. a. O., S. 117.)
404 Nettl, a. a. O., S. 736, Fn. 99, schildert eine Begegnung: »Durch einen seltsamen Zufall lernte ich diesen Pflugk-Harttung am Ende des Zweiten Weltkrieges in einem Gefangenenlager kennen. Ich wußte damals nichts von seiner Beteiligung an den Ereignissen des 15. Januar, doch beeilte er sich, mich über die bedeutende Rolle zu unterrichten, die er bei der Befreiung Europas vom Bolschewismus gespielt habe, und gab zu verstehen, daß dies ein triftiger Grund sei, ihn unverzüglich aus der Gefangenschaft zu entlassen. Offensichtlich war er, ebenso wie die anderen Beteiligten, nach wie vor stolz auf die Tat.«
405 Nettl, a. a. O., S. 736.
406 ›Spiegel‹, 1/2 Jahrgang 1970, S. 49, Aussage Pabst: »Die Rolle, die wütende Volksmenge darzustellen, war dem Marineleutnant Souchon zugedacht, der an einer verabredeten Stelle auf den Kraftwagen wartete, mit dem Rosa Luxemburg weggebracht wurde. Der Kraftwagen hielt an, und Souchon schoß auf die noch bewußtlose Luxemburg.«
Die Darstellung Dieter Ertels im Fernsehen über die Ermordung Rosa Luxemburgs, daß ein Mann sofort auf das Trittbrett gesprungen sei, dürfte richtig sein. Siehe auch Anmerkung 413, Runges Beobachtung darüber.
407 Das ›Bulletin des Presse- und Informationsamtes der Bundesregierung‹ vom Februar 1962, S. 223, sprach von einer »standrechtlichen Erschießung«.
Nach Nettl, a. a. O., S. 734, erhob daraufhin Sonja Liebknecht gegen den damaligen Bundespressechef Felix von Eckardt Anzeige wegen ›Verherrlichung von Mord‹. Die Klage wurde abgewiesen, weil es sich bei den beanstandeten Äußerungen Pabsts um »Werturteile über historische Vorgänge« gehandelt habe.

408 Der ›Vorwärts‹, Bad Godesberg, Nummer vom 1. Mai 1969, veröffentlichte einen Brief, der in den Habseligkeiten Rosa Luxemburgs gefunden und von einem Offizier der Garde-Kavallerie-Schützen-Division mitgenommen worden war. Er stammte von Clara Zetkin, datiert mit 17. November 1918. Darin heißt es: »... Mit der USP, soweit diese revolutionär auftritt, ohne sie und gegen sie, wenn sie ... verzichtet ... Möglich, sogar wahrscheinlich, daß die Trennung unvermeidlich wird. Aber dann sollen wir sie vollziehen unter den Umständen, die unserer Einwirkung auf die Massen am günstigsten sind, Umstände, die die Trennung aus einer Frage mehr oder minder großer Organisationen zur Sache größerer proletarischer Massen machen würde. Solche Umstände fehlen jetzt ... ich atmete befreit auf, daß Du und Leo meine Auffassung teilt. Es hätte zu dem Schmerzlichsten in meinem schmerzensreichen Leben gehört, hätte ich mich in so entscheidender Sache und Stunde von Dir trennen müssen ...«

Clara Zettkin trat erst im März 1919 aus der USPD aus.

409 ›Vossische Zeitung‹ vom 16. Januar 1919.

410 ›Vorwärts‹, Zentralorgan der SPD, 17. Januar 1919.

411 ›Mord an Liebknecht und Luxemburg‹, a. a. O., Prozeßberichte. Teilweise auch bei Hannover-Drück, a. a. O., S. 59ff.

412 Ebenda S. 113.

413 Hannover-Drück, a. a. O., S. 128: Danach mußte Runge sitzen. Im Gefängnis erhielt er »von einem Spender, welcher nicht genannt sein will«, 3000 Mark.

Vorzeitig entlassen, packte Runge aus und schrieb der USPD-Zeitung ›Freiheit‹ am 9. Januar 1921 u. a. in einem Brief: »Am 15. Januar 1919 wurde ich abends zwischen 7 und 9 Uhr als Posten vor das Hausportal des Eden-Hotels zusammen mit dem Jäger zu Pferde Dräger kommandiert. Gegen 9 Uhr wurde alles laut und kam in Erregung, weil es hieß, Liebknecht und Luxemburg seien eingeliefert. Ich erhielt sofort mehrere Befehle von Offizieren und Wachtmeistern und es wurde bemerkt, daß diese Bande das Eden-Hotel nicht wieder lebend verlassen dürfe. Was die Sache Liebknecht anbetrifft, hatte ich strikten Befehl von Offizieren, diesen Lumpen niederzuschlagen mit dem Kolben an der Stelle, wo er herauskommt ... Was die Luxemburg anbetrifft, kamen Offiziere zu mir und sagten, ich gebe Ihnen den Befehl, daß die Luxemburg das Eden-Hotel nicht mehr lebend verläßt, merken Sie sich das! Kapitänleutnant von Pflugk-Harttung schrieb sich meinen Namen auf und sagte zu mir: ›Sie wird Ihnen ja durch den Oberleutnant Vogel in die Arme geführt, so daß Sie nur zuschlagen dürfen.‹ Als Luxemburg ins Auto gezerrt wurde, sprang beim Abfahren noch einer hinten auf und schoß Frau Luxemburg eine Kugel in den Kopf, was ich genau in der kurzen Entfernung sehen konnte. Er sprang dann ab und ging von der Nürnberger Straße ins Eden-Hotel zurück. – Gleich darauf kam ein Offizier vor das Portal zu mir und sagte, ich solle sofort nach oben vier Treppen gehen und da Ordnung schaffen. Mit denen da oben ist nichts los, das sind Scheißer. Da ist auch der von der ›Roten Fahne‹, ich gebe Ihnen den Befehl, ihn sofort zu erschießen. Auf der Treppe kam mir ein Vizewachtmeister entgegen und sagte, ich solle sofort nach oben kommen und Ordnung schaffen. Sie haben den Befehl, den Redakteur der ›Roten Fahne‹ zu erschießen. Ich sagte ihm, daß ich schon meine Befehle hätte und woher er den seinen habe. Da antwortete er mir: Die Befehle kommen von Hauptmann Pabst. – Oben angekommen stand ein Mann (Pieck) an der Wand, einer saß daneben. Ein Wachtmeister befahl mir, das Gewehr zu entsichern und beim dritten Male, wenn er wieder zurückkomme, solle ich sofort schießen; denn das sei das Zeichen... Er wurde in ein Zimmer geführt und bei Verlassen sagte ein Offizier zu einem Wachtmeister: ›Führen Sie den Mann ab und sorgen Sie dafür, daß nichts passiert.‹ Ich ging nun wieder auf Posten zurück und Dräger sagte mir: ›Nun hast du den da oben wohl doch nicht erschossen, es hat ja so lange gedauert.‹ – Inzwischen waren die anderen zurückgekommen und brüsteten sich: Liebknecht haben wir eine gebrannt. Es wurde eine Panne markiert und so die Flucht künstlich herbeigeführt. Das hat mir auch Oberleutnant von Rittgen später in der Untersuchungshaft noch einmal gesagt, er sagte auch, er habe das Knarren der Pistolen gehört. Über Luxemburg hieß es: ›Die alte Sau schwimmt schon.‹ ... – Ich wurde anfangs im Eden-Hotel von allen beglückwünscht und mir wurde gesagt, Ihnen passiert nichts, dafür werden wir schon sorgen. Sie kommen nach ein anderes schönes Städtchen und es wird für Sie gesorgt... – Auch meine sämtlichen Vorgesetzten vom Jägerregiment zu Pferde drangen auf mich ein, daß ich flüchtig werden müsse. Leutnant Liepmann brachte mich dann vom Werbebureau aus zu dem Husaren-Regiment Nr. 8. Ich verständigte auch da sofort meine Vorgesetzten eingehend über die Mordsache und wurde sofort als ein Held angesehen... – In meine Wohnung wurden mir 4000 M. gebracht und ein Zettel, ich solle nach Prag fahren und mich auf dem deutschen Konsulat bei dem Konsul Schwarz (der später in das famose Staatskommissariat für öffentliche Ordnung kam) zur weiteren Beschäftigung melden. Das verweigerte ich, weil ich keinen Auslandspaß hatte. Ich wurde dann vier Tage in der Wohnung des Leutnants Liepmann in der Kurfürstenstraße gefangen gehalten, bis es den Leuten auffällig wurde. Dann erhielt ich einen Militärfahrschein nach Flensburg und falsche Papiere, die mir bei meiner Verhaftung abgenommen wurden. – Die Untersuchung ist eine Komödie gewesen. Ich sprach mit Kriegsgerichtsrat Jorns wiederholt privat und er sagte mir: ›Nehmen Sie ruhig alles auf sich, vier Monate werden es nur, und Sie können sich dann immer wieder an uns wenden, wenn Sie in Not sind.‹ – Die Zellentüren standen stets offen. Sämtliche Angeklagten machten den Richter, ich mußte den Angeklagten spielen, und es wurde immer wieder gesagt, wenn ich meine Aussage nicht richtig einlernte, läge mal eine Handgranate im Bett, wenn ich schlafen ginge. Ich wurde auch beeinflußt zu der Aussage, daß ich die falschen Papiere, die mir die Offiziere gaben, von Spartakisten in der Weinmeisterstraße gekauft hätte. Die Offiziere haben oft bis 12 Uhr nachts ihren Damenbesuch in den Zellen gehabt, mit Musik, und der Wein ist geflossen. Mit dem Stab des Eden-Hotels stand ich öfters in telephonischer Verbindung. Ich mußte ihm von meiner Flucht genau angeben, mit welchem Zuge ich nach Flensburg fahre und wenn ich dort ankomme. Husar Otto Runge.« (Aus ›Illustrierte Geschichte der deutschen Revolution‹, S. 298ff., nach einem noch ausführlicheren Bericht im ›Vorwärts‹ vom Jahre 1921.)

414 Hannover-Drück, a. a. O., S. 133: »Am 24. März 1928 erschien in der Zeitschrift ›Das Tagebuch‹ ein anonymer Aufsatz mit dem Titel ›Kollege Jorns‹, der sich mit der Rolle des inzwischen zum Reichsanwalt avancierten Kriegsgerichtsrat Jorns in dem Ermittlungsverfahren gegen die Liebknecht-Luxemburg-Mörder befaßte und gegen Jorns den Vorwurf erhob, er habe den Mördern Vorschub geleistet... Wegmann, Rusch und Struve erklären auf das bestimmteste, sie hätten den Eindruck gehabt, daß Jorns die Untersuchung verschleppe, er habe besonders die Offiziere viel zu lange auf freiem Fuß gelassen... Da erschien, am 6. Januar 1920, in den Zeitungen die Nachricht, der Husar Runge, das blinde Werkzeug der Mörder, habe einem sozialdemokratischen Redakteur gegenüber sein Gewissen entlastet. Über das damalige Verfahren hatte Runge ausgesagt: ›Die Untersuchung ist eine Komödie gewesen‹... Unmöglich, daß ein Untersuchungsrichter einen derartigen Vorwurf auf sich sitzen ließ! Aber nichts geschah. Jorns hat der Aussage Runges niemals widersprochen. – Heute vertritt Jorns vor dem Reichsgericht Anklagen von hoher politisch-moralischer Bedeutung. Wie kommt er auf diesen Posten, für den wenige deutsche Juristen ungeeigneter sind als er? Im Reichsgericht selbst hat er noch weniger Freunde. In Privatgesprächen hat man von seinen engeren Kollegen mitunter gehört, daß sein juristisches Können weit unterm Mittelmaß bleibe, ihn jedenfalls keineswegs zur Dienstleistung im Verbande der Reichsanwaltschaft qualifiziere, deren ganzem Niveau er in keiner Weise adäquat sei...«

Reichsanwalt Jorns und dessen Dienstvorgesetzter, Oberreichsanwalt Werner, stellten Strafantrag wegen Beleidigung und übler Nachrede, der Angeklagte Bornstein, verantwortlicher Redakteur des ›Tagebuchs‹, wurde freigesprochen, da der Wahrheitsbeweis als voll erbracht galt. Jorns blieb trotzdem Reichsanwalt. 1936 ernannte ihn Hitler zum Reichsanwalt beim Volksgericht. Am 1. April 1937 trat er in den Ruhestand und erhielt (Hannover-Drück, ›Politische Justiz 1918 bis 1933‹, Frankfurt 1966, S. 213) für seine »hervorragenden Verdienste« eine Dankesurkunde. Siehe auch ›Der Jorns-Prozeß‹, Rede des Verteidigers Dr. Paul Levi, Berlin 1929.

415 Die ›Rote Fahne‹ zunächst verboten, konnte im Februar wieder erscheinen. Die erstaunlich genaue Schilderung der wahren Vorgänge fußte weitgehend auf Recherchen, die Jogisches durchgeführt hatte. Der ›Vorwärts‹ schrieb am 12. Februar: »Bestätigt sich der behauptete Sachverhalt, so ist gegen die Schuldigen mit der ganzen Strenge des Gesetzes rücksichtslos vorzugehen.«

Da mit großer Wahrscheinlichkeit bekannt wurde, wer die Unterlagen geliefert hatte, ermordete der ›ehemalige Feldwebel und berüchtigte Rekrutenschinder‹ (Nettl, S. 741) Tamschick den Lebensgefährten Rosa Luxemburgs.

Frölich, a. a. O., S. 293, behauptete nicht nur in seiner ›Illustrierten Geschichte der deutschen Revolution‹, sondern auch in seiner Luxemburg-Biographie, Ausgabe 1939, S. 290, und in der von 1967, S. 346f., daß hinter dem Mord Sozialdemokraten gesteckt hätten: »Schließlich hatte das von der Sozialdemokratie gegründete Regiment Reichstag eine Spitzelzentrale, die sich ›Helferdienst der Sozialdemokratischen Partei, Sektion 14‹ nannte. Diese Institution wurde später in einem Prozeß gegen einen gewissen Prinz ins rechte Licht gesetzt. Das Gericht hat damals festgestellt, daß von der Sektion 14 des Regiments Reichstag im Namen von Philipp Scheidemann und dem Finanzmann des Regiments, Georg Sklarz, einem üblen Schieber und Spekulanten, 100000 Mark auf die Köpfe von Karl Liebknecht und Rosa Luxemburg ausgesetzt waren. Hesel, der Leiter der Sektion 14, Sonnenfeld, der Zahlmeister des Regiments, Krasnik, ein Offizier im Regiment, sagten unter Eid aus: Fritz Henck, der Schwiegersohn Scheidemanns, habe ihnen ausdrücklich bestätigt, die Kopfprämie bestehe, das Geld habe zur Verfügung gestanden. Eine ganze Reihe Angehöriger des Regiments bestätigte diese Aussagen.«

416 Frölich, a. a. O., S. 79.

417 ›Mord‹, a. a. O., S. 79. Auch Hannover-Drück, a. a. O., S. 69.

418 Gemeint ist damit der Kolonialkrieg gegen die Hereros und Hottentotten in Deutsch-Südwestafrika, der mehrere Jahre dauerte und mit der Ausrottung ganzer Negerstämme endete, die mit Frauen, Kindern und Vieh in die Wüste gejagt wurden.

419 Gemeint ist der erste Balkankrieg, der 1912 von Montenegro ausgelöst wurde und dem sich Griechenland, Serbien und Bulgarien anschlossen (hinter denen Rußland stand), mit dem Ziel, der Türkei die Gebiete mit griechischer und slawischer Bevölkerung abzunehmen.

420 Dem Dreibund gehörten an: Deutschland, Österreich-Ungarn und Italien, dem Zweibund Frankreich und Rußland, die mit England durch ein Gentleman's Agreement verbündet waren. – Das Haager Tribunal war ein Ergebnis der auf Anregung Nikolaus' II. von Rußland 1899 zustande gekommenen Abrüstungs- und Friedenskonferenz, an der 26 Staaten teilnahmen.

Der Idee einer Abrüstung oder auch Rüstungsbeschränkung wurde, wie der deutsche Vertreter, Botschafter Münster-Dernburg es nannte, ein ›Begräbnis erster Klasse‹ bereitet.

421 Gemeint ist der Reichskanzler Theobald v. Bethmann-Hollweg.

422 Gemeint ist der deutsche Diplomat Alfred v. Kiderlen-Waechter (siehe Anmerkung 186.)

423 Entnommen aus ›Redner der Revolution‹, Band XI, herausgegeben von Paul Frölich; ›Rosa Luxemburg‹, Berlin 1928, S. 75ff.

424 Karl Legien, seit 1890 Vorsitzender der Generalkommission der deutschen Gewerkschaften, war ›Reformist‹ und Rosas schärfster Gegner.

425 R. L. plauderte hier aus der Schule. Diese Bemerkung hatte Bebel tatsächlich gemacht. Ihre Anspielung auf diesen Ausspruch des Parteiführers trug ihr viel Kritik ein.

426 R. L. drang mit ihrem Vorschlag nicht durch.

427 Eine klare Absage an die Handstreiche revoltierender Arbeiter und Soldaten, wie auch im Abschnitt 5 in ›Was will der Spartakus-Bund?‹

428 Die ›Vendee‹ ist eine Landschaft in Westfrankreich, wo die Bevölkerung nach 1790 verschiedene Versuche unternahm, die Republik zu stürzen. ›Vendee‹ steht für alle ›konterrevolutionären Bestrebungen‹.

429 In Rußland versuchte man dasselbe und erlitt Schiffbruch. Trotzki bildete daraufhin bereits im Februar 1918 die Rote Armee und unterwarf sie strengster militärischer Disziplin.

430 Flugschrift des ›Spartakusbundes‹ 1918.

Benützte Literatur

BIOGRAPHIEN

Frölich, Paul: ›*Rosa Luxemburg – Gedanke und Tat*‹ 300 Seiten, Paris 1939, Neuauflage: Frankfurt 1967.

Hirsch, Helmut: ›*Rosa Luxemburg*‹ rororo-Monographie Nr. 158, 158 Seiten, reich illustriert.

Nettl, Peter: ›*Rosa Luxemburg*‹ 930 Seiten, Köln-Berlin 1965.

Oelßner, Fred: ›*Rosa Luxemburg – Eine kritische biographische Studie*‹ 216 Seiten, (Ost-)Berlin 1951.

Roland-Holst-van der Schalk, Henriette: ›*Rosa Luxemburg – Ihr Leben und Wirken*‹, 224 Seiten, Zürich 1937.

FACHLITERATUR

Adler, Victor: ›*Briefwechsel mit August Bebel und Karl Kautsky*‹ Wien 1954.

Alboldt, Emil: ›*Die Tragödie der alten deutschen Marine*‹, Berlin 1928.

Anonym: ›*Der Mord an Karl Liebknecht und Rosa Luxemburg*‹, zusammenfassende Darstellung des gesamten Untersuchungsmaterials mit ausführlichem Prozeßbericht, Berlin 1920.

Baden, Prinz Max von: ›*Erinnerungen und Dokumente*‹, Berlin und Leipzig 1928.

Bahne, Siegfried: »*Zwischen ›Luxemburgismus‹ und ›Stalinismus‹*« Vierteljahrshefte für Zeitgeschichte, Jg. IX, 1961, Nr. 4, S. 359ff.

Balabanoff, Angelica: ›*Erinnerungen und Erlebnisse*‹, Berlin 1927.
›*Die Zimmerwalder Bewegung*‹, Leipzig 1928.
›*Lenin*‹, Hannover 1959.

Barbusse, Henri: ›*Das Feuer*‹, Zürich 1917.

Barth, Emil: ›*Aus der Werkstatt der deutschen Revolution*‹, Berlin 1920.

Baum, Vicki: ›*Es war alles ganz anders*‹, Berlin 1962.

Bebel, August: ›*Aus meinem Leben*‹, 3 Bände, Berlin 1946.
›*Diesem System keinen Mann und keinen Groschen*‹, (Ost-)Berlin 1961.

Bernstein, Eduard: ›*Die Voraussetzungen des Sozialismus und die Aufgaben der Sozialdemokratie*‹, Stuttgart 1899, Neuauflage: Hannover 1964.
›*Zur Geschichte und Theorie des Sozialismus*‹, Berlin 1901.
›*Die Internationale der Arbeiterklasse und der europäische Krieg*‹, Tübingen 1915.
›*Die deutsche Revolution, ihr Ursprung, ihr Verlauf und ihr Werk*‹, Bd. I, Berlin 1921.

Bethmann-Hollweg, Theobald: ›*Betrachtungen zum Weltkrieg*‹, Berlin 1919.
Bucharin, Nikolai Iwanowitsch: ›*Der Imperialismus und die Akkumulation des Kapitals*‹, in: ›*Unter dem Banner des Marxismus*‹, Jg. II, 1925/26, Berlin 1925.
Deutscher, Isaac: ›*Trotzki*‹, 3 Bände, I: ›*Der bewaffnete Prophet*‹, Stuttgart 1962.
›*Stalin*‹, Stuttgart 1962.
Drahn, Ernst und Leonhard, Susanne: ›*Unterirdische Literatur im revolutionären Deutschland während des Weltkrieges*‹, Berlin 1920.
Eichhorn, Erich: ›*Über die Januarereignisse*‹, Berlin 1919.
Engels, Friedrich: ›*Briefwechsel mit Karl Kautsky*‹, Wien 1955.
Erzberger, Matthias: ›*Erlebnisse im Weltkrieg*‹, Berlin 1920.
Eyck, Erich: ›*Geschichte der Weimarer Republik*‹, Zürich-Stuttgart 1954.
Fischer, Fritz: ›*Griff nach der Weltmacht*‹, Düsseldorf 1964.
Fischer Louis: ›*Das Leben Lenins*‹, Köln-Berlin 1964.
Fischer Ruth: ›*Stalin und der deutsche Kommunismus*‹, Frankfurt o. J.
Flechtheim, Ossip: ›*Die Kommunistische Partei Deutschlands in der Weimarer Republik*‹, Offenbach 1948.
›*Bolschewismus 1917–1967 – Von der Weltrevolution zum Sowjetimperium*‹, Wien-Frankfurt-Zürich 1967.
Frölich, Paul: ›*Erinnerungen und Erlebnisse*‹, Berlin 1927.
›*Redner der Revolution*‹, Berlin 1928.
›*Illustrierte Geschichte der deutschen Revolution*‹, Berlin 1929, Neuauflage: Frankfurt 1968.
›*Wie die SED Rosa Luxemburg ehrt*‹, in: ›*Der Kochel-Brief*‹, München 1953.
Geiss, Imanuel (Herausg.): ›*Julikrise und Kriegsausbruch 1914*‹, Bd. II, Hannover 1965.
Gittig, Heinz: ›*Karl Liebknecht*‹, Berlin 1957.
Groener, Wilhelm: ›*Lebenserinnerungen – Jugend, Generalstab – Weltkrieg*‹, Göttingen 1957.
Groß, Babette: ›*Willi Münzenberg*‹, Stuttgart 1967.
Großmann, Henryk: ›*Das Akkumulations- und Zusammenbruchsgesetz des kapitalistischen Systems*‹, Leipzig 1929.
Grünberg, Carl: ›*Die Internationale und der Weltkrieg*‹, Archiv für die Geschichte des Sozialismus und der Arbeiterbewegung, 6. Jg., 1916.
Gumbel, Emil: ›*Vier Jahre Mord*‹, Berlin 1923.
Haase, Ernst: ›*Hugo Haase – Sein Leben und Wirken*‹, Berlin o. J.
Hahlweg, Werner: ›*Lenins Rückkehr nach Rußland 1917*‹, Leiden 1957.
Hannover-Drück, Elisabeth, und Hannover, Heinrich: ›*Der Mord an Rosa Luxemburg und Karl Liebknecht – Dokumentation eines politischen Verbrechens*‹, edition suhrkamp, 233.
›*Politische Justiz 1918–1933*‹, Frankfurt 1966.
Haupt, Georges: ›*Der Kongreß fand nicht statt – Die Sozialistische Internationale 1914*‹, Wien-Frankfurt-Zürich 1967.
Hochdorf, Max: ›*Rosa Luxemburg – Ein Gedenkbuch*‹, Berlin o. J. (1924?)
›*Internationaler Sozialisten-Kongreß Stuttgart 1907*‹, Berlin 1907.
›*Internationaler Sozialisten-Kongreß Kopenhagen 1910*‹, Berlin 1910.
Jackson, Hampden: ›*Jean Jaurès – Sein Leben und Werk*‹, Hamburg 1949.
Jaurès, Jean: ›*Die Neue Armee*‹, Jena 1913.

Kautsky, Karl: *›Bernstein und das sozialdemokratische Programm‹*, Stuttgart 1899.
›Der politische Massenstreik – Ein Beitrag zur Geschichte der Massenstreikdiskussion innerhalb der deutschen Sozialdemokratie‹, Berlin 1914.
›Der Weg zur Macht‹, Berlin 1920.
›Karl Liebknecht, Rosa Luxemburg und Leo Jogisches‹, Berlin 1921.
›Sozialdemokratie und Kommunismus‹, München 1948.
Kautsky, Luise: *›Rosa Luxemburg‹*, Berlin 1929.
›Rosa Luxemburg – Briefe an Karl und Luise Kautsky‹, Berlin 1923.
Keil, Wilhelm: *›Erlebnisse eines Sozialdemokraten‹*, 2 Bände, Stuttgart 1947.
Kuczynski, Jürgen: *›Der Ausbruch des Ersten Weltkrieges und die deutsche Sozialdemokratie‹*, Berlin 1957.
Lademacher, H.: *›Die Zimmerwalder Bewegung‹*, Haag 1967.
Langner, P.: *›Der Massenstreik im Kampfe des Proletariats‹*, Leipzig 1931.
Ledebour, Georg: *›Der Ledebour-Prozeß‹* Berlin 1919.
Lenin: *›Was tun?‹*, Stuttgart 1902, Neuauflage: (Ost-)Berlin 1962.
›Werke‹, Berlin 1920–1926, Neuauflage: Berlin 1957–1961.
›Der Imperialismus als höchstes Stadium des Kapitalismus‹, (Ost-)Berlin 1946.
›Der Radikalismus – die Kinderkrankheit im Kommunismus‹, (Ost-)Berlin 1946.
›Staat und Revolution‹, Moskau 1947.
Levi, Paul: *›Der Jorns-Prozeß‹*, Berlin 1929.
Lewytzkyj, Borys: *›Vom roten Terror zur sozialistischen Gesetzlichkeit‹*, München 1961.
Liebknecht, Karl: *›Klassenkampf gegen den Krieg‹*, Berlin 1919.
Lunatscharski, Anatoli: *›Profile der Revolution‹*, Frankfurt 1968.
Luxemburg, Rosa: *›Gesammelte Werke‹*, Herausgeber Clara Zetkin und Adolf Warski, bearbeitet von Paul Frölich, 3 Bände, Berlin 1923.
›Politische Schriften‹, 3 Bände, herausgegeben und eingeleitet von Ossip Flechtheim, Frankfurt-Wien 1968.
›Einführung in die Nationalökonomie‹, herausgegeben von Paul Levi, Berlin 1925.
›Rosa Luxemburg im Kampf gegen den deutschen Militarismus‹, (Ost-)Berlin 1960.
›Die Akkumulation des Kapitals – Ein Beitrag zur ökonomischen Erklärung des Imperialismus‹, Berlin 1913.
›Die Akkumulation des Kapitals oder Was die Epigonen aus der Marxschen Theorie gemacht haben‹, Leipzig 1921. (Beide Bände Neudruck: Limmat-Verlag, mit einer Einleitung von Dr. Eduard März, Zürich o. J.).
›Briefe an Leo Jogisches‹, Bd. 1 und 2, Warschau 1968.
›Briefe aus dem Gefängnis‹, Berlin 1920, Neuauflage: (Ost-)Berlin 1961.
›Briefe an Freunde – nach dem von Luise Kautsky fertiggestellten Manuskript herausgegeben von Benedikt Kautsky‹, Zürich 1950.
›Die industrielle Entwicklung Polens‹, Inaugural-Dissertation zur Erlangung der staatswissenschaftlichen Doktorwürde an der hohen staatswissenschaftlichen Fakultät der Universität Zürich, Leipzig 1898.
›Ich war, ich bin, ich werde sein‹, (Ost-)Berlin 1958.
›Die russische Revolution – Eingeleitet und herausgegeben von Ossip K. Flechtheim‹, Frankfurt 1963.
›Die Krise der Sozialdemokratie‹, von *›Junius‹* – Eine Gefängnisarbeit von Frau

Dr. Rosa Luxemburg, Berlin o. J. (1917?).
›*Massenstreik und Gewerkschaften*‹, Leipzig 1919.
›*Sozialreform oder Revolution*‹, Leipzig 1919.
›*Koalitionspolitik oder Klassenkampf?*‹, Berlin 1922.
›*Die Internationale*‹ (Zeitschrift, es erschien nur eine Nummer), Düsseldorf 1915.
›*Kampf gegen den deutschen Militarismus*‹, Berlin 1960.
›*Reden*‹, Berlin 1928.
de Man, Hendrik: ›*Gegen den Strom*‹, Stuttgart 1953.
Marx, Karl: ›*Die Klassenkämpfe in Frankreich – Mit einem Vorwort von Friedrich Engels*‹, Berlin 1895.
›*Manuskripte über die polnische Frage 1863–1864*‹, herausgegeben und eingeleitet von Werner Conze und Dieter Hartz-Eichenrode, s'Gravenhage 1961.
›*Kapital*‹, 3 Bände, ungekürzte Ausgabe nach der 2. Auflage von 1872, Berlin 1932. Band II, 1885.
Marx, Karl, und Engels, Friedrich: ›*Das Kommunistische Manifest*‹ (hier benutzt 7. autor. Ausgabe), Berlin 1906.
Müller, Hermann: ›*Die November-Revolution*‹, Berlin 1931.
Müller, Richard: ›*Vom Kaiserreich zur Republik*‹, Berlin 1924.
›*Der Bürgerkrieg in Deutschland*‹, Berlin 1925.
Noske, Gustav: ›*Von Kiel bis Kapp*‹, Berlin 1920.
›*Erlebtes aus Aufstieg und Niedergang einer Demokratie*‹, Offenbach 1947.
Oehme, Walter: ›*Damals in der Reichskanzlei*‹, Berlin 1958.
Parvus Helphand: ›*Das hungernde Rußland*‹, Stuttgart 1900 (zusammen mit C. Lehmann).
Payne, Robert: ›*Lenin – Sein Leben und sein Tod*‹, München 1965.
Pieck, Wilhelm: ›*Die Gründung der KPD*‹, Berlin 1951.
Plievier (auch Plivier), Theodor: ›*Des Kaisers Kulis*‹, Berlin 1930.
›*Der Kaiser ging, die Generäle blieben*‹, Berlin 1932.
›*Im Walde von Compiègne*‹, Moskau 1939 (vorher in: ›*Die Blauen Hefte*‹, Paris 1933).
›*Demokratie*‹ (nicht erschienen).
Radek, Karl: ›*Meine Abrechnung*‹, Berlin 1913.
›*Rosa Luxemburg, Karl Liebknecht, Leo Jogisches*‹, Hamburg 1921.
›*Die deutsche Revolution*‹, Leipzig 1926.
Ritter, A.: ›*Die deutsche Revolution von 1918–1919*‹, Fischer-Bücherei Nr. 879.
Rosenberg, Arthur: ›*Die Entstehung der Deutschen Republik*‹, Berlin 1930.
›*Geschichte der Deutschen Republik*‹, Karlsbad 1935.
Schapiro, Leonhard: ›*Die Geschichte der Kommunistischen Partei der Sowjetunion*‹, Frankfurt 1961.
Scharlau, Winfried B., und Zeman, Zbynek A.: ›*Freibeuter der Revolution – Parvus-Helphand*‹, Köln 1964.
Scheidemann, Philip: ›*Memoiren eines Sozialdemokraten*‹, Dresden 1930.
Schüddekopf: ›*Karl Radek in Berlin – Ein Kapitel deutsch-russischer Beziehungen im Jahre 1919*‹, Hannover 1962.
Schulze-Gaevernitz, Gerhard v.: ›*Der Nationalismus in Rußland und seine wirtschaftlichen Träger*‹, Leipzig 1899.
Shub, David: ›*Lenin*‹, Wiesbaden 1962.

Smith, Adward Ellis: ›*Der junge Stalin*‹, München 1969.
›*Spartakusbriefe*‹, Berlin 1920. Neuauflage, mit Kommentar: (Ost-)Berlin 1958.
›*Spartakus im Kriege*‹, eingeleitet von E. Meyer, Berlin 1926.
Stampfer, Friedrich: ›*Die vierzehn Jahre der Deutschen Republik*‹, Karlsbad 1936.
›*Erfahrungen und Erkenntnisse*‹, Köln 1957.
Stern, Leo: ›*Der Einfluß der Großen Sozialistischen Oktoberrevolution auf Deutschland und die deutsche Arbeiterbewegung*‹, Berlin 1958.
Sternberg, Fritz: ›*Der Imperialismus*‹, Berlin 1926.
Trotzki, Leo: ›*Geschichte der russischen Revolution*‹, Berlin 1961.
Union der Sozialistischen Sowjetrepubliken, Enzyklopädie der, Leipzig 1959.
Weber, Hermann: ›*Der Gründungsparteitag der KPD*‹, Frankfurt-Wien 1969.
›*Dokument der Zeitgeschichte*‹ (ein Brief von Clara Zetkin an Rosa Luxemburg), ›*Vorwärts*‹, Bad Godesberg, 1. Mai 1969.
Wilde, Harry: ›*Politische Morde unserer Zeit*‹, Frankfurt 1966.
›*Leo Trotzki*‹, rororo-Monographie Nr. 157.
Wolf, Julius: ›*Die Volkswirtschaftslehre der Gegenwart in Selbstdarstellungen*‹, Leipzig 1924.
›*Sozialistische und kapitalistische Gesellschaftsordnung*‹, Stuttgart 1892.
Wollenberg, Erich: ›*Der Apparat*‹, in: ›*Ost-Probleme*‹, Jg. III, Nr. 19 vom 12. Mai 1951.
Zetkin, Clara: ›*Um Rosa Luxemburgs Stellung zur Russischen Revolution*‹, Hamburg 1922.
›*Erinnerungen an Lenin*‹, (Ost-)Berlin 1961.

Die vollständigste und mit wissenschaftlicher Akribie erstellte Bibliographie Rosa Luxemburgs findet sich in Peter Nettls Biographie, S. 837ff.: insgesamt 709 Titel von Briefen, Reden, Artikeln, Broschüren und Büchern.

ZEITUNGEN UND ZEITSCHRIFTEN

›*Die Aktion*‹ (Herausg. Franz Pfemfert), ›*Aus der Weltpolitik*‹ (Herausg. Parvus Helphand), ›*Berliner Lokalanzeiger*‹, ›*Berliner Tageblatt*‹, *BZ am Mittag*‹, ›*Bulletin des Presse- und Informationsamtes der Bundesrepublik*‹, ›*Frankfurter Allgemeine Zeitung*‹, ›*Frankfurter Volksstimme*‹, ›*Frankfurter Zeitung*‹, ›*Freiheit*‹ (Organ der USPD), ›*Gazeta Robotnicza*‹ (poln. Zeitung), ›*Die Hilfe*‹ (Friedrich Naumann), ›*Die Internationale*‹, ›*Iskra*‹ (russ. Emigrantenzeitschrift um die Jahrhundertwende), ›*Die Jugendinternationiale*‹, ›*Kiewskaja Mysl*‹ (Kiewer Gedanke – liberale russische Zeitung), ›*Krasnaja Nov*‹ (russ. Zeitschrift), ›*Die Kommunistische Internationale*‹, ›*Leipziger Arbeiterzeitung*‹, ›*Monat*‹, ›*Münchner Neueste Nachrichten*‹, ›*Neue Deutsche Blätter*‹, ›*Neue Zeit*‹ (Karl Kautsky), ›*Politische Studien*‹, ›*Prawda*‹, ›*Die Rote Fahne*‹ (Zentralorgan der KPD), ›*Sächsische Arbeiter-Zeitung*‹ (Herausg. Parvus), ›*Simplizissimus*‹, ›*Sozialistische Korrespondenz*‹ (Herausg. Rosa Luxemburg und Franz Mehring), ›*Der Spiegel*‹, ›*Sprawa Robotnicza*‹ (poln. Emigrantenzeitschrift), ›*Süddeutsche Zeitung*‹, ›*Das Tagebuch*‹ (Herausg. Leopold Schwarzschild), ›*Unter dem Banner des Marxismus*‹, ›*La vie sozialiste*‹ (Paris), ›*Vossische Zeitung*‹, ›*Vorwärts*‹ (Zentralorgan der SPD), ›*Vorwärts*‹ (Wochenzeitschrift der SPD), ›*Z Pola Walki*‹ (Warschau).

Ein Auszug aus diesem Buch erschien zuerst in den ›*Neuen Deutschen Heften*‹, Nr. 16, Jahrgang Nr. 1.

An dieser Stelle sei gedankt

Frau Babette Groß für wertvolle Hinweise, Frau Edda Werfel für die Übersetzungen polnischer Texte, Frau Margit Ring für die Durchsicht des Manuskripts und dem Büchersuchdienst in Zürich, Predigergasse 7, für die Beschaffung vergriffener Bücher, vornehmlich der Werke von Rosa Luxemburg. An Bibliotheken wurden benützt: Bayerische Staatsbibliothek, Institut für Zeitgeschichte in München, Internationales Institut für Sozialgeschichte in Amsterdam, Osteuropainstitut in München und Sozialarchiv in Zürich (Zentralbibliothek).

Personenregister